普通高等教育"十三五"规划教材

大学生心理健康教育

主　审　张金明
主　编　张冬梅　谷　丹
副主编　蒲文慧　徐凤利

北京邮电大学出版社
www.buptpress.com

内 容 简 介

加强和改进大学生心理健康教育工作,是新形势下全面贯彻党的教育方针、推进素质教育的重要举措。大学生要想成为符合社会发展需要的人才,仅有科学文化知识和专业技能是不够的,还需要有良好的思想道德素质、身体素质和心理素质。《大学生心理健康教育》是一本集理论性和操作性于一体的教材,既重视应用有关心理学的知识原理来阐明大学生心理发展的规律与特点,又密切联系大学生实际存在的心理问题,提供切实可行的心理训练和辅导方法。本书可以作为对大学生进行心理健康教育的教材使用,也可以作为大学生进行自我心理建设的辅导书使用,还可以作为关心大学生健康成长的教师和家长等指导大学生发展心理健康的参考书使用。

图书在版编目(CIP)数据

大学生心理健康教育 / 张冬梅,谷丹主编. -- 北京:北京邮电大学出版社,2018.9(2019.7重印)
ISBN 978-7-5635-5316-7

Ⅰ. ①大… Ⅱ. ①张… ②谷… Ⅲ. ①大学生-心理健康-健康教育-高等学校-教材 Ⅳ. ①G444

中国版本图书馆 CIP 数据核字(2018)第 216009 号

书　　　名:	大学生心理健康教育
著作责任者:	张冬梅　谷　丹　主编
责 任 编 辑:	徐振华
出 版 发 行:	北京邮电大学出版社
社　　　址:	北京市海淀区西土城路 10 号(邮编:100876)
发 　行 　部:	电话:010-62282185　传真:010-62283578
E-mail:	publish@bupt.edu.cn
经　　　销:	各地新华书店
印　　　刷:	北京玺诚印务有限公司
开　　　本:	787 mm×1 092 mm　1/16
印　　　张:	24
字　　　数:	627 千字
版　　　次:	2018 年 9 月第 1 版　2019 年 7 月第 3 次印刷

ISBN 978-7-5635-5316-7　　　　　　　　　　　　　　　　　　定价:46.00 元

· 如有印装质量问题,请与北京邮电大学出版社发行部联系 ·

前　言

为深入贯彻落实全国教育工作会议和《国家中长期教育改革和发展规划纲要(2010—2020年)》《教育部办公厅关于印发〈普通高等学校学生心理健康教育工作基本建设标准(试行)〉的通知》(教思政厅〔2011〕1号)、《教育部办公厅关于印发〈普通高等学校学生心理健康教育课程教学基本要求〉的通知》(教思政厅〔2011〕5号)等文件精神；为满足高校开展心理健康教育教学的需要，培养大学生良好的人格品质，提高大学生心理调适能力，促进大学生健康成长，培养造就拔尖创新人才，建设人力资源强国，作者结合在我校开展心理健康教育工作的教学实际情况，编写了《大学生心理健康教育》教材。

参加本书编写的人员都是长春工程学院多年从事大学生心理健康教育与心理咨询的教师，具有较强的理论功底和实践经验。可以说本书是我们多年来从事大学生心理健康教育与心理咨询实践的结晶。在编写过程中，我们遵循理论与实践相结合的原则，既重视应用有关心理学的知识原理来阐明大学生心理发展的规律与特点，又密切联系大学生存在的实际心理问题，提供切实可行的心理训练和辅导方法。

《大学生心理健康教育》涵盖心理健康导论、自我意识、心理适应、认知心理、情绪心理、人格心理、学习心理、交往心理、恋爱心理、性心理、择业心理、网络心理、心理障碍、心理危机干预、心理咨询等内容。

本书的编写工作采用集体讨论、分头执笔、交叉修改的方式。全书由张冬梅、谷丹任主编；张金明任主审，负责统稿、审稿和定稿。各章的具体分工如下：第一章、第十一章、第十三章由张金明撰写；第二章、第四章、第六章由张冬梅撰写；第七章、第十二章、第十五章由谷丹撰写；第九章、第十章、第十四章由蒲文慧撰写；第三章、第五章、第八章由徐凤利撰写。

本书在编写过程中，参考了相关内容的书籍和文章，也得到了学校领导、教务处等有关人员以及北京邮电大学出版社的积极支持和帮助，在此特表示感谢！

编　者

目 录

第一章 大学生心理健康导论 ·································· 1
    第一节 心理健康的含义和标准 ·································· 2
    第二节 大学生心理发展的特点及心理健康状况 ·················· 7
    第三节 在高校开展心理健康教育的意义 ························ 13
    第四节 大学生心理健康教育的有效途径 ························ 17
    第五节 测试与训练 ·· 20
    思考题 ·· 25

第二章 大学生自我意识 ·· 26
    第一节 自我意识概述 ·· 27
    第二节 大学生自我意识的特点 ·································· 32
    第三节 大学生自我意识的矛盾与困惑 ···························· 38
    第四节 大学生自我意识辅导 ···································· 41
    第五节 测试与训练 ·· 45
    思考题 ·· 49

第三章 大学生心理适应 ·· 50
    第一节 大学生心理适应概述 ···································· 51
    第二节 大学生心理适应的主要问题 ······························ 56
    第三节 大学生心理适应问题产生的原因 ·························· 61
    第四节 大学生心理适应的辅导 ·································· 63
    第五节 测试与训练 ·· 67
    思考题 ·· 69

第四章 大学生认知心理 ·· 70
    第一节 认知概述 ·· 71
    第二节 大学生认知心理的特点 ·································· 74
    第三节 大学生不良认知的类型 ·································· 76

第四节	大学生认知心理的辅导	82
第五节	测试与训练	89
思考题		91

第五章　大学生情绪心理 …… 92

第一节	情绪概述	93
第二节	大学生的情商	97
第三节	大学生主要的不良情绪	101
第四节	大学生情绪心理辅导	105
第五节	测试与训练	109
思考题		115

第六章　大学生人格心理 …… 116

第一节	人格概述	117
第二节	大学生人格心理特征	119
第三节	大学生不良人格表现及影响因素	124
第四节	大学生人格心理辅导	129
第五节	测试与训练	132
思考题		137

第七章　大学生学习心理 …… 138

第一节	学习概述	139
第二节	大学生常见的学习心理问题	142
第三节	影响大学生学习的非智力因素	147
第四节	大学生学习心理辅导	150
第五节	测试与训练	156
思考题		160

第八章　大学生人际交往心理 …… 161

第一节	人际交往概述	162
第二节	大学生人际交往的特点和类型	164
第三节	大学生人际交往心理障碍及其影响因素	168
第四节	大学生人际交往心理辅导	173
第五节	测试与训练	180
思考题		184

第九章　大学生恋爱心理 …… 185

第一节	爱情概述	186

第二节　大学生恋爱心理的特点 190
　　第三节　大学生恋爱心理障碍与误区 194
　　第四节　大学生恋爱心理辅导 198
　　第五节　测试与训练 204
　　思考题 208

第十章　大学生性心理 209
　　第一节　性心理概述 210
　　第二节　大学生性心理发展状况 214
　　第三节　大学生常见的性心理困扰 217
　　第四节　大学生性心理辅导 221
　　第五节　测试与训练 224
　　思考题 230

第十一章　大学生择业心理 231
　　第一节　职业概述 232
　　第二节　大学生择业心理的特点 237
　　第三节　影响大学生择业心理的因素 241
　　第四节　大学生择业心理辅导 245
　　第五节　测试与训练 251
　　思考题 255

第十二章　大学生网络心理 256
　　第一节　网络概述 257
　　第二节　大学生网络心理的特点 262
　　第三节　大学生网络心理障碍 268
　　第四节　大学生网络心理辅导 274
　　第五节　测试与训练 280
　　思考题 283

第十三章　大学生心理障碍 284
　　第一节　心理障碍概述 285
　　第二节　大学生常见的心理障碍 287
　　第三节　大学生心理障碍的成因 296
　　第四节　大学生心理障碍的调适方法 301
　　第五节　测试与训练 306
　　思考题 313

第十四章 大学生心理危机 ... 314
第一节 心理危机概述 ... 315
第二节 大学生心理危机的表现 ... 318
第三节 大学生心理危机的成因 ... 323
第四节 大学生心理危机干预 ... 326
第五节 测试与训练 ... 332
思考题 ... 337

第十五章 大学生心理咨询 ... 338
第一节 心理咨询概述 ... 339
第二节 心理咨询的模式和形式 ... 341
第三节 心理咨询的过程及原则 ... 346
第四节 心理咨询的会谈技术 ... 352
第五节 测试与训练 ... 366
思考题 ... 374

参考文献 ... 375

第一章　大学生心理健康导论

 **心灵导读**

大学生作为思想活跃、感受灵敏、对自己的期望较高、对挫折的承受能力不强的一个特殊群体,其心理健康承受着极大的威胁和考验。然而,许多大学生对心理健康存在误解,对自己的心理状态缺乏认知,对自己的发展更缺乏明确的规划,因而对大学生进行心理健康教育已成为高校教育的当务之急,而首要的问题就是要澄清对心理健康的误解,确立一个健康正确的观念。

通过对本章的学习,读者应了解心理、健康、心理健康的含义以及大学生心理健康的标准,理解在高校开展心理健康教育的意义,掌握大学生心理发展的特点和影响大学生心理健康的因素,并使大学生能够通过积极有效的途径和方法提高自身的心理健康水平。

第一节 心理健康的含义和标准

 案例导入

案 例

2014年2月18日,复旦大学医学院在读硕士研究生饮水机投毒毒杀室友黄洋案一审宣判,被告人林森浩因犯故意杀人罪被判处死刑,剥夺政治权利终身。这起案件,无论是对两个年轻人的家庭,还是对整个社会而言,都留下了持久的伤痛和遗憾。法律对此进行了正义的审判,但是,谁来审判被告人那畸变的心理、人格和异变的人性呢?

案例评析

林森浩投毒案最令人匪夷所思的是作案动机,人们分析的各种结论似乎都不在情理之中。林森浩在庭审中坚持说给黄洋投毒只是"玩笑",显然这个供述是荒谬的。法庭判决后,罪犯在接受央视记者采访时才透露出其投毒行为的病态心理与矛盾人格。

林森浩在学习上可以说是个成功者。从小到大学习成绩一直优秀,高考时以高分考入中山大学,并在2010年被中山大学推荐免试进入复旦大学医学院攻读硕士学位。入学后其学习成绩优异,发表了多篇学术论文,又被推选为学生会副主席、学术部部长。但这样一个学习上的骄子,在现实生活交际中却是一个处处不顺心的"失败者"。

林森浩坦陈自己的人生"相当不快乐",其中,一个重要原因是他没有女朋友。他一直在异性交往的问题上备受挫折。他也困惑于自己解不开的扣:"学习不难,交友难,想找一个称心的女朋友更难。"他处事待人完全以自我为中心,在网上与友人聊天时,对方哪怕有一句话不对自己心思,他就会突然下线、扬长而去;到隔壁寝室,他会一言不发转身就走;集体合唱时,他一个人抱着话筒狂吼乱唱,导致团体惨败。他对女朋友的要求是"帮我做试验,陪我上自习,但我要独立思考时,别烦我"。另外,林森浩找工作的经历也不顺利,几经腾挪后虽然找到了工作,但由于他对自己从事的超声波专业不认可,他的理想自我与现实自我产生极大的反差,因而经常抱怨自己是个失败者,处处不如别人。

通过分析发现,林森浩的人格结构凸显两个特点:"出众上进"和"自尊偏执"。强烈的自尊心和上进心却不能在现实世界中实现自我的"理想世界",林森浩在困惑中不能自拔,逐渐形成偏执型人格特点。这种偏执在他身上最直接的表现就是极度自尊、易怒、记仇、固执甚至疯狂的人格特征。他的同学回忆说,林森浩在中山大学医学院影像学本科班的时候,一个同学跟他发生争执,他连续给那个同学发了十几条"恐吓短信"。类似令人惊悚的情节,其他本科同学也曾有遭遇。2009年的夏天,在一次长达2个月的医院实习中,林森浩和同住一个寝室的同学起了口角。一年后,已经毕业的林森浩申请了一个新的QQ号,并用另一同学的名字作为ID,在网上大骂这位同学,并且"尽是些难以启齿的脏话"。从这一细节可以看出,对于同处一室并经常开玩笑调侃他的黄洋,林森浩一定会对其怀恨在心。

林森浩调换宿舍与黄洋住在一起后,他自尊与偏执的性格特点促使其妒忌心理愈发膨胀

起来。与他相反,黄洋人缘好、交际能力强、随和、亲近、善解人意。更令林森浩不能释怀的是,黄洋成功地考取了耳鼻喉科博士,与自己并不称心的超声波专业相比真是不可同日而语。这些鲜明的对比,使林森浩相形见绌,自己的失败感和自卑感日益增强,那种本身具有的妒忌心理也被大大强化。加之黄洋说话略带骄傲,经常开玩笑调侃他,他的自尊与偏执人格使他内心越来越不能容忍。与黄洋同住一个宿舍期间,林森浩在网络聊天中愈发冲动而富有攻击性。也许他并没有想杀死黄洋,只是想要好好教训一下那个"口无遮拦"的小子。因此,当他得知黄洋中毒的死讯时,他的大脑顷刻之间一片空白,可见他的心灵震动之大。与黄洋同住一个宿舍期间,他还反复上网查阅他所用药物的资料,他之所以用这种药教训黄洋,是因为他经过反复试验,受药试验鼠只有少数死亡,绝大多数都活下来了,而且经过自我修复个个活蹦乱跳。林森浩所期待的是黄洋也会活下来,甚至幻想他会得到黄洋的谅解。林森浩的矛盾心态真实地反映出他极端地以自我为中心,心中没有他人;不会换位思考,缺乏移情能力;远离现实理性,没有自知之明。正是这些思维缺陷,导致他凡事经常陷入无法解脱的自我矛盾中。也许正是这种无法解脱的自我矛盾性格使他走上了不归之路。

从现代心理健康角度来看,我们可以将林森浩的缺陷思维与性格分裂解读为自我同一性的缺失。著名心理学家埃里克森认为,个体发展到青春期,自我意识大大增强,并进一步把过去的经验和对未来的预期进行一种新的混合。但现实常常是青年还没有来得及认识自我,就要面对生活及社会的多重选择。从对林森浩的相关资料的分析中不难看出,林在考入大学后面临三次自我同一性危机:

第一次是最开始选择医学专业的时候。他本人并非从一开始就热爱医学,学医是他父亲的希望,林森浩只是听从家长的意见而学医。因此,当他进入医学院学习一年半后,还处于"浑浑噩噩"的状态,听到"医学神圣"之类的话时也没有什么感觉,直到他在广东当地一家医院见习后,思想才发生了转变。当时,林森浩在急诊科实习,来了一名昏迷患者,其妻子在旁边焦急万分,直到医生说了句"没事",家属才放下心来。林森浩自此收获了学医的动力,并在一次自愿献血活动中表示:"爱心是一个医务工作者必不可少的"。这一次的同一性危机在见习的过程中很好地化解了,也使得他在医学的道路上迅速前行。

第二次也是他自己后来一直不能解决的同一性危机。林森浩被保送进入复旦大学医学院读硕士研究生时,并没有选择超声专业,他选的是内科学。之所以选择内科学专业,是因为他认为内科学不但能诊断还能治疗,一位名副其实的医生要实现自我价值,不是依靠先进设备来诊断,而是要具备精湛的医术来治病救人;而影像超声学仅是一门凭借机器设备来完成诊断的专业,自己将来从事的超声波学科只能诊断,不能介入治疗;更让他敏感和厌恶的是,别人将他误解为产科B超医生。于是这位超声学科最拔尖的学生,不能将自己与自己将来要从事的专业融为一体。同时,自己的硕士导师没有资格帮他攻读内科学博士,所以他就干脆拒绝与导师合作论文。更让他心里添堵的是,经常调侃自己的同屋室友黄洋却成功地考上了内科学的耳鼻喉科博士,这让他原本不平衡的心理加重。

第三是找不到女朋友的爱情危机。埃里克森认为,只有具有自我同一性的人,才能勇于与异性建立稳定的爱情关系,因为与他人产生爱情关系,就要把自己的同一性和他人的同一性融为一体。林森浩在大学期间没有恋情,直到确定好工作,才有了想交女友的意愿。不过,林森浩极端自我且移情能力极低,根本不顾及别人的感受,想做什么就做什么,活在自我的世界中。也许正是因为没有确立自我同一性,使得他一直避免同他人建立亲密的关系,从而进一步产生了孤独感,直至最后形成了自尊偏执的人格特点。

现在因大学生心理问题而导致校园杀人或自杀的案件频发,为什么会出现这么多问题呢?

对于每一个迈入大学校园的大学生而言，上大学后就要开始独立地面对现实生活，自主地解决人生难题，然而，社会的变革、环境的改变、学习的压力、生活的烦恼、竞争的加剧等同时又给他们带来巨大的心理矛盾和困惑。怎样才能避免和消除各种矛盾引发的心理压力、心理困惑、心理障碍，以促进大学生心理健康、优化大学生心理素质、预防大学生心理疾患已成为高校急需解决的一个重要问题。

一、心理的含义

什么是心理？这是一个既简单又复杂、既古老又新鲜的话题。心理是指感觉、知觉、记忆、思维、意志、性格、意识倾向等心理现象的总称。人的心理并不是虚无缥缈、神秘莫测的东西，人们每时每刻都在体验着、经历着，只要处在清醒状态下，就会感到它的存在。但人的心理现象又是丰富多彩、错综复杂的，它看不见摸不着，很难把握和控制。为了了解人类自身的心理世界，探索其发展、变化的规律，也为了研究的方便，心理学把人的复杂多样的心理现象划分成相互联系的两大方面：心理过程和人格心理特征。

(一) 心理过程

心理过程是人的心理活动发生、发展的过程。具体地说，是指在客观事物的作用下，在一定时间内大脑反映客观现实的过程。根据心理过程的性质和形态的不同，可将其分成认识过程、情感过程和意志过程。

(1) 认识过程。认识过程是人在认识事物时产生的心理活动，包括感觉、知觉、记忆、想象和思维。感觉是人脑对直接作用于感觉器官的事物的个别属性的反映；知觉是对作用于感觉器官的事物的整体反映；记忆是经历过的事物在人脑中的反映；想象是在原有感性形象的基础上创造新形象的心理过程；思维是人脑对客观事物本质属性及其规律的间接、概括的反映。

(2) 情感过程。情感过程是人对客观事物是否符合自己的需要所产生的一种态度体验。人们在认识客观世界时，并不是无动于衷的，总是要伴有一定的态度体验，或喜或悲，或欢欣跳跃，或忧愁悲伤，这些都是情感（或情绪）的实际表现。

(3) 意志过程。意志过程是人自觉地确定目的并克服困难去实现目的的心理过程。人不仅能够认识世界，而且能够改造世界，但是，在这个过程中会遇到许多困难和挫折，克服这些困难和挫折主要取决于人的意志过程。

心理过程的三种形式并不是彼此孤立的，而是一个相互联系、相互制约的整体。认识是情感和意志产生的前提，情感和意志随着认识活动的变化而变化；反过来，人的情感和意志也影响认识过程，对人的认识起着动力的作用。

(二) 人格心理特征

人格心理特征是一个人身上经常表现出来的本质的、稳定的心理特点。它包括能力、气质和性格。

能力是直接影响活动效率、保证活动顺利完成的人格心理特征。能力总是和活动联系在一起，反映了个体具有完成某种活动的潜在可能性。

气质是一个人与生俱来的心理活动的动力特征，反映了个体心理活动的动力特征。

性格是一个人对现实的稳定态度和习惯化的行为方式，反映了个体对现实的态度和行为特征。

能力、气质和性格之间也是彼此联系、相互影响的，它们反映了人格心理特征的不同侧面。

心理过程和人格心理特征构成了人的心理现象的两大方面,两者是紧密联系、不可分割的。人格心理特征需要通过心理过程形成并表现出来,已经形成的人格心理特征又制约着心理过程的进行,因为没有客观现实的意志行动,人格心理特征就无法形成;反之,人格心理特征的差异又决定着对事物的认识程度、情感体验的深度和意志行动的强度。所以,人的心理是一个完整的统一体。

二、健康的含义

长期以来,人们一直认为"只要躯体上没有疾病、没有缺损、不虚弱就是健康"。也就是说,过去人们把健康与疾病看成是两个非此即彼的概念,无病便是健康,健康就是无病。而现在人们更多地把健康看成是一个连接体,在健康与疾病之间没有截然的分界点,在两个端点之间有一个很大的空间,既非健康又非疾病,人们把这一空间状态称为"亚健康状态"或"第三状态"。

从医学上讲,处于"亚健康"的人,虽然各项体检指标均正常,也无法证明有某种器质性的疾病,但与健康的人相比却又显出生活质量差、工作效率低、易疲劳、食欲不振、睡眠不佳、腰酸背痛、疲乏无力等不适。

从心理健康的角度来看,处于"亚健康"的人,虽然没有明显的精神疾病和心理障碍,但却表现为工作、学习效率不高,注意力易分散,情绪烦躁焦虑,缺乏生活目标与动力,常常感到生活无聊,提不起劲,人际关系紧张等。

世界卫生组织提出:健康不仅局限于躯体没有疾病、没有缺损、不虚弱,还要有完整的生理、心理状态和社会适应能力。这明确地告诉人们,健康应该包括四个基本方面:一是生理方面,即躯体、器官方面;二是心理方面,即认识、情感、意志及人格;三是社会适应方面,即个体存在于社会的关系能动的调适能力;四是道德方面,道德健康也是健康新概念中的一项内容,主要指能够按照社会道德行为规范准则约束自己,并支配自己的思想和行为,有辨别真伪、善恶、美丑、荣辱的是非观念和能力。

三、心理健康的含义

对心理健康的概念,历来有不同的看法:美国心理学家马斯洛和密特尔曼提出过十条被认为是经典的标准:一是有充分的自我安全感;二是能充分了解自己,并能恰当地估计自己的能力;三是生活理想切合实际;四是不脱离周围现实环境;五是能保持人格完整与和谐;六是善于从经验中学习;七是能保持良好的人际关系;八是能适度地宣泄情绪和控制情绪;九是在符合团体要求的前提下,能有限度地发挥人格;十是在不违背社会规范的前提下,能适当地满足个人的基本需要。

中国学者马建青在1992年提出了心理健康的七条标准:一是智力正常;二是情绪协调,心境良好;三是具有一定的意志品质;四是人际关系和谐;五是能动地适应环境;六是保持人格完整;七是符合年龄特点。

结合专家学者的不同见解,我们认为,所谓心理健康,最概括的含义是指人的心理,即知、情、意活动的内在关系协调,心理内容与客观世界保持统一,并据此能促使人体内、外环境平衡和促使个体与社会环境相适应的状态,并由此不断地发展健全的人格,提高生活质量,保持旺盛的精力和愉快的情绪。

四、大学生心理健康的标准

大学生的年龄为18~25岁,从心理学的观点来看,正处在青春期的中后期。大学生的心理具有青春期中后期的许多特点,但作为一个特殊群体,大学生又不能完全等同于社会上的青年。根据我国大学生的实际情况,评判大学生的心理健康水平应从以下几个标准着重考虑。

(一)智力正常

智力正常是大学生学习、生活、工作的最基本的心理条件,是大学生胜任学习任务、适应周围环境变化所最需要的心理保证,因而也是衡量大学生心理健康的首要标准。一般来说,经过高考的选拔,足以表明大学生的智商是正常的,且总体水平会高于同龄人。衡量大学生的智力,关键在于看大学生的智力是否正常地、充分地发挥了效能。大学生智力正常且充分发挥的标准是:有强烈的求知欲和浓厚的探索兴趣;智力结构中各要素在其认识活动和实践活动中都能积极协调地参与,并能正常地发挥作用;乐于学习。

(二)情绪健康

情绪健康的主要标志是情绪稳定和心情愉快,这是大学生心理健康的一个重要指标。因为情绪在心理病变过程中起着核心的作用,情绪异常往往是心理疾病的先兆。大学生的情绪健康应包括以下内容。

(1)愉快情绪多于不愉快情绪,一般表现为:乐观开朗,充满热情,富有朝气,满怀自信,善于自得其乐,对生活充满希望。

(2)情绪稳定性好,善于控制和调节自己的情绪,既能克制约束,又能适度宣泄,不过分压抑,使情绪的表达既符合社会的要求,又符合自身的需要,会在不同的时间和场合恰如其分地表达情绪。

(3)情绪反应是由适当的情境引起的,反应的强度与引起这种情绪的情境相符合。

(三)意志健全

意志是人在完成一种有目标的活动时所进行的选择、决定与执行的心理过程。意志健全者在行动的自觉性、果断性、顽强性和自制力等方面都表现出较高的水平。意志健全的大学生在各种活动中都有自觉的目的性,能适时地做出决定并运用切实有效的方法解决所遇到的各种问题;在困难和挫折面前,能采取合理的反应方式;在行动中,能控制情绪和言行,既不顽固执拗、轻率鲁莽、言行冲动,又不意志薄弱、优柔寡断、害怕困难。

(四)人格完整

人格,在心理学上是指个体比较稳定的心理特征的总和。人格完整,就是指有健全统一的人格。即个人的所想、所说、所做都是协调一致的。大学生人格完整的主要有如下几条标准。

(1)人格结构的各要素完整统一。

(2)具有正确的自我意识,不产生自我同一性混乱。

(3)以积极进取的人生观作为人格的核心,并以此为中心把自己的需要、愿望、目标和行为统一起来。

(五)自我评价正确

正确的自我评价是大学生心理健康的重要条件。大学生是在现实环境与他人的相互关系中、在自己的实践活动中认识自己的。一个心理健康的学生对自己的认识应比较接近现实,有

"自知之明"。对自己的优点感到欣慰,但又不狂妄自大;对自己的弱点不回避,也不自暴自弃,善于正确地"自我接纳"。

(六) 人际关系和谐

人总是处在一定的社会关系中的,大学生也同样离不开与人打交道。和谐的人际关系,既是大学生心理健康不可缺少的条件,又是大学生获得心理健康的重要途径。人际关系和谐的表现主要有如下几点。

(1) 乐于与人交往,既有稳定而广泛的人际关系,又有知心朋友。
(2) 在交往中保持独立而完整的人格,有自知之明,不卑不亢。
(3) 能客观评价别人和自己,善于取人之长补己之短。
(4) 宽以待人,乐于助人。
(5) 具有积极的交往态度。
(6) 交往动机端正。

(七) 适应能力强

较强的适应能力是心理健康的重要特征。不能有效处理与周围现实环境的关系是导致心理障碍的重要原因。心理健康的大学生,应能与社会保持良好的接触,对社会现状和未来有较清晰正确的认识,思想和行动都能跟上时代的发展步伐,与社会的要求相符合。这里所讲的适应,不是被动、一味地迎合,甚至与不良风气、落后习俗同流合污,而是在认清社会发展趋势的基础上,主动适应社会发展的要求。心理健康的大学生不会逃避现实,更不妄自尊大、一意孤行,做出与社会要求背道而驰的行为。

(八) 心理行为符合大学生的年龄特征

大学生是处于特定年龄阶段的特殊群体,应具有与年龄和角色相应的心理行为特征。一个大学生若经常做出严重地偏离正常的心理特征的行为,则有可能是心理异常的表现。

第二节　大学生心理发展的特点及心理健康状况

 案例导入

> **案 例**
>
> 程某从小学起就一直担任班干部,多年来逐渐养成了争强好胜的习惯,凡事都要比别人做得好。考入大学后,他在各个方面都努力表现自己,在军训时协助教官管理学生,班级有事跑前跑后,各种活动积极参与,想尽一切办法跟老师沟通……可是在班干部的竞选中却名落孙山,因此他产生了很大的心理矛盾,以至于无法安心学习,对各种活动失去热情。

案例评析

程某由于没有当上班干部,理想破灭而产生挫折。挫折是指人们在某种动机的推动下,所要达到的目标受到阻碍,因无法扫除阻碍而产生的紧张状态或情绪反应。俗语说:"人生不如意十之八九。"这就是说,人人都可能遇到挫折,遭遇意外事件。如果面临挫折不能正确对待,就很容易产生心理矛盾,久而久之则必将影响人的身心健康。

形成挫折的原因一般不外乎两个方面。一方面,由于客观条件的限制、自然规律的制约、社会因素的影响,人们无法达到预定目标而陷入挫折的困境。例如,一个急于完成学业并肩负家庭重担的大学生由于学习成绩不良而不能如期毕业,一个刚刚进入社会的青年没有找到理想的职业或得不到他人的信任和重用,这些都会让人产生挫折感。还有诸如自然灾害的发生、亲人的生死离别、人际关系不和谐、大大小小的社会生活事件等都是引起挫折的客观原因。另一方面,个人的身体、心理条件差,知识、能力不足,妨碍目标的顺利实现,也会产生挫折。程某就是因为只重视表现自己,没有和同学搞好关系才在班干部的竞选中名落孙山的。

从发展心理学的角度看,在校大学生正处于青春期的中后期,这一时期,大学生在人格上将逐步完成从青少年向成年人的过渡和转变,从而建立起自己稳定的人格结构,在心理上和经济上逐步摆脱对家庭和父母的依赖,从而走向独立和成熟。在这一人生发展急剧变化的时期,在校大学生面临很多重要的人生发展课题,必然会遇到各种困惑和矛盾。在大学期间,有相当一部分大学生不能正确对待遇到的各种问题,从而感到困惑和迷茫,有的甚至发展成为心理障碍。

一、大学生心理发展的矛盾

个体的心理发展,从一定意义上看,就是指个体从出生到死亡,其间心理发生、发展和变化的过程。心理学将个体心理发展按其阶段性不同划分为以下几个时期:乳儿期、婴儿期、幼儿期、童年期、少年期、青年期、成年期、老年期。其中,青年期又可具体分为三个阶段。

(1)青年前期:相当于高中阶段,个体的生长发育进入"第二次生长高峰",心理特征特别是人格心理特征变化明显。

(2)青年中期:相当于大学阶段,生长发育、心理发展均趋于成熟。

(3)青年晚期:相当于完成学业、选择职业、组建家庭、走向社会的初期阶段,生长发育和心理发展相对稳定。

处在青年中后期的大学生风华正茂,心理发展趋于成熟,但在其心理发展过程中依然存在各种不平衡和不协调的因素,由此导致大学生的心理活动呈现出矛盾的状况。

(一)独立与依赖的矛盾

大学生离家求学,脱离了家庭的约束,同时也摆脱了升学的压力,有更多的机会来观察世界、发现自我。他们想用自己的眼睛寻找真理,不再一味地遵从师长和世俗的要求,可是他们经济还不独立,经历还不丰富,思维还不深刻,他们想独立但又很难摆脱依赖,就像空中的风筝,既想自由翱翔,又不忍挣断等线,风雨来时,还想投回母亲的怀抱。

(二)闭锁心理与渴望理解的矛盾

由于拥有了人格化的自我,大学生无法把自己完全地融入他人之中。每个人都有了一片只属于自己的空间,别人无法涉足。但他们又处于渴望友谊、期待理解的年龄。一声赞许会令他们欣然,一丝微笑会使他们兴奋。他们把自己的心灵之门小心地锁上,又把钥匙挂在旁边。他们多么希望一个细心的人能开启自己的心灵之锁,然后推门而入。

(三) 理想与现实的矛盾

大学生是天之骄子,是象牙塔中理想与梦幻的化身。他们有的是热情,有的是精力,总觉得自己是未来社会的撑船人,世界属于自己。可是一接触现实则会发现,社会并不完全按照自己的思维运转,他们的高谈阔论很少被别人采纳,一腔热血有时换来的是冷嘲热讽。理想的泡沫在现实面前破碎后,他们痛苦、愤怒、郁闷,找不到自己的位置、自己的路。这世界充满了成功的机遇,但挫折和失败却比成功更多。大学生还处在一个太容易欣喜和沮丧的年龄,还不知道如何面对成功和失败。

(四) 求知欲强与鉴别力低的矛盾

上大学前,他们一直埋头于课本与题海中,一旦没有了升学压力,那处于巅峰的感知力和记忆力则令他们"胃口大开",他们像饥渴的孩子一样涌向大学图书馆,哲学、文学、艺术……饥不择食。这种没有指导、没有鉴别的盲目阅读使他们吸收了许多营养,也吃进了许多毒素。各种各样的思想涌入他们缺乏鉴别力的大脑。读了一阵子书后,他们又陷入了新的迷茫与困惑。学海茫茫,不带着自己的指南针去读书,终究会在书堆里迷失的。

(五) 性生理早熟与性心理晚熟的矛盾

处于 20 岁左右的大学生,他们的生理迅速发展成熟,但由于在学校生活的时间长,与社会实践接触的少,使他们出现与生理发育不协调的心理晚熟现象。性生理的基本成熟,使大学生有了异性交往的需要和欲求,但大学生恋爱的成功率却很低。因为除了感情以外,两个人在经济、社会、心理方面都还缺乏承担爱的责任和能力。如果把爱和性分开,把爱和责任分开,那么爱只不过是一场浪漫的游戏。

二、大学生的心理健康状况

各方面的心理健康调查结果显示,目前我国大学生的心理健康状况令人担忧。在校大学生出现心理障碍倾向的比例在 30% 左右,而存在较严重心理障碍的约占 10%。不过,大学生是否就是心理障碍的高危人群,目前下结论尚早。大体说来,目前大学生的心理健康问题主要表现在以下几个方面。

(一) 环境适应不良产生的心理矛盾和困惑

环境适应不良主要发生在大学新生群体之中。从中学进入大学是大学生人生中的一个重要转折,在这个转折中,如果难以适应生活环境、人际环境,就会产生心理矛盾和困惑。例如,自豪感与自卑感的矛盾、新鲜感与恋旧感的矛盾、独立感与依赖性的矛盾、轻松感与被动感的矛盾,以及强烈的交往需求与孤独感的矛盾,因此极易产生苦恼和忧愁。如果这些矛盾过于激烈和持久,就容易导致心理压抑,甚至引发心理疾病。

（二）学习和考试的压力过重而导致高度紧张和焦虑

学习仍是大学生生活的主旋律。而学习进度的快慢、学习内容的简繁、学习难度的大小、学习成绩的好坏都会使大学生的心理状况发生变化。特别是当人才进入市场，学业的好坏成为影响就业好坏的主要因素时，有的同学因学习、考试的过分压力而出现一定程度的心理问题。例如，因过度的紧张、焦虑而出现自卑、厌学、注意力不集中、失眠、精神不振、思维钝化等心理障碍。这种心理状态在大学生心理问题中较为多见。

（三）人际交往的不适导致的烦恼和孤独

社会心理学的研究表明，人们的心理矛盾乃至心理疾病的产生大多是因为人际交往不适造成的。由于大学生是处在一个特定阶段的特定角色，缺少社会生活经验和社会交往的阅历，然而随着环境的改变、生理和心理的逐渐成熟，他们产生对友谊和爱情的渴望，时代的发展也对大学生人际交往能力提出更高的要求，因此不少大学生常常因为沟通不良、人际冲突、人际关系失调而产生烦恼、自卑、压抑、焦虑、孤独和恐惧等情绪。严重者则会患生理、心理疾病。

（四）恋爱和性心理的发展导致心理困扰

伴随着大学生生理、心理的逐渐成熟，大学生性心理也有了较大的发展，产生性的欲望和冲动，有了强烈的结交异性的渴望。一般情况下，大学生通过学习、工作、文体活动和正常社交活动，可以使自己的生理能量得到正常的释放，以减轻和抑制生理活动，保持生理、心理平衡。但一部分大学生由于缺少对性健康和性科学的正确认识，对性心理缺少良好的卫生知识和习惯，因而导致恋爱和性心理的困扰，如因单相思而自困、因热恋影响学业而烦恼、因失恋而萎靡、因多角恋而难以自拔、因性自慰而感到羞愧自责，等等。

（五）人生价值观上的消极取向导致认知上的偏执

大学生一向被认为是心理最为健康的一部分人。他们关心政治，思维敏锐，乐于进取。新形势下，社会价值观呈多元化，一部分大学生对人生态度和人生意义缺乏正确的理解。他们在价值取向上或过分强调自我价值的实现、过分夸大自我作用，或自我否定、自我拒绝。他们在处理个体与集体、个人与社会的关系上常常存在消极评价倾向和过激的心理状态。

三、影响大学生心理健康的因素

影响大学生心理健康的因素是多种多样的，既有个体发展过程中的家庭环境、教育环境、社会环境等因素，又有个体发展过程中自身主观的因素。

（一）社会因素

著名社会学家费孝通先生说："我国当前正处在一个大变革时期，这个变革包括几千年沿袭下来的文化、观念的变革，因此不可避免地会出现因适应不良而产生的各种心理障碍。"这都要求人们及时地进行自我调整，以便适应新的社会生活环境。然而，大学生正处于世界观、人生观的形成期，生理和心理处于不稳定阶段，心理还十分脆弱，容易造成价值观的混乱和情绪的起伏不定，致使他们心理复杂而动荡不安。加之缺乏社会经验，心理承受能力和调节能力较低，因而在发展变化迅速、高效率、快节奏和竞争激烈的社会中出现各种心理困惑也就在所难免。

(二) 家庭因素

家庭环境和教育对个体人格的形成具有重要的影响。家庭是每个人成长的第一环境,父母是孩子的第一任老师。父母的文化程度、职业特点、性格特征、价值观、人生观和教养态度、教养方式直接影响着孩子的人格特点和心理素质。父母的病态心理常常会引发子女的心理病态,父母心理不健康也成为家庭不安定的潜在因素,并直接影响到子女的心理健康。不正常的家庭内部关系会造成一个人不适当的心理行为。父母关系恶劣,家庭气氛紧张,尤其是父母离异,往往会使孩子形成不良的性格特征,如冷漠、孤僻、自卑、多疑等。这些不良性格特征使得大学生在人际交往方面出现障碍,表现为缺乏生活热情、缺乏爱心、人际关系淡漠、人际交往羞怯或恐惧等心理问题。

(三) 学校因素

学校是大学生生活、学习的主要场所,对大学生的身心健康会产生直接影响。我们的中小学教育一直是围绕着高考的指挥棒而运转的,成绩的高低决定能否考上大学,使得教师和家长把目光死死地投向学生的分数,而几乎完全忽视了他们的身心是否健康发展教育。当这些没有接受过系统、正规的心理素质训练的学生进入大学后,面对新的环境、新的学习方式和人际交往时,便会出现各种各样的烦恼和困惑,如果得不到及时的调整和解决,就会产生心理问题或心理疾病。

(四) 大学生自身因素

大学生个体自身因素是影响和制约大学生心理健康的主要内因,主要表现为以下几方面。

1. 个体的人格缺陷

有研究表明,大学生中有相当一部分人存在不同程度的人格发展缺陷,表现为孤僻、冷漠、多疑、悲伤、急躁、冲动、固执、好钻牛角尖、易偏激、骄傲、虚荣、以自我为中心等。近年来,在对学生进行心理健康教育和咨询时发现,不少心理障碍都与人格缺陷有关,如偏执型人格障碍导致固执、多疑、好嫉妒、难与同学相处;强迫型人格障碍具体表现为过分的自我束缚、自我怀疑,常常紧张、苦恼和焦虑;自恋型人格障碍的主要特点则是自负,不接受批评和建议,人际关系紧张。

2. 自我意识缺乏客观性和正确性

大学生的自我意识是大学生心理发展中具有突出特色的方面,是人格发展的最集中的表现之一。自我意识包括自我评价、自我体验和自我控制等。

大学生对自我评价有浓厚的兴趣,但却常常缺乏客观性。有时自我感觉太好,自我期望值过高,偏离实际水平;而一旦遇到挫折和不幸,又容易出现逆转,走向对立面,产生自卑情绪,自我评价过低,不能客观、正确地认识自己。

大学生的自我体验强度大,但不稳定。大学生对自己的发展和社会地位日渐关心,对自己的一切行为举止极易产生强烈的内心体验,但自我体验有着较多的情感性,故不够稳定。他们常常会因为自我目标和现实目标有差距而心灰意冷、意志消退,出现自卑、抑郁、悲伤、痛苦等负性情绪体验。

大学生的自我控制水平明显提高,但却缺乏持久性。大学生进入大学后,一般都能按照自己的理想和追求规范自己的行动,并能逐渐以社会标准和社会需求调节自己的行动。但同时,青年大学生的自我控制缺乏持久性,经常出现忽高忽低的起伏现象。例如,自由散漫、懒惰、沉沦、失落迷茫、情绪过度高涨和过度低落等就是具体表现。

3. 缺乏科学的社会认知

在社会的急剧变革中,传统文化体系开始衰落,人们所推崇的价值体系和行为规范受到冲击,而新的道德行为规范又尚未完全建立起来,人们普遍感到困惑焦虑、无所适从,出现价值失落、道德滑坡和人格扭曲现象,享乐主义、拜金主义和极端个人主义等非理性行为也比比皆是。这使处于敏感期的大学生出现种种心理不适,对社会的复杂性缺乏科学、全面、正确的认知,受社会消极面影响较多,产生悲观、失望、消沉、偏激等心理问题,甚至导致形成攻击型和反社会型人格障碍。

4. 缺乏人际交往能力

由于大学生面对来自不同地域、不同教育背景、不同经济状况、不同风俗和生活习惯、不同学业期待的新同学,建立协调、友好的人际关系是非常重要的。虽然大学生们整天在一起学习、生活,交往的机会很多,交往的内容也非常丰富,但大学生之间的交往较中学时期要复杂、难处理得多,而大学生中不少人既缺乏应有的交往意识和能力,又缺乏良好人际关系所必需的人格品质,因此,许多大学生常常感到人际关系上的压力,一些人甚至陷入人际交往危机。主要表现在以下几方面。

(1) 缺乏自信心。有的学生认为对任何事情如果不反复确认就放心不下;有的学生因缺乏自信心而害怕社交或不愿意参加社交活动。

(2) 在社交场合十分拘谨,过多地考虑自己的形象。

(3) 以自我为中心,过分地苛求别人。对他人的言行吹毛求疵、挑剔、猜疑,缺乏理解、尊重、同情心。

(4) 不懂宽容,不会设身处地为别人着想。

(5) 过分固执、任性、偏激,甚至喜怒无常。

5. 生活环境变迁

心理学研究表明,个体所处环境的巨大变迁会使个体产生心理应激。生活环境的变迁对新生是一个不小的挑战。由于环境的改变、角色的变化、生活方式的变更,再加上大部分学生要远离父母长期住校,他们的独立生活能力、适应能力、交往能力欠缺,以及缺乏必要的思想上、心理上的准备,便产生了程度不同的适应困难。强烈的失落感必然会引发思乡念旧的情绪,而对大学生活的焦虑、恐慌、苦恼、不安也会在很长时间里影响着大学生的心理发展。

6. 理想与现实的冲突

在来大学之前,每一名大学生都在内心勾画着大学的轮廓:校园是那么温馨美丽,专业学习是那么得心应手,大学教授是那么超凡脱俗……然而,到大学一看,与自己理想中的大学相差太远。理想与现实的差距越大,大学生的心理就越难以平衡。因此,在他们内心便会产生不满、失落、抱怨、自卑等心理困惑。

7. 情感、情绪上的困扰

情感、情绪上的困扰是大学生心理困惑最主要的表现形式。从调查中了解到:32.26%的学生认为自己的情绪起伏过大,28.43%的学生认为自己缺乏热情和积极性,29.96%的学生认为自己情绪易被破坏。这说明大学生情绪倾向性较高,而情绪控制能力较低,易受外界暗示和干扰。

8. 学习、考试的压力

有一部分大学生不适应大学的学习方式,仍然像中学时期那样依赖课堂,依赖父母、老师的监督,因此,学习效率很低。另有一部分大学生由于整天忙于娱乐、上网、谈恋爱、看小说,跟不上学习进度,产生考试焦虑。还有些大学生为了取得好成绩,整天埋头于书本,缺乏必要的放松和休息,长期处于紧张状态,导致心理疲劳。

9. 恋爱问题

处在青春期后期的大学生,由于身心发展逐渐成熟,非常渴望同异性接触,而大学自由、宽松的环境也为男女生交往提供了良好的机会。此外,受文学作品、电影、电视剧中男女恋爱桥段的影响,或在越来越多谈恋爱师兄、师姐的影响下,很多大学生入学后,在没有充分的心理准备、不加冷静思考的情况下便盲目地坠入爱河。但是,由于许多大学生缺乏对爱情的认识和情感的把握能力,当在恋爱中出现了矛盾、纠纷甚至失恋时,轻者情绪低落,痛苦不堪;重者心理变态,导致杀人或自杀悲剧产生。

10. 择业困难

随着社会主义市场经济体制的逐步建立和完善,以及高等教育改革的进一步深化,我国的就业制度逐步由统一分配变化成面向市场、自主择业。大学毕业生经过四年的拼搏,开始进入择业阶段,这是决定自己前途和命运的关键时刻。大学生能否顺利择业,取决于择业的客观环境因素和择业的主体因素两个方面。包括家庭的背景和期望、学校教育的目标与质量、社会就业的形势与信息、个人的素质和人格特征等。由于现阶段我国仍处于经济转型时期,各个地区的经济发展不平衡,各种产业结构又处于调整和改革之中,原有教育体制下培养的毕业生往往在专业上、知识结构上不能适应新的产业结构和高新技术发展的需要,这样,就会在一个时期、一些地区出现大学毕业生供需脱节的现象,使大学生的就业发生暂时的困难。另外,大学生在择业过程中,由于自身的择业动机、就业目标选择、自身实际情况等原因也影响了大学生的择业。据调查,择业中感到"很焦虑"的占6%,感到"焦虑"的占24%,认为能找到理想工作"很难"的占14%,"比较难"的占49.8%。由于大学生的就业形势不乐观,择业竞争日益激烈,就业压力日益增大,而相当一部分大学生在择业的经验上、心理上、技能上还有欠缺,因此,在择业过程中常常感到焦虑、无助、迷茫和自卑。这些问题如果处理不当,轻者影响就业选择,重者引发心理疾病,极大地影响了个人的发展和身心健康。

第三节 在高校开展心理健康教育的意义

案例导入

> **案 例**
>
> 刚进六月,初夏季节,大学的校园里洋溢着青春火热的气息。临近傍晚,花草环绕的桂花池沐浴在晚霞之中,显得格外富有诗意。两名身穿鲜艳连衣裙的女同学坐在路旁的椅子上聊天。小路的入口处,张某与同宿舍的三名男同学谈笑风生地散步走来。张某看到了坐在椅子上的女生,投去了欣赏的目光。

"看！他是不是看上那个女生了？"另外一名男同学发现了这一细微变化。

"嘿！真没看出来，平时挺正经的，居然对女生这么感兴趣！"其他男同学也开玩笑地附和着。

听到这些话，张某顿时涨红了脸，急忙把目光转了过来。

这是大学校园里经常发生的事。然而张某却没有就此画上句号。

"我是不是一个道德有问题的人？为什么别人没去看那两个女生，而我却看了？"

"真没面子，同学们肯定认为我是一个不正经的人。我发誓再也不看女生了！"这些问题和想法在张某的头脑里频繁显现，反复强化。

大学校园里到处都有异性的身影，教室里、食堂中、花园内、操场上、道路旁……张某根本无法实现自己的誓言。当迎面走来女生时，他就强迫自己低着头或目不斜视地往前走，然而一种无法抑制的力量使他每次都抬起头或转过脸去看一眼擦肩而过的女生。

一次次的失败使他失去了自信，不敢正视自己的同学，他感到自己陷入了一个怪圈，无法自拔。摆在面前的书一页也看不进去，课堂上不知老师在讲些什么，深夜久久不能入睡。

一年过去了，沉重的心理负担压得他喘不过气来。在他脸上再也看不到青年人应有的生机和朝气，取而代之的是疲惫的身体和疲乏的眼神。

案例评析

张某的经历和体验你曾有过吗？也许有，也许没有。然而，让我们回想一下，自己的时间和精力是否都用在了学习和全面成长上了呢？是否有不良的情绪干扰和影响了自己，而不能全身心地投入到快乐幸福的学习与生活之中呢？

事实上，在大学生活期间，每一名大学生都承受着成长所伴随着的各种压力和挑战。这些压力和挑战或者来自于环境和他人，或者来自于自身。每一名大学生对这种客观上存在的压力和挑战的处理方式都是不一样的。通常，心理健康水平高的学生能够顺利化解郁闷，战胜自我，健康成长；而心理健康水平低的学生则固于困惑，陷于焦虑，易于消极，不能有所突破而继续成长，甚至可能发展成为心理障碍或心理疾患。

在上述案例中，张某就是因为对自己人性中的一些东西不能接纳，内心冲突严重，自我调节能力差，心理健康水平低，导致自己的情绪和行为出现异常。可见，心理健康对大学生的成长与成才具有重要影响，健康的心理是大学生顺利完成学业以及身心和谐、健康发展的基本前提和必要保证。

大学的培养目标是培养全面发展的、高素质的专门人才。心理素质是个人整体素质的一个重要方面，加强学校心理健康教育，不仅对提高大学生个体的心理素质、对他们在校期间的身心健康和德智体美全面发展有着重要作用，而且对他们毕业后的发展有着极其深远的影响。

2001年3月教育部下达的《教育部关于加强普通高等学校大学生心理健康教育工作的意见》（教社政〔2001〕1号）中明确指出，心理健康教育"是高等学校德育工作的重要组成部分"，"是社会全面发展对培养高素质创新人才的必然要求"，"大力加强大学生心理健康教育工作是时代发展的需要"。因此，我们还必须进一步提高对大学生心理健康教育工作在新形势下的必要性和重要性的认识，以保证和推动大学生心理健康教育工作健康有效地开展。

一、开展心理健康教育是社会发展的需要

21世纪对人才的心理素质提出了更高的要求,要想在21世纪取得成功,不仅要有良好的思想道德素质和科学文化素质,更要有创新的精神、进取的态度、竞争的意识、应变的能力、沟通的技巧、充分的自信、积极的思维、乐观的态度、健康的情绪、成熟的人格。因此,要想在未来的社会中生存和发展,没有良好的心理素质做保证是不行的。

大学生是承载着社会、家庭、自身高期望值的一个特殊的群体,他们的素质如何,将直接影响着社会的发展和进步。高校是为社会培养符合社会发展需要的高素质专门人才的场所,社会需要具有良好的思想道德素质、科学文化素质、专业技能素质、身体素质、心理素质的人才,高校就责无旁贷地要为社会培养这样的人才。

二、开展心理健康教育是适应全面推进素质教育的需要

全面推进素质教育是党中央、国务院从我国社会主义事业兴旺发达和中华民族伟大复兴的大局出发做出的重大决策。高等学校作为培养社会主义建设者和接班人的重要阵地,全面推进素质教育是其必然的工作目标。

所谓素质教育是依据人的发展和社会发展的实际需要,以全面提高全体学生的基本素质为根本目的,以尊重学生主体、注重开发人的智慧潜能、注重形成人的健全人格为根本特性的教育。

"素质"是从心理学界定过来的一个概念,心理学认为,素质是指人的身体和心理发展的客观基础。人的发展,是从量的积累到质的变化连续不断的过程。每一个阶段新质的出现,都为下一个阶段的发展奠定一定的基础,进而促成其在新的水平上生长。人的可教育性,就是在不断提高基础水平的变化中体现出来的。素质是一个人身上处在发展中的"基础条件"。

个体的素质结构,主要包括生理、心理两大基本要素,无论是古希腊时期的"身心既美且善",还是现代社会提出的"个体和谐发展",无一不认为个体素质结构包含身心两个基本方面。

生理素质主要指人的身体发育、机能成熟和体质体力的增强。

心理素质则指人的认识、情感、意志及人格的发展与完善。

素质教育可相应地分为身体素质教育和心理素质教育。

心理素质教育是有目的、有计划地对受教育者的心理施加影响,使其提高心理健康水平,全面发展人格,注重学生潜能的开发和各种优秀心理品质的培养和发展,同时预防各种异常心理和心理问题的产生。

近年来,我国大学生心理健康教育工作虽然得到较大的推进和加强,在推进大学生素质教育中发挥了重大作用。但是,还应该看到,我国大学生心理健康教育工作还远远不能适应新形势的发展,特别是还不能满足全面推进素质教育的需要,还存在着在新形势下对大学生心理健康教育的任务、对象、特点和规律认识不高、研究不深的问题,尤其还存在着对心理健康认识上的不到位,还远远没有把这项工作放到应有的位置上。因此,我们要通过对大学生心理健康教育活动,引导和帮助大学生提高对心理素质在人的整体素质中的作用的认识,引导和帮助大学生正确处理好心理素质与其他素质的关系,引导和帮助大学生了解和掌握心理健康的必要知识,引导和帮助大学生优化人格品质、增强心理调适能力和社会适应能力,为大学生全面发展和协调发展创造相应的条件。

三、开展心理健康教育是适应新形势下学校德育工作的需要

心理健康教育作为德育工作的重要组成部分,不仅是因为教育部的规定和要求,更重要的是适应新形势下高校德育工作开展的迫切需要。

近年来,中共中央、国务院及其教育行政部门逐渐将大学生心理健康教育纳入学校德育范畴,使高校德育工作的外延和内涵有了新的拓展。2002年,教育部在《普通高等学校大学生心理健康教育工作实施纲要》中明确要求把大学生心理健康工作纳入到学校德育工作管理体系中。2004年,中共中央、国务院《关于进一步加强和改进大学生思想政治教育的意见》(中发〔2004〕16号)中进一步把大学生心理健康教育作为对大学生思想政治教育的重要内容,其明确提出,在高校"要建立健全心理教育和咨询的专门机构,配备足够数量的专兼职心理健康教育教师,积极开展大学生心理健康教育和心理咨询辅导,引导大学生健康成长"。由此可以看出,加强大学生心理健康教育不仅是德育的重要组成部分,而且是加强改进德育工作的重要保证。随着我国社会改革的深入开展,社会情况发生复杂而深刻的变化,高校德育工作面临的形势更复杂、任务更繁重,工作更艰巨。面对新情况、新特点,增强高校德育工作的时代感及针对性、实效性,不但迫切需要马列主义的强有力指导,也迫切需要包括心理健康教育在内的多方位、多形式的强有力的配合。

四、开展心理健康教育是自我发展的需要

开展心理健康教育是大学生自我发展的需要,大学生要想成为出类拔萃的人才,不仅要有良好的身体,还要有健康的心理,两者要有机地结合在一起。

有人说,"未来世纪的残疾人不再是肌体上存在某种缺陷的人,而是那些心理素质低下者"。大学生正处在迅速走向成熟但又未完全成熟的过渡时期,在这一时期,各种心理活动异常活跃,同时也充满了矛盾与困惑。在这一年龄阶段,自我调节能力还不完善,当面临新的环境、学习压力、人际关系等一系列问题的时候,常常会因为遇到挫折、困扰而引起情绪波动,心烦意乱。大多数学生在面临这些问题或冲突时,通过朋友的帮助、书籍的影响、老师的指导、家长的协助等能及时地进行自我调整而保持健康的心理状态,能愉快地进行生活、学习、交往。但是,也有一少部分学生无法依靠自己的力量调节和改善这种状况,久而久之,就会发展为程度不同的心理困惑或心理疾病,以致影响正常的学习和生活。开展心理健康教育,可以使那些心理比较健康的学生尽快地缩短适应期,提高学习、生活的效率;也可以使有心理障碍的学生及时得到矫治,尽快恢复到健康的状态。

第四节 大学生心理健康教育的有效途径

 案例导入

> **案 例**
>
> 大一学生徐某,刚进入大学时学习劲头十足,曾设定目标,一定要好好学习,争取得到奖学金。他刚入学时,上课专心听讲,认真做好笔记,独立完成作业,课后按时复习。然而,他的这一行为却被同学们暗地里嘲笑为"新一代的老学究"。逐渐地,他发现周围的同学都认为自己与他们格格不入,于是,他也开始逃课、抄作业、上网打游戏,逐渐放松了对自己的要求,从对奖学金的追求者变成了"60分主义者"。临近期末开始突击复习,连熬几个通宵,勉强通过考试。徐某越来越觉得现在的自己与曾经那个积极上进的自己判若两人,在学习上力不从心,对学习的热情怎么也调动不起来。为了改变颓废的现状,徐某每天给自己定下很多的学习计划,但是却很少能够完成,为此他感到十分迷茫。

-------------------- **案例评析** --------------------

徐某的行为是一种典型的心理虚脱状态,很多大学生都与其有着十分相似的经历。部分大学生在步入大学后感到"如释重负",学习没有了动力,开始睡懒觉,打游戏,从一个积极上进的有志青年变成了一个懒散颓废的消极主义者。也许徐某的表现还不能称为有心理问题,但是他这种消极的生活态度已经影响了自身正常的学习和生活,因而也不能称得上是一个心理健康的人。

大学生心理健康教育作为一种教育活动,同其他教育一样,有其自身的发展特点和规律。为了有效地开展心理健康教育活动,使大学生心理健康教育真正发挥"德育的重要组成部分""素质教育的重要举措""促进大学生全面发展的重要途径和手段"的作用,要在认真研究大学生心理健康发展特点的基础上积极地探索大学生心理健康教育的有效方法和途径。

一、学习科学理论,树立科学的人生观和世界观

努力学习科学理论,牢固树立科学的世界观是开展大学生心理健康教育的核心内容。从社会心理学角度看,人生观是人们心理现象的最高层次,人生观对心理结构具有优化作用。人生观作为一种观念形态,它一经形成,就对人的思想起着巨大的反作用,对人的需要、动机、理想、信念及其对待现实的态度都将产生重大的影响和制约。如果有了正确的人生观和世界观,那么这个人就能对社会、对人生、对世界上的事物有正确的认识和了解,并能采取适当的态度和行为反应;就能使人站得高,看得远,并正确地体察和分析客观事物,做到冷静而稳妥地处理事情;同时也能胸怀开阔,保持乐观主义精神,提高对心理冲突和挫折的耐受能力,从而防止心理障碍发生,有利于保持心理健康。

二、提高文化素质,塑造完美人格

对于大学生来说,提高综合文化素质,不仅是帮助大学生形成良好思想道德和专业素质的重要基础,也是帮助大学生开阔视野、活跃思维、升华人格、陶冶情操的重要条件。大学生通过综合文化素质的提高,可形成正确的自我意识,有效地克服自卑或自傲的偏执心理,保持一种豁达、大度的心理状态,形成健康的自尊、自信的心理品质和自律、自强、自立的良好人格。

提高大学生的综合文化素质应以教育为前提,首要的是要加强对大学生的文化素质教育,把加强文化素质教育贯穿于大学教育的整个过程,实现教育的整体优化,最终达到教书育人、提高素质的目的。要切实抓好课程教育,开好提高文化素质的必修课和选修课。对理工科学生来说,应重点开好文学、历史、哲学、艺术等人文社会科学的课程;对文科学生来说,应适当开设自然科学课程。所开课程要在传授知识的基础上更加注重大学生人文素质和科学素质的养成和提高。

还应该帮助、组织大学生开展各种形式的社会实践活动,有计划地组织大学生去参观、访谈、做社会调查、参与社会服务工作等,引导学生投身社会、投身实践,在实践中提高自身的修养。

三、优化校园环境,营造健康氛围

加强校园文化建设,通过各种课外活动以及可以利用的手段,营造积极、健康、高雅的氛围,使大学生从中受到熏陶和感染,进而促进个体的和谐发展。共青团、学生会等社团组织可开展如演讲、辩论、知识竞赛、体育比赛等活动使学生的思维能力、语言表达能力、合作意识、意志品质等心理素质得到提高和发展。通过"5.25"大学生心理健康宣传日、学校广播、电视、网络、校刊、校报、橱窗、板报等广泛宣传、普及心理健康知识,使学生能够经常地接受心理健康教育,积极主动、自觉地提高心理健康水平。

四、创造有利条件,健全教育网络

大学生心理健康教育工作是一项系统工程。要积极创造条件,建立以课堂教学与课外教育指导为主要渠道和基本环节,形成课内与课外、教育与指导、咨询与自助紧密结合的心理健康教育网络体系,确保大学生受到系统的心理健康方面的教育和指导。

(一)建好一个中心

学校要成立大学生心理健康教育咨询中心,负责大学生心理健康教育工作的整体规划、组织协调和运行工作;负责全校学生心理健康教育和相关的心理学科公共选修课教学大纲的制定,负责教学计划、授课任务以及各种规章制度的制定;开展心理普查,建立心理档案,进行团体训练、个体咨询、心理危机干预等工作。

(二)开好一组课程

构建合理的心理健康教育体系,充分发挥课堂教学在大学生心理健康教育工作中的主渠道作用,通过课堂教学向广大学生传授心理健康知识和心理调适方法,帮助学生提高适应社会生活的能力和养成良好的人格品质。在此基础上,开设着重于帮助大学生培养优良心理品质、提高心理调适能力和社会适应能力、培养综合素质方面的如社会心理学、交往心理、学习心理、成功心理等公共选修课。针对不同年级学生中带有普遍性的一些问题,开设系列专题讲座和报告。

(三) 建设一支专兼结合的师资队伍

大学生心理健康教育工作是一项专业性很强的工作,对工作人员的专业素质要求较高,因此,培养一支专业化骨干教师队伍是做好大学生心理健康教育工作的关键。高校要结合教育部办公厅关于印发《〈普通高等学校学生心理健康教育工作基本建设标准(试行)〉的通知》(教思政厅〔2011〕1号)文件精神,按学生比例配备专职及兼职教师。并要加强师资培训,保证专职和兼职教师每年接受不低于40学时的专业培训,或参加至少2次省级以上主管部门及二级以上心理专业学术团体召开的学术会议,适时安排从事心理咨询的教师接受专业督导,使他们不断提高理论水平,丰富专业知识,积累教育经验。

(四) 建立大学生心理健康教育三级工作网络

大学生的心理问题具有不同的层次,从一般的适应问题到严重的心理障碍或精神疾病都可能存在,因此,帮助大学生解决心理问题要建立一个分层次的工作网络。

第一级工作网络:在每一个教学班选一名对心理学感兴趣、有热情、愿意帮助同学的学生作为心理委员,通过培训,使他们对心理健康知识有基本的了解,掌握一定的心理辅导方法和技能。学生心理委员来自不同系别,共同的生活与情感使他们易于与同学沟通,并容易发现同学中的各种问题,特别是危急事件。他们发现问题后可及时向学生工作干部报告。

第二级工作网络:重视发挥学生工作干部在心理健康教育工作中的作用。学生工作干部是与学生打交道最频繁的,他们对学生的人格特点、家庭状况、学习情况和人际关系状况等都比较清楚,因此,在大学生心理健康教育工作中担任着重要角色。他们经过一定的心理咨询培训,再根据自身丰富的思想教育工作经验,对于学生面临的一般性心理问题和发展性问题,在日常思想教育过程中就能全部或部分解决。对于有较为严重的心理问题的学生,由他们介绍到心理健康教育咨询中心,由心理咨询专业人员来处理。

第三级工作网络:发挥心理健康教育咨询中心专业人员的专业优势,解决学生中较为严重的心理问题。对个别学生较严重的神经性障碍,由他们拿出诊断及处理建议报告,或休学或转介到专业医院进行治疗。

学生心理委员、学生工作干部和心理健康教育咨询中心专业人员三级工作网络的建立,为更好地落实大学生心理健康教育工作提供了有力保证。

(五) 进一步搞好大学生心理普查工作

通过科学的方法和手段,有效地将大学生中可能存在心理问题的学生筛查出来,并根据其严重程度进行分类,对问题较为严重的学生进行跟踪、控制和帮助,实现对大学生心理问题的及时发现、早期干预和有效控制的目的,从而提高大学生心理健康教育工作的科学性和针对性。通过开展大规模的心理普查,有效地扩大大学生心理健康教育工作在学生中的影响,同时为制订大学生心理健康教育计划和建立大学生心理档案提供有力支持,形成筛查、干预、跟踪、控制一体化的工作机制,切实做好筛查出的可能有心理问题学生的后期支持工作。

(六) 积极开展有效的心理辅导和心理咨询工作

心理辅导和心理咨询是大学生心理健康教育中必不可少的辅助性工作。心理素质教育是面向全体学生,而心理辅导和心理咨询则是有重点地针对少数有心理困惑和心理问题的学生进行帮助的一项工作。心理健康教育工作者可充分利用咨询室、心理信箱、心理热线、网络等进行心理辅导和心理咨询,及时解决学生的心理困惑和心理问题。

(七) 心理健康教育要全面渗透在整个学校教育过程中

把心理健康教育与学校的德育工作、教学及日常管理工作有机结合起来,通过各项工作渗透心理健康教育。辅导员、班主任、两课教师和党政工团干部要有加强学生心理健康教育的明确意识,能够基本掌握有关心理辅导的理论和方法,在日常思想政治教育工作及日常的教育和管理工作中,能将学生的心理问题与思想问题区分开,及时、主动地与学校从事心理健康教育工作的教师合作,以给予学生及时的辅导和帮助。学校医疗保健机构应与学校心理健康机构相结合,为学生开展心理健康教育和咨询服务。共青团、学生会和其他学生社团还可举办丰富多彩的活动,以便更好地提高学生心理健康水平。

第五节 测试与训练

一、阅读资料

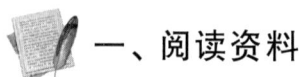

青春的本质

青春,不是人生的一个时期,而是一种心态。

青春的本质,不是粉面桃腮,不是朱唇红颜,也不是灵活的关节,而是坚定的意志、丰富的想象、饱满的情绪和荡漾在生命甘泉中的一丝清凉。

青春的内涵,是战胜怯懦的勇气,是敢于冒险的精神,而不是好逸恶劳。许多60岁的人反比20岁的人更具上述品质,年岁虽增,但并不催老。衰老的成因,是放弃了对理想的追求!

岁月褶皱肌肤,暮气却能褶皱灵魂。烦恼、恐惧,乃至自疑,均可摧垮精神,伤害元气。人人心中都有一部无线电台,只要能从他人或外界收到美好、希望、欢畅、勇敢和力量的信息,我们便拥有青春。一旦天线垮塌,精神便会遭到愤世和悲观的冰霜的镇压,此时,即使20岁的人,也会觉得老了;然而只要高竖天线,不断接收乐观向上的电波,那么即使你年过80岁,也仍觉得年轻。

二、心理测试

心理成熟水平测试

【测试说明】下面有15道题,请在与自己情况相符的题后打"√",在与自己情况不相符的题后打"×"。

1. 你是否特意选定一个夜晚独自度过?
2. 你提议去某餐厅吃饭,而你的同学决定去另一家,结果那家餐厅的菜糟糕透顶了,你会向同学抱怨吗?
3. 对一项同学们都赞同的议案,你觉得不妥,在投票前你会据理力争吗?
4. 如果学习紧张,你会放弃一些课余活动吗?
5. 如果有一项重要的方案需要你参加推行,你是否要比别人多出一点力量?
6. 几年前你对事物的看法是否比较有趣?
7. 对同学的一项新发明,你是否急着要看它的效能?
8. 听到老同学取得了重大成绩,你是否觉得有点嫉妒?
9. 你有耐心等待一件自己非常想得到的东西吗?
10. 在课堂上,你是否害怕因提问的措辞不当而不敢发问?
11. 你对社会工作热心吗?
12. 对自取其辱的人,你是否不予同情?
13. 在过去的一两年,你曾深入研究过一些事物吗?
14. 学生时代的生活是最快乐的吗?
15. 上列的问题,你是否据实回答?

【计分办法】单数题答案为"√"的每题得2分,双数题答案为"×"的每题得2分,15道题相加在一起得出总分。

【测试结果】总分在24分以上的,心理比较成熟,能够很好地处理日常生活中的事情;总分为18~22分的,心理不是很成熟,容易感情用事;总分在16分以下的,心理不成熟,遇到问题总是优柔寡断。

三、心理训练

大家都非常熟悉中国著名的田径运动员——刘翔,他所从事的项目是110米跨栏。与普通的赛跑项目不同,跨栏比赛为运动员设置了障碍,增加了阻力,提高了难度。但是,只要有过硬的体能素质、精湛的运动技巧和良好的心理素质,比赛选手就能顺利地通过障碍,抵达终点。把这种过程形象地移植到心理调适中来吧!把每一项心理障碍都当成一道人生心路历程上的"栏",只要鼓足勇气、掌握技巧,就一定能够跨越这些障碍,赢得心理健康。

第一栏:读——阅读明理

阅读是一种精神享受,愉快的阅读更是一种高级的休闲。作为在校大学生,首要的任务就是学习,接触最多的是书本。因此,当遇到心理烦恼等问题时,最先求助的就应该是书,尤其是那些能够打开心结、启迪智慧、丰富心灵、砥砺意志的社会科学与人文科学类图书。快乐地阅读,带着兴趣去阅读,让心灵在文字的"按摩"下得到治愈,既拓展了视野、通晓了情理,开阔了心胸,又获得了身心的全方位放松。

选择一本你最喜欢的书,再选取其中你最喜欢的一段(或者蕴含哲理,或者富于幽默,或者慷慨激昂,等等),大声地、有感情地朗读出来,与同学们共同分享,并谈谈对该段文字的感受和给你的启示,最后填写下面的表格。

我的枕边书	最喜欢的话	给心灵最大的启示
《沉思录》(马可·奥勒留)	"一方面能足够强健地承受,另一方面又能保持清醒的品质,正是一个拥有一颗完善的、不可战胜的灵魂的人的标志。"	要增强心理承受能力,不怕挫折,不惧压力,以强大的内心面对一切困难。

第二栏:写——解锁心灵

记录自己的心情是一个良好的习惯,它可以帮助你养成一种有序的生活习惯,强化对自己内心的重视程度,锻炼冷静审视自我、客观分析自我的能力。大学生应该有规律地对自己的心理状态进行省察,及时发现问题并解决问题。

长期记录心情还能够从中摸索出自己的思维模式,揭示自己既定的、习惯化了的,甚至是潜意识里的认知结构。而一旦克服了某些歪曲的思维或错误的认知,就很容易矫正自己的心理障碍,改善自己的情绪。

下面是一个关于"应该与不应该"的认知模式表,列举了一些同学们容易陷入的思维误区,看看你都有哪些,在相应选项上打"√"。

认知模式内容	有	没有
我不应该犯错误		
我应该能抓住每一次机会		
我应该永不疲倦,保持旺盛的精力		
我应该自信能解决每一个问题		
我应该让所有人都认识到我的价值		
我不应该落在任何人后面		
我应该把每一件事都做好		
我应该让别人都同意我的看法		
我应该宽宏大量,体谅别人		
我应该永远快乐,不伤害别人的感情		
我应该知晓、理解和预示未来		
我应该知难而进,永远能控制自己的情绪		
我不应该说任何谎言		
我不应该批评别人,让别人感到不舒服		
我不应该求助任何人,给别人添麻烦		

上述项目中,如果你有超过5项,就表明你的认知模式不合理,这种认知甚至在一定程度上给你带来了心理和行为上的压抑。你需要考虑逐条审视它们,看看能否及时修正。

应该或不应该并不都是绝对的。信奉这些信条的人对自己有很多"不应该"和"应该",他们同样以这些信条要求他人。可别人并不会按照你的信条行事,因而造成人际关系紧张,同时加重了自身的心理负担。由此,在对自己的认知模式进行了简要的分析之后,不妨尝试以下步骤。

(1) 分析"应该"和"不应该"的信条中哪些是不太现实的,甚至是过分的、严重超出自己能力范围的,找出它们给自己造成的压力。

(2) 据此要充分认识到人能力的有限性,人不可能做到理想中的十全十美,所做的一切也不可能都成功,或许残缺也是一种美,或许"十全九美"也不错。

(3) 要认识到各人有各自不同的价值系统,没有统一的"应该"与"不应该"模式。你认为应该的,别人不一定认为应该,不能把自我同他人的看法等同起来,不能按照自己的标准去要求别人。

(4) 改变"应该"与"不应该"的信条,使之更现实,更富有弹性,对自己不要那么苛刻,不要和自己过不去。

重新列出一张表格,列出哪些是你认为能够改变的信条,写下经过改变后更为合理的信条。

原来的信条	改变后的信条	为什么做出如此改变

第三栏:说——说破无毒

交流是人类生存的基本方式,也是解决心理问题的有效途径之一。很多心理问题,正是当事人自我封闭所致,遇到问题后总是自己闷头苦想,不与他人主动积极交流,造成心理压力长期积郁于心,得不到合理的宣泄。交流的过程是自我开放的过程,打开心灵的窗户,把别人的意见当作阳光请进来,也把自己的问题当作二氧化碳排出去,这样才能恢复心理的健康。

在你心情不好的时候找个人聊一聊,说出你的想法,让他给你出主意。进行此项活动时最好分两次:一次是当事人向同性朋友倾诉,一次是当事人向异性朋友倾诉。倾诉过程完成后,填写下表。

	与同性朋友	与异性朋友
我倾诉的问题		
对方的回应		
解决的程度		
满意的程度		

交流互动之后,对比一下同性朋友和异性朋友在帮助自己解决心理问题时的不同特点,你觉得向哪种朋友倾诉更放得开、更舒心、效果更好?课余时间尝试着与老师、父母、心理咨询老师分别进行倾诉,对比一下感觉和效果。

第四栏:唱——歌以养气

唱歌是一种十分有效的释放压力、舒缓身心、调动情绪的手段。先由老师播放音乐,同学传递物品,当音乐停的时候,接物者成为表演者。表演者要当众进行歌唱表演,同学们作为观众要给予他信心,制造热烈的氛围,以鼓掌、欢呼等"粉丝团"形式让表演者找到一种"我是大明星"的感觉,充分让其放松与释怀。表演结束后,请同学们填写下面的词条。

最让我开心的歌曲:_____

最让我振奋的歌曲:_____

最让我想睡觉的歌曲:_____

最让我释压的歌曲:_____

最让我想运动的歌曲:_____

最让我沉醉的歌曲:_____

最让我感动的歌曲:_____

最让我想笑的歌曲:_____

此外,老师可以选择播放某些经典音乐作品,如轻音乐等,同学们闭目静听,在听的过程中仔细体会心理上的变化。音乐播放结束后,相互交流一下感受。

第五栏:学——快乐模仿

可以模仿自我催眠的方式,使自己随时随地都能对自己的心理状态给予干预。采取深腹式呼吸法,横躺或仰卧在睡椅或床上,静坐于座位上亦可。两手置于腹部肚脐处。想象自身坐在阳光明媚的公园里或者是夏日海滨的沙滩上。自我暗示以下几句话:"腹部温暖,温暖";"我的整个腹部非常温暖";"像太阳光照在肚子上,暖洋洋的,暖洋洋的";"腹部温暖,非常轻松";"腹部轻松、舒适,非常温暖"。以上暗示反复进行三次。当腹部确实有一种充实的温暖感后,可以结束所有练习,自我暗示"一切正常",然后睁开眼睛。

也可采用暗示法,即静坐,闭上双眼,深呼吸,小声告诉自己"世界如此美妙,我却如此暴躁,这样不好,不好"。反复劝告自己,直至心态稳定。

你还想到什么方法?给大家介绍一下,让大家一起来学习、掌握吧。

第六栏:逗——开怀一笑

笑是一剂良药,所谓"一笑解千愁"。想一想生活中令自己开心的事,或尝试给大家讲一个笑话,可以是精心搜集挑选的、大多数人没听过的,可以是自己原创的,也可以是身边发生的,把大家逗乐即为成功。

第七栏:泄——痛哭无罪

心理障碍积压太久了,真想大哭一场。真想哭吗?那就哭吧!哭能缓解压力,让情感抒发出来要比深埋在心里有益得多。可以选择欣赏一场悲剧电影,与自己想哭的心理诉求形成共鸣,加强释放效果。

第八栏:动——绿色充电

生命在于运动,运动赋予我们健康。运动是保持健康的最佳处方,不仅对于躯体,对心理健康和社会适应能力也有非常重要的作用。运动可以让我们心情愉快,保持良好的心态,塑造完善的性格,是修身养性的一味良方。规律适宜的运动除了能够增进健康和延长寿命外,也能改善生活质量,如睡眠、情绪和压力,使我们思绪更清晰,更有创造力,享受更美好的人生。在发觉自己有某种心理障碍的时候,不一定非要把目光"向内",紧紧盯在单纯的心理,不妨把目光"向外",投向大自然,投向外面的世界,呼朋引伴,去做适当的运动。

完成下面的表格,给一些具有负面心理特征的同学们一些建议,看看不同的心理问题可以用哪种运动来加以调适。

心理特征	建议运动项目	益　处
心理素质差的人		
天性胆小,容易害羞脸红,性格腼腆的人		
性格内向、孤僻,不合群,不善于与人交往,缺少竞争力的人		
多疑,对他人缺乏信任,处理事情不果断的人		
虚荣心强,遇事好逞强的人		
处世不够冷静沉着,易冲动急躁的人		

跨越了一道道障碍后,你是否觉得轻松了许多?同学们彼此自由交流一下这些技巧的作用和运用这些技巧时的真实感受。同时,再动脑想一想。还有哪些有效的方式能够方便同学们自行掌握与运用。把想到的方法记下来,跟同学们分享。最后把可行的技巧在全班同学面前演示、推广。

 思考题

1. 为什么要在高校开设大学生心理健康教育课程?
2. 影响大学生心理健康的因素有哪些?
3. 通过哪些途径可以提高大学生的心理健康水平?

第二章 大学生自我意识

 **心灵导读**

大学阶段是一个人从青春期向成年期转变的重要时期,也是自我意识发展并走向完善的重要时期,正确地认识自我是良好心理素质的体现,也是心理健康的标志。

通过对本章的学习,了解自我意识的含义、结构和大学生自我意识的发展特点;理解大学生由于自我意识矛盾所产生的心理困惑;掌握提高自我意识的方式和方法;能够通过积极有效的途径和方法正确认识自我,提高自我认知能力。

第一节 自我意识概述

案例导入

> **案 例**
>
> 小欣,女,大学二年级学生。小欣来自城市,父母工作稳定,家庭经济条件比较好,进入大二以后,由于学校教学安排得比较松,加之自己对大学的学习环境已完全适应,于是她将大量的时间用在吃、穿、玩上。小欣的作息、饮食变得没有规律,致使自己很快胖了许多,变胖的小欣担心自己被同学取笑,于是变得心情低落,郁郁寡欢。小欣想通过运动、节食来减轻体重,但不能坚持,收效甚微。

------ 案例评析 ------

案例中,小欣由于自我意识发展不完善导致情绪低落。我们可从以下三个方面加以分析原因。

(1) 自我评价中只注重生理自我的特点,忽略了社会自我和心理自我的充实和完善,当发现自己身材变胖后,自我认知评价都是负面的和消极的。

(2) 自我评价的片面性和负面性。小欣自我评价中认为身材是一个人美的重要标志,胖了就是不可爱的、不被人喜欢的,这种自我评价导致自我的情绪体验是不开心、垂头丧气、抑郁。

(3) 自我意识不完善导致自我控制力低。自我控制就是对自己的控制,含义有两层:一是自己对自己的设计,我可以做什么,我不能做什么;二是自己对自己的指导和调节。小欣在自我控制方面薄弱,不能持之以恒,导致减体重的运动方案失败,这又加重了情绪的低落和自我价值的否定。

到了青春期,尤其是进入大学以后,每一个人都可能会不由自主地产生许多关于自身的问题,如"我到底是个什么样的人""为什么人与人会有这么大的不同""为什么我似乎根本不认识自己""为什么总为将来感到迷惑"。处于青春期的大学生,并没有因为多年的学习而减少问"为什么",相反有了更多的"为什么",有了更多的关于自我、关于他我、关于自我与他我的关系的思考和困惑,想了解自己,想了解他人,想了解世界。

一、自我意识的含义

一位哲人曾经说过:一个自我意识尚未觉醒的人,不是一个完整意义上的人;一个自我意识不成熟的人,不是一个真正健全的人。每一个人都是在这些问题的困惑与烦恼中成长起来的,也都是在这一问题的探索中成熟的。

人类对自我意识的真正研究始于文艺复兴运动,人文主义者针对中世纪神学对人性的扼杀,对人格自我的否定进行了尖锐的批判,并喊出了"我是凡人,我有凡人的要求"的人性解放之声。此后,法国哲学家笛卡儿(ReneDescartes)最先使用了"自我意识"这一概念,提出了"用心灵的眼睛去注意自身"的精辟论断,揭示了对自我意识的发现的途径。笛卡儿之后,有关自我的研究开始空前地发展。

美国心理学家詹姆斯(W. James)提出,凡属于我或与我有关的事物都是自我的内容,如身体、品质、能力、愿望、家庭等,自我从物质自我、精神自我和社会自我三个层次起作用。

社会心理学家库利(Charles Horton Cooley)指出:自我是一面镜子,它从别人那里反映自己的行为,自我是经历无数次他人评价而形成的社会产物。

米德(Mead)认为:自我分为主体我(I)和客体我(me),主体我代表每个人的自然特性,而客体我代表自我社会的一面;主体我先于客体我形成,客体我的形成需要很长时间;自我意识的发展包含主体我与客体我的不断对话。

综合以上学者的观点,我们认为,自我意识是意识的核心部分,就是自己对自己的认识,是自我概念、自我评价、自我理想的辩证统一。人在自我概念(我是什么样的人)的基础上产生了自我评价(我这个人怎么样),进而实现自我理想(我应该成为怎样的人)。

二、自我意识的类型

(一)从自我意识的活动内容方面来划分

从自我意识的活动内容方面来划分,可分为生理自我、社会自我和心理自我,其特性见表2-1。

表2-1 生理自我、社会自我和心理自我的特性

类型	自我认知	自我评价	自我控制
生理自我	对自己身体、外貌、衣着、风度、家属、所有物等的认识	英俊、漂亮、有吸引力、迷人、自我悦纳	追求外表,物质欲望的满足,维持家庭的利益等
社会自我	对自己的名望、地位、角色、性别、义务、责任、力量的认识	自尊、自信、自爱、自豪、自卑、自怜、自恋	追求名誉地位,与他人竞争,争取得到他人的好感等
心理自我	对自己的智力、性格、气质、兴趣、能力、记忆、思维等特点的认识	有能力、聪明、优雅、敏感、迟钝、感情丰富、细腻	追求信仰,注意行为符合社会规范,要求智慧与能力的发展

1. 生理自我

生理自我是个体对自己身体、生理状态(如身高、体重、容貌)的认识和体验,它是一个人在与他人交往过程中而逐渐形成的,它使一个人把自我和非我区别开来,意识到自己的生存是依托于自己的躯体的。生理自我是与生俱来的,我们只能接受而不能改变它,随着自我意识的成长,我们逐渐对生理自我有一个明晰的看法与正确的认识,但由于青年时期的不确定性,有的学生对生理自我产生较高的心理关注,女生关注自己是不是漂亮、迷人、有吸引力、胖瘦高矮,甚至脸上的雀斑;男生关注自己的身高与身材,甚至生理器官、声音的吸引力等,这些都是因为大学生正处于青年期,生理自我处于高度关注时期。

2. 社会自我

社会自我是个体对自身与外界客观事物关系的认识、体验和愿望,包括个人对自己在客观

环境及各种社会关系中的角色、地位、权利、义务、责任、力量等的意识。青年男女常用"我已经长大了"来表达自己的社会自我,期望社会给予积极的肯定与认可。

3. 心理自我

心理自我是个体对自己的心理活动、人格特点、心理品质的认识、体验和愿望,包括对自己的感知、记忆、思维、智力、能力、性格、气质、爱好、兴趣等的认识和体验。心理自我也伴随着成长历程,我们的情感、智力、能力、兴趣、情绪等都随着成长与日俱增,我们学会评价自己的心理自我、体验心理自我,如初恋与失恋的体验、成功与失败的体验等。随着自我意识的发展,个体的社会角色渐渐浮出水面并占据重要位置,与此相应的责任感、义务感、角色感也都会增长。

生理自我、社会自我、心理自我是密切联系、相互影响的,它们都包含着不同的自我认知、自我体验与自我控制,但由于比例和搭配不同,构成了个体对自我意识之间的差异,也使得每个人都有自己的对人、对己、对社会的独特的看法和体验。

(二) 从知、情、意的角度划分

1. 自我意识

自我意识就是自己对自己的认识,包括自我认知和自我评价。前者是个体对自身各种状况的了解,后者则是对"自我"各方面的评估。

人为什么要了解和认识自己?人需要了解自己什么?首先让我们想一想你对别人的认识过程:外貌-言谈举止-社会地位-社会关系-兴趣-爱好-价值观-理想-性格-习惯-能力。其实,对自己的认识也必然包含了这些内容。

根据"理情疗法"(合理化)的创始人艾里斯的观点,认知决定我们的情绪、情感及相应的行为,所以,"如何认识自我、我到底是个怎样的人"是我们研究的重要课题。只有很好地认识自己,才能很好地体验自己、控制自己。常言道,"当局者迷,旁观者清",其实,很多时候总是无法真正认识自己,不知道自己到底是个怎样的人,而且常常有一种"分裂"的感觉,有时候这样,有时候那样,其存在最根本的原因在于我们不会看自己,不敢看自己,不愿看自己。

要想认识自我,必须学会在产生自我的生活情境中去体认自己,包括现在的、过去的、将来的。因此,自我意识并非是一种状态性的了解,而是跨越时空的动态分析过程,是比较与综合的评价。在这一过程中,我们会发现多个"我"的存在。

首先是因"自省"而来的"主观自我"。这里所要解决的就是"我如何看我"。当然,我们每个人总是先看到现在的我。请大家准备一张纸,思考10分钟的时间,给自己画张像,或用文字描述自己现在是一个什么样的人。然后进行穿越时空练习,自我分析。闭上眼睛,回到你最早记忆的时候,看看当时你的家,你自己以及其他相关的人,那时发生过什么?你当时在干什么?有什么样的感受?调节呼吸,平静下来,你开始长大,在你成长的过程中你又看到了什么?小学、初中、高中、大学,直到现在的你。用这样的回忆来帮助我们认识现在的自我。这是自我意识的第一个方法——"自省"。

其次是因"人言"而来的"客观的我"。所谓"人言",就是他人的反馈。反馈包括可见可闻的外显性反馈,如言语、行为、表情等,也包括只可感的内隐性反馈,如情绪暗示。"人言"解释的就是"你在别人眼里是个什么样的人"。

众所周知,人的社会本质决定了人与人的相互影响与作用,不管你喜欢不喜欢,你总是要和别人在一起;不管你接受不接受,别人总是会影响你。曾有一位大学生这样描述自己周围的人际关系:"我感到我的周围没有一个可以做朋友的人,他们的兴趣、爱好与我截然不同,比如打牌,我一点都提不起劲儿,而他们常常会为此熬夜,起初我总是不参与他们的活动,可是时间一久,我感到他们也在回避我。比如,我一回到宿舍,他们马上就会停止他们的谈话,我感到很不舒服。现在,如果他们三缺一叫我时,我也会参与进去,尽管没有兴趣,但又不愿拒绝,甚至有时我发现自己正在努力和他们一样,这却又使我感到堕落,感到现在我根本好像不认识自己了。"

人际作用对于个体只能有两种结果:改变自我或者改变环境。改变自我即"人言"中逐渐通过自我的变化来适应环境;改变环境则是坚持己见,不畏"人言",通过改变周围环境来使自己保持不变,如更换宿舍、扩展人际交往圈等。

在一生中会遇到许许多多的人,是不是所有的人都会对你产生重大的影响呢?这将由你主动来做出选择。如被人"污蔑",有的人会置之不理、不屑一顾;有的人会找人申辩、澄清;而有的人又会因此而情绪低落,陷入困境。这种差别并不是源于评价本身,人往往不会因为评价本身的正确性来进行自我行为的选择与调整,而只会因个人对做出评价的他人(或直接评价所带来的间接评价,如"污蔑"者会影响其他听众的评价)的重视程度不同而反应迥然。当你很重视某人时,你就会为他的评价所左右,受到赞扬会兴致勃勃、兴高采烈,犹如小学生受到了老师的表扬;受到否定时,则会垂头丧气、忧郁伤感。也就是说,人会因他人而努力改变自己。这样你或许能够领悟为什么父母的否定会严重挫伤孩子的自尊与自信,为什么相爱的人会因为一句'失言'而咬牙切齿,为什么苦口婆心并不能使人改邪归正,为什么最亲近的人最有可能相互伤害,等等。这就是"人言"的作用。

"自省"而来的"主观的我"与"人言"而来的"客观的我"经过比较、匹配,最后将形成一个"我"。一般来讲,年龄越小,"我"越可能是"客观的我",越可随"人言"而变;年龄越大,"我"就越有可能是"主观的我",越由"自省"来确定。

"自省"与"人言"都是自我意识的途径,但两者以什么样的比例搭配,直接关系着自我意识的公正性、合理性。如果只看重"自省",那么将发展成为"自我中心"的认识;而一味受"人言"左右,则会变得丧失自我,自己根本好像不存在,只是他人意识的堆积,"我"的人格特征则无从寻找。

自我意识可以说是一次艰辛的历程,不管我们的感受如何,对自我的成长都有所帮助,你会在一次次的自我意识中形成自我评价体系及自我形象,可以很清楚地勾勒出自己。自我意识的内容及程度将直接决定我们的自我体验,以及自我要求与目标的设定。

2. 自我体验

自我体验是自我意识基础上的一种情绪体验,即自己对自己是否满意的问题。满意则自我肯定,信心十足;反之,就自我否定,垂头丧气。自我意识决定自我体验,而同时自我体验又往往会强化自我意识,并影响自我控制。我们可能都有这样的体验,当你对自己失望时,整个世界似乎都成了灰色,当你情绪沮丧、抑郁消沉时,我们所看到的、做到的、甚至从记忆深层挖出来的都是令人伤感的、自己否定自己的;当我们充满自信时,对自己的缺点都可以正确地去看待,积极地去改善。

人对自己为什么有时满意有时不满意呢?前文分析过,人的自我意识是通过自省和他人的反馈一并实现的,而且是一个可以穿越时空的过程。那么,这里就存在着两对交织的矛盾:其一"主观我"与"客观我"的矛盾;其二"现实我"与"理想我"的矛盾。

(1)"主观我"与"客观我"的矛盾。当主观我与客观我不一致时,侧重前者的人可能会有"知音少,弦断有谁听"的孤寂感。侧重后者的人,当主观我强于客观我时,会陷入自我怀疑、甚至自责状态,认为自己并不是那样,进而产生焦虑感、忧心忡忡;而当主观我弱于客观我时,也会盲目轻信,感觉良好,喜欢听谗言、阿谀奉承。例如,有位女同学自认为对人真诚、直来直去,而别的同学却认为她任性、娇气,由于各自的评价不一样,因而同学关系处得很差。后来,她一反常态,对人态度柔和,有说有笑,使人际关系得到了改善,但是她只是改变了外表的态度,并没有改变内心的自我观念,并未接受别人的评价,因此内心很痛苦,她说:"社会不需要一个真实的我,反倒需要一个乔装打扮的我,自己是真诚的,而人与人之间的关系是虚伪的。"

(2)"现实我"与"理想我"的矛盾。"现实我"是综合了自我评价与他人评价后的存在中的、现在的"我";"理想我"则是综合了自我要求与他人要求的虚拟的、最令自己向往的"我"。这两者之间不存在很清晰的界限。比如,我们可以因"人言"而确定一个理想的我,而以"自省"的我为现实的我,"人言"与"自省"的差异也就成了"理想我"与"现实我"的矛盾。

"现实我"与"理想我"的矛盾是在"主观我"和"客观我"逐步发展过程中产生的,一般来讲,"现实我"与"理想我"总是不一致的,两者之间有距离,如何看待两者的距离直接关系着我们的自我体验。

在自我认知的过程中,我们已画了一幅现实我的图像,现在大家放下所有的戒备、担忧和恐惧,然后为理想的我做一番描述,文字、图像都可以,时间为 15 分钟,然后将"现实我"与"理想我"放在一起进行比较,看看它们的距离。如果假设两者的最大距离为 100,你的"现实我"与"理想我"的距离是多少?这个差距使你感到什么?把它写下来。你是对缩短距离充满信心呢,还是早已被失望的情绪挫败到不愿再做比较呢?

如果你对缩短距离充满信心,说明你正处在积极的体验中,你很自信,能勇敢地审视不同"我"的差距,更有一种力量使你相信自己,能够克服困难,在缩短"现实我"与"理想我"的过程中能灵活主动地进行调整。你可以一方面努力提高"现实我"以实现"理想我";另一方面,也会实事求是地根据主观条件调整"理想我",使其建立在"现实我"的基础上。如果你在比较中体验到的是失望,那么,一方面,你会感到后悔或懊悔;另一方面,你也会感到自卑。

大家知道,世上没有卖后悔药的,但后悔最让人受不了,因为许多的不应该都是可以避免的。如果……假如……要是……,可无论怎么假设,都不可能再实现,伴随着后悔的将是内疚、自责甚至罪恶感。自卑与后悔不同,后悔是认为有能力而没有为,自卑却是自认为"无能为力",是对自我能力的否定,也是对改变可能的放弃,自卑者常用的话就是"我不行、我不能、我不敢……"。对自卑者而言,"理想我"成了高高在上的神,"现实我"则成了叩首者,两者是分离、不可统一的,只有心拜佛却无心成佛。

如果仔细比较后悔与自卑就可以发现,两者有一个共同点,即自我意识偏差。认识自我必须到产生自我的情境中去体会,也就是说,对所作所为的评估都不应该脱离实际的情境,否则就成了无源之水、无本之木。但是,有两种消极体验的人往往是站在一个时空去体认另一个时空的自我。"后悔"的人习惯于站在"此时此地"去反思"彼时彼地"的我。"自卑"的人则习惯站在"彼时彼地"设定"此时此地"的我。比如,小时候因太小而不能学骑自行车,大了就认为自己没有骑自行车的能力。

后悔与自卑都有一种"想为而未为"的情结在里面,不同的是,前者是在肯定能力的情况下因粗心大意或过度自信酿成遗憾;后者则是在企盼的同时否定自己的能力。当然,后悔也会转为自卑,当经历了多次挫折、失败后,后悔的人就很有可能怀疑自身的能力而走向自卑。

人们常说老年人常思既往,少年人常思将来。如果我们能满怀积极的自我体验,那么将来的不确定性会给我们带来希望,激人奋进、发展。而如果积攒过多的消极自我体验则会因未知而担忧、紧张,阻碍人的成长。

3. 自我控制

自我控制就是自己对自己的控制。自我意识了解了"我",自我体验感受了"我",自我控制则是要表现"我"。这里包含了两层含义:其一是自己对自己的设计,即我应该做什么,我不应该做什么;其二是自己对自己的指导,即我可以怎么做。

自我控制能力强弱、高低可以直接由我们的情绪、行为表现出来。自制力强的人不易感情用事,常常会克制自己的情绪,做事有计划性,自我发展方向明确,给人以深沉、冷静、含蓄的印象。相反,自制力弱的人常常会不顾场合宣泄一番,高兴时手舞足蹈,生气时乱发脾气,做事总是跟着感觉走。

前面讲过,自我意识与自我体验将决定自我控制,反过来,自我控制又会强化自我意识和自我体验。因此,自我控制不仅是对自我行为的控制,而且是对自我意识、自我体验的控制,它通过主观能动性选择认识角度,转变自我观念,调整自我评价体系,修正自我形象,感受积极自我。

自我控制解决的是"如何有效地调控自己""如何改变现状,使自己成为一个有理想的人"的问题。它与自我意识和自我体验紧密联系,相辅相成。自我意识是其中最基础的部分,决定着自我体验的主导心境以及自我控制的主要内容;自我体验又强化着自我意识,决定了自我控制的行动尺度;自我控制则是自我的实现途径,对自我意识、自我体验都有着调节作用。三方面整合一致,便形成了完整的自我意识。

第二节 大学生自我意识的特点

案例导入

案 例

晓丽是一个非常爱美的女生,进入大学后,晓丽留心观察了一下周围的女同学,发现比自己美的女孩比比皆是。晓丽觉得有的女同学五官漂亮,有的身材苗条,有的气质脱俗,和她们相比自己相形见绌。她觉得自己个子不高,五官也不突出,所以变得越来越没有自信了。

案例评析

案例中晓丽的情况属于大学生自我体验发展中爱美感定位不准确导致的情绪低落、自信不足。其形成原因是多方面的,我们仅从以下两个方面分析。

(1) 大学生对自我的情感体验是随着自我意识和自我评价的发展而产生的,这个时期最主要的情感体验是优越感、爱美感等。大学生追求美、爱美是个体自我意识发展的特点,具有普遍性,这是成长的必然阶段,如何定位美是大学生必须要学习的。

(2) 大学生不仅要关注自身形象美,更要重视自身综合素质、个人修养的整体提升。美是一种综合素质,是内在品质和修养的体现。古希腊哲学家德谟克利特曾说:"身体的美,若不与聪明才智相结合,是某种动物性的东西。"人的美孕育在身心健康之中。

人的自我意识不是生来就有的,而是在社会生活中通过与别人相互交往而逐渐形成的。一个刚出生不久的婴儿并无自我意识,他除了简单的感觉和记忆外,甚至不能把自己与外界的事物相区分,根本没有关于自己是一个什么样人的想法和观念。儿童到2岁多才会说"我",才能把自己与他人相区分;3岁以后才意识到自己的性别,知道自己是男是女,并开始评价自己行为的好与坏。

到十二三岁进入青春期,随着身体的发育成长、性的成熟和个人交往中社会地位的变化(成了小大人),自我意识开始进入了显著发展的时期。如果说儿童时期关注的对象是外面的世界,是那些他们感兴趣的事物,"自我"只是在教师和成人议论到时才意识到,那么进入青少年期以后,自我就越来越成为关注和探究的对象。他们十分关注自己的身材和容貌(男生喜欢同别人比一比高矮,女生会不时拿出小镜子照一照),关注自己在学习和其他各种活动中的表现,以及别人对自己的评价,如自己是否聪明有才华,自己的性格与品德表现如何,是否得到别人的好评与喜爱,等等。这是一个不断对自我进行探究和发现的关键时期。

上大学以后,大学生从年龄上已进入了成年期,而大学新的生活环境、新的学习活动和新的人际关系又使他们的自我意识进入到一个新的重新探索和发展的时期,呈现出新的特点。

一、自我意识的发展特点

(一) 大学生对自我的认识进阶为对自身内在品质的关注和探究

大学生对自我的认识已经从对自身外部特点(如身体、容貌、仪表等)的关注和探究,进阶到对自身内在品质(如气质、性格、能力和品德等)的关注和探究。

在对大学生所做的问卷调查中,对于"你认为自己是一个什么样的人"的问题,多数学生回答的都是关于自己心理品质的内容,如善良、真诚、热情、诚实、乐观、自尊、有理想、有上进心、勤奋学习、刻苦耐劳、尊敬老师、团结同学、心胸开阔、有同情心、能助人为乐等。虽然多数大学生对自己的外貌都比较关注,但只有很少数人将此作为专门探究的内容。

(二) 大学生对自我的认识进阶为开始重视自我社会属性

在大学生对自我的认识中,对自我社会属性(社会归属、社会角色、社会价值、社会义务等)的关注和探究,随着年级的升高而日益成为重要的内容。

大学生们说:"宇宙是无限的,人生只是昙花一现,但也要在这一瞬间把斑斓的色彩留给人类""社会的进步不是靠哪一个救世主,而是靠社会全体成员的努力,靠我们自己掌握自己的命运""我是祖国的儿子,我要为振兴中华做出自己的贡献"。随着年级的升高,越来越多的学生意识到自己对家庭、对社会、对国家的义务,不少学生以未能报答父母的辛苦劳动而感到内疚。

(三) 大学生对自我的认识经历着由矛盾到统一的过程

大一新生刚入学时,有的人说:"我相信自己最了解自己,但实际上我并不真正了解自己。我有时觉得自己是这样的,有时又觉得自己并非这样,常常自己推翻给自己下的结论。"有的学生说:"我是一个开朗而爱说真话的女孩子,可是有些人说我正直、真诚,有些人说我做作、说假话。别人对我的评价究竟哪些是真心话,哪些是假话,我自己也无法断定。"这说明自我意识的矛盾尚未趋于成熟和统一。一般到大学三四年级，他们对自我才有了比较确定的认识和评价，形成了比较稳定的自我观念。

（四）大学生的自我意识以肯定性的评价为主

从对大学生自我意识的调查问卷可以看出，他们对自我的评价绝大多数是积极肯定的，优点多于缺点。在毕业求职的自我推荐信上，这种肯定性的评价表现得更为明显。例如，一个同学写道："大学生活四年，本人一直严格要求自己，努力攻读专业知识，学习应用技能以及相关经济业务知识，进行过系统的计算机使用训练，并且有很强的中英文写作能力，连续三年获奖学金。此外，大学期间，本人曾担任学院学生会主席，课余到深圳××公司兼职，任业务经理，有汽车驾驶执照。"

另一个同学写道："本人学习刻苦，能够熟练地掌握和运用本专业知识与技能，注重向综合型人才方面发展……本人适应性强，知识比较丰富，具有独立工作的能力，加之善于思考，吃苦耐劳，虚心学习，责任心强，有较强的组织能力，深信自己能够胜任企事业单位以及政府各部门的宣传工作。"

可见，这些同学的自我评价不但是积极肯定的，而且对自我的社会责任与义务的意识已趋于成熟。绝大多数同学都没有把自己的缺点与弱点看成主流。

（五）大学生的自我评价从高估到趋于平衡

西方心理学研究认为，青年大学生对自我的评价有过高评估的倾向。从我国的大学生来看，一年级大学生自我高估的倾向比较明显，因为他们是能升入大学的少数幸运儿，对未来充满美好的幻想，所以认为自己是"天之骄子""时代的宠儿"，是"国家的栋梁"。但是，经过大学四年的学习、观察与体验，自我评价已逐步趋于平衡。临毕业时，他们感到自己不是什么"天之骄子"，只不过是人才市场上的一名求职者，虽然掌握一些书本上的理论知识，但缺乏实践经验，还需要在工作实践中重新学习和锻炼。

有少数同学来自贫困的农村，自认为条件比不上别人，对自我的能力与作用评价偏低，对个人未来的发展缺乏信心，有的人甚至因此而自卑或自暴自弃。这些需要他们从心理上加以调整。

总之，经过大学四年的学习，大学生的自我意识已经逐步深入、全面、统一和稳定，趋向成熟。他们对自己已形成了一个明确的自我观念和自我概念，并影响着自我体验与自我发展。

二、自我体验的发展特点

大学生对自我的情感体验是随着自我意识、自我评价的发展而发展的。这个时期最主要的自我体验是自尊感、优越感、义务感、爱美感、孤独感、抑郁感和烦恼等。

（一）自尊感

自尊感也称自尊心。自尊感是社会评价与个人自尊需要的关系反映。大学生的自尊感主要基于两种肯定的评价：一是由于意识到自己正成长为社会的主体而产生的肯定评价，二是由于意识到自己心理品质的成熟而产生的肯定评价。总之，大学生的自尊感是由于意识到自己作为一个有理想、有文化、有道德的公民，对家庭、对社会、对国家所具有的价值而产生的积极的自我体验。

自尊感对大学生的心理发展和成长具有积极的意义。自尊感强的学生,为了维护自尊心,必然会以高度的责任感和进取心对待学习,对自己提出严格的要求;为了维护自尊心,必然会严于律己,学会尊重别人,处理好人际关系。

但是,过分的自尊感也会产生消极的作用,如不能正确地对待因自尊心受损而产生的挫折,就会因过分要求别人尊重而处理不好人际关系,特别是当自尊心受到严重伤害时也许还会做出极端的、难以预测的反应。

近年来,美国心理学家研究认为,当自尊心过分膨胀成为"以自我为中心"时,可能成为一种危险的因素危害社会和他人。以自我为中心的人一旦受到别人的批评或不尊重的对待,就会做出难以预料的暴力或其他报复性反应。近年来,美国校园中接二连三出现暴力枪击事件,原因之一就是某些学生的自尊感失控。据多项调查表明,美国的家庭和学校时常会不恰当地对学生加以肯定和鼓励,这使一些学生忽视了自己身上需要克服的缺点和毛病,而认为自己了不得,这种"自我膨胀"已经成为一种危险的社会心态。有的美国人自认为了不起,不能正确对待和尊重其他的民族和人民,我国教育应引以为戒。

(二) 优越感

优越感是由于对自我社会地位与个人知识、能力等评估过高而产生的一种自我体验。

高考使许多学生从众多竞争对手之中脱颖而出考上大学,环顾左右,展望未来,对自我过高评估产生的优越感便在许多学生心中油然而生,感到自己是"天之骄子",是"时代的宠儿"。但是,这种优越感的产生并未成为激励他们学习的动力,反而使他们在学习上产生松动情绪,也影响到他们对待其他人的态度。

这种优越感的体验在大学生中持续的时间并不长,随后就会被环境适应问题、人际关系等问题冲淡。临到毕业择业竞争,这种优越感可能已十分淡化。

(三) 义务感

义务感是由于意识到个人对家庭、对社会、对国家的义务而产生的一种自我体验。

每当国家和民族的命运处于生死存亡的关键时刻,或者当人民的生命财产受到威胁时,许多大学生不顾个人安危,奋勇献身,义无反顾,以为国家、为人民尽忠而欣慰,以未能做出奉献而自责和内疚。这就是一种义务感。

由于大学生意识到祖国对自己的培养和期望,他们对国家和人民的义务感也相应增强。有的学生说:"上大学之前,我考虑的只是如何考上大学,关心的只是个人的前途;上大学以后,国家培养了我,使我认识到自己的社会责任和义务,我要报答祖国,努力为祖国现代化建设做出贡献。"

(四) 爱美感

这里所说的爱美感,不是指爱客观事物的美感,而是指大学生意识到本身的美与丑而产生的自我体验。

关注自身的外貌美,是大学生普遍具有的特征。美国学者曾调查 240 名中产家庭的白人大学生,发现他们对自己身体外貌的烦恼竟成了学业成绩与就业等三大问题中的头号问题。而据我国对大学生所做的调查来看,90%以上的大学生都承认自己对身材、容貌、仪表与风度的美十分关注。有些学生自认为长得美而感到高兴或者得意,而有些学生认为自己长得不美而感到烦恼和沮丧。有个男生说:"爱美之心,人皆有之,何况我一个19岁的青年呢?可惜我并不美,甚至有些其貌不扬,这常常使我感到烦恼。"

大学生对自身美的关注,除重视身材与容貌美外,更重视自己的仪表与风度美,他们认为仪表与风度更能体现出自身的文化修养与心理素质。男生希望自己成为潇洒大方具有阳刚气概的男子汉,女生则希望成为端庄秀丽又有内涵的淑女。特别是一些身材容貌不出众的学生,更希望具有人格的魅力和吸引人的风度,以弥补身材、容貌的不足。

(五)孤独感

孤独感是由于得不到他人思想上的理解与情感上的共鸣而产生的一种自我体验。

孤独感并非源于没有可以交往的朋友,而是源于缺乏知心的、互相理解的朋友。大学生由于年龄的增长和"代沟"的形成,同长辈之间的交流日益减少,而由于思想的深化、人格的分化,他们已不满足于同一般朋友交往,而要求在更深层次上同知心的朋友互诉心声,达到情感共鸣,这时就往往产生了缺乏知音的孤独感。

(六)抑郁感

抑郁感是由于个人的思想、愿望受到压抑,未能得到充分表达或实现而产生的一种消极的自我体验。

大学生产生抑郁感的原因很多,如理想同现实发生矛盾;人际关系不好,不被他人接纳;缺乏知心的人可以谈心;对所学的专业不满意,又无力解决;没有展现自己才干的机会;等等。这些都可以使人产生抑郁感。

研究表明,自我认可程度低的人较易产生抑郁感。消除抑郁感,首先要提高个人的自我评价,增强自信心,使其意识到自己有能力摆脱造成压抑感的困境。

(七)烦恼

烦恼也是许多大学生常有的自我体验。这往往是由不顺心的事引起的。引起大学生烦恼的原因很多,从问卷中反映出以下几点。

(1) 就读的学校或专业不理想。

(2) 想家。

(3) 同学间的关系处不好。

(4) 见不到从前的好友。

(5) 家庭经济困难。

(6) 亲人有病或遇到麻烦事。

(7) 感到学习上收获不大。

(8) 感到书本知识脱离实际。

(9) 为择业而烦恼。

(10) 感到适应不了现代社会的竞争。

(11) 为收不到同学的来信而烦恼,为"每天晚上要上自习"而烦恼。

情感上的自我体验以自我意识与自我评价为基础,当自我体验产生以后,种种喜怒哀乐的体验反过来又会影响自我意识和自我评价,影响对待自我的意向。

三、自我意向的发展特点

在自我意识、自我体验的基础上,产生了个人对待自我的意向:是接纳,还是拒绝自我;是对自我严格要求,还是自由放任,任其发展;是不断完善,还是"破罐破摔";等等。

大学生对待自我的意向,主要表现在以下几方面。

(一)独立自主的意向

绝大多数大学生已度过18岁,他们自认为已达到法定的公民年龄,身体发育已经成熟,具有一定的科学知识与生活经验,已确立了一定的生活目标,掌握了一定的道德规范,并具有一定的独立分析问题和解决问题的能力。因此,大多数学生认为自己已是一个成年人,他们强烈要求像个成年人那样独立自主地行事,不愿受父母的约束和教师的训诫,希望按照自己所设计和选择的目标"走自己的路"。

(二)获得尊重的意向

这种希望获得别人尊重的意向,表现为在人格上得到别人的尊重,在能力上受到别人的赏识,在社会地位上受到别人平等的对待。

大学生获得尊重的意向,使他们产生强烈的自尊心、荣誉心和好胜心,成为推动他们勤奋好学、拼搏进取的动力。但是,过分自尊的意向也不利于大学生的成长,会导致他们工作上的失利和人际关系上的挫折。

(三)自我完善的意向

当大学生为自己设计了一个"理想的我"的形象和目标以后,他们就竭力要使自我形象得到圆满的实现,要把自己塑造成一个完美的人:既有优美的仪表与风度,又有美好的心灵;既有远大的理想和抱负,又有坚韧不拔的实干精神;既有渊博的知识与才干,又有开拓创新的进取精神;既有声誉,又有权位可以施展抱负;等等。

这种自我完善、追求完美的愿望成为激励大学生努力向上的动力。但过分追求完美的意向也可能带来不利的影响,必须善于适时适度地调整。

(四)渴求理解的意向

心理学家贺林沃斯曾把青春期喻为"心理上的断乳期"。青年由于同长辈出生和生活在不同的年代、不同的环境,产生了"代沟"。青年之间由于人格化的发展,形成了各自向深层发展的内部主观世界,使彼此的沟通和了解也增加了难度。因此,大学生觉得自己不为别人所理解,而他们又希望为别人理解。有的学生说:"人生得一知己足矣!我多么希望得到别人的理解啊!"有的说:"我有强烈的自尊心,希望得到别人的尊重和社会的重视,但人们似乎不理解我的需要,我感到苦闷、孤独。"

大学生这种渴望获得理解的意向可以成为他们追求真诚的友谊、追求异性朋友的重要动机,也可以使他们同集体的关系变得更加冷漠,以致陷入孤独和苦闷之中。

第三节 大学生自我意识的矛盾与困惑

 案例导入

案例

冯同学，重点大学大一女生，来自某县实验中学。冯同学中学时在班级名列前茅，担任班长职务，深得班主任和任课老师的欣赏和重视，高考成绩比较突出，被重点大学录取。进入大学后，她制订了大学发展规划，在学习上继续保持高中的优势，在班级管理中竞聘班长职务。但竞聘班长失败，只被安排做宿舍长，在军训中又因训练松散被批评，同学关系一般。她感觉现实的大学生活与理想的大学生活差距巨大，自己的理想难以实现，继而出现了失眠、情绪低落、学习效率低的情况。

案例评析

案例中冯同学的困惑是大学生自我意识发展过程中产生的困扰，原因主要有以下几个方面。

（1）大学生的自我意识发展是他们在心理上日趋成熟的表现，规划自己的学业、生活，对未来充满了期许与理想，过去的成功经验又加大了自己的过高定位，一旦不能实现，就会使大学生深受困扰，并阻碍大学生的正常成长，甚至影响大学生的身心健康。

（2）大学生"理想的我"与"现实的我"，可能沿着不同的方向发展。例如，冯同学高中学习出类拔萃，深受老师的器重，对大学充满了期许，设计了全方位发展的"理想的我"的目标；当"现实的我"遇到挫折之后，自信备受打击，失去了往日积极进取的状态，变得情绪低落，否定自我。这是大学生自我意识发展中常会遇到的困惑。

（3）大学生确立了理想的我的目标后，力求将其转变为现实，但客观现实往往不尽人意，不能满足自我实现的要求，往往使大学生感到烦恼、焦虑。

大学生自我意识的发展使他们在心理上日趋成熟，但是，自我意识中的矛盾在一定情况下也能演变成心理障碍，影响大学生心理发展。大学生自我意识的矛盾，有自我意识上的矛盾，有自我意识与自我体验的矛盾，有自我意识、自我体验与自我意向的矛盾，也有自我实现的意向与客观现实的矛盾，等等。

一、主观的我与客观的我之间的矛盾

主观的我，是自己所认识和评价的我；客观的我，是他人所认识和评价的我。这种自我评价与他人对自己评价的矛盾构成了主观的我与客观的我之间的矛盾。

自我评价与他人评价之间的矛盾是任何人都难以避免的。古今中外，不知有多少著名的历史人物因得不到同时代公正的评价而抱憾终身。这个矛盾对于大学生来说是比较突出的，因为大学生对自己的认识和评价总要受到个人出身、经历、教育程度和社会地位的制约，很难

做到全方位地对自己进行客观的审视和评价;而其他人却可以从不同的地点,在不同的情况下,以不同的视角对他进行审视和评价。因此,主观的我与客观的我之间的矛盾对大学生来说是不可避免的。

主观的我与客观的我之间的矛盾会产生以下几种不同的结果。

(一) 接受客观评价,从中吸取有益的成分,修正自我观念,提高自身的心理素质

如果别人批评你骄傲自满、看不起别人,那么你可以据此进行自我检查、反省,修正自我观念,并纠正那些使人不满的行为表现。这样既可以端正对自己的认识和评价,又可以改变别人的评价和改善同别人的关系。

(二) 拒绝他人评价,坚持原有的自我观念,我行我素

你说我骄傲,我认为自己并不骄傲;你说我看不起人,我只是看不起那些没有人格的人。这种拒绝他人评价的态度并不导致自我观念的改变,并未消除自我意识中自我评价与他人评价之间的矛盾,而这种隐藏在内心深处的矛盾冲突必然对个人心理健康产生不利的影响。

(三) 全盘接受他人评价而改变自我评价

这种完全接受他人评价而改变自我评价的做法不但是困难的,而且是痛苦的,甚至使人在心理上感受到巨大的痛苦而导致精神疾病。

自我评价与他人评价之间的矛盾冲突不仅造成了精神上的痛苦,还导致了主体人生观与价值观的改变,有一些生活中的悲剧就是由此而产生的。

二、理想的我与现实的我之间的矛盾

随着知识的增多和认识的发展,大学生不断塑造自己未来的形象,在思想上形成了一个理想的我,这个理想的我包含着他所希望达到的一切美好的愿望,因而也就不可避免地包含着某些难以实现的愿望。然而,当这个理想的我在他心目中一旦确立并且逐步形成一种稳定的模式后,他会不自觉地把它视为真实的自我,这样一来,就必然同他真正现实的我发生矛盾和冲突。

理想的我与现实的我脱节的现象,在我国大学生中也普遍存在。而且,随着社会的进步和对大学生成才要求的提高,大学生所塑造的理想的我的内容更加全面,要求更高,这样一来,理想的我与现实的我的差距也增大。他们不仅希望自己在德智体美劳各方面都得到全面的发展,而且希望自己成为具有突出发明创造的科学家,成为具有开拓进取精神的一流的企业家,从而拉大了现实的我追赶的距离。

但是,大学生理想的我与现实的我的矛盾在各种心理素质方面并不是等距离的。有关调查表明,大学生在智力、个人心理的成熟性等方面的自我评估与别人的评估相差不多(不超过0.3分);而对外貌的自我评价与他人评价的差距则较大(相差0.8分)。同时,调查还表明,凡涉及自我社会价值的内容,如个人道德品质的评价,一般倾向于肯定和高估。

大学生理想的我与现实的我的矛盾,可能沿着不同方向转化。一种是向积极的方面转化,即以理想的我为目标,不断进行自我完善,以提高现实的我的水平;或者当发现理想的我的目标与主客观条件不相适应时,及时对其做出调整,使理想的我与现实的我的矛盾逐步趋向统一。另一种则是消极的转化,即当理想的我与现实的我发生矛盾时,个人不再坚持理想的我的

目标,而只保持现实的我的水平,不求发展,或者自暴自弃,颓废消沉,甚至走向自我否定的极端。这种消极的转化常常是精神障碍和精神疾病乃至生活悲剧产生的重要根源。

三、渴望关爱理解与缺乏知音的矛盾

人都有获得别人关怀、理解与爱的需要,处于青年期的大学生,这种获得爱与理解的需要尤为强烈。这是因为,首先,大学生进入心理上的断乳期,既非儿童又非成人,他们与人产生代沟,缺少沟通,感到无人理解。如有的女生说,回到家中,母亲只问自己在学校吃什么,吃得好不好,却不问自己想什么,感到同父母难以沟通,难以获得理解。其次,大学生上大学后,知识增多,思想深化,情感体验复杂,人格分化,更感到难以同别人沟通,难以获得别人理解。

一方面是强烈希望获得别人的关爱与理解,另一方面又感到得不到别人的关爱与理解。在这种矛盾思想支配下,大学生常常把思想情感寄托于日记、文学、音乐等。正如有的学生所说:"我的苦恼除了知心朋友知道外,我都倾诉给了日记,对着日记总有说不完的话。"

这种渴求爱与理解而得不到满足的矛盾,促使大学生追求真诚而纯洁的友谊,并产生对爱情的渴望,希望能找到一个带来温馨的爱与理解的异性朋友,这是大学校园中恋爱较为普遍的一个重要心理原因。而得不到理解与关爱,甚至受到冷漠对待、误解、冤枉和精神上的打击,则成为产生心理障碍和心理疾病的重要原因。

四、自我实现的意向与客观现实之间的矛盾

大学生确立了理想的我的目标后,力求使理想变为现实,但客观现实往往不如人意,不能满足他们自我实现的要求。例如,入学前把大学想象成无比美好的学习圣地,上学以后却发现学校的环境、设备,教师的水平等都不如人意;原来对所选择的专业寄予了很大的希望,现在却发现这个专业在社会上并不吃香;原来希望毕业以后再读研究生,现在发现毕业以后面临种种困难。这种种理想与现实的矛盾往往使大学生感到烦恼、焦虑。

有个女生自认为思想开放,想做一个破除旧习俗的新女性。可是,当她回到农村,面对落后的封建习俗,她又不得不"按照旧的风俗习惯扮演一个循规蹈矩的村姑角色"。她感叹地说:"我主观上渴望真善美,但在实际生活中,我却不得不扮演各种角色,装出各种不同的面孔,这使我感到痛苦。"

此外,大学生自尊、自立、自治的意向往往同不符合青年特点的教育管理制度发生矛盾,使他们感到心理受到压抑,并可能因此产生逆反情绪,这也是影响大学生心理健康发展的原因之一。因此,对大学生自我意识的矛盾进行适时疏导,是预防大学生心理障碍产生的重要前提。

第四节 大学生自我意识辅导

案例导入

> **案例**
>
> 大一学生姜某,相貌一般,来自偏远的山区,父母体弱多病,家境贫困。来到大学后本来希望能通过自身的努力改变自己的命运。可入学一段时间后,他开始悲观失望起来。他发现自己在许多方面与班级同学相差悬殊,他有地方口音,一张嘴说话就被同学笑话;他不善于交际,很孤独;他不像城里学生见多识广,多才多艺,来到大学前从来没有接触过计算机,不会上网聊天、打游戏;在经济方面更是捉襟见肘,他觉得自己永远无法和别人比。从此,他对学习和生活失去了原有的自信和自尊,内心自卑感越来越强烈。

案例评析

案例中的姜某由于自我意识方面存在偏差而导致自卑心理。大学生自卑心理的成因是多方面的,主要有以下几方面。

(1) 对自己生理素质不满而产生自卑。在大学里,有一部分生理素质欠佳的同学,他们或者没有高大的身材,或者没有美丽的外表,或者没有潇洒的体态,在中学时,因一心投入到学习中,对自己生理素质方面的缺陷不太注意,但进入大学后,随着自我意识的增强,对自己的生理素质就特别在乎,因此而自卑。

(2) 对自己社会条件不满意而产生自卑。社会条件包括家庭出身、生活环境、专业等。案例中的姜某来自于偏远的山区是他产生自卑的主要原因,为此消极地评价自己。在这种自卑心理的支配下,他在学习生活和与人交往中很难表现出充满自信,相反会因为经常担心别人瞧不起自己而影响了正常的学习生活,陷入"恶性循环",无法自拔。

(3) 对自己能力不满意而产生自卑。对于大学生来说,他们的能力主要是学习能力和社会交往能力。在学习能力上,有的学生入学成绩低,或者入学后不适应大学的学习方式,一旦有功课补考,自尊和自信受到打击,就产生自卑心理。在社交方面,一类是来自农村、山区的同学,这些同学由于觉得自己服饰、言语、动作上比不上城里同学,从而产生处处不如人的消极心理;另一类是性格内向的同学,他们错误地认为自己天生就不擅交际,进而沉默寡言,不主动与人交往,内心充满孤独和自卑感。

对自己的评价是一个不断发展和完善的过程,随着年龄的增长,对自己的评价也会不断变化。无论什么样的自我评价,都是自我变化的发展。

一、正确认识自己

在希腊一座古老的神殿上刻着"认识你自己"这样一句话,我国也有句俗语,"人贵有自知之明"。其实,认识自己并不容易,知人难,知己更难。但是,我们每一个人又必须要正确认识自己,否则,就无法正确处理自己与别人、自己与客观现实之间的关系。那么,怎样才能正确认识自己呢?

(一) 全面地剖析自己

(1) 要全面地分析自己的长处和短处、优点和缺点。我们说,"金无足赤,人无完人",只看到自己的优点,看不到自己的缺点,就会骄傲自负;只看到自己的缺点,看不到自己优点,就会自惭形秽。首先,全面剖析自己,要对自己人格的各个方面进行考察。从智商(IQ)看,可能不如别人;从情商(EQ)看,与别人差不多;从动机商(MQ)看,可能又高于别人。从文艺方面看,自己不如别人,但从体育技能看,自己样样都行。从外语水平看,自己不如别人;但从对计算机的掌握情况看,自己又比别人强;等等。所以,我们说,人总是各有所长、各有所短,不能拿自己的长处比别人的短处而洋洋自得,也不能用自己的短处同别人的长处比而自愧不如。其次,要联系不同的社会角色来对自己进行考察。在我们的一生中,每个人要扮演不同的角色,如儿童、学生、父母、爷爷、奶奶等。其实在我们生活的每一天、同一时刻我们也要扮演不同的角色,如此时此刻我们既是父母的孩子,又是学校的学生,还是共青团员、班级干部、社团成员等等,自己在家庭中作为儿女可能表现得比较好,是个好孩子,但在学校中作为学生却不一定是个好学生;当自己被选为班干部时可能获得众多的好评,但后来因为种种原因落选了,可能又会有不同的评价。因此,要从不同角色和角色地位的变化来考察自己,才可以对自己形成全面的认识。

(2) 全面剖析自己还要正确分析不同时期、不同人对自己的评价。有些是处在顺境时别人的评价,有些是处在逆境时别人的评价,有些是了解你的人或亲近你的人的评价,有些则是不了解你的人或对你有意见的人的评价,只有对不同时期、不同的人做出的不同评价进行全面综合批判性的分析,才能形成比较近于现实我的认识。

(二) 客观地评价自己

所谓客观地评价自己,就是不能孤立地脱离他人的评价和社会的实践进行主观的自我评价。例如,有的大学生自恃才高,这只是主观的自我评价,他是否真正有才能,必须联系他现实学习的成绩和他解决实际问题的能力来加以客观地评价。一个大学生自认为品德好,这也是一种主观的自我评价,必须联系他日常是否勤奋学习、是否尊重父母和老师的疾苦和热心助人来加以客观衡量。我们说,一个大学生的价值不是由做主观的自我评价,而是要根据他对社会所做出的贡献来进行客观的评价。自古以来,志士仁人、英雄豪杰、模范人物之所以受到人们的崇敬和爱戴,都不是根据他们所做的自我评价,而是根据他们为人民和民族谋幸福、推动社会进步和历史发展所做出的客观评价。

二、获取积极的情感体验

只有对自我有积极的情感体验,才会悦纳自我,也才会对自己有所期望和要求,从而进行自我实现。如果对自我缺乏积极的体验,对自己不满意、不喜欢甚至厌恶,就有可能自我否定,甚至自暴自弃。那么,大学生应该获得哪些积极的自我体验呢?

(一) 积极进取、克服困难、获得成功的体验

我们每一位大学生在学习、生活、工作中都要积极进取,克服困难,以获得成功的体验。同

时,要避免获得消极失败的体验,即使当我们遭遇到无法克服的困难而失败时,也要主动地设法扭转失败的结局,用成功的体验替代失败的体验,这样才能消除失败给我们带来的心理暗示。例如,一个初学游泳的人,在学习游泳的过程中呛了水,可能因此感到害怕,不敢再学了,如果就此罢手,留下的永远是失败的体验,这个消极的体验还可能造成终身的影响(恐水症),使他一辈子不会再学游泳了。但是,如果他不怕困难,终于学会了游泳,那么,他因成功所获得的快乐体验便可以替代先前失败而产生的不愉快体验,他本人也就可以从失败的阴影中走出来。成功的体验不仅使我们获得快乐,更重要的是使我们获得自信心,而自信心反过来构成取得成功的要素。许多同学在学习上未能获得好成绩,并非因为智力低下,而是由于缺乏自信心,一旦确立了自信心,就会使学习成绩有所提高。因此,获得成功的体验,消除失败的体验,是提高自信心、维护自尊心、培养独立性与创造性的重要自我体验。

(二)关爱他人、多行善事、获得道德的体验

我们说,一个人的行为不仅为成功的体验所鼓舞,也为道德的体验所驱动。因此,获得道德的体验是自我意识健康发展的条件之一。道德体验的基础在于对他人、对集体、对社会的关爱,因此,最基本的道德体验是正义感和同情心。没有正义感,没有对是非善恶的爱与憎,就失去了对道德与不道德的情感体验;没有同情心,对别人的不幸与痛苦熟视无睹、麻木不仁,也不会有任何道德与不道德的体验。

道德体验不能由对道德规范的认识而获得,只能由道德行为实践而获得。日本东洋大学教授中里至正从1994年开始对土耳其、波兰、塞浦路斯、中国、美国、韩国、日本七国的50000名学生进行了3年的比较调查,调查内容包括向倒在地上的人伸出援助之手、让座位给老弱妇孺、将食物分给需要的人以及捐款或从事义工活动等等,结果显示,土耳其的学生得分最高,中国最低。我们国家被称为文明古国、礼仪之邦,为什么却在道德实践中得分最低呢?这跟我们的教育有着直接的关系,重理论讲授,忽略社会实践,再加上都是独生子女,娇生惯养,从小就没有养成良好的道德行为。所以说,作为大学生的我们要正视现实,要通过积极的道德实践,如帮助有困难的同学、尊老爱幼等活动中来增强做人的正义感和同情心,获得高尚的道德体验。

三、加强自我实现意向的调控

(一)科学建构理想的我

理想的我是通过大学生长期学习与实践、接受社会楷模的影响和自己有意识的思考抉择而确立的。它体现了大学生自我实现的目标和要求。建构理想的我必须有科学的态度和策略。

1. 建构理想的我要敢于树立远大的理想和抱负

孟子说:"夫志,气之帅也。"也就是说,树立远大的志向,才能统率自己全部身心的力量勇往直前、奋力拼搏、夺取胜利。有大志向、大抱负的人才会放眼世界,关心大局,关心大事,而不会斤斤计较,患得患失;有大志向、大抱负的人,把全部精力集中于大目标,才会产生期望效应,获得大的成果。我们所说的不想当元帅的士兵不是好士兵,就是这个道理。千万不要认为想当"元帅"就是好高骛远、异想天开;不敢想,不敢树立远大的理想和抱负,目光短浅,难成大事,也难以自我实现。因此,建构理想的我就要敢于树立远大的理想和抱负。

2. 建构理想的我要有正确的价值观

理想与抱负是否远大,不在于最终获得的名益、地位的大小,而在于实现的社会价值。例如,当科学家是为了科教兴国、造福人民,这是远大的理想和抱负。如果当科学家只是为了出名和获得高薪,便算不上远大的理想和抱负。因此,建构理想的我必须对理想的社会价值进行抉择。

3. 建构理想的我不能追求绝对的完美

我们说,世界在运动中发展,任何事物的完善都是在发展中相对存在,而没有绝对的完美,我们大学生实现理想的我时,所规划的内容要有主有次,不能要求面面俱到、齐头并进,都达到完美。事实上,随着时代的发展和个人的成长,昨天被视为理想的追求,今天很可能已不再是理想了(如上大学前后)。所以,理想的我要随着时代与个人的发展不断进行调整。理想的我如果目标过高,不能实现,必然会造成精神上的失意和痛苦;而没有理想和追求,失去精神的寄托,更会造成另一种心理障碍和痛苦。因此,科学地建构理想的我,引导自我意识健康发展,对大学生心理健康发展具有重要意义。

4. 要立足现实,协调好理想与现实的矛盾

古人云,"千里之行,始于足下"。在建构理想的我时,既要敢于树立远大的理想和抱负,又要脚踏实地处理好理想的我与客观现实的矛盾,处理好理想的我与现实的我的矛盾。理想的我是自我希望实现的目标,这个目标能否实现,有两种可能性,即可能实现或可能不实现,这取决于两个条件:一个条件是客观现实及其变化所提供的可能和机遇,另一个条件是主体本身的素质。因此,我们大学生在树立理想的我的目标时,既要考虑到客观现实的可能性,又要考虑到主体本身的条件,这样才能使理想的我建立在比较现实的基础上。

(二) 不断完善现实的我

我们许多人在建构了理想的我后,常会不自觉地把自己想象成为理想的我的形象,而在现实生活中真实存在的和别人所看到的却是一个既有优点又有缺点的现实的我。这样,就不可避免地产生了理想的我与现实的我的矛盾,如理想的我可能是个科学家,而现实的我却是个学业平平、没有什么创见的人。自我意识中的这种矛盾必然会产生焦虑、烦恼、失意等种种消极情绪体验,并因此造成心理疾病。为了达到自我实现,既要注意对理想的我进行联系实际的调整,又要不断地对现实的我进行完善,使其逐步向理想靠拢,为此,必须掌握好一些自我调控的策略。

1. 自我监督,经常反省

自我监督,一方面是根据理想的我的要求考察现实的我的状况和差距;另一方面,又把现实的我的表现反馈到自我意识中进行审查和分析,以做出自我完善的决策和指示。"吾日三省吾身"就是一种自我监督活动,没有自我监督和反省,就无从实现自我完善。

2. 自我批评,不断改进

孔子云:"人非圣贤,孰能无过。"在自我反省的过程中,即要总结自己的成绩,肯定优点,又要发现自己的缺点和错误,进行自我批评,不断改进,不断自我完善。

3. 自我调节,自觉控制

根据环境的变化和对自我的要求,对不正常的心理状态进行调节,对不符合要求的情绪与冲动进行自觉控制,是保持心理健康、实现自我完善极为重要的措施。

总之,我们大学生在进行自我意识修养时,要树立一个终身修养的观念,"活到老,学到老",要把自己培养成心理健康、品质高尚的人,决不能放松、中断对自我意识的培养。人的一生是不断发展变化的,自我意识也在不断发展,每个人从青年到老年,都要不断地重新认识自己,不断地进行自我反省、自我调节和控制,这样才能不断改进与完善,从而达到自我实现。

第五节 测试与训练

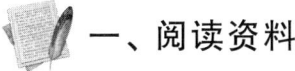
一、阅读资料

生命的价值

有一个生长在孤儿院的男孩常常悲观地问院长:"像我这样的没人要的孩子,活着究竟有什么意思呢?"

院长总笑而不答。

有一天,院长交给男孩一块石头,说:"明天早上,你拿这块石头到市场上去卖,但不是'真卖',记住,无论别人出多少钱,绝对不能卖。"

第二天,男孩拿着石头蹲在市场的角落,他意外地发现有不少人对自己的石头感兴趣,他们的出价越来越高。回到院内,男孩兴奋地向院长报告,院长笑笑,要他明天拿到黄金市场上去卖。在黄金市场上,有人出比昨天高10倍的价钱来买这块石头。

最后,院长叫孩子把石头拿到宝石市场上去展示,结果,石头的身价又长了10倍。由于男孩怎么都不卖,竟被传扬为"稀世珍宝"。

男孩兴冲冲地捧着石头回到孤儿院,把这一切告诉给院长,并问为什么会这样。

院长没有笑,望着孩子慢慢说道:"生命的价值就像这块石头一样,在不同的环境下就会有不同的意义。一块不起眼的石头,由于你的珍惜、惜售而提升了它的价值,竟被传为稀世珍宝。你不就像这块石头一样?只要自己看重自己,自我珍惜,生命就有意义,有价值。"

如果你自己把自己不当回事,那别人更瞧不起你,生命的价值首先取决于你自己的态度。"每个人应当从小就看重自己,在别人肯定你之前,你先得肯定你自己。"珍惜独一无二的你自己,珍惜这短暂的几十年光阴,然后去不断充实自己,最后世界才会认同你的价值。

二、心理测试

自我和谐量表(SCCS)

【测试说明】下面是一些个人对自己看法的陈述,填答案时,请你看清每句话的意思,然后圈选一个数字(1代表该句话完全不符合你的情况,2代表比较不符合你的情况,3代表不确定,4代表比较符合你的情况,5代表完全符合你的情况),以代表该句话与你现在对自己的看法相符合的程度。每个人对自己的看法都有其独特性,因此答案是没有对错的,只要如实回答即可。

编号	项目			评估等级		
1. 我周围的人往往觉得我对自己的看法有些矛盾		1	2	3	4	5

2. 有时我会对自己在某方面的表现不满意	1	2	3	4	5
3. 每当遇到困难,我总是首先分析造成困难的原因	1	2	3	4	5
4. 我很难恰当表达我对别人的情感反应	1	2	3	4	5
5. 我对很多事情都有自己的观点,但我并不要求别人也与我一样	1	2	3	4	5
6. 我一旦形成对事物的看法,就不会再改变	1	2	3	4	5
7. 我经常对自己的行为不满意	1	2	3	4	5
8. 尽管有时得做一些不愿意的事,但我基本上是按自己意愿办事的	1	2	3	4	5
9. 一件事好就是好,不好就是不好,没有什么可含糊的	1	2	3	4	5
10. 如果我在某件事上不顺利,我就往往会怀疑自己的能力	1	2	3	4	5
11. 我至少有几个知心朋友	1	2	3	4	5
12. 我觉得我所做的很多事情都是不该做的	1	2	3	4	5
13. 不论别人怎么说,我的观点绝不改变	1	2	3	4	5
14. 别人常常会误解我对他们的好意	1	2	3	4	5
15. 很多情况下我不得不对自己的能力表示怀疑	1	2	3	4	5
16. 我朋友中有些是与我截然不同的人,这并不影响我们的关系	1	2	3	4	5
17. 与别人交往过多容易暴露自己的隐私	1	2	3	4	5
18. 我很了解自己对周围人的情感	1	2	3	4	5
19. 我觉得自己目前的处境与我的要求相距太远	1	2	3	4	5
20. 我很少去想自己所做的事是否应该	1	2	3	4	5
21. 我所遇到的很多问题都无法自己解决	1	2	3	4	5
22. 我很清楚自己是什么样的人	1	2	3	4	5
23. 我能很自如地表达我想表达的意思	1	2	3	4	5
24. 如果有了足够的证据,我也可以改变自己的观点	1	2	3	4	5
25. 我很少考虑自己是一个什么样的人	1	2	3	4	5
26. 把心里话告诉别人不仅得不到帮助,还可能招致麻烦	1	2	3	4	5
27. 在遇到问题时,我总觉得别人都离我很远	1	2	3	4	5
28. 我觉得很难发挥出自己应有的水平	1	2	3	4	5
29. 我很担心自己的所作所为会引起别人的误解	1	2	3	4	5
30. 如果我发现自己在某些方面表现不佳,就总希望尽快弥补	1	2	3	4	5
31. 每个人都在忙自己的事情,很难与他们沟通	1	2	3	4	5
32. 我认为能力再强的人也可能会遇上难题	1	2	3	4	5
33. 我经常感到自己是孤立无援的	1	2	3	4	5
34. 一旦遇到麻烦,无论怎样做都无济于事	1	2	3	4	5
35. 我总能清楚地了解自己的感受	1	2	3	4	5

【计分办法】各分量表的得分为其所包含的项目分直接相加。

【测试结果】三个分量表包含的项目及题号如下表所示。

项目	包含题目	自测分数	大学生常模
自我与经验的不和谐	1、4、7、10、12、14、15、17、19、21、23、27、28、29、31、33		46.13±10.01
自我的灵活性	2、3、5、8、11、16、18、22、24、30、32、35		45.44±7.44
自我的刻板性	6、9、13、20、25、26、34		18.12±5.09

注1:自我与经验的不和谐。反映的是自我与经验之间的关系,包含对能力和情感的自我评价、自我一致性、无助感等,它所产生的症状更多地反映了对经验的不合理期望。

注2：自我的灵活性。与敌对与恐怖有显著相关,可以预示自我概念的刻板与僵化。

注3：自我的刻板性。不仅同质性信度较低,而且与偏执有显著相关,使用仍然在探索中。

此外,还可以计算总分,方法是将"自我的灵活性"反向计分,再与其他两个分量表得分相加。得分越高自我和谐程度越高,大学生中,低于74分为低分组,75～102分为中分组,103分以上为高分组。

三、心理训练

(一) 20个我是谁活动

请在下面写出20句"我是……"(如我是一个热爱生活的人,我是一个有理想和追求的人,我是一个爱交往的人,等等)。要求符合真实的自我,尽量选择一些能代表自己人格特征的语句,避免表述过于泛泛,如我是大学生。限时5分钟。

(1) 我是_____
(2) 我是_____
(3) 我是_____
(4) 我是_____
(5) 我是_____
(6) 我是_____
(7) 我是_____
(8) 我是_____
(9) 我是_____
(10) 我是_____
(11) 我是_____
(12) 我是_____
(13) 我是_____
(14) 我是_____
(15) 我是_____
(16) 我是_____
(17) 我是_____
(18) 我是_____
(19) 我是_____
(20) 我是_____

评估标准:写出18个以上,自我认知良好;写出15～17个,自我认知尚可;写出12～14个,自我认知很一般;写出9～11个,自我认知不是很好;写出8个以下,自我认知存在一定的困惑。

回答的内容是否涉及自己的未来:哪怕只有一个答案涉及未来(如我是未来的IT精英),也说明自己有理想和抱负,在现实生活中充满活力。若没有一个答案涉及未来,则可能说明自己对未来考虑不多。

回答内容涉及自己的身体状况、心理状况(情绪、才智等)、社会关系状况的各有几项?

身体状况:_____

情绪状况：_____
才智状况：_____
社会关系状况：_____

　　评估一下你对自己的陈述是积极肯定的还是消极否定的。如果表示积极的句子多于表示消极的句子，说明你的自我接纳状况良好。相反，你的消极陈述的句子将近一半甚至超过一半，这显示你不能很好地接纳自己，你的自尊程度较低，这时你需要内省，寻找问题的根源。例如，在哪一方面过低评价了自己？是什么原因造成的？有没有改善的可能？

　　认识自我、接纳自我是一个艰难而痛苦的心理历程，所以，重塑自我、超越自我可以说是一场自我革命，它必须从了解自我、接纳自我起步。这对于一个追求卓越成功的年轻人来说是可贵的。

　　在自愿的基础上同学之间可以相互交流、分享（如果有的人不想把自己的隐私说出来，也不要勉强）。每个学生总结自己的评价和同学的评价，课后写一篇"这就是我"的总结，文章不讲究形式、措辞，只要求对"我"的各个方面都写全，以达到正确认识自我的目的。

（二）我就是我

　　请同学们认真填写下面的表格。可以从外貌、性格、智力等多方面对"现实的我"做一个评价；可以选择一位心目中的偶像或者想象中的人来描绘"理想的我"；自己思考自己在别人眼中是什么样而填写"别人眼中的我"，也可请身边同学帮忙来填写此栏。

项目	现实的我	理想的我	别人眼中的我
身高			
体重			
性别			
出身阶层			
文化程度			
性别			
性格			
人际关系			
专业			
恋人			
收入			
爱好			
理想抱负			

讨论：

1. 对比表的结论，看看现实的我和理想的我之间的差别。对于自己拥有的，你喜欢哪些，不喜欢哪些？你想改变你不喜欢的自己吗？

2. 对比表的结论，看看现实的我和别人眼中的我之间的差别。你是不是一直在伪装自己？你今后打算怎么做？

 思考题

1. 大学生自我意识发展的主要特征有哪些？
2. 试着从学习、社会活动、人际关系三个方面列出自己人格的10个主要特点（优点和缺点）。
3. 如何培养健康的自我意识？

第三章　大学生心理适应

 **心灵导读**

无论什么人,当他从一个熟悉的环境迈入陌生的环境时都要对新环境有一个熟悉、了解的过程,并根据新环境调整其思想和行为,以便适应新环境。对于初入大学的新生来说,在面临身心成长、环境改变与社会转型等很多方面的变化时,学会积极地适应客观环境,调适身心状态,调整自身与环境不适应的行为,达到自我与环境的和谐统一,不仅关系到大学生能否顺利经过整个大学生活,同时也关系到他们在将来社会生活中能否得到继续发展、人生目标能否实现。

通过对本章的学习,了解适应的含义、标准和分类,理解大学生在适应方面存在的主要问题及其产生原因,掌握大学生心理适应能力的培养方法,使大学生能够正确认识在适应方面存在的问题并能运用有效的方法进行调适。

第一节 大学生心理适应概述

案例导入

> **案例**
>
> 大一新生周某来到心理咨询室陈述:他刚入学,多年来为能考入一所理想的大学而寒窗苦读,现在终于如愿以偿,但入学以后发现现实的大学生活与想象中的大学生活有很大差异,老师的教学方法和中学明显不同,集体宿舍的生活和过去的家庭生活大不一样,他对各方面都感到很不适应,致使他的情绪变得低沉起来,不知道大学生活该怎样度过。

案例评析

周某的问题在其他一些刚入学的新同学中同样存在。大学的路虽不算漫长,但却是人生道路上非常重要的一段。这段路,有人走得稳健,有人跟跄而行,有人甚至还会跌倒……

正确认识大学生活,尽快适应大学生活是大一新同学面临的一个成长课题,也是对其心理素质的首次考验。大学是独立人生的开始,是增强适应能力的重要阶段。中学时,多数同学吃住在家,生活由父母安排,学习由老师规划,自己只要按他们的安排行动就行了。进入大学以后,离开了父母和家乡,生活要由自己安排,学习要由自己规划,一开始总是不太适应,容易出现问题。例如,晚上宿舍里的同学爱高谈阔论,而早晨困倦难起,只好省掉早餐;中午不能抓紧时间休息,下午上课时无精打采;不重视体育锻炼,体质容易下降;不会理财,钱花不到刀刃上,经济拮据;对大学的管理和教学方式很不适应,学习成绩容易滑坡……这些都是适应不良的表现。

在适应环境的过程中,有人陷入了盲目和被动的状态,他们任消沉情绪自由泛滥,而不能以积极的态度有意识地处理新生活中遇到的各种问题。这种态度对自身的发展进步极为不利。心理学的研究表明,智慧、意志和自觉意识在适应环境的过程中有重要价值。"适者生存"是生存竞争的普遍规律。适应环境的能力是在适应环境的过程中提高的。环境是客观存在,不能因为我们对它不适应而改变它的现状,需要改变的是我们自身。对于初次离开家庭进入一个新环境的年轻人来说,生活上、心理上有一个适应过程是正常现象,关键是如何认识和对待这一个适应过程。适应能力的提高,不仅对四年的大学生活有现实意义,而且对今后适应各种环境、处理好人生道路上遇到的各种问题都有重要价值。

连接着"黑色六月"和"金色九月"的是一座桥,一座千军万马争相而过的独木桥,大学生都是从这座桥上一步步走过来的,当他们接到入学通知书后,自己及家人都很高兴,因为毕竟是通过自己十几年的努力实现了上大学的夙愿。然而,当他们拿着入学通知书来到大学报到的那一刻,兴奋、愉悦的心情很快就消失了,取而代之的是迷茫、失落等。有的同学因为学校不好而沮丧;有的同学因为专业不好而感到前途无望;有的同学对学习没兴趣而沉迷于网络,热衷于各种各样的活动;有的同学为追逐异性而苦恼;有的同学终日抱着小说或听着MP3谁也不想理睬,什么事情也不想干;有的同学人际关系紧张,不知道如何同别人接触,不知道如何解决矛盾和冲突;等等。为什么会出现以上的种种现象呢?这是因为同学们对大学的认识不够,不能很快地适应新环境所造成的。因此,尽快缩短大学适应期,是摆在每个大学生面前的迫切需要解决的重要问题。

一、适应的含义和环节

(一)适应的含义

所谓适应,目前比较权威的定义来自朱智贤主编的《心理学大辞典》,该词典中对适应的定义为:"适应是来源于生物学的一个名词,用来表示能增加有机体生存机会的那些身体上和行为上的改变。心理学中用来表示对环境变化做出的反应。如对光的变化的适应和人的社会行为的变化等。皮亚杰认为,智慧的本质从生物学来说是一种适应,它既可以是一个过程,也可以是一种状态。有机体是在不断运动变化中与环境取得平衡的,它可以概括为两种相反相成的作用:同化和顺应。适应状态则是这两种作用之间取得相对平衡的结果。这种平衡不是绝对静止的,某一个水平的平衡会成为另一个水平的平衡运动的开始。如果机体与环境失去平衡,就需要改变行为以重建平衡。这种平衡—不平衡—平衡……的动态变化过程就是适应。"

深入探究,可以发现适应包含两个含义。其一,适应是主体对环境变化所做出的一种反应。没有环境的变化也就没有适应的问题。但因为人们生活的自然环境、心理环境和社会环境处在不间断的变化之中,所以每个人都会产生不断适应新环境的需要。从这个意义上可以说适应是人的一种基本需要,是人的一生中都要面临的任务,实质上也是一种生活态度,是人应当具备的一种基本素质。适应能力是个体生存与发展的必备能力,对不同个体来说,由于适应水平不同,最终会导致其发展水平上的差异。当我们谈到适应时,通常是指个体改变自身去顺应环境条件。因为对于个体来说,他能直接支配和控制的是自己的行为。在多数情况下,现实环境的力量太强大,个人操纵和掌控环境的能力是有限的。每个人都有许多无法选择的、强加于他的生活条件。在这种情况下,个人只能依靠调整自己来适应环境。例如,初入大学的新生面临全新的学习环境、生活环境、人际环境、管理环境、校园文化环境等等会产生一些新的心理矛盾,这时,他们不能期望环境和生活条件朝着有利于他们的方向改变,而必须通过自我调适、自我努力去尽快适应高校的新环境和生活条件。

适应的第二个含义是指适应是一个重建平衡的动态变化过程,是个人与环境关系的一种状态,即个人与环境之间的一种和谐协调、相宜相适的状态。但是,从生活的角度来观察人的一生,就会发现这种适应状态总是暂时的。适应是一个动态的平衡过程。适应期中总是孕育着变化的因素,这种变化要么是环境条件的改变,要么是个人自身的改变,这两种因素一旦变化到一定的程度,适应的平衡即被破坏。接着便是一个新的调整期,逐渐达到新的适应。

综上所述,我们可以给适应定义为:适应是个体在与环境相互作用的过程中,个体通过自我调节系统做出的能动反应,使自己的心理活动和行为方式更加符合环境变化和自身发展的要求,使个体与环境达到新的平衡的过程。

(二)适应的基本环节

适应的心理机制是由四个基本环节组成的。

(1)个体对环境的认知。它是适应的心理基础。今天,自然环境、社会环境和人文环境都以前所未有的速度发生着深刻变化。压力是个体与环境交互作用的结果,而环境的变化是否对个体产生压力,以及该压力对个体产生多大的影响,这往往取决于个体的认知评价能力。因为人们遇到任何情况,都会不由自主地按过去的体验对它进行评估,然后做出应付这一问题的行动计划,并选择最佳方案。

(2)个体对环境的接纳。它是个体在认知的基础上,通过对新环境的反馈,进一步调整已有的价值观念,进而构筑与新环境协调的新的价值观念,以规范心理适应机制,并在新的价值观的引导下个体形成与自身价值观相符的反应模式。

(3)个体自身的改变。在新的价值观念引导下,个体的心理需求、动机和情绪等心理机制都会做出相应的变化和调整,符合环境的内在要求,使两者和谐发展,从而达到适应。

(4)保持积极心态,保持自身与环境的和谐一致。积极心态包括远大的理想和坚定的信念,同时还要有积极的自我体验,做到自尊、自爱,对自己始终充满自信。要有较强的竞争意识和好胜心,对人对事宽容的态度与豁达的胸怀;要有自我监控的意识和自我调节的能力,特别是自省、自察和自我审视的意识,以及自我调节与自我控制的能力。积极心态能使人在改变自我的基础上顺应环境或顺应环境中的某些变革,或使人不断地抗争和选择,从一个目标走向另一个目标,使个体与环境保持一种动态平衡。

二、适应的标准

适应是一种智慧,作为大学生,要在这个充满变革的时代更好地生存与发展,顺利地适应变化着的社会,必须具备健全的心理适应。那么,以什么样的标准作为判断一个人心理是否适应的标准呢?或者说何为适应良好?关于这个问题,不同的心理学派基于不同的研究角度得出不同的结论。因此,目前尚没有一个客观、完整、统一的定论。下面我们从社会适应角度、生活适应角度和经验的角度来分析。

(一)社会适应的标准

社会适应的标准就是以社会适应为目标,用社会常规来衡量人的心理和行为是否完善。

每个人生活在一定的历史环境和社会环境中,他的心理和行为都受这一特定环境的制约,人们的心理和行为既是历史环境和社会环境的产物,又通过自己的思想和行为反作用于历史环境和社会环境,达到对环境的改造,使之更适合人们的需要。当人的心理和行为能够适应环境,并能正常地作用于环境时,他的心理就是正常的;反之,就是不适应社会。以社会常模为主体,就是观察个体对社会体制、社会关系、社会事件的观点及反应,观察个体处理集体、人际关系的态度及情况,观察个体对自己的评价和态度。如果个体的心理和行为在处理上述问题时不能适应社会所认可的行为准则,则视之为异常,视之为心理不适应。

当然,社会适应标准是有一定的时代性、阶级性和文化差别的,在历史的某一个时代被社会公认为正常的心理和行为,在另一个时代也许就属于不正常的心理和行为范畴;在一定文化背景的国度里,被认为是正常的心理和行为,在另一个不同文化背景的国度里,也许就属于不正常的心理和行为范畴;在同一时代的同一国度里,某一阶级认为是正常的心理和行为,而另一阶级则可能认为是异常的心理和行为。这里所说的社会常模标准,是指在同一时代、同一个国度里,以统治阶级思想观念为主导的评价标准,具体来说,我们今天所讲的社会标准,是指社会主义国家无产阶级所认可的思想和行为。

（二）生活适应的标准

生活适应的标准是用社会生活的常规来衡量个体的心理和行为,看其是否符合社会生活的公共规范和准则。它要求个体能够根据环境的变化有效地发挥人的主观能动性,改变自己以顺应环境或环境中的某些变革,或者某种程度地改造环境,使之满足自己生存和发展的需要。这个标准也有一定的相对性,如个体对环境有一定的畏惧感,对事物毫无兴趣,言语行为减少,虽然他遵守社会生活的公共规范和准则,但并不是真正的适应。

（三）经验的标准

经验的标准是指具有一定专业知识的人凭借专业知识或者以往积累的、经过系统整理的知识经验来鉴别和验证对象的心理是否适应现实生活。这是以一般人对常态的、已有的经验作为出发点和参照点的。这一标准主观性较大,常受测试者的专业水平、经验和能力的制约,对同一个被测试对象可能会产生不同看法,难免失之偏颇。

也有学者运用系统论的观点,从整体的角度提出心理适应的八条标准：

(1) 通过学习,能够正确地认识自我和理解自我。

(2) 通过学习,能够正确地认识社会和对待社会。

(3) 通过学习,能够确立作为一名社会成员所必须具备的人生观和价值观。

(4) 通过学习,能够充分理解身体的发育及其变化,能逐渐完善作为男性和女性的性别角色。

(5) 通过学习,能正确处理人际关系,特别是能正确处理和异性的关系。

(6) 通过学习,具有充分的心理能力,掌握作为社会成员必备的知识和技能。

(7) 通过学习,有较充分的心理能力作为选择职业和就业的准备。

(8) 通过学习,有一定的心理能力准备结婚和过家庭生活。

这八条标准,强调了心理适应过程是一个学习的过程。

适应是相对的,不适应是绝对的。试图对两者制定绝对客观的标准是困难的。一般来讲,可以遵循以下三项原则。

首先是心理与环境的同一性原则。任何正常的心理活动和行为,无论其形式和内容都应该与客观环境保持一致,即同一性。人的心理或行为只要与外界失去同一性,就难以为人所理解。

其次,心理与行为的统一性原则。一个人的认知、情感和意志行为在自身是一个完整的、协调一致的统一体。这种统一性是确保个体具有良好的社会功能和有效地进行活动的心理学基础。

第三,人格的稳定性原则。人格形成之后,一般具有相对的稳定性,在没有重大变故的情况下,一般是不易改变的。如果一个爽朗、外向的人突然变得沉闷、悲观、内向,那就要考虑他是否遭遇挫折,致使其心理和行为偏离正常的轨道。

在心理适应的标准上,很难找出一个完美的、客观一致的标准,在实际生活中,往往将上述标准综合运用来鉴别人的心理适应能力。

三、适应的分类

关于适应的类型,可以依据不同的标准将其分为不同的类型。如孔维民认为,根据适应的对象可以将其分为对自然环境的适应和对社会环境的适应;根据适应的基础可以将其分为生理适应和心理适应;根据适应的程度可以将其分为浅层适应和深层适应;根据适应过程中是否有意识的参与可以将其分为有意识的适应和无意识的适应;根据适应过程中态度的积极或消极又可将其分为主动适应与被动适应等。下面是几种比较典型的分类方法。

(一) 积极适应和消极适应

根据适应的效果可以将其分为积极适应和消极适应。

积极适应是一种健康的适应,是指个体确定一个目标,积极努力去实现既定目标,即使遇到阻碍和挫折,也会尽力去克服。如果达不到目标,也会及时调整目标,再去适应。积极适应有两个含义:一是改变自己以顺应环境或者环境中的某些变革;二是不断地选择和抗争,从一个目标走向另一个目标。积极适应是主体充分发挥自身的主观能动性,尽最大可能去改变环境使之适合自己发展的需要,这是一种比较高级、比较主动的适应方式,是使自身得到有效发展的过程,是发展性适应。任何一次积极的适应都是一次新的尝试,一次对个体心理的历练,一次认知的提高与升华。

消极适应是个体在适应过程中遭遇挫折,是个体需求不能顺利满足,产生压抑内心的苦闷与冲突,形成悲观心理的一种人与环境之间消极互动的过程。它是个体认同、顺应了环境中的消极因素,压抑了自身积极因素和自身潜能,违背了人的心理发展方向的过程。这是一种基本的、比较被动的适应方式,其作用只是求得一时的内心平衡。

(二) 内部适应与外部适应

还有学者认为可以根据适应表现的方式将其分为内部适应与外部适应。

内部适应是指在心理上达到认知和情感上的平衡状态的适应;外部适应是指在行为上能够符合外部环境要求的适应。一般而言,内部适应是外部适应的基础,外部适应是内部适应的外在表现,两者应该是一致的。但在某些特殊条件下,也可能存在不一致的情况。比如,个体有时候屈从于某种外部压力,为了避免更大的挫折,尽管内心并不情愿,但有可能在行为上暂时遵从某种规范,表现为表面上的顺从或服从,这就是一种外部适应与内部适应不一致的情况。

(三) 狭义适应和广义适应

根据适应的内涵将其分为狭义适应和广义适应。

狭义适应是指在遭受心理挫折后人们采用自我防御机制来减轻压力,恢复心理平衡的过程。广义适应是指当外部环境发生变化时,主体通过自我调节系统做出有效反应,使自己的潜能得以充分发挥,使内外环境重新恢复平衡的心理过程。前者更多地表现为无意识的适应过程,具有一定的自发性;后者则主要表现为有意识的适应过程,带有更明显的自主性。在个体发展过程中,前者出现得较早,而后者出现得较晚。但是,随着个体心理成熟水平和思维水平的提高,后者的作用就会越来越大并逐渐占据主导地位。

第二节 大学生心理适应的主要问题

案例导入

> **案例**
>
> 大学一年级新生王某,在进大学前,幻想着大学有绿树成荫、鸟语花香的优美环境,宽敞明亮的图书馆和教室;同学之间和睦相处;老师知识渊博;活动丰富多彩……大学生活是那么浪漫和幸福。可是来到大学后他却不适应环境,不习惯生活方式,老师讲课快跟不上,业余时间不知道干什么,特别是到了周末、假日,看到当地同学陆续回家或与老同学团聚,思乡之情油然而生,开始留恋中学时代,过去的同学、朋友,过去熟悉的生活环境,甚至后悔不该报考外地的大学,造成学习没劲头、活动不参与、回避与同学交往,甚至常常失眠。

案例评析

案例中,王某的心理困扰在心理学上被称为"回归心理"。王某之所以会产生回归心理是由于他刚入学对周围新环境的不熟悉和不适应,所以对旧环境十分留恋。其实,"回归心理"应该说是一种正常的心理状态,但是,如果长期处于一种怀旧、留恋过去的心理状态中,就会造成学习上的不安心,甚至夜不成眠,形成阻碍学习的心理压力。

在人生的舞台上,每个人都扮演着一定的社会角色。人在特定的时间、特定的社会文化环境中,形成了与那个时空相适应的角色期望和行为方式。随着生命的延续,每个人不可避免地要在不同时期转换自己所扮演的角色。当人们还没有充分的心理准备和经验准备时,常常会碰到这种角色转变带给自己的许多困惑。

一、大学生活的新变化

(一) 生活环境的变化

大学的生活环境是指大学生在学习之外的业余生活方式,包括个人活动、娱乐活动、交往方式等。

1. 生活方式

随着独生子女家庭的普遍化,有的大学新生由于习惯于家中父母全方位的关怀和照顾,缺乏独立生活的能力。而异地求学使他们远离了父母的照顾,必须独立地安排自己的生活。他们吃在集体食堂,住在集体宿舍,远离家乡和父母,衣食住行等所有事情都要亲力亲为。他们被生活中这些琐事搞得焦头烂额,心烦意乱。这对缺乏独立生活能力的新生来说无疑是一个挑战,致使某些人感到孤独寂寞和想念亲人,而且会被孤独不安、焦虑的情绪困扰。

2. 生活习惯

中学生在家乡生活十几年,对家乡的饮食、气候、语言、作息时间等都很适应。异地求学后,造成他们对学校所在地的生活习惯不适应。这种不适应,必然会给他们的生活带来困难。

3. 生活范围

中学生由于有高考的压力,学习成了他们生活的中心内容,无暇他顾,生活内容比较单一,范围较窄。而在大学里,大学新生在面对校园众多的活动组织、社团、协会,面对宣传橱窗里花花绿绿的各种海报,面对丰富多彩的社会实践活动和丰富的校园文化生活,目不暇接,生活领域的拓宽让很多人无所适从。此外,还有一些习惯了农村生活环境的大学生,当他们来到喧闹的城市后,易产生压抑感和自卑感。

4. 生活条件

随着高校招生并轨,大学生统一缴费上学政策的实施,大学生成了消费水平较高的社会群体。这给家庭经济并不宽裕的大学生带来很大的经济压力和心理压力。一些靠助学金过日子的大学生,节衣缩食节省开支,有的还用勤工助学的方式来解决学习费用问题。而来自富裕家庭的大学生则穿着整齐,出手大方,相比之下,经济困难的大学生由于经济上不如人,心理便产生一种处处不如人的感觉。

(二)学习生活的变化

1. 学习任务

中学阶段是基础教育阶段,学习各种科学文化基础知识,主要任务是为上级各类学校输送合格新生,也就是为他们在高等院校学习打好基础。大学的学习虽然也学习一些基础知识,但更重要的是学习更深的专业知识,掌握专门的专业技能,为他们将来走向社会做好准备,为将来他们从事某项专业工作打好基础。

2. 学习内容

中学阶段所开设的课程内容,基本上是数年一贯制,变化很少,知识面也较窄,基本上没有选修课,课外参考书也很少。而大学的学习具有专业性、探索性的特点,四年里要学二三十门课程。除基础课、专业课外,还要开设选修课。学习中除了学习新开设的课程外,还要翻阅大量的、相关的参考书,查找大量的文献资料。学习内容比中学阶段要多得多,知识面也要宽得多。

3. 学习方式、方法

无论是教学方法还是学习方法,大学与中学都有很大的区别。中学的学习方式是以教师为主导、以课堂教学为中心的教学方式。学生主要从课堂教学中获取知识,学习途径和方法相对单一。学生学习的每个环节都在教师安排、指导、监督下进行。学生的学习大多处于被动状态,对教师的依赖性很大,探索性和自主性不强。而大学的教学方法具有高度理论性、概括性和教学内容的大容量性的特点,学习方式则以学生为主导、以自学为中心进行,要求学生做到独立思考、融会贯通、举一反三。一些新生不善于自学,不会安排学习时间,因而心情沉重,思想上感到有压力。

(三)人际交往的变化

上了大学后,大学生的人际交往发生了一些变化:
(1)在交往方向上,由注重纵向交往向扩大横向交往转化。

(2) 在交往形式上,由封闭式交往向开放式交往转变。
(3) 在交往意向上,从注重礼仪、情谊向注重交往的"综合效益"转变。
(4) 在交往特征上,从依附性向选择性发展。
(5) 在交往内容上,从单一的交往向多端的交往发展。
(6) 在交往方式上,由被动型向互动型转化。
(7) 在交往心理特征表现上,由情绪型交往向理智型交往发展。

以上各方面的变化,对于一个新入学的大学生来讲,他们长期习惯了中学的环境,对大学环境缺乏了解和心理准备,进入大学后往往不能适应,因而在适应的过程中也就很容易出现问题。具体地说,在中学时代,人际关系相对简单,只是单纯的友谊和亲密关系的一种扩展。进入大学后,人际关系变得不那么单纯。面对来自五湖四海、性格各异的同学,大学生的人际交往的类型和方式都发生了很大的变化,最显著的特点是师生关系明显淡化,同学之间的互动更加频繁,人际空间更加广阔,错综复杂的社会交往成为大学生的基本生活内容之一。但在交往过程中,大学新型的人际关系不能以个人好恶来决定,必须学会与不同的人建立和保持协调的关系。

1. 交往方式与对象

到了大学远离父母,难诉衷肠,师生关系也不那么密切,有时几天见不到辅导员老师,从各地来的学生组成新的班集体,与素不相识、脾气习惯各不相同的同学生活在同一宿舍,常常感到难以适应,知音难觅。由于生活领域的扩大,交往的场所扩展到学习、生活、娱乐等各个方面。

2. 交往所处的地位

到了大学,大学生在人们的心目中已被视为成人,家人对他们的要求相对提高,对他们的关心照顾相对减少,对他们的直接干预也不像从前那样多。原来的优越感也在群星荟萃、强手如林的班级集体中淹没。这就要求大学生逐渐摆脱以自我为中心的思维方式,学会设身处地为别人着想,并在此基础上建立起独立、协调的新的人际关系。

3. 交往的要求

进入大学后,大学生接触新群体、新伙伴,交往的范围扩大了。新环境要求他们独立地、主动地去与陌生人交往,宽松的学习环境也给他们的交往提供了条件,大学的社会化要求使他们对友谊的渴望也越来越强烈,但由于缺乏交往技巧,因而难以建立友好的、协调的人际关系,甚至可能发生人际冲突。

二、大学生适应中的心理问题

(一) 环境适应的困惑感

大学新生进入大学,首先面临的是生活环境和生活习惯的适应问题。对这两个问题的适应不良,将严重影响大学生的心理和学习。

在生活环境方面,一是对学校地理环境不适应。远离家乡来到陌生的城市,不少同学无所适从。二是对当地气候、风土人情、经济发展水平、生活习惯不适应。三是不少同学缺乏独立生活的能力,集体生活观念淡薄,不会关心他人,个人角色定位不准,一味寻求自己的行为自由,不管他人感受,我行我素,打扰了其他同学的学习和休息,导致同学关系紧张。不会安排好自己的衣食住行,不会理财,往往计划不周导致经济上捉襟见肘。

在生活习惯上,大学生也存在一些问题。一是懒惰,缺乏正确的卫生与劳动习惯。二是饮食不当,如不吃早饭、挑食、偏食、暴饮暴食,不能养成定时定量的饮食习惯等。三是生活不规律,晚上不睡,早上不起,没有良好的作息规律。四是不良嗜好,酗酒、吸烟现象较为严重。

(二) 幻想破灭的迷失感

1. 学习目标的迷失感

中学阶段,学生都有一个明确具体的目标——考大学。进入大学后的最初一段时间,这种压力自然消失,很多同学没有及时建立新的奋斗目标,也就失去了学习的动力和目的。大学的大部分时间靠学生自主管理,大学生就有可能有意无意地放纵自己,把大量学习时间用于网络游戏、聊天、玩乐,得过且过,不思进取,陷入极度空虚和困惑的怪圈。

2. 理想大学的迷失感

大学是中学生十分向往的地方,在部分大学新生的心目中,大学是一座金碧辉煌的知识殿堂,大学生活应该充满诗情画意。但进入大学后,现实的大学与理想的大学相比较,似乎没有想象中的优越生活条件,没有想象中的无忧无虑的快乐生活,有的只是比中学还要多的课程,比中学还复杂的人际关系。教室、食堂、宿舍三点一线的平淡生活不知道如何接受。现实大学与"理想大学"的强烈反差,导致迷茫、失望的情绪困扰着某些大学生,使其终日处于无动力的涣散状态中,心理冲突加剧。

3. 专业理想的迷失感

不少学生对自己的专业不喜欢。在就业需要竞争、行业差距较大的今天,很多大学生在高考时就根据父母的意愿、自己的兴趣和对未来专业发展趋向的判断,选择了自己的专业志愿,即专业理想。但不少大学生上大学填报专业或是屈从于父母的意愿,或是考分的缘故,以致不能考取理想的专业,或者是大学录取中被调剂了专业,这给部分大学生造成专业理想的破灭,使有的学生不能正确对待,对学习失去了兴趣和信心,不安心学习,甚至放弃学习,这对大学生成长极为不利。

(三) 知音难觅的孤独感

1. 离家的孤独感

中学时期,有父母在身边,时时受到父母的关心与照顾。进入大学,来到一个新的环境,独立生活,独自面对陌生的环境、老师和同学,缺乏生活的依靠、感情的寄托和心灵的慰藉,因此产生一种思念家乡、思念亲人的情绪,感到寂寞孤独。

2. 人际关系复杂带来的孤独感

据某高校调查,在大学生中认为人际关系复杂,需要给予人际交往指导的占调查人数的30%以上。当然,这不是说这些同学人际关系交往有问题,而是他们在这方面需要改进和提高。大学阶段是大学生交往需求最强烈的时期,他们希望有一个生机勃勃、健康向上的新集体,渴望建立一个和谐的人际关系,并使自己通过社交活动展现才华,得到别人的认可。但实际上有三种交往心态,造成同学之间的疏离,形成了大学生的孤独。一是陌生的环境、生疏的同学,使他们在刚开始相互交往中本能地表现出某种心理上的戒备与谨慎,以致形成一种闭锁的心态,形成冷漠的孤独情绪。二是住在同一宿舍的同学,刚开始时还比较注意控制自己,但时间一长,由于生活习惯和性格特点的不同,易做出干扰别人休息和学习的事情来。久而久之,就容易引起受干扰同学的情绪化反应,相互之间产生误解,彼此都形成更深层次的孤独。

三是某些同学在新的集体中倚仗某种优势,或经济富有,或家庭背景显赫,或有某种关系,或被教师器重,就自以为高人一等,傲气十足,瞧不起其他同学,一旦受到同学的疏远,就会陷入孤独。

(四) 相形见绌的自卑感

1. 新集体的出现带来的自卑感

大学新生来到一个群英荟萃的新集体,原来的学习尖子自然不可能都仍是尖子,原来的学生干部不可能都继续担任学生干部。有同学失去中学时期的优越地位;有的同学发现自己不会唱歌,不会跳舞,不擅长交际,运动天赋不高,没有任何特长,顿生一种挫折感,产生强烈的自卑心理,以致苦闷、彷徨甚至难以接纳自我。

2. 家庭经济困难带来的自卑感

大学新生来自祖国各地,家庭经济状况不一。一些经济条件不好的同学由于经济困难而影响到与同学交往中的人格尊严与独立,产生自卑情绪。

(五) 竞争压力的恐惧感

1. 学习压力带来的恐惧感

经过十余年的考试竞争,大学生有着深刻的考试成功与失败的体验。经过高考,对考试失败的恐惧尤为深刻。进入大学后,部分学生仍面临着考试失败的威胁,每到考试之前就紧张不安,担心,焦虑,恐惧,影响正常学习。

2. 经济压力带来的恐惧感

经济困难不但给学生带来自卑,更为严重的是会使他们产生恐惧。经济问题带来的精神压力是巨大的。随着社会消费水平的上升,这种压力将有增无减。据统计,我国高校特困生占在校生总数的5%～10%,而存在一定经济困难的学生比例也很高。为此,党和国家领导、地方各级人民政府及社会力量都做出了巨大的努力,虽然在一定程度上使特困生问题得到缓解,但目前面临的问题仍十分严峻。

3. 就业压力带来的恐惧感

据调查,现在对就业的考虑在进入大学前就已经开始了。有的同学在选择专业志愿时就是从就业的角度考虑的。随着普通高校招生人数的增加和成人高教的发展,应届大学毕业生的就业形势相当严峻,这也导致了就业的巨大压力,引起学生的恐惧。

第三节 大学生心理适应问题产生的原因

案例导入

案 例

李同学,某重点大学大一学生。她从小学至高中都是品学兼优的尖子学生。学校一直把她作为重点对象培养;亲戚们把她看作同辈孩子的榜样;她自己更是精神高涨、信心百倍。进入大学后,李同学担任了班委和团委干部。但她渐渐感到自己在同学心中的不像高中时那样突出。而且她还发现,一些考试成绩不如她的同学,在知识面、社会适应能力等方面要比她强。宿舍里,一些家庭条件好的同学谈天说地,她插不上嘴,心里开始有某种失落感,并感受到一种莫名的威胁。大一上学期期末考试,这些同学的成绩与她的差距开始缩小,特别是其中一位她觉得对自己威胁最大的女同学,总分才比自己低1分,李同学感到很不是滋味,心中觉得没劲,书看不下去,行动懒散。大一下学期开学后,她十分注意那位女同学,她干什么,自己就干什么;上课注意力不能集中、思维停顿,老是不由自主地注视那位同学;继而失眠,不想住学生宿舍,渐渐又产生恐惧,怕见校门、宿舍的床、课桌,更不敢提那位女同学的名字。在服了校医给的安定类药物后,睡眠有所好转,但情绪问题未解决,成绩开始下降,测验中出现几门不及格。于是丧失信心,十分想念过去,总想找回以前自信且优越的感觉,又觉得再也不可能了,不敢参加期中考试,认为肯定会失败;老想大哭一场,又不敢;书看不进去,作业做不下去,常坐在书桌前发呆或莫名其妙地流泪。学校认为她需要休息一段时间,提出暂时休学,李同学父母十分焦急,带她来咨询中心求助。

案例评析

李同学的症状是典型的适应不良综合征。她表现出多种情绪症状,如紧张不安的焦虑状态,信心丧失的抑郁状态,无法自控地注意他人的强迫状态,对学校、对同学的恐惧状态等;同时,又表现出学习时无法调动积极思维、听课听不进去、作业做不下去等能力抑制障碍。不难看出,进入大学后,她在同学中地位的改变是产生症状的主要刺激源,在自己成绩不能遥遥领先时,她不能正确应对,导致症状出现。

任何问题的产生都不是偶然的,李同学的症状起因于进入大学后不能再像以前那样出众。深入分析,是她对这一情况缺乏客观的认识,没有思想准备,产生挫折体验后又不能正确地应对所致。咨询中发现,她考取大学时十分乐观,信心十足,但这种乐观与自信带有一定的盲目性,因为她对新情境中主、客观条件的变化缺乏认识:第一,该大学是尖子学生集中之地,同学之间的差异缩小了,竞争将会更加激烈,自己原有的优势地位已不复存在,优越感丧失了原有的基础;第二,她是考试型的学生,靠勤奋刻苦和大量训练对课本知识掌握较好,考分高,但由于条件限制,在课外知识和能力方面发展不够;第三,该大学对学生自学能力、自控能力要求很高,学校和老师不可能像以前那样在她个人身上花很多精力;第四,由于环境的改变,进入大学后成绩波动和地位改变是正常的,应根据新情况调整自己的行为,适应新的环境。

由于李同学未能清醒地认识到这些,仍用习惯了的行为方式应付新环境,当优越地位开始动摇时,不能客观分析原因,采取相应的对策,而是盲目自卑,产生种种不良的适应行为;除此之外,也暴露出她人格发展上的弱点,如长期顺境下形成的挫折耐受性低、虚荣心强、偏执刻板等性格。

一、应试教育的影响

所谓应试教育,是指在我国教育实践中客观存在的偏离受教育群体和社会发展的实际需要,单纯为应付考试、争取高分和片面追求升学率的一种倾向。应试教育模式虽然把智育放在第一重要的位置上,但制定的智育目标却是片面的、狭隘的。智育是传授知识、发展智力的教育,其中发展智力是智育最重要的目标,但是,应试教育从应试这一角度出发,过分强调传授知识和技能,强调知识的熟练程度,大多采取过度学习、强化训练的手段,把学习局限在课本范围内,致使学生无暇参与课堂以外的、各种对发展智力十分有益的活动,从而出现知识面狭窄,高分低能的局面。为了能取得好成绩,家长逼孩子读书,老师加班加点陪孩子们学习,压得学生喘不过气来,连正常的星期日和假期也被挤占,以致严重影响了青少年学生身体的健康发育。为了不使学生分心,学习之外理应具备和养成的素质却被家长"承包了"。致使有的学生除了学习,什么也不会。这种错误的引导在相当大程度上压抑了学生的创造能力、适应能力和自主能力的发展。然而,当这些新生来到高校这个新环境时,角色要求的转变、教育方式的改变,使他们一时无法适应,无所适从。

二、家庭造成的心理定势

家庭环境和教育对个体人格的形成具有重要的影响。21世纪的人应该是具有良好的思想意识、高尚的道德情操、健全的心理品质、积极的合作精神、较强的应变能力、吃苦耐劳的精神的一代新人。这样的素质不是一朝一夕就能培养出来的,而良好的家庭教育正是培养高素质人才的必备条件。我国大学生中独生子女越来越多,因为"独生",导致独生子女长期缺乏兄弟姐妹等"儿童伙伴"关系,离群索居,形成以自我为中心的人格。他们只看到自己只想到自己,以自己为中心点,自己是主要的,他人是次要的,清高、自负、缺乏善待他人和帮助他人的精神,群体意识淡薄。其次,由于"独生"这一特殊性,决定了独生子女在溺爱环境中养成了爱听"奉承话"的习惯,缺乏团结互助的友爱精神,私欲观念较浓,不利良好道德风尚的形成。在生活方面,他们缺乏独立生活能力,怕苦怕累;在意志方面,他们精神脆弱,挫折承受力差。这些都与在特定的家庭环境所形成的心理定势有关。

此外,一些家庭对子女的影响起着消极作用。例如,家庭的变迁与离异、父母错误的价值观、道德观和不当的言行都可能使他们形成不良的心理定势。当新生进入大学之后,这些心理定势仍然存在并起着作用,这在某种程度上影响着新生的心理适应。

三、大学生个人主观原因

大学生个体对大学生活的认知是影响大学生适应的关键因素。大学新生的生理发展相对成熟,而心理发展相对滞后。比如,他们由于缺乏对价值观、世界观的正确认识而导致认知障碍;他们从某种感性认识和经验直觉出发判断评价自己和周围的事物,从而导致情感障碍;他们由于在顺境中长大,缺乏生活经验,难以承受挫折和失败而产生挫折感;他们精力充沛,朝气蓬勃,但当他们没有找到正确的发挥途径和表现方式时,则会误入歧途;他们富于理想,憧憬未来,但遇到现实与理想发生矛盾时,又会发泄不满,悲观丧志;他们渴望掌握知识,但又不善于辨别真伪是非;他们情感丰富,但又难于控制自己,成为感情的奴隶;他们自尊心强,但一经挫折,便牢骚满腹,灰心丧气,有时表现为见义勇为的英勇气概,有时又表现为无组织无纪律的莽撞举止。上述种种现象说明,大学新生在认知、情绪和意志等方面都尚未成熟。

第四节 大学生心理适应的辅导

案例导入

案 例

进入大学后,A发现课后有大量自由支配的时间,没有中学那么多写不完的作业,也没有中学那么多的考试,但课余时间不知道该做什么,A心里有点慌,于是他找了一位大四的学长诉说自己的困惑,希望学长给些建议。

S来自北方,她以优异的成绩考入一所重点大学,学习数学专业。她形容自己初到大学时"像自由的小鸟,时间自由、财务自由",于是整天玩耍。结果,第一个学期期末考试,有两门功课不及格。"红灯高挂"后她才意识到再优秀的学生,只要不努力就学不好。于是,第二个学期开始努力学习。但是,第一个学期的松懈很难使她恢复到理想的学习状态,加之第一个学期专业课学得不好,第二个学期的专业课也听不太懂。结果,第二个学期考试又有不及格科目。按学校的规定,她已拿不到学位证了……

案例评析

上述案例中,A属于主动适应型,其做法值得称赞,有困惑主动寻求帮助。"过来人"会给A提供有价值的建议,帮助A度过茫然、不知所措的第一个学期。S的做法与A刚好相反,属于被动适应型。她恣意挥霍大学时光,结果可想而知。如果S能像A那样,认真思考一下该如何度过大学时光,或者与学长做些交流,她也许是另一种结局。

可见,主动适应的结果往往是积极的,而被动适应的结果往往是不理想,甚至是消极的。为预防和克服在心理适应过程中的各种心理问题,尽快适应大学的环境和生活,应努力掌握新知识和新技能,提高自身的心理素质。

一、大学生心理适应的基本要素

大学生适应是心理健康的标准之一。要提高大学生心理健康水平,就必须引导大学生适应大学生活。

（一）正确评价和认识自己

正确评价和认识自己是大学生适应的关键。所谓大学生的良好适应，可以解释为个人与现实环境能保持和谐的关系。所谓和谐关系，就是人与环境双方的互相适应。要达到良好的心理适应，应从现实中认识自己，然后进一步去实现自己。如果一个人对自己有清楚的认识，心理就比较健康，就可以比较好地适应环境。客观全面地认识自我，应当正确地同他人比较和正确地对待他人对自己的评价；分析自己的长处和短处，摆正自己的位置。只有客观全面地认识自我，才能心平气和地悦纳自我，树立信心，找准前进的基点和努力的方向。

（二）确定明确的目标和方向

目标、方向、理想的确定是大学生适应的重要问题。生活的目标和方向虽然受社会发展与学校教育的影响，但大学生本身可通过对现实、对自己的认识来确定。因此，在熟悉环境之后，应该尽快为自己确定一个新的学习目标和奋斗目标。大学生在确立目标时一定要考虑社会发展的制约，考虑现实的社会条件和自身条件。目标的确立可分近期目标和远期目标。从心理学的角度讲，一个明确的目标，尤其是近期目标，可以使人集中注意力，减少对一些小事的关注和由其引起的困扰，产生积极向上的内驱力。大学新生要学会自己来确定学习目标，自己制订学习计划，自己安排学习时间，自己选课，自己检查学习效果，并且主动找教师征询意见，请教师帮助解决困难，定期向教师汇报学习状况，提出自己的计划并与教师共同探讨。

（三）坚定信心，迎接挑战

大学生要达到良好的社会适应，保持个人的心理平衡，必须坚定成功的信念，发展和保持积极的心态，只要有积极的心态。

二、大学生适应能力的培养

提高自立和自理能力，主动适应新的学习和生活方式，充分认识自我和完善自我，正确运用心理调适策略，以尽快适应大学生活，是大学新生亟待解决的问题。

（一）明确大学生适应与发展的任务与要求

大学生适应和发展的任务要求主要包括。
（1）发展能力：包括智力、体力、社交及人际交往能力等。
（2）管理情绪：充分了解、认识自己的情绪，并以恰当的方式来处理情绪。
（3）互相帮助：在学习独立的同时也要学习如何互相帮助，如何互相包容。
（4）发展成熟的人际关系：容忍和欣赏别人与自己的不同，有能力与别人发展亲密关系。
（5）确立自己的角色地位。
（6）发展目的：不断增强能力，做出计划，定出方向和目标。
（7）发展整合：包括行为与价值的一致、顾及别人的利益、尊重别人的意见，同时能够肯定自己的价值观及信念。

另外，联合国教科文组织提出了大学生要做到"四个学会"。
（1）学会做人：不断增强自主性、判断力和个人的责任感，拥有正确的人生观、价值观，拥有明确的伦理道德观念和是非观念。

(2)学会做事:要有敬业精神、独立处理问题的能力和应付各种情况和各种环境的工作能力,能够不断积累做事的相关经验。

(3)学会与人相处:对他人有尊重、真诚的态度,与人和谐相处,能够与他人进行良好的沟通。

(4)学会学习:热爱学习,不断用新的知识充实自己。

(二)学习心理知识,寻求心理帮助,迅速适应新环境

新生来到大学以后,人生开始了一个新的里程,许多事物都在发生变化。因此,在心理上将会产生一些不适应,此时,要学会全面地、客观地看待事物,自己有意识地学习一些有关心理学方面的知识,正确对待学校开设的大学生心理健康教育等公共课或选修课。除此之外,还要积极寻求心理帮助。例如,现在许多高校都建立起心理咨询室,有专业的心理咨询人员,新生可根据自己的具体情况去进行心理咨询。心理咨询针对学生学习、生活中的各种困惑、心理冲突、感情纠纷、精神压力等问题,帮助学生分析问题的症结所在,找出摆脱困境、解决问题的办法,这是提高大学生心理健康水平的重要途径和有效手段。目前,社会上仍存在一种错误的看法,认为只有心理有病的人才需要心理咨询,这其实是一种误解。因为每一个人都会碰到困难,都会有一些自己解决不了的心理问题。特别是大学新生,其身心都处于适应阶段,在这个时期无论怎样防范,客观上总会出现一些问题和障碍。因此,这时如果去找咨询员,得到一些理解、宽慰和帮助,既能防患于未然,又能促进自己的身心健康,并且还能使自己掌握一些心理学知识,对于大学新生是很有帮助的。

(三)加强意志锻炼,培养乐观情绪,成功度过适应期

美国心理学家研究表明,伟大人物的成功,除了其本身具有超人的智力之外,更重要的是具有超人的意志品质,也就是说,他们具有坚定的信心和必胜的勇气,有不畏艰险、百折不挠的精神。校园是社会的雏形,有艰辛和险滩,也有挫折和失败。对于大学新生,他们对新环境、新事物的不适应而产生的不顺心和委屈较多,摆在面前需要克服的困难和挫折就更多。在遇到挫折时,意志力强的人能够自觉控制和调节自己的心理和行为,面对现实,找出失败的原因,施展所有的本领来对付困难,善始善终地将计划执行到底,直至目标实现。意志力强的人对挫折的适应能力、承受能力都较强,并能将挫折进一步转化为促进目标实现的积极因素,进一步增进自己的自信心。意志薄弱的人往往缺少信心和主见,对自我的控制和约束力较差,在遇到挫折时,容易改变行为的方向,容易回避现实,采取消极的应对方式,其结果不仅严重影响既定目标的实现,同时还进一步降低自信心和对挫折的承受能力和适应能力,甚至出现意志消沉和精神障碍。

另外,大学生处于青年中期,情绪富有冲动性和不稳定性,应当十分重视情绪的自我教育。情绪有其积极的一面,也有其消极的一面。积极的"正性情绪"对人的行为起着协调和促进作用,消极的"负性情绪"起破坏、瓦解和阻断作用。如果情绪有了宣泄的渠道,它就不会泛滥成灾,而会慢慢地平静下来。因此,正确地宣泄情绪有助于身心健康。当大学生陷入较严重的情绪障碍时,有必要向社会支持系统寻求帮助。每个大学生都应该订立自己的社会支持系统,有能够在心理方面给予自己支持、帮助的社会网络,如亲人、朋友,或者是专业的社会工作者、心理医生。社会支持系统的存在有多方面的意义:一是可以获得倾诉的对象,向他人倾诉苦闷之后,会有轻松解脱的感觉,大学生应该经常主动自觉地利用好这种情绪调控手段;二是别人可

以提供新的视角和思路,帮助当事人走出个人习惯的思维模式,重新评价困境,寻找新的出路;三是社会工作者和心理医生可以提供专业性的意见和建议,运用心理学手段和方法帮助大学生更有效地解除情绪障碍。

(四)学会接纳现实,接纳自我,提高自立和自理能力

1. 对我国的教育现状有正确认识

我国目前处于发展阶段,当代大学生应增强对一个人口多、还不算富裕的国家教育现状的正确认识。有些大学校舍虽然陈旧,但是管理水平、师资队伍、学校校风等并不一定落后。事实上,校园环境的优劣、教学设备的齐全和先进与否并不是个体能否成才的决定因素,个人能否有所成就、有所突破取决于个人努力的程度。

2. 树立自立精神,提高自主能力

自立精神表现为在生活中形成的一切由自己的力量去完成的独立意识。当然,大学生要在经济上完全自立,目前还不具备客观的物质基础。但是,要树立这种自立的精神,尽力通过自己的奋斗去争取自立。比如,积极主动参加大学的勤工助学、做家教,一方面锻炼自己的意志,另一方面也可以扩大对社会的多方位了解,还可以从一定程度上缓解家庭经济负担。

(五)主动适应,尽快掌握新生活的技能

由于高校教育制度和教学活动特点的限制,大学生的生活方式有其独特的模式,包括学习、日常生活、闲暇娱乐、社会交往及消费等方面。对于大学新生来说,过好独立的但又是集体的生活是遇到的新课题。一般来说,大学生通过一定的实际锻炼独立生活是不成问题的,极端不适应的情况毕竟不多。相比较而言,适应以寝室为单位的集体生活大有学问。大学新生来自全国各地,个人的生活习惯和性格特点各不相同,由此组成的新群体,其成员之间能否和睦相处是一个新的生活课题。因此,尽快了解群体成员中各自的生活习惯和心理需要,学会理解别人、关心别人是每个大学新生应掌握的处世技巧,也是现在大学生应具备的个人素质之一。

大学新生的许多适应困难问题,有些是缺乏必要的生活技能而导致的,因此大学新生必须尽快熟悉和掌握一些生活技能。生活技能主要指社会交往的技能,学会待人接物,处理好同寝室、同班、同年级同学之间的关系,还包括安排好自己的课余生活。健康有益的课余生活对于提高大学生的整体素质具有重要意义。学生社团可以为大学生提供良好的"第二课堂",有选择地参加社团活动会使自己的生活充实、人格成熟。比如,学术性社团,其成员多属同一系的同学,参加这种社团,一方面有机会跟其他年级同学切磋所学专业知识,另一方面有机会表现自己的学术才能,从被人接纳认可中获得自信和自尊的满足。又如,参加属于服务性的社团活动,一方面有机会学习社会服务的技能,并树立自己的责任心和义务感,另一方面也有机会认识社会。再如,参加一些娱乐性的社团,一方面可借助娱乐活动使感情升华,减少情绪困扰;另一方面也有机会表现自己的才艺,并被人欣赏以及因志趣相投而增进同学间的感情。总之,大学生都有必要根据自己的性格特点和条件注意培养和发展一些业余爱好,这对于培养自己的适应能力是十分有益的。

总之,大学新生要顺利地完成大学的学习生活,为将来真正进入社会创造一个良好的身心健康条件,更好地符合国家和现代社会对于人才的素质要求,就应该从跨进大学的第一天开始,有意识地培养自己健康的人格和健康的心理。高校通过开展必要的新生适应性教育,可以有效地帮助新生正确认识自我和认识社会,培养他们的生活自理能力和掌握处理人际关系的

技巧,增加他们的心理健康意识,以提高对新环境的适应能力。

第五节 测试与训练

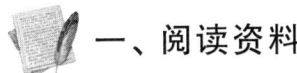 一、阅读资料

一粒种子的信念

有一个女孩,高中毕业后没考上大学,被安排在本村的小学教书。

结果,上课还不到一周,由于讲不清数学题,她被学生轰下台。女孩灰头土脸地回到家,母亲边为她擦拭眼泪边安慰她说:"满肚子的东西,有的人倒得出来,有的人倒不出来,没必要为这个伤心,找找别的事,也许有更适合的事情等着你去做。"

后来,她又随本村的伙伴一起出外打工。不幸的是,她又被老板轰了回来,原因是裁剪衣服的时候手脚太慢,别人一天可以裁制出六七件,她仅能做出两件,而且质量也不过关。这次,母亲对女儿说:"手脚总是有快有慢的,别人已经干了好多年了,而你一直在念书,怎么快得了?"说完便为女儿打点行装,准备让她到另一个地方去试试。

女儿先后当过纺织工,干过市场管理员,做过会计,但无一例外都半途而止了。然后每次女儿失败而又沮丧地回到家,母亲都会安慰她,从来没有抱怨的话。

30多岁的时候,女儿凭着一点语言的天赋,做了聋哑学校的一位辅导员。后来,她又开办了残疾人用品连锁店,是一名拥有几千万元资产的老板了。

有一天,功成名就的女儿向已经年迈的母亲问道:"妈,那些年我连连失败,自己都觉得前途非常渺茫,可你为何对我那么有信心呢?"母亲的回答朴素而简单:"一块地,不适合种麦子,可以试试种豆子;豆子也长不好的话,可以种瓜果;瓜果也种不好的话,撒上些荞麦种子也许能开花。因为一块地,总会有一粒种子适合它,也总会有属于它的一片收成……"

听完母亲的话之后,女儿落了泪。她明白了,实际上母亲恒久不绝的信念和爱,就是一粒最坚韧的种子,她的奇迹,就是这粒种子执着生长出的奇迹。

二、心理测试

社会适应能力诊断量表

【测试说明】下面的20个问题能帮助你进行社会适应能力的自我判断。

1. 我最怕转学或转班级,每到一个新环境,我总要经过很长一段时间才能适应。(   )
   A. 是　　　　　　　　B. 无法肯定　　　　　　　　C. 不是
2. 每到一个新地方,我很容易同别人接近。(   )
   A. 是　　　　　　　　B. 无法肯定　　　　　　　　C. 不是
3. 在陌生人面前,我常无话可说,以至于感到尴尬。(   )
   A. 是　　　　　　　　B. 无法肯定　　　　　　　　C. 不是
4. 我最喜欢学习新知识或新学科,它给我一种新鲜感,能调动我的积极性。(   )

A. 是 　　　　　　　B. 无法肯定 　　　　　　　C. 不是

5. 每到一个新地方,我第一天总是睡不好,就是在家里只要换一张床,有时也会失眠。（　　）

A. 是 　　　　　　　B. 无法肯定 　　　　　　　C. 不是

6. 不管生活环境有多大变化,我也很快习惯。（　　）

A. 是 　　　　　　　B. 无法肯定 　　　　　　　C. 不是

7. 越是人多的地方,我越感到紧张。（　　）

A. 是 　　　　　　　B. 无法肯定 　　　　　　　C. 不是

8. 在正式比赛或考试时,我的成绩多半不会比平时练习差。（　　）

A. 是 　　　　　　　B. 无法肯定 　　　　　　　C. 不是

9. 我最怕在班级发言,全班同学都看着我,心都快跳出来了。（　　）

A. 是 　　　　　　　B. 无法肯定 　　　　　　　C. 不是

10. 即使有的同学对我有看法,我仍能同他(她)交往。（　　）

A. 是 　　　　　　　B. 无法肯定 　　　　　　　C. 不是

11. 老师在场的时候,我做事情总有些不自在。（　　）

A. 是 　　　　　　　B. 无法肯定 　　　　　　　C. 不是

12. 和同学、家长相处,我很少固执己见,乐于采纳别人的意见。（　　）

A. 是 　　　　　　　B. 无法肯定 　　　　　　　C. 不是

13. 同别人争论时,我常常感到语塞,事后才想起该怎样反驳对方,可惜已经太迟了。（　　）

A. 是 　　　　　　　B. 无法肯定 　　　　　　　C. 不是

14. 我对生活条件要求不高,即使生活条件很艰苦,我也能过得很愉快。（　　）

A. 是 　　　　　　　B. 无法肯定 　　　　　　　C. 不是

15. 有时自己明明把课文背得滚瓜烂熟,可在课堂上背的时候,还是会出差错。（　　）

A. 是 　　　　　　　B. 无法肯定 　　　　　　　C. 不是

16. 在决定胜负成败的关键时刻,我虽然紧张,但总能很快地使自己镇定下来。（　　）

A. 是 　　　　　　　B. 无法肯定 　　　　　　　C. 不是

17. 我不喜欢的东西,不管怎么学也学不会。（　　）

A. 是 　　　　　　　B. 无法肯定 　　　　　　　C. 不是

18. 在嘈杂混乱的环境里,我仍能集中精力学习,并且效率很高。（　　）

A. 是 　　　　　　　B. 无法肯定 　　　　　　　C. 不是

19. 我不喜欢陌生人来家里做客,每逢这种情况,我都有意回避。（　　）

A. 是 　　　　　　　B. 无法肯定 　　　　　　　C. 不是

20. 我很喜欢参加社交活动,我感到这是交朋友的好机会。（　　）

A. 是 　　　　　　　B. 无法肯定 　　　　　　　C. 不是

【计分办法】凡是单数号题(1、3、5、7……)选"是"得-2分,选"无法肯定"得0分,选"不是"得2分;凡是双数号题(2、4、6、8……)选"是"得2分,选"无法肯定"得0分,选"不是"得-2分;将各题的得分相加,即得总分。

【测试结果】35~40分:社会适应能力很强,能很快地适应新的学习、生活环境。与人交往轻松、大方,给人的印象极好。无论进入什么样的环境,都能应付自如,左右逢源。

29～34分:社会适应能力良好。

17～28分:社会适应能力一般,当进入一个新的环境时,经过一段时间的努力基本上能适应。

6～16分:社会适应能力较差,依赖于较好的学习、生活环境,一旦遇到困难则易怨天尤人甚至消沉。

5分以下:社会适应能力很差,在各种新环境中,即使经过相当长时间的努力也不一定能适应,常常因与周围事物格格不入而感到十分苦恼,在与他人的交往中,总显得拘谨、羞怯、手足无措等等。

如果你在这个测试中得分较高,那么说明你的社会适应能力较强。但是,如果你得分较低,也不必忧心忡忡,因为一个人的社会适应能力是随着年龄的增长、知识经验的丰富而不断增强的。只要你充满信心,刻苦学习,虚心求教,加强锻炼,就一定会成为适应社会的成功者。

 三、心理训练

训练目的:提高心理适应能力

1. 导入:在生活适应的过程中,由于各种各样的变化和压力,大学生会遇到各种各样难以解决的问题和困难,造成心理上的紧张和压抑。因此,必须学会心理调节,以摆脱不良心理状态。

讨论:当你遇到问题时,你会用什么样的方法调节心理?有效吗?试一一列举出来。

例如,情绪宣泄——利用倾诉的方法或大哭一场,或去参加一场体育活动,排解掉自己的不良情绪。

(1) _____

(2) _____

(3) _____

2. 导入:不同的人应对困难和适应环境的方式不同,不同的方式、方法达到的效果也不同,各人以自己的方式适应着生活,发展着自我。

讨论:当你进入一个新的环境或遇到困难时,你会采取什么样的方法去面对?

(1) _____

(2) _____

(3) _____

3. 导入:生活信念直接影响一个人的生活状态,拥有一个合理的生活信念对人的生活影响重大。

讨论:谈谈你对人生的看法和对未来的憧憬。

(1) _____

(2) _____

 **思考题**

1. 什么是适应?大学生心理适应问题有哪些?
2. 影响大学生心理适应问题的原因有哪些?
3. 怎样培养大学生的自我心理适应能力?

第四章　大学生认知心理

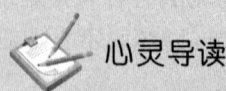 **心灵导读**

　　认知是人的主要心理活动之一,它对个体在现实生活中的心理感受、行为反应具有主导作用。大学生虽然掌握了大量知识,逻辑思维能力也有所提高,但由于心理不成熟、经验不丰富,在学习、生活中必然存在一些不良认知。了解认知心理,掌握不良认知的调适方法,可提高认知水平,对大学生适应社会、发展人生具有十分重要的意义。

　　学生学习本章内容,可了解认知的含义以及大学生认知心理的特点;理解大学生存在的主要不良认知;掌握大学生不良认知的调适方法,能够结合自己的实际情况运用有效的方法调节不良认知。

第一节 认知概述

案例导入

> **案 例**
>
> 郝同学,大学三年级学生,独生子,父母是高级知识分子,且都是本单位的骨干,母亲对郝同学的教育抓得紧、要求高。郝同学一直非常听话,读书努力,除了学习没有什么兴趣爱好。由于她高中成绩一直比较突出,父母给予了很高的期望,但因压力过大,高考失利,考入了普通本科学校。进入大学后学习成绩还比较理想,父母明确提出让郝同学考研。但高考的失败经历给郝同学留下很深的心理阴影。自从开始准备考研复习,她就变得焦虑、悲观,越学越觉得自己是个失败的人,是个让父母失望的人,经常回想高考失败的经历,怎么也走不出来,感觉没有人能理解自己,变得越来越消极、沉闷。

---------- **案 例 评 析** ----------

案例中的郝同学出现的心理问题,可以从该同学的认知进行分析,寻找原因。

认知理论认为,我们产生的情绪、反应并不是由刺激直接导致的,而是通过人的认知引发的。考研是一个刺激事件,考研并不能导致人的焦虑、挫败感的发生,而是经过个体去解读这件事,联系过去失败的经历,导致学习压力增大、自信不足,从而引发个体的情绪和行为反应。如果个体建立了健康良好的认知模式,就会合理地解读事件,激发积极的认知,增强战胜困难的信心。

在生活中,心理健康的人与不健康的人在面临同一个问题时所产生的心理活动是截然不同的。如两个到沙漠旅游的人,在他们最饥渴的时候分别在沙漠中发现了半瓶水,心理健康者庆幸"还有半瓶",而心理不健康者却抱怨"只有半瓶"。有的人智商不低,但常常聪明反被聪明误;有的人学富五车,但日常生活却处理得一塌糊涂。这涉及一个与智力无关的因素,那就是我们的思维方法、我们的认知模式。

一、认知的含义

认知是指人脑反映客观事物的特性与联系,并揭露事物对人的作用和意义的心理活动。从心理活动的类型来说,认知包括感觉、知觉、记忆、想象、思维等心理现象。它是心理活动的高级的、完整的形式。

认知一般由三部分组成:接受和评价信息的过程;产生应付和处理问题方法的过程;预测和估计结果的过程。

认知理论认为,认知(C)是刺激(S)和情绪、行为即反应(R)的中介,也就是 S—C—R。情绪、反应并不是由刺激直接引起的,而是通过认知引发的。例如,面对同样的挫折,有的大学生垂头丧气、不思进取,甚至怨天尤人、得过且过;有的大学生却能找到失败的原因,乐观向上,争取更大的成功。这两种截然不同的反应(R)是大学生对挫折、刺激(S)的想法和评价不同产生的。

存在于刺激(S)和反应(R)之间的认知(C)是一个复杂的变化过程:刺激(S)通过感觉器官成为感性材料,经过记忆中存储的经验和人格结构折射,再由思维过程为感性材料赋予意义,构成了知觉过程,通过这一知觉过程,大学生可对过去的事件做出评价,对当前事件加以解释,对未来可能发生的事件做出预测。这些评价、解释、预测激活了情绪系统和运动系统,产生各种情绪和行为。如果认知发生错误,就可导致错误观念,继而产生不良情绪和行为。

二、健康认知模式的表现

(一) 积极,不消极

任何事物总有黑和白两面。拥有健康认知的人总是积极地看待一切事物,不健康的人恰恰相反。

有一个故事,讲的是一个老太太有两个女儿,大女儿嫁给了洗衣店老板,小女儿嫁给了卖雨伞的老板。结果无论晴天雨天,老太太都发愁,晴天担心小女儿家的雨伞卖不出去,雨天担心大女儿家的衣服晾不干。后来,有人提醒老太太,晴天你大女儿家的生意好,雨天你小女儿家的生意好,你应该晴天雨天都高兴才对。

像故事中的老太太,当我们面临失恋、干部落选等生活事件时,我们常常采用自我否定的思考方式,陷入不健康的认知模式之中。

(二) 客观,不自欺

客观是心理健康的一个重要标准。生活中许多人常常把想象当事实,沉溺于空想,无法认清真实的自己。他们或者沉溺于理想化,追求完美主义,从而想入非非、好高骛远、眼高手低;或者夸大别人对自己的厌恶,造成自卑、猜疑的心理。

例如,张某一提起周围的许多现象都气愤不已。社会上有那么多的不公正,如贪污受贿、以权谋私、分配不公、小人得志。周围的人也那么令他失望,导师虽是中科院院士,但却沽名钓誉,不懂装懂,喜怒无常;男同学自私自利,故意引诱别人犯错误;女同学都胸无大志,不读书,不听音乐,无品味,无内涵……说起这些,他慷慨激昂,为什么一切都不尽如人意,要是大家都像他一样有理想、有抱负、公正无私、注重修养、乐于助人该多好啊!

的确,张某从各方面来说是一个非常出色的人,但他的认知缺乏客观性,凡事追求完美,强求公正。他怀着强烈的救世情怀,以理想主义的眼光看待现实社会,因此难免偏激苛求,难免愤世嫉俗。强求公正,强求完美,本身就是认识上的一大误区。

(三) 独立,不依赖

健康的认知具有独立性,能摆脱外在无关因素的干扰。相反,不健康的认知常常受无关因素干扰,产生"心理眩惑"现象。心理学家梅尔和伯克曾经做过一个实验:"买马实验"。

问题 A:有一个人用60美元买了一匹马,以70美元卖了出去,然后,他又用80美元买回来,再以90美元卖出去,他一共赚了多少钱?

问题 B:有一个人用60美元买了一匹白马,以70美元卖了出去,然后,他用80美元买了一匹黑马,以90美元卖出去,他一共赚了多少钱?

实验结果表明,对问题 A 的回答,正确率不到 40%,而对问题 B 的回答正确率 100%。

其实,这两个问题在算术运算上完全相同,但在问题 A 中,许多人的思维不独立,纠缠于无关的一些运算步骤,往往使问题复杂化,舍本逐末而导致计算错误。

心理学家威特金通过实验研究,将人们的思维方式区分为两种:场依赖型与场独立型。所谓场依赖型是指其认知依赖于周围环境,容易为无关因素干扰,而场独立型则能抓住本质。

许多同学都认为自己缺乏主见,人云亦云,因此决策常常失误,经常后悔。只要面临选择,大至专业的选择,小至买件衣服或人际交往中的应对,都显得优柔寡断,犹豫不决。所以,大学生一定要建立独立的心理意识。

(四) 灵活,不僵化

健康的认知具有灵活性,在不断地与新人、新事和新思想接触时,人的基本感受和观念会不断更新。这需要克服思维固着与习惯定势,需要举一反三、触类旁通,将所学的知识不断迁移。

能够迁移的知识就是能力。在心理学家安德森与梅耶等人的研究基础上,我国学者提出了一个广义的知识分类模型。广义的知识包括三种形式:陈述性知识、程序性知识、策略性知识。知识的这三种类型随着学习阶段的变化而动态地发生变化。第一阶段习得阶段为单纯的陈述性知识,是一种以"命题网络"形式表征的知识,也就是传统意义上的知识本身。到了第二阶段保持阶段,知识一分为二,除了原有的陈述性知识经重建与改组,新的意义得到巩固以外,经过变式练习,部分命题转化为程序性知识,这是一种以"if-then"的产生式表征的知识,它往往以这样的形式存在:在什么样的条件下,将产生什么样的活动或得到什么样的结果。这时的知识已具有了很强的可迁移性,这实际上已经是一种能力。到了学习的第三个阶段提取阶段,知识一分为三。陈述性知识回答比较简单的"是什么"的问题,而程序性知识则分裂为对外办事的智慧技能与对内监控的元认知两部分,它们要解决的是比较复杂的"怎么办"的问题。元认知也被称为策略性知识。所以知识认知,是先有知后有认,认是动态的知识,是活化的知识,是可迁移的知识,是程序性知识,也就是能力,它包括智慧技能和元认知。在学习的三个阶段,广义的知识认知需要克服思维固着与习惯定势的影响。一个人太多地受制于习惯定势,便会使思维僵化,抑制创造性。

(五) 本质,不幼稚

健康的认知能够超越表面现象,深入事物本质。

人的认知有一个逐渐成熟的过程。比如,心理学家柯尔伯格通过研究发现,人的道德判断经历了三个发展阶段:前世俗水平、世俗水平、后世俗水平。

海茵兹的妻子病入膏肓,到处求医问药均无济于事,海茵兹非常难过。这时,有人介绍他认识了一位药剂师,药剂师发明了一种药正好可以治海茵兹妻子的病,但这种药价格非常昂贵。海茵兹千方百计也没有筹足这笔钱,于是他与药剂师商量:药价能否便宜一点?或者分期付款,先取出药救人要紧。然而,药剂师冷冰冰地回答:"不行,我发明这种药就为了赚钱!差一分钱,我都不会给你药!"痛苦而无奈的海茵兹只好在深夜撬开药剂师的药柜,偷走了药。

问题:海茵兹应不应该偷药?若海茵兹被抓,送到法院,法官应不应该判海茵兹有罪?为什么?

这是柯尔伯格用来考察人的道德判断的发展水平时采用的一个"道德两难问题",通过对不同人的认知发展进行的考察,得出了许多有价值的普遍规律。

若让9岁以下的小孩回答,他们的回答多种多样:"海茵兹应该偷药,因为如果他不去偷药救他的妻子,他妻子死了,就没人为他烧饭洗衣了。""海茵兹不应该偷药,假如他被抓住,就要去坐牢。"无论是主张偷还是不主张偷,他们的出发点都立足于朴素的利己主义:追求快乐,避免痛苦。柯尔伯格将处于这一水平的认知发展称为"前世俗水平",这时的认知以自我需要为中心,不考虑他人。

如果是青少年,他的回答是:"他不应该偷,因为法律不允许偷盗。""他应该偷,否则邻居会笑他无能。"他们认识与判断的出发点是法律的规定、社会的舆论和公众的看法。柯尔伯格将这一阶段的认知发展称为"世俗水平",这是青少年与一般成人的水平。

还有一些人,他们的思考会比较深入:"虽然法律不允许偷盗,海茵兹的行为违背了法律,但法律也不应该允许见死不救,真正好的法律应该是以保护人的生命为最高原则。海茵兹敢于用实际行为向不合理的法律挑战,他的精神是值得赞许的。"这时的认知已经超越了个人的单纯快乐,超越了社会的舆论与世俗的水平,而上升到了道德的本质,它以人类的最终幸福与终极关怀作为最终的判断标准。因此,柯尔伯格将这一阶段称为认知发展的"后世俗水平",这是道德判断发展很好的人才能够达到的水平。

健康的认知不仅仅要考虑个人的感觉、社会的需要,还应该深入到事物的本质。

许多人在家中胡搅蛮缠、撒娇任性,实质是停留在前世俗水平,即以自我为中心,是赤裸裸的利己主义,这是简单的感性水平上的判断,虽然用对了时间、地点,这种行为偶尔也显得很可爱,但从认知发展来看,它毕竟是最低水平的。

第二节 大学生认知心理的特点

案例导入

> **案 例**
>
> 媛媛,女,20岁,大三学生。媛媛的班级马上要去外地实习,同学们都有些小激动,媛媛却高兴不起来。尽管实习单位还不错,可她内心一直对没被心仪的实习单位选中而耿耿于怀。媛媛也在暗自劝慰自己,别看得太重。对于内心的遗憾,她特别想得到好友的鼓励和支持。于是就和好友小南说出了自己的郁闷,小南不经意地说,是不是你的性格不受那个实习单位欢迎啊?听完这话,媛媛心情更低落了,觉得小南说得有道理。

---------- **案例评析** ----------

案例中的媛媛正处于认知发展的关键期,作为大学生由于知识丰富性和经验都有限,遇到一些波折时,理性分析水平欠缺,认知水平处于成熟和幼稚并存的状态。大学生认知发展的特点是独立性与依赖性并存,在某些事情的看法上特别希望他人给予理解和支持,而且容易接受

外界舆论的影响,容易受到消极暗示,继而使自己产生困惑或挫败感。

青年期的大学生的认知水平具有以下特点。

一、独立性与依赖性并存

自我意识的进一步发展强化,知识经验的日益增加,逻辑思维的不断加深,使得大学生认知独立性大大增强,喜欢用批判的眼光看世界,不轻信,不盲从,凡事总要问问"为什么";喜欢且能够独立提出并坚持自己的观点,也能对自己的认知进行一定的检验评价。

但是,大学生的认知独立性和批判性还不够成熟,带有一定的依赖性。主要表现在两方面:第一,对自己的主张、见解信心不足,希望得到别人的理解和支持,容易动摇;第二,在对事物的认识评价上,容易接受暗示,常受外界舆论、观念、思想的左右,迷信书本,崇尚权威。

二、现实性与理想化并存

随着活动领域的拓宽,大学生与客观实际接触范围扩大,独立思考能力提高,在经历了现实与理想、理论与实际、个人愿望与社会要求的种种矛盾冲突后,他们深刻领悟到原来过于天真、理想的认识和想象是那么不切实际。这使得大学生逐渐变得注重实事求是,从现实出发去观察、分析、解决问题,使得认知的现实性有所提高。

富于想象是大学生的一大特点。想象力的发展、兴趣的广泛、对未来的憧憬,使大学生的认知倾向于主观化、理想化,常常脱离实际,沉湎于幻想世界。

三、全面性与片面性并存

大学生在分析和处理问题时,已经显露出辩证的特点,喜欢全面、综合地去评价人和事。但是,由于大学生自身还有许多弱点,在全面、辩证认识事物、他人和自我时,不可避免地存在片面性,以点概面、以偏概全的晕轮效应时时存在。过于主观想象、思维活动的局限性以及大学生常有的认知上的偏激现象是产生这种片面性的主要原因。

四、深刻性与肤浅性并存

大学生的抽象思维能力显著提高,辩证逻辑思维逐渐占主导地位,不仅能感知事物的外部特征,而且能找到事物的本质规律,从而更深刻地认识世界。尤其是高年级学生,其认知的深刻性、自觉性已达到了较高水平。

但也应看到,大学生的抽象思维能力还未达到成熟水平,观察事物容易表面化,思考问题常被具体、直接的感性经验支配,常就事论事,停留在一点一面,在认知上带有肤浅性。

五、稳定性与波动性并存

大学生在学习、生活、人际交往的认知实践中,对情绪、情感的控制和调节能力增强,情感显现比较稳定的特点,有了明显的心境化趋势。但这只是相对的成熟,大学生心理仍具有易波动的特点。一是因为青年期正是内分泌系统中与情绪兴奋有直接关系的肾上腺激素分泌旺盛阶段,使人容易兴奋、激动,情绪体验强烈,常出现"疾风暴雨"式的激情状态;二是因为影响大学生情绪的各种因素大量存在,其情绪易受外界干扰;三是大学生辩证逻辑思维发展水平不高;四是人格还不健全、不稳定;五是世界观、人生观还处于发展时期。

综上所述,大学生的认知水平较中学时期有了明显的提高和发展,但尚不成熟完善,这是大学生不良认知产生的重要原因。

第三节 大学生不良认知的类型

案例导入

> **案 例**
>
> 刘同学,大四男生,从进入大一就下定决心要努力学习,准备考取一所重点大学的研究生。刘同学认为只有上了好的重点大学,人才有可能成功,否则自己就是一个失败的人。刘同学进入大学后,不断地给自己加压,在离考研还有一个月的时候,刘同学发现自己的记忆力不好,看不进书,做不了题,觉得自己真是一个没用的人,不是一个学习的料,什么也干不好,考不上重点大学研究生,自己的一辈子就完了。

案例评析

案例中刘同学出现的心理问题,是由于不良认知导致的。不良认知是错误的、不合理的、消极的观念导致的,影响大学生的学习、生活,阻碍大学生的正常成长,应该引起重视,加强调适。不良认知产生的原因是极端思维导致的不良情绪,进而影响自我评价。大学生的认知有了较大的发展,但还不成熟,生活中容易出现以偏概全、糟糕至极的极端思维,认为如果自己达不到目的,就是一个失败的人,就是一个一无是处的人。这会对大学生的成长造成严重的影响,所以要调整认知,努力进取,看到自己纵向的成长。

可以说,任何的心理问题和心理障碍的产生都有其认知的根源,不健康的心理常常来源于不健康的认知。生活中的许多问题,小至同学反目、朋友误会、恋人吵架、家人间发生的矛盾冲突,大至杀人、自杀,都是因为其认知系统有或多或少的不合理之处。我们常常看到这样的情景:两个人为了某事吵得天翻地覆,每个人都认为自己有理,对方在胡搅蛮缠,在故意与自己作对。而真实情况往往是两个人都像是坐在两口井里的青蛙,或像是"盲人摸象"中的两个瞎子。

所谓不良认知,是指由认知错误所产生的歪曲的、不合理的、消极的观念和信念。大学生中常见的不良认知较多地体现在对自我、挫折、人际交往等方面的观念和评价上。这会影响其学习、生活和工作,甚至导致心理障碍,应给予充分重视,加强调适。

一、对自我的不良认知

进入青春期,大学生的自我意识有了较大发展,但还不成熟。所谓自我意识是指人对自己各种身心状态的认识以及对周围事物关系的各种体验,包括自我认识、自我监督、自我评价、自我调节及控制等。大学生对自我的不良认知,主要表现为自我评价过高或过低两极上。

(一) 高估自我

高估自我表现在对自我做出过分肯定的评价,肯定自我往往有过之而无不及,夸张地看待自己的长处,而对短处则缺乏应有的认识,甚至视缺点为优点;对他人总是过低评价,看不起别人,过分地看到别人的不足,无视甚至贬低别人的长处。这些同学常常自傲自大、自以为是、盛气凌人、自我欣赏,表现出过度的自信心和自尊心。这部分同学在现实生活中容易与人产生冲突,也容易因为愿望和要求不切实际而导致失败。失败又往往使这部分同学对原先的自我评价产生过激的否定,从而走向低估自我的另一极端。

大学生对自我的过高评价与他们的成功体验有关。跨进大学校门,成为令人羡慕的大学生,无论期间是一帆风顺还是几经挫折,但毕竟是经历了一次激烈的竞争和严格筛选后最终的"胜利者"。这种成功的体验,往往使一些大学生对自己的现状非常肯定,觉得自己了不起,对未来也充满了自信。高估自我也是大学生强烈的优越感使然。社会、家庭、亲朋好友的期待、赞誉、羡慕加强了大学生由于小学、中学时代骄人成绩、众星捧月的地位所形成的优越感、自豪感颇强的心理定势,使部分大学生产生自负的心理,以致对自己不能进行全面的认识和客观的评价。

对自我的不恰当评估也与大学生认识水平不足有直接关系。思考问题的片面性、肤浅性导致大学生认识问题时表现出偏激和固执的特点,他们往往不善于准确无误地对来自各方面的信息进行分析、综合来得出正确的结论。尤其是在对社会现实、对自己和他人的看法方面更为突出。他们容易以消极方面去看待别人,以积极方面认识自己。

(二) 低估自我

过低地评价自我,表现在看不到或很少看到自己的优点和长处,在审视自我的同时又总是仰视他人,常常拿别人的优点和长处比自己的短处和不足。因此,他们看不起自己,不喜欢自己,不容忍自己,一味地抱怨、指责、否定自己。例如,我越来越讨厌自己,我在性格、风度、能力方面简直一无是处,不善言辞,不会处理事情,又傻又笨,无才无貌。这就是典型的自我否定、自我拒绝。

一个人如果看不到自己的价值,只看到自己的不足,觉得自己什么都不如别人,处处低人一等,就会丧失信心,产生厌恶自己并否定自己的自卑感。这类人在学习、生活、工作中显得自信心严重不足,对有利条件估计不足,对困难估计过高,视成功为机遇好,将失败归因于自己的无能。自卑的同学或表现为缺乏进取心;或为掩饰、代偿自卑而表现出过强的自尊心、虚荣心。他们情绪压抑,心烦意乱,做事既希望成功,又不指望成功,缺乏勇气,优柔寡断,屡屡坐失良机。

大学生低估自我,产生自卑心理,或是因为自身客观条件不理想,觉得自己身材不高,体型不美,相貌平平或有生理上的缺陷;或是因为家庭经济条件不好;或是认为自己的父母不如其他同学的家长有"地位",有"门路",有文化;或是感到自己没什么特长,没能力,在校园活动中默默无闻。

也有同学是因为遭受挫折导致自我评价不足。其挫折源大体可分为三类:一是以往的挫折经历,比如过去在考试、升学中的挫折等;二是现实的挫折,如进大学后来自中学时代的优越感陡然丧失、学习成绩不如意、恋爱受挫、班干部落选、评优落榜等;三是缺乏应有的社会评价和期待,如不被重用、被人轻视、受人贬斥、遭人嘲弄,在集体中自觉没有地位等。

当然,自身客观条件不理想,有挫折感不一定导致自我否定,产生自卑心理。而认知上的某些弱点才是内在根源。研究发现,自卑感严重的大学生有以下心理特点。

(1) 自我形象不稳定。他们往往喜欢封闭自己,向周围的人展示某种"虚假的面貌"(伪装的自我),以掩饰自己所谓"不言而喻"的弱点。

(2) 对一切事物都异常敏感,因而特别容易受挫折。

(3) 倾向于超脱现实而陷入幻想世界,缺乏社会活动的积极性,有严重的孤独感。

(4) 缺乏竞争意识。尽管他们给自己提出了正确的目标,但往往并不指望取得成功,因为他们认为自己不具有这方面的条件。

(5) 对世界、对人生的科学认识不足或是没有真正内化为稳定的心理结构,因而对自己的认识容易受一些消极认识和态度的影响,产生自我否定的心理。

二、对挫折的不良认知

(一) 挫折和挫折承受力

挫折,一般包括挫折情境和挫折感受两层意思。

挫折情境也称挫折源,是指阻碍人满足需要、实现目标的情境或事物。由此而产生的心理感受和情绪状态称为挫折感受或心理挫折。

现实中存在两种挫折情境:一种是在人的意识之外客观存在的挫折情境,称为实际挫折;另一种是人主观想象、并非客观存在的挫折情境,称为想象挫折。

一个人遇到挫折后,就会产生挫折体验,而这种挫折体验同他原来的理想程度有关。一个原来期望在考试时考100分的学生,现在考了95分,他感到挫折;一个原来只期望及格的学生,现在得了70分,他却感到心满意足。这就是人们平常所说的"希望越大,失望越大"的道理。

最初使用"承受力"这一概念的是美国心理测验专家罗森茨威格。他给挫折承受力下的定义是"抵抗挫折而没有不良反应的能力",即个体适应挫折、抗御挫折和对付挫折的能力。

1977年就任世界卫生组织精神卫生部主任的萨托拉斯提出三条精神健康标准,其中一条就是能够经受生活的挫折,及时地调适自己的情绪,不仅要适应环境,而且能有效地改造环境。由此可见培养挫折承受力对精神健康的意义重大。

每个人对挫折的承受力是不同的。有的人承受挫折能力强,虽历尽坎坷,仍百折不挠,继续奋斗;有的人稍遇挫折便心灰意冷,一蹶不振。人对挫折的承受力同身体状况有关,更同个人的心理素质,如认知水平、原有经验及意志力等有关。见多识广、眼界开阔的人,能正确认识挫折的意义和估量挫折的分量,提高承受挫折的水平;经历过种种挫折和磨难的人,则有承受挫折的经验与信心;而意志力强的人,承受挫折的能力也更强。

不同的人对挫折的承受力不同,同一人对不同的挫折情境承受力也不同。有的大学生能够忍受学业上的失败,却不能忍受恋人的背弃;有的人能从容对待人际交往中的不合群、孤独,却丝毫不能忍受自尊心受到伤害。

大学校园里发生的种种极端事件都与挫折承受力有关。班干部落选的女大学生卧轨,联欢会上唱歌跑调的男生投湖,品学兼优的女生风闻同学"流言蜚语"上吊。之所以出现这些过激行为,关键在于他们不能正确认识挫折,忍受和排解挫折的能力尚不健全。

（二）大学生对挫折的不良认知的主要表现

1. 不应发生

"不应发生"是指以主观意愿为依据的不合理认知方式所产生的"（情况）不应该是这样的""不可能是这样的"等错误观念。一些同学总是采取否定、拒绝和逃避的态度，认为"我从来未失败过"，因此"失败不应属于我"；"我从未有过挫折"，所以"我不该有挫折"。不懂得成功和失败皆存、顺境与逆境同在，这就是多色多味的生活，这就是生活的辩证法。大学校园里强手如云，竞争激烈，学习紧张，纪律严格，对于每一个大学生都是严峻的考验，都要有一个不断适应的过程。失败与挫折是正常和自然的。实际上，挫折那貌似偶然的背后存在着必然性；放松学习势必造成成绩的滑坡，不注意工作方法必然影响在同学中的威信。正是这种种的"不懂得""不理解""意识不到"使一些同学不能用正确的认知方法对挫折做出清醒、理智的预测和评价。

2. 非常可怕或不以为然

部分同学把挫折情境及其后果想象得非常可怕。这种想象中的挫折远远超出了实际挫折的程度，但其引起的心理挫折（即挫折感受）往往却更加严重。"非常可怕"的不合理观念与"任意夸大"的认知方式有直接的关系。

有的同学把生活中的困难想象得十分严重，认为这是"极大的不幸"，"简直糟糕透了"；有的同学过分评价某些事物、挫折的影响和后果，如一句话没说妥，一件事没办好，便担心别人对自己有看法，会失去他人的信任。事实上这种担心主要是自己想象出来的，情况远远没有那么复杂、糟糕。

"非常可怕"的不良认知，不仅把事实上暂时的、局部的甚至是根本就无所谓的损失看成永久的、全面的丧失；而且只把注意力放在无限度地想象挫折的后果上，没有看到挫折中孕育着成功的机会，要把注意力集中到如何做出积极调整、切实把握时机，争取成功上来。

与"非常可怕"的认知正好相反，有些同学对挫折采取"缩小"的认知方式，认为一切都"没啥了不起""不足为鉴"。他们无视挫折情境及其客观后果的现实存在，不能觉察挫折背后的危机，而是片面地"居安思危"。因此，考试不及格，"没关系"；老师同学的批评，"我不在乎"；甚至受到学校处分，"我也无所谓"。

3. 我无能

大学生中还有一种对挫折的歪曲认知，即因某些挫折和失败而否定自己，认为自己"没用""无能"，是个"失败者"。比如，学习成绩不好就认为自己笨，不是读书的料；与同学产生矛盾就觉得自己人缘差，缺乏交际能力；求爱不成，就断定自己对异性没有吸引力。在这种错误认知的影响下，一些同学遭受挫折后变得自卑起来，甚至自暴自弃。这些同学犯了一个严重的认知错误，即过度引申（或过度泛化）在单一事件基础上不适当地做出关于能力、价值的普遍性结论。

三、对人际关系的不良认知

渴望建立和谐的人际关系，期盼真诚友好的人际交往，这是大学生的共同心理需要。然而，这种需要却因人际关系障碍而得不到满足。造成大学生人际交往障碍的原因很多，主要原因是人际关系问题上存在以下种种不合理的观念。

（1）人都是自私自利的。人际交往无非是一种为了达到个人目的而利用别人的手段。因此别人对我好，无非是想利用我或想占我的便宜，人与人之间都是钩心斗角，不可相信的，没有真诚可言。

（2）人际关系是一种庸俗的关系，是拉关系、走后门、搞不正之风，是一种不良风气，善于交往的人是滑头、危险的，是"交际花"。

以上两种不良认识，往往与他们对人际关系的感知错误、以偏概全的思维方式有直接关系。在这些非理性信念的支配下，对人际交往产生了不健康的心理和错误行为。有的凡事从个人利益出发，斤斤计较，常常为蝇头小利大动干戈；对人常怀防范之心，生怕自己的利益受到侵犯；缺乏真诚，不愿表露自己的真实思想；对同学采取"用得着则交，用不着则不交"的态度，在交往中只是贪婪地获取，不肯真诚地付出，把别人给予的帮助认为别有用心。而后者，虽然有交往的需求，但观念上不愿广泛交往，缺乏交往的热情和积极性，在交往中常常自我约束。

（3）我必须与周围的每个人建立亲密的关系，只要有一个人对我不好，就说明我的人际关系有问题。别人都应该待我好。这是一部分同学在人际关系上的求全求美观念。在人际交往中他们往往显得积极主动，希望与每一位同学都保持良好的关系，他们乐于付出，舍得花大量的时间和精力，而同时他们又以苛求的心态关注着每一位交往伙伴对自己的态度和感情的变化，常常为人际交往中一些难以避免的矛盾和冲突、为同学对自己的意见和冷淡而焦虑不安、伤心苦恼。因此，人际关系带给这些同学的与其说是情感需求的满足，不如说更多的是因困惑而导致的惶惶不安。

（4）只有顺从他人，才能保持友谊；或他只有听我的，与我有同样的想法和行为，才说明他对我是真心的，我们的友谊才牢固。这两种观点的一个共同的认知特点就是能"求同"不能"存异"。因此在交往中，尤其是朋友之间，总是以此作为衡量关系深浅的尺度。为了维持友谊，他们不得不顺从别人的兴趣和意向，不惜牺牲自己的选择权利和自主性；或者是强求别人与自己保持同一，否则就怀疑对方的情感，否定相互关系。由于这种交往观念使得双方在交往中不能保持应有的人格独立，因而貌似牢靠的关系恰恰是最脆弱的。

（5）朋友之间应该坦诚，不应有所保密和隐瞒。有些同学由于错误地理解人际"坦诚"，因此推导出这种不合理的信念。他们过于强调别人对自己开放，不能容忍有所保留，即便是对方的隐私，也坚持认为自己有权了解。在他们面前，对方没有安全感，常常因被"剥"得无遮无掩而感到羞耻和气愤，最终因为忍受不了这种"强取豪夺"而不得不逃避、疏远。这种现象多见于朋友和恋人之间。

（6）既然我俩是好朋友，你就不应该再与别人交朋友。抱有这种信念的同学把爱情排他性、专一性的道德要求错误地转嫁于友情关系中，自己"忠实"于对方不再与别人交朋友，也不允许对方"用情不专"，更不能容忍有第三者"插足"。

（7）以他人为中心，把人际交往的可能性被动地建立在别人的态度上。他们与人交往的目的似乎只是为了使别人高兴、满意，害怕自己不受欢迎。于是担心说话做事得罪别人或有什么地方让人不满意，谨小慎微、畏畏缩缩、顺从别人；与同学交往时缺乏主动性；他们不轻易接受他人的帮助，即使偶尔接受了哪怕是微不足道的帮助，也会受宠若惊、惶惶不安，并设法尽快给予回报。他们关心别人，但在群体中往往缺乏威信；人际关系良好，但对自我满意度较低，常有压抑感，易受人际焦虑的困扰，感觉活得很累。

（8）那些得罪过我的人，有机会我一定要报复他们；或我希望看到这些人遭到报应，我也决不再与他们来往。这种认知中以偏概全的思维方式（因为别人的一点过失而忽视了其优点和好处，全盘否认）与狭隘的性格有关。他们对冒犯过自己的人和事耿耿于怀，缺乏"严于律己、宽以待人"的气度，希望对方倒霉、遭殃，并以此为满足。为此，他们直接间接、明里暗里报复别人，即便没有机会也抱定"大丈夫报仇十年不晚"的态度。当对方遭到挫折和不幸时，他会暗自窃喜——终于"恶有恶报"。因此，这些人往往容易发生人际冲突、树敌过多、人际关系紧张，内心更是常为仇恨所占据。

四、大学生不良认知产生的原因

（一）极端思维

极端思维是一种认知失真。生活中所说的以偏概全、超概括化、过分夸大或缩小、糟糕至极、乱贴标签、诅咒等都是极端思维。在大学生的人际交往中，极端思维表现的是非常明显的，无论是对自己的评价，还是对他人的评价都容易走向极端。

（二）心理过滤

由认知的选择性而带来的心理过滤，往往使人不能客观地、全面地看待现实。例如，所谓的左眼跳财，右眼跳灾。左眼一跳，我们一整天都会特别关注有什么好事发生，只要有蛛丝马迹，就会欣喜若狂。其实，每一天都会发生很多事，有好有坏，我们要刻意去验证，找出几个证据并不难。只是有可能在左眼跳的那一天，你筛选出了3件好事，而忽视了7件坏事；而在右眼跳的那一天里，你可能筛选出了3件坏事，而忽视了7件好事。通过这样的心理过滤，有可能会大大地歪曲了现实。

许多人在人际交往中总觉得自己吃亏，总感到自己委屈，总觉得别人在欺负自己，因此，常常牢骚满腹、求全责备，其实，这完全可能是认知失真导致的错误结论。例如，一个同学在作业中这样写到："在大学的头一年里，我会把鸡毛蒜皮的小事无限放大，耿耿于怀，我很计较得失，动不动就认为宿舍里的人瞧不起我，自尊心受到了很大的伤害，我一直认为自己是个弱者，总被别人欺负，因此，常常有一些不满的表示，但事实证明并非如此。"

另外，我们也会发现，在我们的周围有这样一种人，无论你对他们多好，给予他们多大的帮助，可是他们似乎永远也不懂得感激，实际上，这些人也许并不是知恩不报，而是由于他们的认知失真使他们根本就不知恩。

当我们因认知失真而只看到事物的一个侧面，只看到你为别人做了许多事情，而看不到别人为你做的时候，我们就会理所当然地向别人进行索取，因此就犯了心理过滤的错误。

（三）瞎猜测

瞎猜测就是把想象与主观推测当成事实，主观臆断，想当然。自我失败性质的瞎猜测在大学生中是不乏其事、非常普遍的。比如，某一天某个同学被老师叫到办公室责问为什么总逃课到网吧打游戏，被责问的同学在脑子里就想了："老师整天也不到教室来，他怎么知道我逃课去打游戏？肯定是我班XXX告诉老师的。"正是这种瞎猜测可能使我们大大歪曲了事实，从而产生了不良的情绪或行为体验。

（四）虚拟陈述

心理学的研究表明，人的认知加工包括两个过程：一个是自下而上的加工过程，也就是直接对外在刺激所做出的反应；另一个是自上而下的加工过程，也就是利用自己的知识经验对外在刺激做出解释。由于知觉具有恒常性的特点，也就是说，许多现象司空见惯、习以为常后就成为一种"成见",一种"图式",一种"刻板印象",一种"虚拟陈述",从而影响了自上而下的加工。这种成见常常在不知不觉中成为一种独断专横的内心指令,表现为"应该""必须"等毫不留情的强迫性指令,如"我必须得把这件事办好,否则别人会瞧不起我""我必须得到所有人的喜爱""你既然和我交朋友,那就应该和其他人保持一定的距离""我为他付出了那么多,他必须得给予回报"等。如果自己的"应该""必须"的内心指令得不到满足,那么必然会产生不良心境,从而产生各种各样的心理困惑或心理障碍。

(五)人格化

人格化是一种使外在事件与个人发生关系的倾向。典型的人格化表现就是找替罪羊。例如,有的同学在毕业的时候没找到工作,由此便埋怨父母,埋怨学校;有的同学学习不好,但他不从自身找原因,而是抱怨学校的学习环境不好,学习气氛不浓,自己所报专业不好等。另一种形式的人格化就是宿命论。例如,有的同学在考试的时候因作弊被监考老师抓住,受到了处分,便抱怨"别人作弊那么多次都没有被老师发现,而自己刚刚把纸条拿出来,还没抄呢就被抓了,我点真背、运气不好"等。

第四节 大学生认知心理的辅导

案例导入

> **案例**
>
> 大二的李同学,自述和不熟悉的人在一起聊天便觉得很拘谨,很尴尬,觉得自己没有交际能力,很没用。她因学习成绩一般,便觉得别人肯定认为自己很笨。她感觉自己长相一般、身材不好,班级的男生好像也不喜欢自己。有时在路上碰见班级的男生,他们好像都躲着自己不打招呼,自己觉得很尴尬,很痛苦。她想培养自己的能力,想参加学院组织的学生会干部竞选,但是她很担心,怕自己会紧张得不会说话了;且一旦竞选失败了又没面子,所以一直在犹豫到底要不要去参选。

案例评析

案例中的李同学在人际交往中存在着许多不合理的认知,导致她产生了人际交往焦虑。导致李同学错误认知的原因是她希望有比较良好的人际关系,可以得到同学们的喜欢和支持,但是,由于生活中自己与同学相处时经常出现尴尬或者不顺畅局面,由此引起的紧张、焦虑的情绪使其产生了不合理、不现实的评价或认知。大学生正处在青年中期,心理发展日趋成熟,是培养理性认知的重要时期,大学的教育为他们学会理性认知提供了极为有利的条件,其自身的良好素质又为发展理性认知奠定了坚实的基础。大学生应把握住这个契机,重视并努力完善认知结构,改善认知方式,发展认知能力,提高理性认知水平。

一、不良认知的调适

大学生心理存在的各种不良认知(非理性观念),会严重影响他们的学习、生活和工作,因此必须对其加强调适,以理性观念取而代之。

(一) 不良认知的表现与校正

1. 人应该得到自己生活中每一位对自己重要的人的喜欢和赞许

这是一个无法达到的目标,即使是得到了所有重要的人的喜欢和赞许,在这种观念的指使下你一定还会进一步地考虑:别人赞许自己达到了什么程度,这种喜欢能维持多久,他除了喜欢我以外是否还喜欢别人……一个人为什么非要得到每个人的喜欢和赞许呢?每个人都有其存在的价值,别人的评价也必然存在褒贬的不同,更何况我们无法要求别人没有误会和偏见,大可不必因为别人的非议而伤心失意。人应该关注别人的评价,但这种关注是为了从中吸取对自己发展有益的东西,因此无论是表扬还是批评对我们都是有用的。人更需要关注自己"应该怎样去做",应该把精力用在尽力做得更好的积极实在的行动上。

2. 一个人应该能力十足,在各方面都有成就

这也是一个不切实际的要求。事实上没有人能在各方面都能力十足,成就卓著。大多数人甚至在一个小的方面也无法比别人更突出。一个人想通过努力学习、工作来充实自己,希望做事成功、有成就,这是合乎理性的。"有所得,必有所失"。人不可能万事顺利,失败在所难免。人也不可能面面俱全,事事比人强,毕竟"尺有所短,寸有所长"。

3. 事情应该按自己喜欢和期望的发展,否则便是很糟糕、很可怕的

客观事物的发展有其规律性,它不以人的意志和愿望为转移。主观要求事物这样或那样发展,否则就闷闷不乐甚至暴跳如雷,这是不明智的。理性的做法是自觉地认识规律,按规律办事。当事情有可能改善时努力改善它,不能改善时则理智地去接受事实。

4. 担心危险或可怕的事情会随时发生

考虑危险事情发生的可能性并设法避免,或一旦发生该如何减轻其后果,是明智之举。"人无远虑,必有近忧"。但如果过分担忧和焦虑,反而会使人在事情发生时不能有效地面对。更何况有些天灾人祸是难以控制和预防的,担忧既无必要,又无好处。要预防"万一",但不要把"万一"变成"一万"。这会使人变得谨小慎微、不敢作为、不思进取。理性的人总是既有充分的准备(包括心理准备),又保持积极乐观的态度;既考虑各种不利情况,又不故步自封。

5. 不愉快的情绪是由外界引起的,因此我无法控制这种情绪

很多人相信不愉快的情绪是由外部事物引起的,并且觉得如果外在因素改变的话,便不会如此不愉快。因此,他们一般不去主动控制、调节情绪。事实上,人的情绪大部分是由自己的知觉、想法和评价引起的。人应学会控制、调节自己的情绪。理智的人总是能对自己的情绪负责,做自己情绪的主人。

6. 对有错误的人应给予严厉的惩罚和制裁

每个人难免犯错误。不加分析,一味地严厉制裁某人是缺乏理性的。人犯错误有各种原因(主观的、客观的),错误有大有小,性质有好有坏,犯了错误不等于不可救药。对待同学、同志的错误,明智的想法是"他犯了错误,我不能歧视他,要帮助他不再犯同样的错误"。这并不是主张纵容恶行,也不是提倡做"老好人"。因为一味地责备和惩罚往往无助于行为的改善。相反,常常会导致逆反心理、对立情绪,以致引起更严重的后果。所以人际交往中,对待犯错误的人大可不必一心想着如何去惩治。即便是必要的惩罚、制裁也不是最终目的,而是将其用为帮助人、教育人的手段。理性的人际交往态度是宽容待人、以诚待人、以善待人。

7. 逃避困难、挑战与责任,要比面对它们容易得多

逃避可以带来片刻的轻松,却不能获得长久的安宁,而且还会带来更多的困扰,造成更大的损失。因为这些困难、挑战与责任并不因为你的躲避而消失,它仍然存在。逃避只会使人变得胆怯,而且永远得不到行动的经验和成功的机会。理性的人是现实和积极的,首先能够直面困难、挑战和责任,并且总是全力以赴地战胜困难,迎接挑战,承担责任。

8. 人应该依赖他人,并且依赖比自己强的人

在社会生活中,人与人之间相互依赖,又相互独立。只强调独立而拒绝别人的帮助并不可取,但过于依赖别人则更不应该。太依赖别人的结果必然是:自己变得不会处理问题,不敢做决定,没有自信心,缺乏安全感,一旦离开别人的帮助便一筹莫展。明智之举应该是争取外援但不依附外援,信赖别人但不依赖别人。

9. 一个人往往被历史所决定,因此一切都是无法改变的

持有这种观点的人相信事情和现状已被历史决定了,虽然不好也没办法,改变不了,他们宁愿忍受历史和现实带来的不幸或以怨报德,平衡心理。过去的经历对现在固然有影响,但并不能主宰人的未来。过去的消极影响可以通过努力来削弱,现实的状态可以通过努力来改变。因此,理性的人往往更注重对现实的把握,他们总是以积极的姿态去改变现实,他们不抱怨过去而是着眼将来,用实实在在的行动去创造明天。

10. 任何问题都能够而且应该有正确、完美的答案

许多人相信任何事情都有正确、完美的答案。遗憾的是,我们生活的这个世界并不存在完美或绝对的事。企求绝对的完美是不实际、不明智的,会使人忽视甚至放弃那些切实可行的解决问题的途径和方法,从而丧失成功的机会。正像哲学家罗素所说:"不绝对确定是理性的基本成分之一。"我们需要学会进行软性思考,而不仅仅是用一种把事物看成非黑即白、非此即彼的硬性思考。理性的人面对问题时总是设法寻求各种可能的答案,采用其中相对好的或尽可能利多弊少的方式,而不幻想着去追求完美。

(二) 自我调适

1. 不良认知的自查与发现

根据认知理论,人的情绪、行为反应是对刺激认知的结果。自查应从认识不良情绪和行为入手,然后自问:"怎么会产生这种情绪(或行为)?"经过分析,可以发现是因为某(些)事件(即刺激)。进一步自问:"我对这件事是怎么想(或看)的?"如此可以发现对此事件的不良认知。

2. 不良认识的调整

调整的目的在于识别其错误,并在此过程中确立起相应的合理观念。具体方法很多,下面以调整对自我的不良认知为例进行介绍。

(1) 对比调整法。低估自己的人往往与片面的比较有关。这种片面比较表现在两方面:一是与比自己强的人比;二是只拿自己的短处与他人的长处比。对比调整法是全面地进行比较,以确立对自己的正确评价。对比调整法包括横向比较和纵向比较两方面。横向比较是指与比自己强、与自己差不多和比自己差的人进行比较。纵向比较就是和自己的过去比较。在比较中,要客观、公正、合理,既不夸大,也不缩小事实;既比较各自的长处,也比较彼此的不足。坚持实事求是、一分为二的原则。此外,为了实现比较以及使比较的结果对自己有说服力,横向比较所选取的对象应是客观条件同自己差不多的(如同班、同系、同校、同种职业),且是自己比较了解的人。

(2)调查调整法。即向别人了解他们对你的评价和看法,以此来修正自我评价。调查调整法的要领包括以下几点:

① 以现实生活中真实的自我表现为基础。不能为获得期望的调查结果而有意地伪装自我,如有的同学为了得到老师、同学的好评,在一段时间内有意识地做出积极的表现,以掩盖自己的不足。虽然他人的评价一般以你一贯的表现为基础,但"近因效应"是存在的,人们的评价容易受你最近表现的影响。

② 调查的对象应是了解你并值得你信任的人,不了解你的人往往难以做出客观的评价;你不信任的人,其评价对你也难以有效。此外,可以将调查范围扩大一些,以获得较全面的评价效果。

③ 调查的方法有两种:一是坦率说明意图,希望对方如实相告,你的诚意以及宽松的气氛、恰当的时间和场合会使对方坦率地说出自己看法;二是以隐蔽的、不易被对方察觉的方式征询对方对你的看法,如在娱乐的时候、谈工作的时候、讨论某个问题的时候,或将自己的疑虑假借到别人身上,请对方谈谈对此的看法等等。这时你应表现得随便和不经意,以使对方表露真实的看法。

④ 在对方做出评价后,你可以把自己的评价诚恳地说出来与之讨论。在讨论中对方会提出许多理由说明你的自我评价是不合理的,给你劝导,从而帮助你改变看法。

(3)列举调整法。自己通过列举与自我评价相悖的事实和理由来改变错误的自我认知。不是认为自己不行吗?那么就绞尽脑汁想自己的长处。比如,"我很诚实,我会关心人,我脾气好,我比较冷静,我学习很认真,我乒乓球打得好……"。事无巨细,一一列在纸上,越多越具体越好,随时想到、随时补充。然后,反复查看列出的内容,你会发现:"哦,我原来有这么多优点呀!"同时,在现实生活中尽量去表现自己的长处,通过实践进一步发现、认同这些优势。表现自己的长处会获得周围人的肯定性评价,这也有助于你进一步肯定自己。

(4)反诘调整法。对自己的不合理观念进行挑战式的追问、质疑,以揭露破绽,动摇这些信念。如对"我是全校最丑的女孩子"可进行这样渐次递进的发问:"有什么证据证明我是全校最丑的女孩子?""我有调查依据吗? 做过多大范围的调查?""有谁说过我是全校最丑的女孩子? 如果有,有多少人? 是我亲耳听到的吗?""美有绝对的标准吗?""相貌是衡量美丑的唯一尺度吗?""相貌能代表一个人的价值吗?""相貌是决定一个人前途和幸福的必要条件吗?"

(5)重新归因调整法。归因,是指人们对他人或自己行为的原因加以解释和推测的过程。有人曾通过实验考察人们如何估量自己成功与失败的原因,结果发现:有的人把失败归因于外部因素,如运气的好坏;有的人将其归因于内部因素,如个人的能力和努力;而旁观者的解释又与当事人大不相同。这说明,人们在对成败归因时往往容易出现单一性、片面性的错误,正是这种错误归因,导致自我认知的偏差。重新归因调整法就是对成败的原因用全面客观的归因方法重新解释,从而达到调整自我认知的目的。以"失败"为例,一般既有个体的原因,又有外界的原因。在个体原因中,既有个人的主观态度、主观努力、方式方法等因素,又有个人身心发展水平等因素。我们须在全面客观分析的基础上做出合理归因:哪些是主要原因,哪些是次要原因,哪些不是原因。这样就不会因盲目把失败归因于"脑子笨""能力差"而产生自卑心理。同时,又可以针对失败的现实采取理智、有效、切实可行的措施。

自己重新正确地归因对有些同学来说可能是困难的,这时可求他人帮助自己对失败进行归因,从中获得启发。

调整不合理观念,应视具体情况灵活运用上述方法。为了收到理想效果,这些方法可合并使用。

3. 巩固合理信念

通过第二步工作,达到了破"旧"(原来的不合理观念)立"新"(新的合理观念)的目的。因为已有的观念具有很大的顽固性,难以一下子清除,因而第三步巩固阶段是必不可少的。这一阶段要做的工作主要包括以下几项:

(1) 总结不合理观念错在哪里,确定相应的合理观念,以达到强化的目的。

(2) 以新的合理观念去面对现实的刺激,认真体会情绪反应并与原来观念引起的情绪反应进行比较,最好能用书面的形式表达比较的心理体会。

(3) 在现实生活中有意识地运用已经获得的合理观念(并体会良好的心理感受),使之逐步习惯化、自然化。

(4) 可进一步探查是否还有与原有的不良情绪和行为相关或与原有不合理观念相近的心理存在。若有,再重复第二、第三步骤进行调整和巩固。

有些学生的不良认知是长期形成的,对此又深信不疑,因此,依靠自我调适往往难以奏效。这时,求助心理咨询师才是明智之举。

二、发展理性认知

人的认知活动并不是某个因素单独发生作用的结果。事实上,影响认知的因素很多,从客观方面看,有认知对象的特征、认知发生时的客观情境等因素。从主观上看,有认知者的知识经验、价值观、思维水平、人格特征、自我意识等。知识经验是认知活动的基础;价值观对认知具有定向和识别功能;思维水平是认知活动的最高级形式;人格特征制约、调节认知过程;自我意识是对自我与他人、社会关系的认识和把握。因此,发展理性认知、提高个体认知水平必须从提高大学生的上述素质入手。

(一) 丰富知识

丰富知识是大学生的基本任务,它是满足大学生求知欲、发展人生、提高认知水平的基础。

第一,大学生应重视学习知识,用人类创造的一切文明来武装自己的头脑;第二,注意摄取知识的深度和广度,拓宽知识面;第三,不拘途径学知识,既向书本学习,也向社会学习,更向实践学习——在实践中观察总结,积累经验;接受是一种学习,运用更是一种学习——只有运用之时才能使知识真正成为自身认识世界、改造世界的武器,也才能在运用知识的过程中扩展知识,积累经验;第四,在向书本、他人、社会、实践学习的过程中,既虚心好学,又善于思考,辨别真伪,去伪存真。

(二) 面对挫折,适当运用心理防卫机制

人在遭受挫折后,挫折情境对人的心理压力会使人产生紧张、焦虑、不愉快的情绪体验,并导致心理、生理活动的不平衡状态,影响人的正常行为和活动能力。主体为减轻挫折造成的心理压力,常常有意无意地运用心理防卫方式,称为心理防卫机制。

常见的心理防卫机制有以下几种。

1. 文饰作用

为个人的挫折寻求一种合乎逻辑的理由,以掩饰挫折的真实原因,维护心理的平衡,把如考试不及格说成是老师评分不公平,把体育竞技失败归罪于场地不好,把没有朋友说成是个人自由清静,等等。这实际上是一种自欺欺人的方法,但对缓解心理压力却有一定的作用。

2. 投射作用

将个人的缺点和错误投射到他人身上,以减轻自己的心理压力。例如,考试作弊的学生认为别人也都在作弊。文饰作用是为自己的挫折寻求理由,为自己的失败辩解;而投射作用则是在否认自己的缺点,而将错误归罪于别人。

3. 补偿作用

用一种取得成功的活动来补偿遭受失败的活动。例如,数学考试失败,就用英语考试成绩来弥补,以减轻自己心理上的痛苦。

4. 转移作用

把本人受挫的情绪转移到别的对象身上。"迁怒"就是最典型的表现之一。人们在受到挫折时,通过音乐、舞蹈和体育活动等发泄情绪,也是转移作用。有的人在情绪失意后就移情于文字创作,有的人在失去亲人以后就献身于亲人所从事的事业。这些都属于转移作用。

5. 幻想作用

对在现实中所遭受的挫折,通过幻想加以实现。例如,失恋以后,就幻想他(或她)重新回到了自己身边,用幻想来弥补未实现的愿望。

心理防卫机制对于降低人因挫折而产生的紧张与痛苦,防止攻击行为的产生无疑具有积极作用。因此,面对挫折,我们可以适当采取某些积极的心理防卫措施,如补偿、转移等方式以抵御外来伤害,减轻内在压力,而不至于引起太大的痛苦和不安。

(三)合理思维

人在进行思维活动时,经常容易犯一些错误,摒弃这些错误,可以使我们的思维更加科学、更加合乎理性。这些错误具体表现如下。

1. 过分概括化

这是一种以偏概全、以一当十的不合理的思维方式。就像以一本书的封面来判断一本书的好坏一样,过分概括化是不合逻辑的。这种思维常见于对人的评价中。一方面,表现在对自身的不合理评价上,以自己做的某件事或几件事就认定了自己"一无是处""一钱不值",是"窝囊废"。另一方面,表现在对他人的不合理评价上,别人稍有过错,就认为他"很坏""无一可取",对人全盘否定。以一件事的成败、某个行为的好坏来评价其整个人,是一种理智上的法西斯主义。合理的思维方式是只针对单一的某件事或某个行为做出评价,而不是轻率地对整个人的价值做结论,如"他上次打架的行为是愚蠢的"(而不是因为他打架就断言"他这人很愚蠢");"我这次考试是失败的"(而不是因为考试失败就下结论"我不是读书的料")。这样的方式才是理性的。

2. 绝对化要求

从主观意愿出发对客观事物的发展进行推理和判断是又一种常见的不合理思维。它常与"必须""应该"之类的词联系在一起,如"我必须成功""他应该这么做"。这种思维方式忽视了一个基本事实,即客观事物的发展有自身的条件和规律,是不以人的主观意志为转移的。我们"希望"客观事物是这样而不是那样发展,这是可以理解的,也合乎情理,但我们不能把"希望"

变成"要求"和"命令"。合理的思维是宽容的,即虽然"我希望成功"但也接受可能有的失败;"我不希望他那样做"但也尊重他按自己的方式行事。

3. 极端化

要么全对,要么全错;要么全盘肯定,要么全盘否定,把生活看成非黑即白、非此即彼的两个极端。这类现象在人群中并不少见。把某件事情看成糟糕至极就是这种思维方式的结果。而事实上,世界上并不存在糟糕至极的事,没有一件事是百分之百糟透了的。一方面,对任何一件事情来说都存在比之更好(或坏)的情况;另一方面,任何一件事不管你认为是好的或坏的,客观上都存在与之相反的因素,只是在一定的条件下有矛盾的主次之分。我们应该学会软性思考,即看到黑白之间存在许许多多的中间色,事物可能是较好或较坏的,但绝不会是最好或最坏的。用辩证的思维去认识和把握事物,既看到有利的一面,也看到不利的一面。认识事物是发展的,在一定条件下,矛盾的双方是可以相互转化的。这种思维方式才是科学、合理的。

三、伯恩斯的三栏目技术

在心理治疗中,使用伯恩斯的三栏目技术调整人的认知失真,效果是非常好的,而且简便易行。具体做法如下。

当你在生活中有了烦恼或心理困惑时,请你坐下来,拿出一张纸将其一分为三,从左至右分别写"随想",也就是针对心理困惑想到什么就写什么,怎么想的就怎么写。

"认知失真",对每一种随想进行分析,找出你认知失真的原因,准确地揭示你对事实的歪曲。

"合理反应",对失真的思想进行无情的反击,以更客观的思想取代失真的思想。例如,一名女同学因感冒发烧开会时迟到了,被老师当众批评,她感到非常委屈和气愤,事后她通过伯恩斯的三栏目技术进行了认知矫正。

伯恩斯三栏目技术

随想	认知失真	合理反应
1. 被老师当众批评真丢死人了	极端思维	每个人都会有错,所以被老师批评是正常的事,虽然老师当众批评了我,让我很难堪,但也不至于那么可怕。没有时间观念,的确不是什么好习惯,以后我要尽力改正
2. 同学们肯定在嘲笑我,他们会看不起我,以后我在同学中还怎么做人	瞎猜测	大部分同学对我都是很友好的,起码同寝室的同学都知道我的身体不好,她们会理解我的,一个小小的错误并不会影响我在同学心目中的形象
3. 老师真可恶,他看不起我,不就是因为我是普通学生,是从农村来的吗	极端思维 瞎猜测	其实老师平时对我的生活、学习都是很关心的,他发火并不是针对我一个人,凡是迟到的同学都被老师批评了
4. 我真是个失败者,怎么会落到被老师当众批评的地步呢	虚拟陈述	不对,我能考入大学,就说明我很优秀,在学习、活动等方面我一点也不比别人差,今天的事情只是一个小小的状况而已,我尽可能把它改掉
5. 我真倒霉,偶尔迟到一次就被老师碰上了	人格化	弱者才会怨命。只要我积极进取,我的命运一定会很好的。现在需要我做的是找老师沟通一下,解释我迟到的原因

使用伯恩斯的三栏目技术时应注意以下两点。

（1）不要只在头脑中想，而要实际动手做，因为动手较之动脑能达到更大的客观性认识，更具有条理性。

（2）调整认知失真不可能一蹴而就，需要我们有耐心，有信心，长期练习。

四、塞利格曼的 ABCDE 记录

塞利格曼的 ABCDE 记录具体做法是：在一起不愉快的事件发生后，我们坐下来，仔细倾听由不愉快的事件而产生的想法，观察这样的想法会给我们带来什么样的后果，然后无情地反驳这些想法；再观察自己成功地处理悲观的想法后所获得的激励，并将这些都记录下来。

例如，一名男同学不敢到有认识人的环境中学习。只要在图书馆、阅览室和班教室中看到自己认识的人，就立刻在头脑中产生"别人以他为榜样照着他的样子学习"的想法。来咨询后做了这样的记录：

A. 不愉快的事件：不敢到有认识人的环境中学习。

B. 想法或念头：别人以他为榜样照着他的样子学习。

C. 后果：感到委屈、气愤，马上离开学习场所。

D. 反驳：通过观察、了解，每个人的学习方法都是不一样的，如我在做高数，而对方在看外语。

E. 激励：在学习中，我如果不受外界因素干扰的话，我的学习成绩一定会更好的。

在塞利格曼的反驳记录中，最难做的是与自己辩论，因此，我们应该想方设法地为自己的想法找证据。当找不到证据来证明自己的想法是正确的时，就说明我们的观念和想法是错误的，就需要调整。只要我们能充分地去找证据，就会发现其实许多想法都是我们思虑过度引起的。

第五节　测试与训练

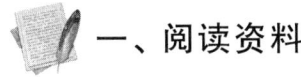

一、阅读资料

做一块被人千刀万剐的石头

从前，在同一座山上有两块相同的石头，四年后却发生了截然不同的变化。一块石头受到很多人的景仰和膜拜，而另一块石头却受到别人的唾弃。被人唾弃的石头极不平衡地说："老兄呀，四年前我们同为一座山上的石头，今天却产生这么大的差距，我心里特别痛苦。"另一块石头答道："老兄，你还记得吗？四年前，来了一个雕刻家，你害怕割在身上一刀一刀的痛，你告诉他只要把你简单雕刻一下就可以了，而我那时想象未来的模样，不在乎割在身上一刀一刀的痛，所以产生了今天的不同。"

二、心理测试

认知失真诊断量表

【测试说明】请大家判断下面 11 个论述是否有道理，在你认为论述得有道理，并跟自己的行为或想法一致的选项后打"√";在你认为论述得没有道理,跟自己的行为或想法不一致的选项后打"×";在说不清楚的选项后打"△"。

1. 人应该得到自己生活中每一位重要人物的喜爱与赞许。（   ）
2. 一个有价值的人就应该在各个方面都要比别人强。（   ）
3. 对于有错误的人就应该给予严厉的惩罚和制裁。（   ）
4. 如果事情没有达到自己的愿望将是可怕的。（   ）
5. 不愉快的事情都是由外在因素引起的,所以自己不能控制和支配。（   ）
6. 面对困难与责任很不容易,倒不如逃避更好。（   ）
7. 对危险与可怕的事要随时警惕,经常提防其发生的可能性。（   ）
8. 人要活得好一点,就必须要依赖比自己强的人。（   ）
9. 以往的事件和经历对现在具有决定性的难以改变的影响。（   ）
10. 对于别人的问题应当非常关切。（   ）
11. 任何问题都有一个唯一的正确的答案。（   ）

【计分方法】打"√"得1分;打"△"不得分;打"×"得负1分。
【测试结果】以上的11道测试题是11类不合理的观念,因此得分越少就越好。

三、心理训练

（一）我的自画像:我是谁？（自我认识与评价）

1. 对自己的身高、体重、体形、外貌的评价:_____
2. 对自己的智力、优点、特长的评价:_____
3. 对自己的短处、缺点、弱点的评价:_____
4. 我的座右铭:_____
5. 我最欣赏自己的是:_____
6. 我最讨厌自己的是:_____
7. 我的烦恼是:_____
8. 我最近一次流泪是因为:_____
9. 我与家人、朋友相处:_____
10. 我的心理是否健康:_____

最后用三个形容词来概括自己,仔细想想这样的概括主要来源于何时、何事,并用正式或非正式的方式请朋友或同学同样用三个形容词来对你在学习、工作和人际关系方面的表现进行描述,比较两者之间的异同。共同探讨哪些描述更接近真实的你。结合自我评价和他人评价,思考到底该如何评价自己,请用100～200字记述下来。

在自愿的基础上同学之间可以相互交流、分享(如果有的人不愿把自己的隐私说出来,也不要勉强)。

提示:认识自我、接纳自我是一个艰难而痛苦的心理历程,所以重塑自我、超越自我可以说是一场自我革命,它必须从了解自我、接纳自我起步。这对于大学生来说是可贵的。

（二）自信心训练

训练目的: 自信是自我的核心,本训练将通过形象训练、心态训练、自我暗示来消除自卑,从而达到树立积极自我形象的目的。

具体操作：

1. 观察自信者的形象

找一个或几个你最敬佩的人，观察他们的外貌、服饰、发型、举止、态度、语言……加以概括，并找出可学之处。

2. 练习爽朗的大笑

试试看，各种笑的感觉是不一样的。真正的发自内心的笑不但能治愈自己的不良情绪，同时还能化解别人对你的敌对态度。"微笑外交"就是一种具有魅力的外交手段。学会笑、运用笑会使你变得更开心，更自信，更具有魅力。

人的行动可以改变人的心情，笑能改变你的心态和健康，即"笑一笑，十年少"。

3. 学会欣赏自己——照镜子

（1）找自己的优点。欣赏自己的价值并不等于自我中心主义；不要因为自己的过失而永无止境地责备自己的一切；也不要因为你没有正确利用自身的某件"产品"就贬低它。特别是自己处于劣势时，找自己的优点，这是一种自我激励的方法，也是为自己制造积极自我的方法之一。要尽量把自己的优点都找出来，无须过分"谦虚"，把找出的优点都写在纸上，每天大声朗读数次，记住是："大声朗读"！

（2）自我欣赏。照镜子也是一种自我欣赏的方法，即找一个能照到半身的穿衣镜，再对着镜子修饰自己的仪表，然后开始欣赏，从衣服、发型到表情动作。欣赏的同时要念自己的暗示导语，自己的目标或自己的优点均可，哪一种对你最有激励就念哪种，一边念，一边看自己的表情是否能充分与自己所念的词融为一体。比如，"我一定能考第一"，念的时候同时加上自信的表情和动作，然后再想象考第一的情景并体验考第一时的心情。

4. 分组讨论

请每组成员回忆自己曾经遭遇过的最严重的一次挫折经历，当时的状态如何？采取了什么样的应对措施？从这次挫折体验中能吸取什么经验、教训？通过这次经历，你认为应对挫折时最重要的是什么？

讨论：你认为这种应对挫折的方式有效性如何？如果是你遇到别人遭遇的情境，你会采取什么应对方式？经过学习，你认为是否有更好的应对方式？

 思考题

1. 大学生不良认知有哪些表现？怎样对其进行调适？
2. 应对挫折的有效方法有哪些？哪些是你最常用的应对方式？你为什么会采用？经过学习，你认为是否有更适合你的应对方式？
3. 结合你的实际谈谈怎样发展理性认知。

第五章　大学生情绪心理

 **心灵导读**

　　大学生是处于青春期的一个特殊群体,情绪活动丰富多彩而又变化不断。这时发生的情绪体验不但影响他们现在的成长,而且会对终身的发展产生重大的影响。因此,研究大学生情绪活动的规律和特点,了解他们爱什么、恨什么、喜欢什么、厌恶什么、为何快乐、为何苦恼,从而使他们保持健康的情绪状态,提高情绪活动的品质具有重要意义。

　　通过对本章的学习,了解情绪的含义和作用;理解大学生情绪心理的特点以及不良情绪的表现;掌握调节大学生情绪的方法;使大学生能够通过积极有效的方法调节自身的不良情绪。

第一节 情绪概述

案例导入

> **案例**
>
> 大二学生沈某本是一个外向、开朗、活泼的男孩。但自上高中到现在与同学、老师的关系始终不融洽,原因是脾气不好,动不动就发火,他也知道自己这种脾气不好,会影响到学习和人际关系。在几次与同学发生摩擦、争吵后,同学们开始对他日渐疏远。他很内疚,非常痛恨这个臭脾气,但每次发火时总不能控制住自己,非要同别人斗一斗、争个高低不可,为此他感到非常困惑:难道坏脾气真是天生的,"本性难移"吗?怎样才能改掉这种火爆脾气呢?

············· **案 例 评 析** ·············

案例中的沈某的暴躁脾气是怎样形成的呢?这要从人的气质问题说起。心理学研究表明,气质是在一定的神经类型的基础上形成的,而神经类型的特点主要是先天的。因而先天因素对人的气质、脾气有不可忽视的影响,但先天因素只是在人的生活的最初阶段表现得比较明显,随着年龄的增长,人与外部世界的关系日益复杂,先天因素对气质、脾气的影响会越来越小,而环境因素的影响则越来越大。

在生活中,情绪是人的心理状态的晴雨表,它反映着每个人内在的心理状态。无论是欣喜若狂,还是悲痛欲绝,是孤独不安,还是热情奔放,我们都在体验着各种各样的情绪。

一、情绪的含义

早期情绪的研究可以追溯到柏拉图和亚里士多德。他们认为理性在情绪调节中起主导作用,人可以通过理性克服不良情绪。到17世纪,笛卡儿对情绪进行了深入分析,提出了控制人的行为反应的六种基本情绪,即羡慕、爱、恨、欲望、愉快和悲伤。笛卡儿认为,这六种情绪是其他情绪的基础,其他情绪都是这六种情绪的组合,并控制着人的各种行为反应。从达尔文以后,对情绪的实验研究逐渐兴起,人们开始通过对动物和人的实验来验证各种情绪理论。然而,人们对情绪的理解还很不一致,理论之间的差距也很大。那么,究竟什么是情绪呢?

情绪是人们对外界刺激引起的生理和心理变化的一种主观体验。例如,电影中的悲伤镜头会催人泪下,成功会使人异常惊喜,等等。情绪是由刺激、认知、主观体验、情绪的行为反应几方面组成的反应过程。这几方面的关系是:刺激情境→对情境的认知评价→产生主观的情绪体验→表现出不同的情绪反应(包括行为反应)。

人的情绪有愉快情绪和不愉快情绪之分。愉快情绪以喜乐为主,不愉快情绪以悲愁为主。不愉快情绪一般指焦虑、愤怒、恐惧、沮丧、不满、忧郁、紧张等。不愉快情绪又被心理学家称为负性情绪(不良情绪或消极情绪)。

二、情绪的状态

（一）心境

心境是一种比较微弱而又持久的情绪状态。心境具有弥散性，它不是关于某一事物的特定体验，而是由一定情境唤起后，在一段时间内影响各种事物的态度体验。当一个人处在某种心境中，他往往以同样的情绪状态看待一切事物，即所谓"忧者见之则忧，喜者见之则喜"。心境的持续时间可能是几小时，也可能是几周、几个月或更长时间。某种心境持续的时间依赖于引起这种心境的客观环境和个体的人格特点。心境对人的生活、工作、学习和身体健康有很大影响。因此，学会对心境进行调节控制，对我们的工作、学习和生活都十分重要。

（二）激情

激情是一种强烈的、短暂的、爆发式的情绪状态。这种情绪状态往往是由一个人生活中具有重要意义的事件所引起的。另外，对立意向的冲突或过度抑制也很容易引起激情。激情发生时一般有很明显的外部表现，如面红耳赤、咬牙切齿、手舞足蹈，有时甚至出现痉挛性动作，言语过多或者不流畅。在激情状态下，人的认识活动范围缩小，控制力减弱，对自己行为的后果不能做出适当的评估，容易出现轻率的举动。但激情是完全有可能控制的，人在激情发生之前，要竭力把注意力转移到与此无关的事情上去；在激情状态中，在做或说某件事时，要慢慢使自己的行为平缓、镇定下来。

（三）应激

应激是出乎意料的紧张情况下所产生的情绪状态，是人们对某种意外的环境刺激做出的适应性反应。产生应激状态的原因是：已有的知识经验与当前所面临的事件产生的新要求不一致，新异情境的要求是过去所未经历过的，这时就产生这种紧张的情绪状态；或者已有的经验不足以使人对付当前的境遇而产生无能为力的压力感和紧张感。应激状态对人的活动有着很大影响，它能导致生理和行为的急剧变化。在生理上，心跳过速，呼吸急促，血压升高。在行为上，由于发生普遍性的兴奋反应，在一定程度上造成行为上的紊乱，动作不协调，姿势失常，语无伦次等。在心理上，由于意识自觉性的降低，思维混乱，判断力减弱；知觉和记忆错误，注意力的转移发生困难。有些人在应激状态下，全身发生抑制，身体的一切活动受阻，呆若木鸡，甚至休克。但是，中等程度的应激状态会对人的行为产生积极作用。在这种状态下，个体能更好地发挥积极性，思维清晰、灵敏、精确，反应能力增强。人适应应激状态的能力有差异，这主要是受人的性格、过去的经验、知识水平，特别是思想道德修养的影响。

三、大学生的情绪特点

大学阶段是人的情绪充分发展的时期，大学生的情绪世界正日趋强烈、丰富多彩，产生了对自己行为的责任感和严肃对待生活的态度。归纳起来，大学生的情绪具有以下特点。

（一）情绪活动丰富多彩

大学生学习生活中随着自我意识的不断发展，不断产生各种新的需要，而且需要的强度也在不断增加。由于新的需要不断涌现，大学生的情绪活动也就日益丰富起来，突出表现在大学生对自我认知的态度体验，如自尊、自信、自卑、自负以及友谊、爱情等方面的多种情绪体验。

（二）不稳定性

大学生热情奔放、容易激动，有着丰富、复杂、强烈并有如"疾风怒涛"般的情绪世界。他们喜欢感情用事，遇事好激动，对自己认为不良的现象深恶痛绝，对罹难者多加恻隐之心；他们对外部刺激反应迅速、敏感，时而热情、奔放、激昂慷慨，时而忧郁悲观、怨天尤人，高兴时手舞足蹈，消沉时无精打采，苦闷时受到鼓舞能精神振奋，遭挫折时则灰心丧气，喜怒哀乐溢于言表。在强烈的感情冲击下，可能会遇事武断，行为固执，不听劝告，我行我素。个别心胸不够宽广的人，甚至会走上轻生之路。

相当一部分刚跨进大学校门的同学，自认为是高考竞争的胜利者、时代的骄子宠儿，因而争强好胜，自尊心极强，事事不甘落后于人，有一股蓬勃向上的朝气和热情，对一切充满了憧憬和幻想。然而经过一段时间的观察和了解，他们会发现大学校园藏龙卧虎，群英荟萃，高中时代自己"鹤立鸡群"，现在反而成了"马尾牛后"。他们中的一部分人会顿时由自尊、热情转变为自卑、消沉，感到懊恼泄气，甚至因此陷入极度苦闷而不能自拔，出现情绪的大起大落。此外，女同学一般比男同学更富于浪漫的想象力，她们经常在梦幻中编织着美妙的生活图景。然而，一旦真正进入实际生活，便会发现大学生活并不像原先想象的那样令人心驰神往。面对严峻的现实，部分同学也会感到不知所措，心里一下子失去平衡，在体验上出现各种程度不同的紧张感和压抑感，有时还会感到严重的心理冲突，甚至觉得整个世界一片黯淡。

正因为大学生的情绪起伏不定，动荡多变，情景性强，感染性大，来得急而强烈，去得快而迅速，所以他们既可以表现出惊人的豪壮行为，又可能因为狂热和不冷静而盲目做出追悔莫及的蠢事，酿成不可挽回的后果。

（三）鲜明的层次性

大学生情绪的发展是一个由不成熟到成熟、由简单到丰富的渐进过程，往往呈现出层次性和递增性的特点。

一年级的新生，由于缺乏在新的环境中独立生活的思想准备和自理能力，往往思乡思亲之情很重，留恋中学生活及父母乡亲，经常想回家，集体观念较淡薄。大多数新生对自己能够跨进大学校门感到自豪和满足，难免有些飘飘然，个别人优越感达到顶峰。但对于迥然不同于中学时代的生活环境的变换、师生同学的更新、学习方式的改变等的不适应，又会使他们感到茫然不知所措，自豪和满足中往往伴随着时隐时现的自卑和焦虑。因此，他们特别希望得到别人的关心和鼓励。他们对一切充满了美妙的幻想和憧憬，随心逐愿地将生活理想化，对各种知识领域有广泛的兴趣，要求更多的个人自由和牢固的友谊，尤其需要坦率和诚实。但由于他们往往摆不正个人与社会、与集体的关系和位置，其行动往往表现得盲目自信和过于自负，对自己的自我认识和作用都缺乏系统分析的态度。

二、三年级大学生随着生活环境的熟悉和适应，以及年龄和阅历的不断增长、专业基础课和专业课的逐步展开，普遍存在着适应感、随意感和自信感。情绪一般比较稳定，既没有新生的激动和盲目，也没有四年级同学临近毕业时的紧张和忧虑。他们越来越变得比较复杂和有主见，强调自我独立性和自我表现的倾向开始突出起来。他们对周围的一切有所了解，集体荣誉感较强，热心参加各种社会活动，迫切希望在学习、工作等方面取得突出成绩，期冀引起人们的关注和垂青。他们能够根据已有的知识经验和自身条件，对外界的各种影响有选择地吸收，逐步克服自己的幼稚和盲目性，学会较稳妥地处理各种关系，较现实地设计自己的理想。

四年级的大学生经过几年的学习，大体掌握了教学大纲所要求的各种知识，世界观基本形成并有一定的深度，有一定的分析和解决问题的能力。他们的情绪趋于稳定，能够比较理智地对待和处理各种问题。但由于面临毕业和择业，精神上又处于一种紧张状态。概括起来，四年级大学生程度不同地存在着以下三种心理状态。

（1）紧迫感。觉得时间不够用，学习的自觉性、独立性更强，有强烈的成就感，迫切希望在德智体诸方面得到全面发展。

（2）责任感。对政治、经济生活中的重大事件更为关心，并与自己未来的工作联系起来考虑，希望社会团结稳定、改革事业取得胜利。能够抓紧有限的在校时间，争取在政治和业务上再有所提高。

（3）忧虑感。对自己毕业后的前途产生忧虑，担心学非所用，将来胜任不了所承担的工作任务。

此外，四年级大学生不像其他年级大学生那样兴趣广泛，集体观念逐渐淡化，班级也出现松弛趋势。

据此看来，从低年级到高年级，大学生情绪的波动性逐渐减弱，稳定性日趋增强。

（四）微妙的隐蔽性

大学生的情绪不再像儿童那样天真直露、心口如一，也不同于一般少年一引而发，其表现具有文饰的、内隐的、曲折的性质。他们的心理往往带有闭锁性，即把自己真实的内心情绪世界封闭、伪装起来，不肯轻易吐露心曲、暴露秘密。在特别情况下，他们情绪的外显形式与内在体验并不一致，心口不一，让人不易把握其真实的思想脉络。这是情绪自我调控能力增强的表现，因为社会生活有时候要求人们有自我调节和克制情绪的能力。当然，大学生情绪表现的这种状态并不是一贯的，与成年人相比，大学生毕竟阅历较浅，涉世未深，内心深处也存在希望被理解的强烈愿望，还比较袒露、率直，当意志不完全能控制情绪时，也会锋芒毕露，咄咄逼人。此外，在条件适当，遇到知心、知音、知己的时候，大学生的真情也会倾诉和表现出来。

（五）可控性

大学生具有较高的文化修养，具备反省自身弱点的能力和控制自己情绪变化的能力。一个理智性强的大学生在面对不良的情绪波动时，能主动地寻找引起情绪波动的原因，并不断地调节自己的情绪状态，避免情绪波动造成的不利影响。

第二节　大学生的情商

案例导入

> **案例**
>
> 一位大一女生G自述:"我来自一个经济比较宽裕的家庭,父亲非常爱我。但在我童年中发生过重大创伤性生活事件,自从这件事发生后,我不再相信任何人,也不再相信很多人确信不移的友谊、爱情等。我想通过努力学习离开原来的生活环境,开始新的生活,摆脱童年生活的阴影。来到大学后,看到同学们都快乐无忧地生活着,我内心的愤怒却在悄悄地滋生,我不知道如何化解这种情绪,于是经常翻同学的书柜和床位,将他们正在看的参考书藏起来,我并不是为了看书而是想看到他们焦虑、着急的样子,这样我内在的愤怒便找到了宣泄口。有时我甚至将同学的钱全部花掉以化解我心中的愤怒。"

----- 案例评析 -----

女同学G在童年遭受过挫折与伤害,因为缺乏必要的心理辅导与心理支持,在她升入大学后,也没有得到及时的解决,所以她潜在的愤怒并没有得到缓解,而是压抑起来,并寻找不当的机会进行发泄。

偶尔的愤怒并不是坏事。因为人在生活中不可避免会遇到一些令人愤怒的事,但如果长期压抑自己,不将愤怒爆发出来,将会对自己造成很大的伤害,如打击你的自尊,甚至伤害你的身体,带来高血压和心脏病。但愤怒本身不过是你情绪的冰山一角,它并不是独立存在的,而是被其他的情绪所引发,如害怕、怨恨或不安。所以,既然愤怒不可避免,我们要做的不是压抑愤怒,而是找到引发自己愤怒的情绪源泉,在愤怒来临之前消除这些情绪,从而去掉愤怒带来的消极影响。

谈到了大学生的情绪,必然要涉及近几年的一个热点概念:情商(EQ)。生活中人们常说,一个人的成功20%依赖于人的智商(IQ),80%依赖于人的情商(EQ)。情商比智商在更大程度上决定着一个人的学习、交往、爱情、工作、事业。

一、情商的概念

心理学家丹尼尔·戈尔曼在《情绪智力》(又译作《情感智商》)一书中,最早提出了"情商"的概念。情商(EQ)又称情感智商或情绪智力,是相对于智商提出的,是情绪、情感商数的简称,也是情绪评定的量度。我们可以把情商理解为一个人感受、理解、控制、运用和表达自己及他人情绪的能力,通常表现为工作热情、有责任心、主动性、协作能力、组织管理能力、人际交往能力、解决问题的能力以及面对困难承受挫折的能力等。情商的提出,动摇了智力决定一切理论的统治地位,使人们进一步认识到,一个人的成才,不仅要靠智商,而且要靠情商。丹尼尔·戈尔曼甚至指出:"真正决定一个人能否成功的关键,是情商能力而不是智商能力。"而心理学家广泛而深入的研究也表明,人在一生中能否成功、快乐,主要取决于其情商的高低。

二、情商的功能

(一)认识自己的情绪

认识情绪的本质是情商的基石,当人们出现了某种情绪时,应该承认并认识这些情绪而不是躲避或推脱。只有对自己的情绪有更大的把握性才能成为生活的主宰,才能更好地指导自己的人生,更准确地决策婚姻、职业等大事;反之,不了解自身真实情绪的人,必然沦为情绪的奴隶。

(二)妥善管理情绪

情绪管理是指能够自我安慰,能够调控自我的情绪,使之适时、适地、适度。这种能力具体表现在通过自我安慰和运动放松等途径,有效地摆脱焦虑、沮丧、激怒、烦恼等因失败而产生的消极情绪的侵袭,不使自己陷于情绪低潮中。这方面能力较匮乏的人常需与低落的情绪交战,而这方面能力高的人可以从人生挫折和失败中迅速调整,重整旗鼓,迎头赶上。

(三)自我激励

自我激励是能将情绪专注于某项目标上,表征为了达成目标而调动、指挥情绪的能力。任何方面的成功都必须有情绪的自我控制——延迟满足、控制冲动、统揽全局。拥有这种能力的人能够集中注意力,易自我把握,发挥创造力,积极热情地投入工作,并能取得杰出的成就。缺乏这种能力的人则易半途而废。

(四)认知他人的情绪

认知他人的情绪即移情的能力,其是在自我认知的基础上发展起来的最基本的人际技巧。具有这种能力的人,能通过细微的社会信号敏锐地感受到他人的需要与欲望,能分享他人的情感,对他人处境有共同感受,又能客观理解、分析他人情感。此种能力强者,特别适合从事监督、教学、销售与管理的工作。

(五)人际关系管理

大体而言,人际关系管理就是调控他人的情绪反应,即管理他人的情绪。这种能力包括展示情感、富于表现力与情绪感染力,以及社交能力(组织能力、谈判能力、冲突能力等)。人际关系管理可以强化一个人的受欢迎程度、领导权威、人际互动的效能等。能充分掌握这项能力的人,常是社交上的佼佼者;反之则易于攻击别人,不易与人协调合作。因此,一个人的人缘、领导能力及人际和谐程度,都与这项能力有关。

三、情商的情绪反应模式

(一)低情商对外界刺激的情绪反应模式

低情商者在受到外界刺激之后,通常是对自己的情绪毫无觉察,有点像我们常说的"性情中人",不论环境条件是否适合,直接采取反应行为。比如,有人骂他一句,他马上"回敬"一句甚至更多;别人提一条不同的看法,他的脸马上"阴天";下属还没有说完,他立即打断:"不要再啰唆了";遇到不顺心的事,连续几天无精打采甚至暴跳如雷;等等。有些人在情绪发泄之后有了悔意,认为自己不应该发火,不应该过激等,但为时已晚。

（二）高情商对外界刺激的情绪反应模式

高情商者在受到外界刺激之后,不是马上回应,而是迅速发挥人类特有的四大天赋,即价值观、想象力、良知和独立意志,进行理性判断、分析和思考。他会有意识或潜意识地问自己:我应该如何做出反应才能得体、利人利己地处理眼前的事情？比如,下属出现明显的不该出现的错误,面对手足无措的下属,他会心平气和地指出今后不再犯同类错误的方法,然后拍拍下属的肩膀说:"没什么大不了的,只要下次注意就是了。"再比如,听到下属报告不好的消息,即使歇斯底里、大声咆哮也无济于事,不如冷静理智、处变不惊、沉着应对,这样反而会提升威信,增加魅力和影响力。

这并不是说高情商者遇到刺激都要经过一个复杂的分析与决策过程,而是他们经过刻苦的自我训练之后,已经形成了理顺情绪的潜意识和习惯。

四、当代大学生情商水平的现状

（一）协作精神较差,缺乏团队精神

当前,我国大学生多为独生子女,他们缺乏一定的谦让品质,集体观念淡薄,人格化倾向严重,生活中独来独往,自由主义严重,缺乏全局意识,缺乏团队精神。在团队中不善于同他人开展合作,不能协调各方面之间的关系。在工作学习中缺乏必要的互助,仅从个人角度考虑问题。

（二）心理素质差,缺乏心理承受能力

当代大学生主要处于青年中期,心理发展正在走向成熟而又未真正完全成熟。大学生心理发展未完全成熟的特点,决定了其心理发展的消极特点。他们心理起伏比较大、易冲动、自我控制能力较差,做事情欠考虑,心态浮躁,情绪不稳,难耐寂寞,遇到困难、挫折就怨天尤人,垂头丧气,牢骚满腹,悲观失望,甚至轻生。

（三）人际交往能力差,缺乏社会适应能力

现在,不少学生在与人交往时很容易以自我为中心,过多注重自己的需求,容易产生主观臆断,对他人产生偏见。同时,又对人际关系的理想化色彩较浓,缺乏足够的心理准备。许多在学校里经常受到奖励的学生,在毕业以后的个人发展却落后于曾向他们抄作业的同学。有些人似乎有这样一种特点,他们在生活中很会与人交往,善于赢得他人的好感,别人都说他们"有性格""有气质""有人格""善解人意""会做人"。他们在别人心目中有威信,别人也愿意与他们交朋友。相反,有一些非常聪明的人却往往缺乏这些素质,不能赢得别人的好感,也就是"不会做人",缺乏社会适应能力,这些人的情商就相对较低。

(四)道德伦理观念差,缺乏责任感

当代大学生绝大部分明白尊老爱幼、爱护公物、遵守公共秩序、维护公共卫生、语言文明等基本社会公德,但实际生活中并不如此,随地吐痰、乱扔纸屑、随意毁坏公物、不健康文明恋爱等时有发生。例如,某高校有名学生到银行取钱,银行由于工作疏忽多给了他1000元钱,事后找到该生要求退还,学生不仅不还,还振振有词地说:"怪你自己工作大意,多给我的钱,凭什么还给你?"后来在学校的干预下,那位同学才把钱还给了银行。试想,这种道德素质的人,怎能承担社会赋予的重任。

(五)自主自立意识强,但自理自律能力较弱

当代大学生具有成人感、自尊感、自我表现感,希望被他人理解,渴求友谊,如青年学生中最流行的一句话是:"走自己的路,让别人去说吧!"他们喜欢自己设计和组织各种活动,表现出自主自立意识的增强,但由于在中学时代基本上是在老师的关怀和家长无微不至的呵护中度过的,又在同龄人羡慕的眼光下跨入大学校门,因而自尊感特别突出,不适应独立生活,自理自律能力差,个别同学因此荒废了大学学业。例如,某名牌高校一名从少年班考取的学生,由于自立自理和自控能力差,沉迷于网络不能自拔,考试屡屡不及格,最后被勒令退学,美好的前程就此毁于一旦。

五、提高大学生情商的方法

对于正处在身心发育成长阶段的大学生来说,除了依赖学校所提供的心理健康教育及有关的教育措施外,还要进行有意识的自我提高。每一个有志于学有所成、有所作为、生活幸福的人,不妨采取一些适当的方式来培养和提高自己的情商。

(一)注意随时省察自我

有些情绪体验,如快乐或悲伤,人们常常能明确意识到,但有时人们并不一定能准确地知觉到自己的情绪状态。如人们在情绪不佳时往往容易"祸不单行",有些人此时并不能意识到是自己的不良情绪在作梗,而常常认为自己运气不好。这时就要加强自我省察,看看自己到底处于一种什么样的情绪状态中,造成这种状态的原因又是什么。当你情绪低落的时候,就要注意提醒自己,该引起重视了。有时很难说清自己处于什么样的心境状态下,如忧伤还是愤怒,这时可借助自己的行为表现及行为发生的情境加以判断。如果你能注意随时关注自我的情绪状态,那么就能及时识别、判断自己的情绪体验。

(二)学会察言观色

人的情绪、情感常常通过一些外部表情表现出来,因此要把握他人的情绪、情感状态,就应学会观察他人的外部表情,包括面部表情、身体表情和言语表情等。察言观色的能力需要在日常的交往中努力培养和提高。一方面要求自己必须学会关注他人,避免以自我为中心,一个以自我为中心的人是很难学会关注他人的情绪、情感体验的。另一方面,要注意从日常的交往做起,学会观察。

（三）学会理解他人

有些时候尽管我们能准确识别、把握他人的情绪状态，但并不一定能理解他人的情绪表现。如别人为某事而伤心落泪，我们知道他不快乐，但有时会认为他小题大做，并嗤之以鼻。这种情况下对方往往会因得不到你的理解而伤心，彼此之间的关系也就会受到影响。因此，要学会理解。有相同经历或体验，更可能理解他人，但我们不可能总与别人有这种共同点，因而要学会角色换位，也就是站在他人的立场上将心比心，设身处地地从他人的角度想想。只有这样，才能更好地理解他人的喜怒哀乐。

（四）学会调节自己的情绪

对不良情绪的调节和控制是情商的重要组成部分，因此如果能学会很好地调节自己的情绪，保持良好的情绪状态，就会成为一个高情商的人。不善于调节自己情绪的人，是不可能用自己的言行来影响他人的情绪的。所以可以这么说，对情绪的自我调节是培养和提高情商水平的关键。

第三节　大学生主要的不良情绪

 案例导入

案例

小松是一名大二的男生，小时候父母的吵闹使他没有安全感，母亲的挑剔和父亲的情绪低落使他们难以照顾好小松，他与父母之间形成的是一种焦虑-矛盾的依恋关系。他曾很依恋大他八九岁的哥哥，后来哥哥出去打工，他非常伤心，晚上听见布谷鸟的声声呼唤，早上听见公鸡伤感的鸣叫，当时无法用语言表述情绪，而是通过对环境的感受来体验，并留存在记忆中，常梦见孤苦伶仃的小鸟在树上叫，到现在他听见鸡叫、鸟叫都很难受。

他高中时学习成绩不错，高考前看到报纸上登载一个女生考上清华，开始想自己也应该考个好学校，但觉得自己各方面都不行，为此而焦虑、痛苦，发展到学不下去，有过自杀的念头，后看病服药。当时医生给他开了抗抑郁的药物，服药近半个月后拒绝服药。第一年高考落榜，复读一年，第二年考取。

进入大学后，小松情绪低落，感到各方面不如其他同学优秀，心里很痛苦，觉得学习没意思，活着没意义。后来发展到不敢在众人面前讲话，进教室会脸红。小松说："痛苦时想逃到另一个世界去，去网吧或把耳机调到最大声。不知是什么使我变成现在的样子，感到压抑、害怕、烦躁，但又无法改变。我看见同学在众人面前滔滔不绝，就会感到压抑、烦躁。和别人讨论问题时就紧张，感到自己不优秀。我一直都觉得自己很糟糕，担心未来怎么去自立，能否去面对生活。我对自己感到失望，对自己没有能力超越自己的生活感到沮丧。"

案例评析

小松先是认为自己各方面都不行,上大学以后,更认为自己不如别人优秀,在他的潜意识里面存在着自己应该各方面都优秀、都应该比别人强的极端思维。小松的想法和事实有差距,而且又处于大一新生适应困难时期,导致焦虑、抑郁情绪加剧。小松父母关系不好,小松充满"有家不像家"的感觉,缺乏安全感。早期经验形成的焦虑-矛盾的不安全图式存在于小松的潜意识中,决定着他对事物的看法和评价。这种不安全图式在严峻的高考和新生适应中被激活,导致大量的"负性自动想法"在大脑中出现,进而导致情绪抑郁、焦虑和行为障碍。事实上,抑郁是大学生中较为常见的一种情绪障碍,大学生不时会出现抑郁情绪、心情低落、闷闷不快等,通常还会伴随着回避社交、食欲减退等现象,甚至产生严重的抑郁症状。

健康正常的情绪,能保证大学生整个身心处于积极向上的状态,心理平衡而协调,精力旺盛,朝气蓬勃,思维敏捷,充满热情,能保持平静的心境、清醒的头脑和控制行动的自觉性。而异常情绪轻则影响大学生的正常学习、生活,重则构成心理障碍,造成思维迟钝,情绪消沉,社会适应能力低下,极易罹患各种疾病,损害身心健康。因此,大学生的异常情绪应引起高度重视。

一、大学生不良情绪的表现

(一)焦虑

焦虑是一种预料到威胁性刺激而又无能为力去应付的痛苦反应,是面对冲突和挫折而产生的不愉快的情绪体验。大学生焦虑的表现是怀疑自己的能力,夸大自己的失败,经常疑惑忧虑,惶惶然不知所措;怨天尤人,自忧自怜,闷闷不乐,脾气古怪,经常处于一种无缘由的紧张恐惧状态。外部特征主要是面部紧绷,愁眉深锁,行动刻板,无法安静,两手常做无意识的小动作等。大学生的焦虑有各种各样的表现,引起焦虑的原因也各不相同,主要原因是在学习、工作、人际交往方面遇到的挫折。

1. 适应困难产生的焦虑

这种焦虑在大学生中比较常见。首先是对新环境的不适应产生的焦虑。很多大学生在入学以前,生活上的事都由父母包办,自己的生活自理能力很差,上大学后一切都要自己做又不知该如何去做,整日因考虑生活琐事而焦虑。许多大学生习惯了高中那种被动的学习方式,对于把大量时间留给自己主动自学的方式感到茫然,不得要领,成绩下降,因此忧心忡忡。

2. 考试焦虑

这是学生中的一种特殊焦虑,即由于担心考试失败或渴望获得更好的分数而产生的焦虑。考试焦虑在大学生身上都有不同程度的表现。中等程度的考试焦虑会促进和提高考试成绩,无不良影响。严重的考试焦虑会影响正常的学习、复习和考试。

3. 对身体的过分专注而产生的焦虑

这种焦虑在大学生中亦较常见。很多大学生对自己健康状况过分担心而产生了焦虑,比如对遗精和手淫会损伤身体的焦虑。许多大学生认为遗精、手淫会耗散元气,有损健康,且不道德,但又难以克制,造成很大的心理压力,从而陷入焦虑之中。

4. 选择性焦虑

大学生活中有各种选择冲突。例如,自己的兴趣与所学专业的冲突,选择朋友和恋人的冲突,选择毕业去向的冲突,等等。在很多情况下"鱼和熊掌不可兼得",当要求大学生做出非此即彼的选择时,他们常为做出理想选择而整日思虑万千,顾虑重重。

一般而言,适度的焦虑在现实生活中是正常的、自然的、有益的,能激励人们克服困难,战胜挫折,危险来临时有较充分的心理准备,能提高人的工作效率和积极性。但过度和时间持续过久的焦虑则可能导致焦虑症,由于情绪高度紧张,注意力无法集中,使正常的学习活动几乎不能进行。

（二）忧郁

忧郁是一种失望、无助、痛苦、悲伤的情绪体验。大学生忧郁的主要表现是情绪低落、意志消沉、兴趣丧失、反应迟钝、多愁善感、自寻烦恼,干什么事都无精打采,郁郁寡欢,对于不幸的遭遇过度敏感,对于可喜的事物却麻木不仁,经常处于苦闷和孤独状态。从心理学上分析,产生忧郁情绪的大学生大多数具有抑郁性气质的特征,一般表现为情绪低落,自卑懦弱,多疑孤僻,缺乏毅力,在性格上属于内倾型。这种人一般适应环境困难,不善交际,感情冷淡内向,富于幻想而少实际行动。此外,长期努力得不到补偿而感到失望,或几经挫折屡遭劫难而缺乏思想准备和心理准备,也是造成大学生忧郁情绪的原因。忧郁情绪在大学生中以轻度表现为多,若及时调节,一般能够转化。但若连续受挫且强度过大,而又没有及时调节,则可能失去战胜挫折的勇气,没有控制悲观情绪的能力,缺乏弥补缺失的条件和机会,长年累月感到悲观绝望,自疚懊丧,孤寂自卑,消极怕事,思维杂乱,未老先衰,从自卑自责走向自暴自弃,以致失去生活的勇气,甚至走上自我毁灭的道路。这是应该引起高度警觉的。

（三）嫉妒

嫉妒是一种主体感到不如别人而又不愿承认、不能容忍,导致猜疑、焦虑、憎恶、敌意、怨恨的情绪体验。大学生嫉妒情绪的主要表现是无法容忍他人的优点和进步,对人品好、学习棒、能力强的同学不承认也不服气,非要与其比高低、分上下、争输赢。难以如愿时就多方诋毁别人的名誉和成绩,以发现别人的缺陷、看到别人的失败为快慰。对要求进步或有可能超过自己的同学冷嘲热讽,有的则公开他人的私人秘密。有时为了压倒别人,还会为一点小事寻衅闹事,等等。大学生嫉妒情绪产生的主要原因是当事人不自信、缺乏自知之明,既看不到自身的不足,又不愿承认别人比自己强,同时又没有把握赶上别人。这种心理矛盾反映在情绪上,就容易产生嫉妒。此外,那些自尊心和优越感比较强的大学生,在他们认为被别人"不公正"地低估、评价时,在他们感到属于自己的东西（人或物）存在着被别人夺去的可能时,往往也会产生强烈的嫉妒心。大学生的嫉妒情绪是可以转化的。若正视自己的弱点,承认别人的长处而自我升华,则可以奋起直追,赶超他人;若任嫉妒情绪发展蔓延,则可能咬牙切齿,愤愤不平,或消极沉沦,一蹶不振,或铤而走险,恶意报复,给自己和他人带来损害。

（四）骄傲

骄傲是一种认为自己了不起,什么都比别人强,因而看不起别人的情绪体验。大学生的骄傲情绪不像中小学生那样外露明显,趾高气扬,是一种内在的排斥他人的心理状态。常常表现为对他人的言谈或举止等不屑一顾或熟视无睹,沾沾自喜,恃才傲物,居高临下。对他人轻慢无礼多加指责,极少首肯,对需要帮助的同学爱理不理,颇不耐烦。自己的一举一动都带有明显的傲气和睥睨一切的轻狂。有骄傲情绪的大学生一般都有一些值得"骄傲"的资本,诸如聪敏机灵、成绩优异等。但并非有这些特点的大学生都有骄傲情绪。产生骄傲情绪的主要原因是当事人自视过高、盲目乐观,优越感太强,看不到别人的优点和自己的不足,不能全面、理智、清醒地看待自己和评价他人,过于放纵自己也过于苛求他人。大学生骄傲的直接后果是上进心削弱,人际关系僵硬,失去他人的尊重和信任,严重的会助长自私自利及极端个人主义的恶性膨胀。

(五)冷漠

冷漠是一种对周围的人或事无动于衷、漠不关心、置之不理的情绪体验,是个体对挫折的一种退缩式反应。一般而言,青年大学生血气方刚,情感丰富,富于激情,但也有少数大学生情绪冷漠。具体表现是不关心国家大事,不关心他人痛痒,对自己的进步、人生的价值、国家的前途等漠然置之;意志衰退,看破红尘,丧失了生活的乐趣;对周围所发生的一切感到无动于衷,索然无味,安于现状,心灰意冷,缺乏进取精神,得过且过,终日随波逐流混日子;等等。引起大学生情绪冷漠的主要原因是当事人对战胜挫折、克服困难自感无能为力,因而失去信心和勇气,对原先追求的目标逐渐失去兴趣以至无动于衷、甘心退让,表现出漠不关心的麻木冷漠。此外,缺乏家庭温暖,缺乏安全、信任、受尊重的社会环境,也会造成部分大学生性格孤僻,情绪冷漠麻木,行为粗野无礼。

时代的前进和社会的发展,使许多传统观念发生了巨大变化,对大学生产生了强大的压力和冲击波,造成他们的心理不平衡和诸多矛盾。出现种种异常情绪是不足为奇的,这也正是大学生的情绪趋于成熟稳定的必然过程。问题不在于出现了多少种异常情绪,而在于对这些异常情绪的自觉控制和积极调节。情绪控制和调节得当,将能促进大学生的心理健康协调发展。

二、不良情绪对大学生的影响

(一)情绪影响人的健康

良好的情绪,如快乐愉悦、乐观等可以使人体内环境保持平衡,一方面内分泌适度,另一方面神经系统活动协调,各内脏器官功能正常,给人带来健康的体魄,有利于预防和治疗疾病。当情绪处于消极状态时,伴随出现的心理态势是不安、恐惧、焦虑、害怕、痛苦等,此时身体内部各器官功能紊乱,引起消化系统、循环系统、内分泌系统和神经系统等各部分不能协调工作,会威胁人的健康,甚至会罹患严重疾病。比如,长期情绪激动——焦虑或愤怒,会使胃酸分泌持续升高,使充血的胃黏膜发生糜烂,由此发展为胃溃疡。

(二)情绪影响智力活动和智力发展

人们在知觉和记忆中进行着对信息的选择和加工,情绪就像是一种侦察机构,监视着信息的流动。它能促成或阻止记忆、推理操作和解决问题。这是因为情绪既是一种客观表现,又是一种主观体验。情感体验所构成的恒常心理背景或一时的心理状态,都对当前进行的信息加工起组织与协调的作用。按情绪的适应而言,它帮助人选择信息环境,并驾驭行为改变环境。我们会经常遇到,在心情良好的状态下工作会思路开阔,思维敏捷,解决问题迅速;而在心情低沉或郁闷时则思路阻塞,操作迟缓,无创造性可言。突然出现的强烈情绪则能激发无限的能量去完成活动。情绪是我们工作是否顺利、生活是否适宜的信号,我们应当像关注天气预报一样,注意我们的情绪和心境的变化,以自己的人格力量去预测它的影响并努力去改变环境因素。

(三) 情绪影响人格的全面发展

情绪的倾向、强度对一个人人格的影响是明显存在的,尤其是对一个人的思想观念、自我意识、世界观、人生观的影响,更是不能忽视的。悲观者多厌世,乐观者热爱生活。一个在工作学习中刻苦钻研、奋发努力并取得优良成绩的人,倾向于求知欲、责任感、义务感强烈。相反,沮丧、孤独、怨天尤人、心灰意冷,则会导致碌碌无为、一事无成。

(四) 情绪影响社会交往和人际关系

情绪是人类社会活动和人际交往中不可缺少的一个重要环节。人类社会的存在和维持,从心理学的角度而言,首先是语言交际的存在。情绪的作用一点不亚于语言,它们相辅相成、缺一不可。情绪通过语言、表情的渠道达到人们互相了解、彼此共鸣,它是人们建立相互依恋关系的纽带,能培植友谊,并以十分微妙的表情动作传递着交际信息。

第四节 大学生情绪心理辅导

案例导入

> **案 例**
>
> 大二学生陆某来心理咨询室陈述道:星期天,我和同学相约去练歌房唱歌。由于我与练歌房的老板比较熟,就先付了钱。谁知现在都过去五天了,同学们也没有再提钱的事。为此,我心里很难受,也感到很矛盾:这一次花销不少,我一个人负担的确有困难,如果不向同学要钱的话,心里实在是不舒服;可是,如果我主动提起,同学会不会笑我小气呢?我该怎么办呢?我怎么才能恰当地表达我的感受呢?为了解决自己的问题,我与网友进行了交流,下面是他们的观点。
>
> 孤独一派:我是个不大喜欢表达的人,我一般不会轻易地向人表达我的感受或想法。即使是别人帮助了我,我也是在心里存着感激,而不会跟她(他)说。同样,如果别人欺负了我,我只是憋在心里,不会向人家反击。如果是别人欠了我的钱,我肯定不会要。我宁愿自己心里难受,也不会主动跟人要,我觉得那样让我更难受。而且,长时间地不去表达,对周围的感觉似乎已经麻木了。有时都体验不到自己的一些感受,想不起自己要说什么或干什么了……
>
> 寂寞的心:我平时喜欢沉浸在自己的世界里,很少参与别人的事情。即使遇到事情,如受到别人的关心或嘲笑,我也总是保持沉默。在别人关心我时,我保持沉默,我觉得没有必要非得说出"谢"字来,只要自己心里有数就行了,再说了,真正的好朋友是"心有灵犀"的,他会明白我的想法。至于别人惹我生气,就更不用说了,我一般不会生气,因为我能理解他的感受,每个人活得都不容易。无论发生什么,人总有一天会明白自己的所作所

为,也会理解别人的……此外,表达有多种方式,不一定是说话,也不一定向别人表述,我平时是通过画画、听音乐等与自己的内心交流……

我本善良:我这个人是心里有啥说啥,心里有事或难受、高兴时,从不掩饰自己的情感。这种感觉有时特别爽。比如,妈妈在我生日的时候给我买了一件礼物,我会马上谢谢她,并做一周的饭来表达我的感激。不过,我也经常得罪人,比如,如果有人和我过不去,我会直截了当地问她(他)为什么,并在脸上很明显地挂上我的"不高兴"。所以我现在在想,人应该恰当地表达自己的情感,可是我不知道怎样表达才恰当……

谁知我心:有的时候,我很想表达我内心的想法,可我就是开不了口。就说那次刘老师帮我联系转班的事,他帮了我,我很感动,心里想好了一堆的感谢话,可等见了他,我一句话也没有说出来,只是站那儿傻笑。后来想想自己真是没用。更难受的是被人误解或者欺负的时候,有一口气憋在心里总也出不来,结果自己感觉越来越沉重。真害怕自己有一天受不了了,会爆炸……

案例评析

这位同学目前处于矛盾的情绪状态中:同学没有给钱心里难受,又怕向同学要钱破坏了自己的形象,心理上稍有一些不安;同时他又面临如何恰当表达自己情绪状态的烦恼。其实,这种现象在大学生中较为普遍,因为碍于面子或者害怕在团体中没有归属感,会做出一些超出个人能力而让自己左右为难的事情。这种情绪状态的关键是情绪之下个体的理念,如上述案例中的"如果主动提起,就被笑为小气",网友们的观点正是体现了具有不同经历、性格和个性的人面对同一事件时的差异。因此,矛盾情绪的宣泄不应该只着眼于情绪本身,而要深入分析个体情绪背后的理念,并进行纠正。本案例较为适合合理性情绪疗法的范畴,但是由于这种情绪状态对"我"的影响不是太大,可以将其视为一般的情绪,因而也可以通过一般的途径解决。

大学生的情绪调节不仅是必要的,而且也是可能的。因为情绪是受意志制约的,所以人有调节和控制自己情绪的能力。与中学生相比,大学生对情绪的调节和控制手段相对要高得多,他们已经能够根据自己对理想、前途的认识,依靠知识、智慧和部分经验的力量,考虑到时间、地点、对象、效果等因素来调节控制自己的情绪。随着年级的增高,这种能力呈现出逐步递增的发展趋势。从心理学的角度看,大学生情绪调节控制的主要方法有以下几种。

一、合理宣泄

心理学研究表明,情绪的产生能刺激体内产生能量,如极度愤怒可以使之处于应激状态,消化活动被抑制,糖从肝脏中释放出来,肾上腺素分泌增多,使血压升高,体内能量处于高度激活状态。这种聚集在体内的能量如果不能被及时疏泄,长期积压会形成"情结"。精神分析学家认为,情结是一种被压抑在潜意识中的愿望或不快的念头。在抑制控制薄弱时会以莫名其妙的不安感或症状表现出来,形成一种情绪障碍或变态心理。因此,为了降低精神上的过度紧张,避免产生因心理因素而出现的疾病,很有必要将受到较大挫折后积压在心头的痛苦、愤怒、悲伤、烦恼等紧张情绪发泄出来。当然,这种发泄不能毫无顾忌、不择手段、为所欲为,必须合理地控制在既能降低自己的紧张情绪,又不至于使他人受到伤害的范围内。我们称这种有节制的发泄为合理宣泄。合理宣泄情绪的途径有以下几种。

（一）诉说

将自己的情绪用恰当的语言坦率地表达出来，把闷在心里的苦恼倾诉出来，把所受的委屈全摆出来，这样有助于当事双方增进了解，冰释误会，减少矛盾和冲突；对自己所信赖的人表达情绪，既可得到同情和理解，又能求得疏导和指导，即所谓"一个快乐由两个人分担，就变成了两个快乐；一个痛苦由两个人分担，就变成了半个痛苦"。这有利于矛盾的解决。

（二）哭

当遇到意外打击，产生较大的悲伤、愤怒、委屈时，也可以用痛哭的办法宣泄自己的情绪。生理学家经过化学测定发现：人因情绪冲动流出的眼泪，能把体内精神受到沉重压力而产生的有关化合物发散出来并排出体外。因此，人们在痛哭流泪之后总会感到舒适轻松一些。另一方面，情绪本身有一种自我调节的机制，情绪表现的过程也就是情绪缓解的过程，表现越激烈缓解越充分。一旦情绪缓解之后，因情绪紧张而带来的感觉、记忆和思维障碍也就自行消退了。这样便可以较客观地感知外界事物，恢复有关的记忆、冷静思考、寻找挫折的原因和解决问题的方法。

（三）行动

在无对象诉说或不便于痛哭的情况下，也可以面对着沙包狠揍一通，或找个体力活猛干一阵；到空旷无人的旷野引吭高歌或聚声长啸，同样能借此释放聚集的能量，降低、缓解情绪，达到宣泄的目的。

二、提高升华

提高升华是指个人欲望或需求因各种原因或条件限制不能实现时，将其原有的内部动机转化为社会性动机，以社会可以承认、接受、允许的方式，去追求更高的目标，获得新的更高级的精神满足。也就是说，将情绪激起的能量投射到战胜挫折，或者有利、有益于社会和个人成长的活动中去，使其具有建设性和创造性。这是一种最为积极的情绪自我调节控制的方法，是最有效的情绪宣泄方式。司马迁受辱发奋写《史记》，孙膑受打击著述兵书，歌德因失恋创作《少年维特之烦恼》等，都是情绪升华的生动事例。在现实生活中，一个犯有错误的同学用洗刷污点、勤奋学习的方式来创造美好未来；一个在学习、生活、恋爱上受过挫折的人，把痛苦转化为对事业的执着追求；因失误带来内疚，用高尚行为来弥补；具有严重进攻性特征的人，将其精力转向热爱各种体育项目；等等。这些都是有意义的升华。

三、转移注意

在某种情绪影响自己或将要影响自己，而自己又难以进行控制时，对这种情绪不予理睬，并将自己的注意力转移到其他有益的方面去，这种情绪调节方法称为转移注意法。按照条件反射学说，在发生情绪反应时，会在大脑皮层上出现一个强烈的兴奋灶，即兴奋点。此时如果另外建立一个或几个新的兴奋点，便可以抵消或冲淡原有的兴奋点。也就是说，当我们注意某一事件时，这一事件对我们才会产生影响。当我们把注意力放在其他事情上时，原来的事件对我们的影响就会降低或消失。如旅游观光和欣赏优秀的文学作品便是一种调节情绪的有效方式。登高望远,极目长空,可以使人心旷神怡,荣辱皆忘;游历风景名胜,凭吊历史遗迹,可以使人心胸豁达,忘却个人得失;听《黄河大合唱》会激起我们热爱中华的壮烈情怀,置个人忧伤于度外。

四、压抑遗忘

压抑是指对一些既无法升华,又不能转移的不良情绪,用意志的力量将它们排出自己的记忆,以此来保持心理的平衡。如由于误会遭到他人无端的猜疑、打骂或侮辱,既不能报复,又无法补偿;因为过错受到自己心仪爱慕的异性同学的耻笑,既不便解释,又无法转移。这些人为因素造成的挫折会使人的情绪更加愤怒、沮丧。这种情绪若总是郁积于心,挥之不去,就会不断蔓延,日益加重。在这种情况下,压抑遗忘就不失为一种缓解情绪的有效方法了。挫折被暂时遗忘,便暂时达到了心理平衡;挫折被永远遗忘,因这种挫折而产生的不愉快的情绪体验便会消失。在发生重大挫折时,人们往往力图变换环境,离开或改变产生挫折的情境,这样有利于遗忘所受的挫折,或者随着时间的推移,所受挫折产生的情绪逐渐减弱甚至消失。不过,压抑不是消失,受挫后的痛苦体验只是在一时的管辖下暂时潜伏着,或者说,由意识的境界转入潜意识的境界,只是在意识之下,而不是在意识之外,一旦被重新认识,仍可能重新唤起力图遗忘的记忆。从心理健康的角度分析,压抑是必要的,一定的压抑可以免受各种挫折和痛苦,维持心理平衡。但压抑也有一个限度,压抑过久或过度,又会引起各种心理疾病。因此,对于无法压抑的情绪要以符合社会行为规范的适当方式宣泄出来,如无端受辱可以去法庭起诉,使犯罪者受到法律的制裁等,以此达到心理平衡。

五、语言暗示

一个人为不良情绪所困扰的时候,可以通过语言的暗示作用来调节和放松情绪。如一些容易爆发激情的同学要经常提醒自己不要遇事激动。林则徐写一张"制怒"的条幅挂在墙上,就是为了自我警戒。还有的同学陷入忧愁时,提醒自己"忧愁没有用,于事无益"。当有较大的内心冲突和烦恼时,可以用"不要怕,不着急,安下心来,会好的"等语言给自己鼓励和安慰,只要是在松弛平静、排出杂念、专心致志的情况下进行这种自我暗示,往往对情绪的好转有明显的作用。

六、幽默缓冲

高尚的幽默是情绪的缓冲剂,是有助于个人适应社会的工具。当个体发现某种不和谐的或于己不利的现象时,为了不使自己陷入激动状态,最好的办法是以超然洒脱的态度及寓意深长的语言、表情或动作,用诙谐的手法机智、巧妙地表达自己的情绪。这样做,往往能使紧张的精神得到放松,解放被压抑的情绪,避免刺激或干扰,摆脱难堪窘迫的场面,消除身心的某些痛苦,调节和保持身心健康。研究表明,幽默可以冰释误会,活跃气氛,缓和难堪,减轻焦躁;可以使陌生者相识,怀疑者释疑,戒备者去戒;可以使人心情开朗舒畅,精神愉快振奋,驱除疲劳,排除忧虑,解除烦恼,充满信心。

七、理智消解

不良情绪的理智消解,通常有三个步骤:第一步,首先要承认不良情绪的存在。有的人产生了不良情绪还不承认,比如,一个人因失恋而痛苦,别人劝慰他从不良情绪中解脱出来,可他自己却不承认自己的情绪是不良的。有的人为蝇头小利一类的事动怒,别人劝他何必动气,他马上反驳:"谁生气了!"有了不良情绪,就要承认。认为不良情绪确实存在后,第二步就要分析产生的原因,弄清自己所苦恼、忧愁、愤怒的事物是否可恼、可忧、可怒。通过理智分析,就会发现多数情况下并不是这样,不良情绪也会得到消解。第三步,有时确实有可恼、可忧、可怒的理由,那么,就要寻求适当的方法和途径来解决它。

八、转换视角

换个角度看问题,常可使人从负面情绪中解脱出来,保持心情舒畅。比如,有的学生拼命用功,却没考上大学,便心灰意冷,觉得前途渺茫。如果就这样继续想下去,就会越想越悲观失望。如果换个角度去想就会心情舒畅:吃点苦、受些挫折对自己有好处,何况自己还年轻,可以从零开始,一切从头来,年轻就是一笔巨大的财富。

九、音乐调节

音乐作为一种艺术,是人的情绪、情感的一种表现方式,曲调和节奏不同的音乐可以使人产生不同的情绪体验。古希腊人认为,不同的曲调代表不同的情绪:A调高扬,B调哀怨,C调和蔼,D调热情奔放,E调安静优雅,F调魅惑,G调躁动。在国外,音乐调节手段已应用到外科手术及精神病、抑郁症、焦虑症等病的治疗上,如忧郁烦闷时可以听《蓝色多瑙河》《卡门序曲》《渔舟唱晚》等意境广阔、充满活力、轻松愉快的音乐;失眠时可以听莫扎特的优雅宁静的《摇篮曲》、门德尔松的《仲夏夜之梦》等乐曲;情绪浮躁时可以听《小夜曲》等宁静清爽的乐曲。每个人都可以根据自己的情绪状况,选择适合的音乐来调节自己的情绪状况。

第五节　测试与训练

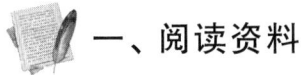

一、阅读资料

爱地巴跑圈

在古老的西藏,有一个叫爱地巴的人,每次生气和人起争执的时候,就以很快的速度跑回家去,绕着自己的房子和土地跑3圈,然后坐在田地边喘气。爱地巴工作非常努力,他的房子越来越大,土地也越来越广。但不管房地有多大,只要与人争论生气,他还是会绕着房子和土地跑3圈。爱地巴为何每次生气都绕着房子和土地跑3圈?所有认识他的人都感到疑惑,但是不管怎么问他,爱地巴都不愿意说明。

直到有一天,爱地巴年纪大了,他的房、地已经很广大,他生气后又拄着拐杖艰难地绕着土地、房子走圈,等他好不容易走完了3圈,太阳都下山了,爱地巴独自坐在田边喘气。他的孙子在身边恳求他:"阿公,你已经年纪大了,这附近地区的人也没有人的土地比你更大,你不能再像从前,一生气就绕着土地跑啊!你可不可以告诉我这个秘密,为什么你一生气就要绕着土地跑上3圈?"

爱地巴禁不起孙子的恳求,终于说出隐藏在心中多年的秘密。他说:"年轻时,我若和人吵架、争论、生气,就绕着房、地跑3圈,边跑边想,我的房子这么小,土地这么小,我哪有时间、资格去跟人家生气,一想到这里,气就消了,于是就把所有时间用来努力工作。"孙子问道:"阿公,你年纪大了,又变成最富有的人,为什么还要绕着房地跑?"爱地巴笑着说:"我现在还是会生气,生气时绕着房、地走3圈,边走边想,我的房子这么大,土地这么多,我又何必跟人计较?一想到这,气就消了。"

 ## 二、心理测试

情绪测试

【测试说明】 下面的每个问题都有3种答案供你选择,选出一个与你实际情况最相近的答案。对测题中出现与自己生活、身份不相符的情况,可以不予选择。

1. 看到你最近一次拍摄的照片有何想法?　　　　　　　　　　　　　(　　)
   A. 不称心　　　　　　　　B. 很好　　　　　　　　C. 可以
2. 你是否想到若干年后有什么使自己极为不安的事?　　　　　　　　(　　)
   A. 常有　　　　　　　　B. 没有　　　　　　　　C. 偶尔
3. 你被朋友、同学起过绰号、挖苦过吗?　　　　　　　　　　　　　(　　)
   A. 常有　　　　　　　　B. 没有　　　　　　　　C. 偶尔
4. 你上床以后,是否经常再起来一次,看看门窗是否关好,炉子是否封好,以及诸如此类的事情?　　　　　　　　　　　　　　　　　　　　　　　　　(　　)
   A. 常有　　　　　　　　B. 没有　　　　　　　　C. 偶尔
5. 你是否满意与你关系最密切的人?　　　　　　　　　　　　　　　(　　)
   A. 不满意　　　　　　　B. 非常满意　　　　　　C. 还算满意
6. 你在半夜的时候,经常觉得有什么值得害怕的事情吗?　　　　　　(　　)
   A. 经常　　　　　　　　B. 没有　　　　　　　　C. 偶尔
7. 你梦见什么可怕的事而惊醒吗?　　　　　　　　　　　　　　　　(　　)
   A. 常有　　　　　　　　B. 没有　　　　　　　　C. 偶尔
8. 你有一个梦,曾经做过许多次吗?　　　　　　　　　　　　　　　(　　)
   A. 有　　　　　　　　　B. 没有　　　　　　　　C. 记不清
9. 有没有一种食物,使你吃后要呕吐?　　　　　　　　　　　　　　(　　)
   A. 有　　　　　　　　　B. 没有　　　　　　　　C. 不清楚
10. 除去看到的世界外,你心中有没有另外一种世界呢?　　　　　　(　　)
    A. 有　　　　　　　　　B. 没有　　　　　　　　C. 不清楚
11. 你心中是否时常觉得你不是现在父母所生的呢?　　　　　　　　(　　)
    A. 时常　　　　　　　　B. 没有　　　　　　　　C. 偶尔
12. 你曾经觉得有一个人爱你或尊重你吗?　　　　　　　　　　　　(　　)
    A. 是的　　　　　　　　B. 不曾　　　　　　　　C. 说不清
13. 你是否常常觉得你的家庭对你不好,但是你又确知他们的确对你好呢?(　　)
    A. 是的　　　　　　　　B. 不是　　　　　　　　C. 偶尔
14. 你觉得没有人十分了解你吗?　　　　　　　　　　　　　　　　(　　)

A. 是的　　　　　　　　　B. 不是　　　　　　　　　C. 讲不清楚

15. 你在早晨起来的时候,最经常的感觉是什么?（　　）
A. 忧郁　　　　　　　　　B. 快乐　　　　　　　　　C. 讲不清楚

16. 每到秋天,你最经常的感受是什么?
A. 秋雨霏霏或枯叶遍地　　B. 秋高气爽或艳阳天　　　C. 不清楚

17. 你在高处的时候,觉得站不稳当吗?（　　）
A. 是的　　　　　　　　　B. 不是　　　　　　　　　C. 有时

18. 你平常觉得自己强健吗?（　　）
A. 不　　　　　　　　　　B. 是的　　　　　　　　　C. 不清楚

19. 你一回家就立刻把房门关上吗?（　　）
A. 是的　　　　　　　　　B. 不是　　　　　　　　　C. 不清楚

20. 你坐在房间里把门关上后,觉得心里不安吗?（　　）
A. 是的　　　　　　　　　B. 不是　　　　　　　　　C. 偶尔

21. 你在要决定一件事情的时候,觉得很难决定吗?（　　）
A. 是的　　　　　　　　　B. 不是　　　　　　　　　C. 偶尔

22. 你常常用抛硬币、抽签这类游戏来测吉凶吗?（　　）
A. 常常　　　　　　　　　B. 没有　　　　　　　　　C. 偶尔

23. 你常常因为碰到东西而跌倒吗?（　　）
A. 常常　　　　　　　　　B. 没有　　　　　　　　　C. 偶尔

24. 你是否要一个多小时才能入睡,或醒得比你希望的要早一个小时?（　　）
A. 经常　　　　　　　　　B. 从不　　　　　　　　　C. 偶尔

25. 你曾否看到、听到或感觉到别人察觉不到的东西?（　　）
A. 经常　　　　　　　　　B. 从不　　　　　　　　　C. 偶尔

26. 你是否认为自己有超越常人的能力?（　　）
A. 是的　　　　　　　　　B. 没有　　　　　　　　　C. 在某些方面

27. 你曾经觉得有人跟你走,因而心里不安吗?（　　）
A. 是的　　　　　　　　　B. 没有　　　　　　　　　C. 不清楚

28. 你是否觉得有人在注意你的言行?（　　）
A. 是的　　　　　　　　　B. 没有　　　　　　　　　C. 不清楚

29. 当你一个人走夜路时,你是否觉得前面潜藏着危险?（　　）
A. 是的　　　　　　　　　B. 没有　　　　　　　　　C. 偶尔

30. 你对别人自杀的想法是什么?（　　）
A. 可以体验到　　　　　　B. 不可思议　　　　　　　C. 不清楚

【计分方法】选择A得2分,选择B得0分,选择C得1分,将30道题分数相加得总分。

【测试结果】若你的得分少于20分,表明你目前的情绪稳定饱满,自信心强;你有一定的社会活动能力,能理解周围人们的心情,顾全大局;你一定是性格爽朗、受人欢迎的人。

若你的得分在20~40分,表明你情绪基本稳定,但较为低沉,对事情的考虑过于冷静,处事淡漠消极,丧失发挥人格的良机;你的自信心受到压抑,做事的热情忽高忽低、瞻前顾后。

若你的得分在40分以上,表明你的情绪不稳定,日常烦恼太多,以致使自己的心情处于紧张和矛盾之中。

若你的得分在50分以上,则是一种危险的信号,需要寻求心理医生的帮助。

 ## 三、心理训练

(一)闭上眼睛并做三、四次深呼吸,然后就情绪问题完成下面语句之后与同学讨论

1. 我生活中最快乐的时刻是:＿＿＿＿＿＿＿＿＿＿＿＿＿＿＿＿＿＿＿＿＿＿
2. 发笑使我感到:＿＿＿＿＿＿＿＿＿＿＿＿＿＿＿＿＿＿＿＿＿＿＿＿＿＿＿
3. 当……时,我感到悲伤:＿＿＿＿＿＿＿＿＿＿＿＿＿＿＿＿＿＿＿＿＿＿
4. 当他人哭的时候,我通常是:＿＿＿＿＿＿＿＿＿＿＿＿＿＿＿＿＿＿＿＿
5. 我最后一次哭的时候是:＿＿＿＿＿＿＿＿＿＿＿＿＿＿＿＿＿＿＿＿＿＿
6. 当我想生气的时候,我通常:＿＿＿＿＿＿＿＿＿＿＿＿＿＿＿＿＿＿＿＿
7. 在家里,令我生气的是:＿＿＿＿＿＿＿＿＿＿＿＿＿＿＿＿＿＿＿＿＿＿
8. 当他人生气的时候,我:＿＿＿＿＿＿＿＿＿＿＿＿＿＿＿＿＿＿＿＿＿＿

(二)讨论情绪宣泄的作用以及社会对情绪宣泄的态度

将一些情绪(如高兴、悲伤、生气)列在黑板上并逐一加以讨论,这些情绪的表达在什么时候有利于加深人际关系,什么时候会疏远人际关系。与其压抑愤怒情绪或怒不可遏,不如感受这种情绪,承认这种感受,并且不轻易地指责,而是加强沟通,确切表达自我情绪体验,如"当你……的时候,我感到很生气",这样做有助于心理健康。

(三)找出情绪节律周期

人一个月总有几天会感到情绪低落或者情绪高涨,请记录每一个情绪高涨或低落的日子,并看看这两个时期的情绪表现有什么不同。连续记录三个月,找出自己的情绪节律周期。

(四)逐日记录一周的情绪变化

每天晚上回顾一下你当天发生了一些什么情绪变化(包括喜、怒、哀、乐、爱、恶、恨等),是什么原因引起的,然后在一周结束时加以综合分析,了解自己情绪的发生有些什么特点。比如:

1. 在一周时间中哪种情绪发生的最多?是积极的情绪还是消极的情绪?＿＿＿＿＿＿
＿＿＿＿＿＿＿＿＿＿＿＿＿＿＿＿＿＿＿＿＿＿＿＿＿＿＿＿＿＿＿＿＿＿＿＿＿＿

2. 你的情绪发生合理吗?是应该还是不应该?＿＿＿＿＿＿＿＿＿＿＿＿＿＿＿＿
＿＿＿＿＿＿＿＿＿＿＿＿＿＿＿＿＿＿＿＿＿＿＿＿＿＿＿＿＿＿＿＿＿＿＿＿＿＿

3. 你产生这些情绪是无意识的,还是有意识的?你当时是否曾有意对某种情绪进行控制?＿＿＿＿＿＿＿＿＿＿＿＿＿＿＿＿＿＿＿＿＿＿＿＿＿＿＿＿＿＿＿＿＿＿＿＿
＿＿＿＿＿＿＿＿＿＿＿＿＿＿＿＿＿＿＿＿＿＿＿＿＿＿＿＿＿＿＿＿＿＿＿＿＿＿

（五）自我放松训练

无论是哪种克服负性情绪的方法，最终的目的都是使身心放松，使生理和心理活动趋于平衡。

放松的方法很多，有深度呼吸训练、静坐与冥想、自我暗示、意象训练、肌肉放松训练等，下面逐一介绍每一种放松训练的实施方法。

1. 深度呼吸训练

这种训练方法简便易行，不受场所、时间等条件的限制，行、坐、站、卧都可以进行，其目的是通过深度呼吸，使身体各组织器官与呼吸节律发生共振，进而达到放松的效果。下面不妨做一次，看效果如何。

好！现在请你放下手中正在做的事情。如果你身边有椅子，请你全身放松坐在椅子上，调整你的坐姿，直到感觉最舒服为止。如果你是在寝室，请你全身放松，仰卧在床上。如果你身边什么也没有，就请你全身放松，站在你认为最方便的地方。准备好了吗？现在我们就要做放松训练了。

好，现在请深呼吸，全身放松，观察自己的呼吸和身体各部位的活动状况，注意体会自己的肺部在一张一合、一张一合地呼吸，呼吸频率在逐渐减慢，呼吸的深度在逐渐加深，紧张的部位在逐渐放松。用感觉去体察你身体的部位，持续一段时间，当你感觉到身体的各部位不那么紧了，请把注意力再转移到呼吸上。你似乎在观察自己呼吸，似乎又没有观察，感觉在有无之间。

请用鼻子深吸一口气，再慢慢地、均匀地呼出。呼气的时候平和而舒畅。继续呼吸，慢慢地、均匀地、深长地、平和地、舒畅地呼吸。

现在让我们数一下呼吸的次数，一、二、三……十；再重新开始从一数到十。你可以重复10遍、20遍。注意一下你身体各部位的感觉，各部位的感觉在渐渐地、渐渐地与呼吸的节律趋于一致。全身的毛孔在随着肺的一张一合，有规律地开合，开合，开合……

现在你不仅仅是在用肺呼吸，而是用身体来进行呼吸，吸气的时候，气又从毛孔中呼出。吸进清新空气，呼出污浊空气，一次、二次、三次……渐渐地，你会感觉到身体的各个部位很放松，很通畅，仿佛整个身体融入大自然之中。

好了，我们的放松训练就要结束了，请慢慢闭上你的眼睛（如果做呼吸前没有闭上的话），静静地，不去想任何事情，过一两分钟就可以做你该做的事情了。

2. 静坐与冥想

有时，你可能觉得自己的思维很混乱。每个念头之间似乎没有什么联系，从一个想法一下子跃到了另一个毫无联系的想法，心情也因此很烦躁，不能专心地做自己想做的事情。其实这是大脑在提醒你，该平心静气地休息一下了。此时，你可以收心摄念，做下面的训练（最好是闭上眼睛）。

先静下心来，反观一下现在自己在想什么。注意出现在你头脑中的每一个想法。一个想法出现了，不要去理它，看它到哪里去。这时，你会发现，你不理它时，它自己就悄悄地溜掉了。一瞬间，你就感觉到头脑中很空、很静，这些也不要去管它，随它去来。瞬间一过，又一个念头出现了，这时，你还是似注意似没有注意地对待它，自然而然地，它也会像前一个念头一样，一闪即逝。你就这样去注意每一个念头，但不能有意去捕捉它们。慢慢地，你就会发现，这些念头像行云流水一样，从面前一闪而过，不知道飘到哪里去了。这样随想几十分钟，慢慢地睁开眼睛，你会感觉到眼睛比以前明亮多了，思路也清晰多了，思维更敏捷了。这时，你就可以再去做你想做还没有做完的事情了。

3. 自我暗示

自我暗示法可以用来调节局部紧张,也可以用来调节全身各部位紧张。自我暗示法不仅对紧张起作用,对其他的情绪问题也同样起作用,并对生理疾病有一定的疗效。采用自我暗示法要注意以下几个方面。

(1) 语言要简洁,不多于5个字。

(2) 暗示的语言要积极、肯定,千万不要采用消极、否定的暗示语言。

(3) 暗示时,运用的意识要温和,不要带有强制性。

(4) 暗示后,就不要再去想暗示语了,过一段时间以后再重新进行自我暗示。

(5) 每次暗示时,暗示语重复3~5次为最佳。

(6) 在一段时间内,最好只用某一种特定暗示语。

下面就具体介绍一下暗示的自我调节方法。首先,发现你紧张或不舒服的部位,确定紧张或不舒服的症状反应。然后,针对症状反应,发出良好的信息,如"放松""清静"等,每次重复3~5次。

如果经过一段时间,还感觉到紧张或不舒服,就再重复第二步的过程。

4. 意象训练

意象训练的基本原理就是通过想象轻松、愉快的情境(如大海、山水、瀑布、蓝天、白云等),达到身心放松、情绪舒畅的目的。意象训练的效果取决于想象的生动性和逼真性,想象越清晰、生动,放松的效果就越明显。意象训练法不仅能消除疲劳,恢复精力,长时间坚持意象训练,还可以达到开发智能的效果。在进行意象训练时,你可以想象某一个特定的情境,也可以像旅游一样,从一个地方到另一个地方逐一想象,采取何种方式要看哪种情况更适合你。下面就通过语言引导来进行一次意象训练。

现在请你全身放松,闭上眼睛,静静地、静静地观察你头脑中闪过的每一个念头,不要去理它,任它去来。

好,我们想象秋天的天空……

站在高山云巅,仰望湛蓝的天空,显得那么高远,那么幽深……

天空中,行云如流水,又仿佛是一片片棉絮,从天际涌出,悠悠然从顶空飘过,又消失在无尽的远处……

你可以重复想象上面描述的情境,渐渐地,一闭上眼睛,你的头脑中便会显现出秋天的景色,一幅动态的、有序的画面。如果你感觉到想象动态画面很吃力,也可以想象你所喜欢的静态画面,或是蓝天白云,或是青山绿水等。如果你的想象能力很好,你就可以做下一步的训练,把想象从外界转移向体内。想象自己站在或是坐在一朵金色的莲花上,周身金光四射,就像刚刚出生的太阳,照耀万物。这种训练方法你可以做几分钟、几十分钟或更长时间,如果能坚持不懈地进行训练,经过一段时间你就会发现自己的身体素质、学习效率都会发生很大的变化。

5. 肌肉放松训练

肌肉放松训练通过从头到脚的一步一步放松,并结合自我暗示,达到消除紧张、调节精神状态的目的。

现在请你按下面的指导语,从头到尾做一次肌肉放松训练。

请你全身松弛下来(自己平时训练,最好闭上眼睛),全身肌肉、组织器官松而不散,以默念的方式暗示自己"放松",重复3~5次,再做几次深呼吸(次数不限)。先把注意力转到头部,头顶的肌肉放松,头后部的肌肉放松,颈椎放松;再把注意力转移到胸部,前胸的肌肉放松,胸椎放松,内脏器官(心、肝、肺、脾等)放松;背部肌肉放松,肩部肌肉放松,肩胛骨放松,大臂的肌肉放松,肘关节的肌肉放松,小臂的肌肉放松,手掌放松,手背肌肉放松,手指各关节放松;现在把注意力转移到腰部和腹部,腹部肌肉放松,腰部两侧的肌肉放松,腰椎放松,肾脏、胃、肠放松,小腹部放松;现在把注意力转向下肢,臀部的肌肉放松,大腿内侧的肌肉放松,小腿外侧的肌肉放松,踝关节放松,脚背的肌肉和骨骼放松,脚掌放松,脚趾各关节放松。

好,现在全身都放松,放松……

这个过程你可以重复做几次、几十次甚至更多,具体要看自己方便与否。如果你感到很疲劳或难以入睡,不妨用上述方法试一试,或许会收到良好的效果。

思考题

1. 什么是情绪?大学生的情绪具有哪些特点?
2. 大学生有哪些常见的不良情绪?对大学生有何影响?
3. 结合自己的实际,谈谈如何调控不良情绪。

第六章　大学生人格心理

 **心灵导读**

大学生正处于人格形成和定型的重要时期,健康的人格心理是大学生成才的必备条件。因此每个大学生都应该了解人格知识,积极主动地塑造良好的人格,使自己的人格不断完善,为走向成功奠定坚实的基础。

通过对本章的学习,了解人格的含义、人格心理结构和良好人格的标准;理解人格心理特征和大学生不良人格的表现;掌握大学生人格心理的优化方法;使大学生能够了解自己的能力、气质和性格并能结合自身的人格从事各种活动。

第一节 人格概述

案例导入

> **案 例**
>
> 晓辉,29岁,某重点大学在读博士,参加了高中同学的毕业聚会。多数同学毕业后,未曾见过,现在同学们发展各异。和同学们愉快地回忆着高中生活的种种趣事,感慨颇多。晓辉发现同学的发展多数和高中时的性格密切相关。不爱学习的几名同学,现在也是懒散无所事事;高中时成绩平平的,目前事业发展也平平;学习成绩优异的,现在无论是学历还是工作都属于佼佼者。但也有的同学与高中时发生了巨大的变化,高中腼腆害羞的丽丽,经过多年的社会磨炼,现在成熟、干练,谈吐幽默,事业和家庭都很好。

案 例 评 析

晓辉在同学聚会中,发现同学的性格与后期发展密切相关,这一现象正说明了人格一旦形成具有稳定性的特点,会一直贯穿于生活、工作、与人交往的方方面面。人格是在较长时期的社会实践中逐渐形成的,受社会、家庭、教育的影响,并且有一定的可塑性。案例中丽丽的性格的变化,恰恰反映了人格在社会学习中和自身素质不断提高的可塑性。

一、人格的概念

人格又称个性,是指一个人的整体的精神面貌,即一个人在一定社会条件下形成的具有一定倾向的、比较稳定的独特人格心理特征的总和。

"人格"(personality)一词源于拉丁语"persona",意指古希腊、古罗马时代戏剧演员在舞台上戴的面具,用来表现剧中人物的身份和性格。心理学沿用其含义,把一个人在人生舞台上扮演角色时,表现出来的种种行为和心理活动都看作是人格的再现。"人心不同,各如其面",这句话说明了人格差异的普遍存在。

二、人格的特征

(一) 整体性

人格的整体性是指构成人格的各种心理成分不是相互独立的,而是相互联系,构成了一个完整的功能系统。人格的整体性首先表现为各种心理成分的一致性。一个正常的人总是能及时地调整人格中的各种矛盾,使人的心理和行为保持一致。人格的整体性还表现在构成个体人格的各种成分中,有的是主要的,起主导作用;有的是次要的,起辅助作用;起主导作用的成分决定个体人格的基本特征。

（二）独特性和共同性

人格的独特性是指人与人之间的心理和行为是各不相同的。人格结构组合的多样性，使每个人的人格都有其特点。人格还具有共同性，由于共同的社会文化影响，同一民族、同一地区、同一阶层、同一群体的个体之间具有很多相似的人格特征。因此，人格是独特性和共同性相统一的整体。

（三）稳定性和可塑性

人格不是指一时表现的心理现象，而是指人在较长时期的社会实践中，由于适应或改变客观世界经常表现出来的人格心理，因而人格心理都是比较稳定的。但这种稳定是相对的，在具有决定意义的环境因素和机体因素发生改变时，不论是如何稳定的人格，都会发生一定的变化，具有不同程度的可塑性。

（四）生物性和社会性

人格的生物性是指人格是在人的自然生物特性的基础上发展起来的，人的生物性影响着人格发展的道路和方式，也决定着人格特点形成的难易。不过，人的生物性并不能决定人格的发展方向，对人格发展起决定作用的是个体的社会历史文化背景，这就是人格的社会性。

三、人格心理结构

人格心理结构主要包括人格倾向性和人格心理特征两个方面。

（一）人格倾向性

人格倾向性是人格心理结构中最活跃的因素，它是一个人进行活动的基本动力，决定着人对现实的态度，决定着人对认识活动对象的趋向和选择。人格倾向性主要包括需要、动机、兴趣、理想、信念和世界观等。各个成分并不是孤立的，而是相互联系、相互影响的。

（二）人格心理特征

人格心理特征是一个人经常表现出来的、稳定的心理特点，集中反映了人的心理面貌的独特性。人格心理特征在心理过程中形成而后又反过来影响心理过程。每个人的心理特征是不同的，因此人格表现也是千差万别。人格心理特征包括能力、气质和性格，这些特征可以通过心理测验来了解和认识。

第二节 大学生人格心理特征

案例导入

> **案例**
>
> 小珍,女,20岁,大二学生,性格活泼,兴趣爱好广泛,工作效率高,同学关系融洽。大一下学期与本班晓松确立了恋爱关系,小珍喜欢晓松的稳重、做事踏实有条理,但经过几个月的交往,小珍越发觉得男友身上的诸多缺点难以接受。晓松遇事缺乏灵活性,说话也不够幽默,性格慢,总是比小珍慢半拍。小珍总是想改变晓松,想让他更灵活、效率更高些,为此两人经常发生争吵,小珍与晓松又有很深的感情,不愿分手,两个人都很痛苦。

案例评析

案例中小珍的困扰主要是对人的心理特征了解得不够,不能理解为什么男友的性格、反应的速度与自己差别那么大,想去改变对方,又频频失望而导致痛苦。人生来就有的、典型的、表现在心理活动的强度、速度、稳定性和指向性等方面的稳定的心理特征,称为气质。气质类型不同,会表现出不同的反应速度、灵活性。案例中小珍属于典型的多血质,兴趣广泛、活泼好动、反应速度快;而晓松是典型的黏液质,安静、稳重、反应速度缓慢,情绪不易外露。气质类型没有好坏之分,大学生要充分了解自己的气质类型,理解他人与自己的不同,更好地和谐、互补地相处。

人格不同犹如其面。人格是伴随着人的一生不断成长的心理品质。人格的成熟意味着个体心理的成熟,人格的魅力展示着个体心灵的完善。

一、能力

(一) 能力的含义

能力是直接影响活动效率,保证活动顺利完成的人格心理特征。能力和活动联系紧密,两者的关系主要有两方面:一方面,能力在活动中发展并表现在活动之中,能力存在于活动之中,离开了活动也就无所谓能力;另一方面,从事某种活动必须以某种能力为前提,能力是完成某一活动的必备的、最基本的条件。

(二) 能力的类型

1. 能力、才能和天才

按照能力发展的高低程度,可以把能力分为能力、才能和天才。顺利完成某种活动所需要的心理条件是能力;具备了能力所需要的各种心理条件称为才能;一个人不仅具有才能,而且能力所需要的各种心理条件达到了完美的结合,又给人类做出了杰出的贡献称为天才。

2. 一般能力和特殊能力

这是按能力所表现的活动领域的不同来划分的。一般能力是指在各种活动中必须具备的基本能力。它保证人们有效地认识世界，即认识能力，也称为智力。智力包括观察力、记忆力、思维能力、想象力和注意力等成分。特殊能力是指完成某种专业活动必须具备的能力。如音乐能力包括区别旋律曲调特点的能力、节奏感和音色辨别能力等。

3. 认知能力、操作能力和社交能力

按能力所涉及的领域来划分，可把能力分为认知能力、操作能力和社会交往能力。认知能力是获取知识的能力，即智力；操作能力是支配肢体完成某种活动的能力，如体育运动、艺术表演、手工操作的能力；社交能力是从事社会交往的能力，如与人沟通的言语交往和言语感染力、组织管理能力、协调人际关系的能力等。

4. 模仿能力、再造能力和创造能力

这是按照活动中能力的创造性大小进行划分的。模仿能力是指仿效他人的言谈举止而做出与之相似的行为的能力；再造能力是指在活动中顺利地掌握别人所积累的知识和技能，并按现成的模式进行活动的能力；创造能力是指在活动中创造出独特的、新型的、有社会价值的产品的能力，如科学发明、小说创作等。

二、气质

（一）气质的含义

气质是指人生来就有的、典型的、表现在心理活动的强度、速度、稳定性和指向性等方面的稳定的心理特征。这里讲的心理活动的强度是指情绪的强弱及意志努力的程度。心理活动的速度和稳定性是指知觉的速度、思维灵活的程度、注意力集中时间的长短。心理活动的指向性是指有的人倾向于外部事物，从外界获得新印象；有的人倾向于内部，经常体验自己的情绪，分析自己的思想和印象。

（二）气质的类型

在公元前五世纪，古希腊医生希波克拉底和古罗马医生盖伦就曾提出气质学说。他们认为，人体内有四种体液：血液、黏液、黄胆汁、黑胆汁。血液生于心脏，黏液生于脑髓，黄胆汁生于肝脏，黑胆汁生于胃部，根据这四种体液各自在体内的比例优势，可把人的气质划分为四种类型，即胆汁质、多血质、黏液质、抑郁质。

希波克拉底的这一分类，后来被俄国生理学家和心理学家巴甫洛夫所证实。根据巴甫洛夫高级神经活动的类型学说，气质是由人的高级神经活动类型决定的：人的高级神经活动类型是气质的生理基础，气质是高级神经活动类型的外在表现，四种神经活动类型分别与胆汁质、多血质、黏液质、抑郁质相对应。下表说明了气质类型及其表现和神经系统类型及其特征的关系。

气质类型及其表现和神经系统类型及其特征的关系

神经系统的类型及其特征				气质	
强度	平衡性	灵活性	特性组合的类型	气质类型	主要心理特征
强	不平衡（兴奋占优势）		不可遏制型（兴奋型）	胆汁质	精力充沛、情绪发生快而强、言语动作急速而难于自制、内心外露、率直、热情、易怒、急躁、果断
强	平衡	灵活	活泼型	多血质	活泼爱动、富于生气、情绪发生快而多变、表情丰富、思维言语动作敏捷、乐观、亲切、浮躁、轻率
强	平衡	不灵活	安静型	黏液质	沉着冷静、情绪发生慢而弱、思维言语动作迟缓、内心少外露、坚毅、执拗、淡漠
弱	不平衡（抑制占优势）		弱型（抑制型）	抑郁质	柔弱易倦、情绪发生慢而强、易感而富于自我体验、言语动作细小无力、胆小、忸怩、孤僻

（三）气质类型的特点

1. 胆汁质

精力旺盛，直率、热情，行动敏捷，情绪易于激动，心境变换剧烈。这类大学生有理想、有抱负，有独立见解，反应迅速，行为果断，表里如一；不愿受人指挥，而喜欢指挥别人；一旦认准目标就希望尽快实现，遇到困难也百折不挠，但往往比较粗心，学习和工作带有明显的周期性特点，能以极大的热情和旺盛的精力投入学习和工作，一旦精力消耗殆尽，便会失去信心，情绪顿时转为沮丧而心灰意冷。

2. 多血质

喜怒都在展现中，可塑性强。多血质的人具有活泼好动，反应迅速，情绪发生快而多变，兴趣容易转移等特征。这类大学生易于适应环境的变化，性情活泼、热情，善于交际，在群体中精神愉快，相处自然，常能机智地摆脱困境；他们在学习和工作上肯动脑、主意多，不安于机械、刻板、循规蹈矩，常表现出较强的工作能力和办事效率；对外界事物兴趣广泛，但容易失于浮躁、见异思迁。

3. 黏液质

安静、稳重，反应缓慢，沉默寡言，情绪不易外露，注意力稳定难于转移，善于忍耐。这类大学生反应较为迟缓，但无论环境如何变化，都能基本保持心理平衡；凡事深思熟虑，力求稳妥；在各种情况下都表现出较强的自我克制能力；他们外柔内刚，沉静多思，不愿流露内心的真情实感；与人交往时，态度适度，不卑不亢，不爱抛头露面和做空泛的清谈；学习、工作有板有眼，踏实肯干，严格恪守既定的生活秩序和制度。但他们过于拘谨，不善于随机应变，固定性有余而灵活性不足，有墨守成规、因循守旧的表现。

4. 抑郁质

孤僻，行动迟缓，情感体验深刻，善于觉察别人不易觉察到的细小事物。这类大学生在生理上难以忍受或大或小的神经紧张，厌恶那些强烈的刺激；他们的感情细腻而脆弱，常为区区小事而情绪波动；自己心里有话，宁愿自己品味，不愿向别人倾诉；喜欢独处，与人交往时显得腼腆、忸怩，善于领会别人的意图，在团结友爱的集体中，很可能是一个容易相处的人；遇事三思而行，求稳不求快，对力所能及的工作能认真负责地完成。在学习、工作一段时间后，常比别人更感疲倦；在困难面前常怯懦、自卑和优柔寡断。

(四) 正确认识气质

1. 气质类型没有绝对的好坏之分

任何一种气质类型都有积极的一面,也有消极的一面。某一气质特征在一些事情上可以起积极作用,但在另一些事情上则可能起消极作用。因此,在日常生活中,应该尽可能地发挥自己气质中积极的一面,克服消极的一面。

(1) 胆汁质的人,应保持自己有抱负、自信、热情、主动的长处,在生活和工作学习中尽量发挥自己擅长独立思考的特点,用自己的坦诚、表里如一去结交朋友,成为一个受人欢迎的人。但要注意克服粗心大意、简单化的毛病,在日常生活中可有意"三思而后行"。对自己的信任应该建立在实事求是的基础上,否则就成了刚愎自用。对自己奔放的情感要有所控制,并使其维持长久,而不是灿烂一瞬。

(2) 多血质的人,可充分发挥机智活泼、善于适应环境变化的特长,在集体活动中出谋划策,以自己的朝气、生动的言语、表情为整个活动增色。但要注意保持情绪稳定,不要养成忽冷忽热的习惯。反应灵敏、兴趣广泛并不意味着学习就可以耍小聪明、一知半解。要改正做事只求速度、不讲质量的缺点。

(3) 黏液质的人,学习作风踏实,工作起来有条不紊。情绪稳定,善于自我控制,这些都是要发扬的积极面。但稳定并非死板固执,尤其对新生事物应从新的角度、以新的方法来对待,不能墨守成规。在人际交往中冷静之外如能加上一些热情,相信会更受人欢迎。平时可有意多参加一些群体活动,在群体活动中逐渐形成活泼机敏的习惯,与黏液质的良好特征相得益彰。

(4) 抑郁质的人,能体察到一般人不易察觉之处,感情细腻深沉,应保持"细致"的特色,从而认真地完成工作学习任务。但要防止细致过了头变成多疑。对生活中碰到的不愉快不必长时间地耿耿于怀,因为挫折是生活的必需。应多与人交往,学会正常地发泄感情的方法,这样生活会变得轻松、美丽许多。

2. 气质不能决定人的社会价值和成就的高低

在现实生活中我们不必为自己属于哪种气质而沾沾自喜或忐忑不安,历史和现实中,各种气质都有名人辈出。据有关资料介绍,俄国四位著名的文学家分别属于四种气质类型。普希金有明显的胆汁质特征,赫尔岑具有多血质的特征,克雷洛夫具有黏液质特征,而果戈理具有抑郁质的特征。可见气质所能影响的只是人的智力活动方式,并不能决定人的社会价值和成就的高低。

3. 气质虽具有很强的稳定性,但并非一成不变

人的神经活动类型是先天的,也就是说人的气质的主要特征来自先天。但是,在环境和教育的影响下,先天的特征也可以被加强或减弱,发展或抑制,甚至还可能被人的性格等特征所掩盖。因此说,气质既有稳定性的一面,又有可塑性的一面,是稳定性和可塑性的统一。

三、性格

(一) 性格的含义

性格一词来源于希腊文,原意为"雕刻的痕迹"或"戳记的痕迹",后来转意为印刻、标记、特性。现代心理学家把性格理解为:一个人对现实的态度和习惯化了的行为方式中表现出来的较稳定的具有核心意义的人格心理特征。在这一定义中,一方面表现为性格具有直接的社会意义,不同性格特点的社会价值是不同的;另一方面也表现为性格对能力、气质的影响,性格决定了气质、能力的发展方向,影响到气质和能力的表现。

(二)性格的特征

1. 性格的态度特征

态度的对象多种多样,包括个人的、集体的、社会的、思想的以及个人的内心世界等。对这些对象的性格特征主要有谦虚或自负、自信或自满、自豪或自卑、自尊或羞怯、同情或冷漠。

2. 性格的意志特征

意志特征指人们对自己的自觉调节方式和水平方面的特征。如目的性或盲目性、独立性或依赖性、自制或放纵、勇敢或怯懦、果断或犹豫、坚韧或软弱。

3. 性格的情绪特征

情绪特征指情绪活动的强度、稳定性、持久性和主导心情方面表现的个人特点。如乐观或悲观、热情或低沉、高涨或消沉。

4. 性格的理智特征

人在认识活动中表现出个别差异,这些个别差异即性格的理智特征。如主动观察或被动观察、主动记忆或被动记忆、想象大胆或想象受阻抑、理想型或空想型等。

(三)性格的类型

性格的分类方法很多,而且可以从不同角度来反映一个人性格的某一侧面。以下是常见的三种划分类型。

1. 内向—外向型

按人格倾向性分类,可把性格分为内向型和外向型。

(1)内向型的人心理活动倾向于内部,感情较内蕴、含蓄,处事谨慎,自制力较强,善于忍耐,富有想象,情绪体验深刻,但不善社交,应变能力较弱,反应缓慢,易优柔寡断,显得有些沉郁、孤僻、拘谨、胆怯等。

(2)外向型的人心理活动倾向于外部,活泼开朗,善交际,感情易外露,关心外部事物,处世不拘小节,独立性强,能适应环境,但易轻信,自制力和坚持性不足,有时表现出粗心、不谨慎、情感动荡多变等。

2. 理智—情绪型

性格按情绪的控制程度可划分为理智型与情绪型。

(1)理智型的人常以理智的尺度衡量一切。这种人善于控制自己的情绪,使自己的行为具有明显的理智导向,自制力强、处世谨慎,但容易畏前缩后,缺少应有的冲劲。如果理智型不被健康的意识控制,就可能表现出虚伪、自私、见风使舵、冷漠等。

(2)情绪型性格的人情绪体验深刻,举止言行易受情绪左右。这种人待人热情,做事大胆,情绪反应敏感,但情绪易起伏,有时冲动,注意力不够稳定,兴趣易转移。

3. 独立—顺从型

性格按个体独立程度可划分为独立型与顺从型。

(1)独立型的人,倾向于利用自身内在的参照标准,独立性强,受暗示性较少,对他人不感兴趣,社会敏感性差,不善交际,对抽象的内容特别关注,解决问题不易受定势影响,比较有创造性。

（2）顺从型的人，倾向于利用外在参照标准，独立性较弱，受暗示性较强，对他人感兴趣，社会敏感性强，善于交际，抗应激能力差。

第三节　大学生不良人格表现及影响因素

案例导入

> **案　例**
>
> 　　小林同学，男，大一学生。家庭条件一般，自幼学习成绩优异，深受亲戚朋友羡慕，父母经常在外炫耀儿子的学业，使小林一方面有很大压力，另一方面又养成了爱慕虚荣的心理。无论是初中还是高中，小林成绩始终名列班级第一。进入大学后，小林发现同学们多才多艺，和同学们横向比较时，发现自己不再是老师心目中的优异生，也不再是同学们仰视的主角，自己的虚荣心得不到满足，心理无法平衡。平时与同学交往时，变得尖酸刻薄，只要觉得别人比自己强，心里就不舒服，心里异常苦闷。

·················· **案例评析** ··················

案例中小林同学在人格发展过程中受到各种因素的影响，出现不良表现，从而导致人格缺陷，影响心理健康的指数，必须加以重视和引导。大学生的不良人格表现主要有十种，小林同学主要是虚荣导致的人格缺陷。大学生有较强的自尊心，希望得到赞赏和尊重，这是正常需求，但过度重视外在的赞美，不考虑自身的情况和能力的局限性，就成为虚荣。

大学生在人格发展过程中受各种主客观因素影响，会不同程度地影响其人格的健康发展，出现一些不良的表现，从而导致人格发展缺陷，严重的还会引起人格障碍。人格缺陷是介于正常人格和人格障碍间的不良倾向，或是指某种轻度的人格障碍。

一、大学生不良人格表现

（一）以自我为中心

以自我为中心指以自己意志为主导，将自我作为思考问题的出发点与归宿，过分关注自我，不顾及他人利益和思想，从而在行动上和观念上表现出自私自利、我行我素的特征和处世态度。以自我为中心的人过多考虑自己的需要，忽视他人的需要和存在，对别人缺少关心和谅解，绝对不允许他人对自己的利益构成伤害和威胁。这种心理和行为带到大学的集体生活中时，矛盾和冲突就会出现，对大学生健康成长和成才有害。

（二）无聊

无聊心理的主要特点是空虚、幻想、被动，感觉不到自我存在的意义与人生的价值，其核心在于没有确立合适的人生目标。空虚是因为没有目标或目标太低,人一旦失去目标的指引,生活就没有动力;幻想是由于目标定位不准确或者目标太多而导致的心理负担,实质是对责任的恐惧;被动是由于目标不是自己内心的渴望,未获得内心的自觉与认同,从而缺乏主动性和创造性。克服无聊心理的根本方法是确立恰当的人生目标,并由人生目标牵引着实现自己的人生价值。

(三)悲观

有的大学生常从消极的角度去看问题,总是把眼睛盯着伤口、弱点和困难处,并且常常"一叶障目,不见泰山",这种悲观心理的发展,会使人毫无生气,甚至厌世轻生。

(四)不良意志品质

不良意志品质是指意志发展的不良倾向,主要表现为:生活缺乏目标,随波逐流,无所事事,懒散倦怠,醉生梦死。还有的意志发展不成熟,曲解意志品质,把刚愎自用、轻率当作果断,把犹豫、彷徨当作沉着冷静,把固执己见当作顽强等。不良意志品质一经形成,会带来很多性格缺陷,最后发展为人格缺陷。

(五)拖拉

拖拉指可以在某时完成的事而不及时完成,今天推明天,明天推后天。拖拉一方面耽误学习、工作,到头来匆匆忙忙去做,影响质量;另一方面拖拉并没有使人因此而轻松些,相反会导致心理压力更大,引起焦虑,并且会阻碍其他重要活动的进行。拖拉一旦成为习惯,危害很大。正如《明日歌》所言"明日复明日,明日何其多,我生待明日,万事成蹉跎"。

(六)急躁

急躁表现为碰到不称心的事情马上激动不安;做事缺乏充分准备,没准备好就盲目行动,急于达到目的;缺乏耐心、细心、恒心。性情急躁之人说话办事快、竞争意识强、容易冲动、心情常常处于紧张状态。日常生活中急躁者常会忙中生乱,祸及自己与他人。

(七)羞怯

羞怯在大学生中较为常见,如不敢在大众场合发表意见,害怕与陌生人打交道,路上见到异性同学会手足无措,见到老师便难为情,说话感到紧张等。羞怯是一个人自我防御心理过度的结果,他们常常过于胆小被动,过于谨小慎微,过于关注自己,自信心不足。一般而言,害羞之心人皆有之,但过分害羞就不正常了。它会阻碍人际交往,影响一个人正常地发挥才能,还会导致压抑、孤独、焦虑等不良心态。

(八)虚荣

大学生大都争强好胜,有较强的自尊心,希望得到赞赏和尊重,这是正常的需要。但如果过分注重外在的荣誉、名望和赞美,不考虑自身的现实情况和能力局限,甚至以不适当的手段去满足自尊心,就成为虚荣了。虚荣心与名誉心是很难区分的,虚荣心主要表现在为他人而生活,名誉心则主要表现在为自我完善和自我认识而生存。虚荣心强的大学生一般表现为将自己的名誉看得比自己的生命更重要,经常取悦于他人,以获得他人对自己的肯定、积极的评价。

（九）猜疑

所谓猜疑，一猜二疑，疑是建立在猜的基础上，因而往往缺乏事实根据，有时也缺乏合理的思维逻辑。猜疑会导致人际关系紧张、伤害他人感情，自己则会陷入庸人自扰、苦闷、不良心境中。

（十）嫉妒

嫉妒是看见别人某些方面（才华、成就、品质、相貌等）高于自己而产生的一种羡慕，又不甘心自己落后于别人而恼怒的情感以及由此所导致的相应行为。嫉妒者往往不择手段地采用种种办法打击其所嫉妒的对象，因而会对他人造成有害的影响，对嫉妒者本人的身心健康也会产生不良影响。

二、影响人格发展的因素

塑造和培养良好的人格是个体成长与发展的关键。人格的塑造是先天、后天因素共同作用的结果。

（一）生物遗传因素

研究表明，遗传是人格不可缺少的影响因素，但遗传因素对人格的作用程度因人格特征的不同而不同。通常在智力、气质这些与生物因素相关较大的特征上，遗传因素较为重要；而在价值观、信念、性格等与社会因素关系紧密的特征上，后天环境因素更重要。人格发展过程是遗传与环境交互作用的结果，遗传因素影响人格发展方向及形成的难易。

（二）社会文化因素

人一出生，便置身于社会文化之中并受社会文化的熏陶与影响，文化对人格的影响伴随着人的终生。社会文化塑造了社会成员的人格特征，使其成员的人格结构朝着相似性的方向发展，因此，不同文化的民族有其固有的民族性格，不同的地域有着不同的文化传统，不同的文化发展时期有着不同的文化认同。而这种相似性又具有维系一个社会稳定的功能。这种共同的人格特征又使得个人正好稳稳地"嵌入"整个文化形态里。

（三）家庭环境因素

家庭常被视为人类性格的加工厂，它对人格的培育起到了至关重要的作用。家庭作为社会的细胞，它不仅具有其自然的遗传因素，也有着社会的"遗传"因素。这种社会遗传因素主要表现为家庭对子女的教育作用，俗话说"有其父必有其子"，其中不无一定的道理。父母们按照自己的意愿和方式教育孩子，使他们逐渐形成了某些人格特征。

强调人格的家庭成因，重点在于探讨家庭间的差异对人格发展的影响，探讨不同的教养方式对人格差异所构成的影响。家庭教养方式一般可以分为三类。第一类是权威型教养方式，这类父母在对子女的教育中，表现得过于支配，孩子的一切由父母来控制。成长在这种教育环境下的孩子容易消极、被动、依赖、服从、懦弱，做事缺乏主动性，甚至会形成不诚实的人格特征。第二类是放纵型教养方式，这类母亲对孩子过于溺爱，让孩子多表现为任性、幼稚、自私、野蛮、无礼、独立性差、唯我独尊、蛮横胡闹等。第三类是民主型教养方式，父母与孩子在家庭中处于一个平等和谐的氛围中,父母尊重孩子,给孩子一定的自主权,并给予孩子积极正确的指导,使孩子形成了一些积极的人格品质,如活泼、快乐、直爽、自立、彬彬有礼、善于交往、富于合作、思想活跃等。孩子在批评中长大,学会了责难;在敌意中长大,学会了争斗;在虐待中长大,学会了伤害;在支配中长大,学会了依赖;在干涉中长大,学会了被动与胆怯;在娇宠中长大,学会了任性;在否定中长大,学会了拒绝;在鼓励中长大,学会了自信;在公平中长大,学会了正义;在宽容中长大,学会了耐心;在赞赏中长大,学会了欣赏;在爱中成长,学会了爱人。这样的说法不无道理。

由此可见,家庭是社会文化的媒介,它对人格具有强大的塑造力。其中,父母的教养方式直接决定孩子人格特征的形成。父母在养育孩子的过程中,表现出了自己的人格,并有意无意地影响和塑造着孩子的人格,形成家庭中的"社会遗传性"。

(四) 儿童早期经验

"早期的亲子关系定出了行为模式,塑成一切日后的行为。"这是有关早期童年经验对人格影响力的一个总结。中国也有句俗话:"三岁看大,七岁看老。"人生早期所发生的事情对人格的影响,历来为人格心理学家所重视。斯皮茨在对孤儿院里的儿童所进行的研究中,发现这些早期失去父母照顾的孩子,长大以后在各方面的发展均受到影响。许多孩子患了"失怙性忧郁症",其症状表现为哭泣、僵直、退缩、表情木然,并且有人提出弃子会使儿童产生心理疾病,孩子会形成攻击、反叛的人格。

儿童早期经验的问题引发了许多的争论,如早期经验对人格产生何种影响?这种影响是否为永久性的?我们认为,人格发展的确受到早期经验的影响,幸福的童年有利于儿童向健康人格发展,不幸的童年会引发儿童不良人格的形成。但两者不存在——对应的关系,溺爱也可使孩子形成不良人格特点,逆境也可磨炼出孩子坚强的性格。早期经验不能单独对人格起决定作用,它与其他因素共同来决定人格。儿童早期经验是否对人格造成永久性影响因人而异,对于正常人来说,随着年龄的增长、心理的成熟,童年的影响会逐渐缩小、减弱,其效果不会永久不衰。

(五) 学校教育因素

学校是一种有目的、有计划地向学生施加影响的教育场所。教师、班集体、同学与同伴等都是学校教育的元素。

教师对学生人格的发展具有指导定向作用。教师的人格特征、行为模式与思维方式对学生会产生巨大影响。每个教师都有自己独特的风格,这种风格为学生设定了一个"气氛区",在教师的不同气氛区中,学生表现出不同的行为表现。研究发现,在性情冷酷、刻板、专横的老师所管辖的班集体中,学生的欺骗行为增多;在友好、民主的教师气氛区中,学生欺骗行为减少。

"皮格马利翁效应"说明了每个学生都需要老师的关爱,在老师的关注下,他们会朝着老师期望的方向发展。实验研究表明,如果教师把自己的热情与期望投放在学生身上,学生会体察出老师的希望,并努力奋斗。很多学生都有受老师鼓励开始发奋图强,受老师批评而导致学习兴趣变化的人生体验。

学校是同龄群体会聚的场所,同伴群体对学生人格具有巨大的影响。班集体是学校的基本组织结构,班集体的特点、要求、舆论和评价对于学生人格的发展具有"弃恶扬善"的作用。

同伴群体是一个结构分明的集体,群体内有具有上下级关系的"统领者"和"服从者",有平行关系的"合作者"和"互助者"。有人曾做过测验,分析学生喜欢哪种性质的学生领袖。结果是他们更喜欢学业优秀、办事老练、具有良好道德的学生领袖,而不是风头十足、具有漂亮仪表以及体育成绩优异的人。他们喜欢有能力、能胜任工作、高智商、精力充沛、富于创造的同伴。

总之,学校对人格形成与发展的影响是不可忽视的,学校是人格社会化的主要场所。教师对学生人格发展具有导向作用,同伴群体对人格发展具有"弃恶扬善"的作用。

(六)自然物理因素

生态环境、气候条件、空间拥挤程度等自然物理因素都会影响人格。一个著名的跨文化心理学研究实例——关于对阿拉斯加州的爱斯基摩人和非洲的特姆尼人的比较研究,说明了生态环境对人格的影响作用。

因纽特人以渔猎为生,社会结构比较松散,除了家庭约束外,很少有持久、集中的政治与宗教权威。在这种生存环境下,父母对孩子的教养原则是能够适应成人的独立生存能力。男孩由父亲在外面教打猎,女孩由母亲在家里教家务。儿女教育比较宽松、自由,使孩子逐渐形成了坚定、独立、冒险的人格特征。而特姆尼人生活在杂草灌木丛生地带,以农业为主,种田为生。居住环境固定,社会结构紧固,有比较分化的社会阶层,建立了比较完整的部落规则。在哺乳期时,父母对孩子很疼爱,断奶后就要接受严格管教,使孩子形成了依赖、服从、保守的人格特点。由此可见,不同的生存环境影响了人格的形成。

另外,气温也会导致人的某些人格特征的频率提高,如热天会使人烦躁不安,对他人采取负面反应,甚至攻击,发生反社会行为。世界上炎热的地方,也是攻击行为较多的地方。

自然物理环境对人格不起决定性影响作用,更多地表现为一时性影响,而且多体现在行为层面上。自然物理环境对特定行为具有一定的解释作用。在不同的物理环境中,人可以表现出不同的行为特点。

(七)自我调控因素

上述各因素体现的是人格培养的外因,而外因是通过内因起作用的。人格的自我调控系统就是人格发展的内部因素,它是以自我意识为核心的。自我意识是人对自身以及对自己同客观世界的关系的意识,具有自我认知、自我体验、自我控制三个子系统。自我调控系统的主要作用是对人格的各个成分进行调控,保证人格的完整、统一、和谐。它属于人格中的内控系统或自控系统。

自我认知是对自己的洞察和理解,包括自我观察和自我评价,其中自我评价是自我调节的重要条件。自我观察是对自己的感知、期望、行为以及人格特征的评价和评估。当一个人不能正确地认识自我,只看到自己的不足,觉得处处不如人,就会自卑,丧失信心,做事畏缩不前,甚至失败。相反,过高地评价自己,盲目乐观,也会导致出现失误。因此准确地认识自我,实事求是地评价自己,是自我调节和人格完善的重要途径之一。

自我体验是自我意识在情感上的表现,是伴随自我认知而产生的内心体验。当一个人对自己做正向的评价时,就会产生自尊感;做负向评价时,便会产生自卑感。自我体验的调节作用体现在它可以使自我认知转化为信念,进而指导其言行。同时,自我体验还能够伴随自我评价激励积极向上的行为或抑制不当行为。在一个人认识到自己不当行为的后果时,会产生内疚、羞愧的情绪,从而收敛并制止自己不当行为再次发生。

自我控制是自我意识在行为上的表现,是实现自我意识调节作用的最终环节。当个体认识到社会要求后,会力求使自己的行为符合社会准则,从而激发起自我控制的动机,并付诸行动。当一个学生意识到学习对于自己的发展具有重要意义时,会激发起他努力学习的动力,从而在行为上表现为刻苦学习、不怕困难、持之以恒、积极进取。自我控制包括自我监控、自我激励、自我教育等成分。

自我意识是通过自我认知、自我体验和自我控制三个方面来对个体进行调控的,使个体心理的各个方面和谐统一,使人格达到统合与完善。

第四节 大学生人格心理辅导

案例导入

案 例

大一学生王某,小的时候由于父母工作忙,他一直跟生活在农村的奶奶长大,17岁才回到父母身边。从小他性格内向、胆小、孤僻,在别人面前总感到紧张、害羞,跟人说话就爱脸红,而且他越怕脸红,反而越脸红。到了大学以后,这个问题变得更加严重。尤其是在宿舍里,他要眼睁睁面对五个人,大家相对而坐,你一言我一语,聊起天来好不热闹,而他每到这时候就觉得无话可说,接着便紧张起来,好像别人盯着他,他不敢抬头,脸部发烫,一会儿工夫,就面红耳赤,坐卧不安。

案例评析

这是一例在人际交往中为怕羞所困扰的典型事例。怕羞是一种在别人面前感到紧张不安、面红耳赤,从而导致个体不能有效地表达自己的思想和感情的心理现象。引起怕羞心理的原因是王某性格内向、孤僻,长时间不在父母身边,生活在农村,很少与人交往,在跟人说话、聊天时,有一种暴露在众目睽睽之下的感觉,并马上紧张、脸红;在进入社交场合之前,他越是担心脸红,结果反而越脸红。从这里可以看出,他之所以怕羞、爱脸红,一是跟他性格内向、孤僻、胆小有关;二是跟他在进入社会交场合之前的心理准备,即担心会脸红直接相关;三是跟他在众人面前过分专注于自我、过分注意自己的行为表现有关。

一、大学生良好人格的标准

从总体上看,具有良好人格的人应该是在推动社会进步的实践中充分发挥自己的才干,为人类、为社会做出自己的贡献,同时使自己的人格在各个方面得到充分和协调发展的人。

从具体特征上讲,大学生良好人格应具有以下标准。

(一) 具有远大而稳定的奋斗目标

有坚定的社会主义信念和远大的共产主义理想,有科学的世界观和人生观。

（二）具有强烈的道德责任感

能以社会主义、集体主义道德观为核心，正确处理生活和工作中的各种关系，具有正直诚实、谦虚谨慎、尊老爱幼等良好品质。

（三）积极的自我意识

自我意识是个体对自己和自己与他人、与周围世界关系的认识。具有健全人格的大学生对自己有恰如其分的、全面客观的评价，充满自信、扬长避短，愉悦地接纳自己，并在日常生活中能有效地调节自己的行为与环境保持平衡。缺乏正确自我意识的人常常表现出自我冲突、自我矛盾，或者自视清高、盲目自信，做力所不能及的事情，或者自我否定、妄自菲薄，轻易放弃一切可能的机遇。

（四）良好的情绪调控能力

情绪标志着人格的成熟程度。人格健全的大学生情绪反应适度，具有调节和控制情绪的能力。经常保持愉快、满意、开朗的心境，对生活充满热情，善于自得其乐，并富有幽默感。当消极情绪出现时能合情合理地宣泄、排解、转移和升华。

（五）和谐的人际关系

人际关系最能体现一个人人格健全的程度。人格健康的大学生乐于与他人交往，并与他人建立良好的关系；与人相处时，尊重、信任、接纳等积极态度多于嫉妒、怀疑、冷漠等消极态度。人格健全的大学生常常以真诚、平等、谦虚、理解、宽容、关爱的态度对待他人，同时也受到他人的尊重与接纳。

（六）良好的社会适应能力

社会适应能力反映了人与社会的协调程度。人格健全的大学生能够和社会保持良好密切的接触，以一种开放的态度，主动关心社会、了解社会；在认识社会的同时，使自己的思想和行为跟上时代发展的步伐，与社会的要求相符合，表现出能很快适应新的环境，包括学习环境、生活环境和人际环境等。

（七）乐观的生活态度

积极乐观的生活态度是人类在社会实践中获得的本质力量的表现。乐观的大学生常常能看到生活中的阳光，对前途充满信心和希望，对自己所做的事情抱有浓厚的兴趣，并在其中努力发挥自身的智慧和能力。即使在遇到困难和挫折时，也能不畏艰险，勇于拼搏。表现在学习上，人格健全的学生对学习怀有浓厚的兴趣，表现出观察敏锐、注意力集中、想象力丰富、充满信心、勇于克服困难，通过刻苦、严谨的学习过程，获得学习的满足感和成就感。我们很难想象，对学习和生活缺乏兴趣，整天精神低落、萎靡不振的大学生的人格是健全的。

（八）具有健康、崇高的审美情趣

有正确的审美理想、审美态度和对美的正确追求；抵制低级趣味的各种腐朽思想的侵蚀。

二、大学生人格优化的途径与方法

大学生良好人格的塑造与培养既要服从人格健康发展的需要,又要服从社会进步的需要,这是基本原则和指导思想,也是鉴别大学生人格塑造效果的尺度。那么应怎样优化人格呢?具体而言,大学生应掌握以下内容。

(一) 人格优化的方法:择优汰劣

人格塑造是为了实现人格优化,以达到人格健全。人格优化包括人格品质的优化和人格结构的优化。择优即选择某些良好的人格品质作为自己努力的目标,如自信、开朗、勇敢、热情、勤奋、坚毅、诚恳、善良、正直等。汰劣即针对自己人格上的缺点、弱点予以纠正,如自卑、胆怯、冷漠、懒散、任性、急躁等。对于那些期望改善性格的学生,建议在充分了解自己人格特征的基础上提出优化方案。

(二) 人格优化的基础:丰富知识

人的知识越广,人的本身也越完善。这正如培根所言:"史鉴使人明智,诗歌使人灵秀,数学使人周密,博物使人深刻,伦理之学使人庄重,逻辑修辞使人善辩,凡有所学,皆成性格。"学习知识增长智慧的过程也是人格优化的过程。现实生活中,不少人的人格缺陷源于知识贫乏。如无知容易导致粗鲁、自卑,而丰富的知识则容易使人自信、坚强、理智、谦恭等。可见,知识的积累与人格的完善是同步的。大学生不能只局限于自己的专业知识学习,还应该扩大自己的人文社会科学知识面,加强人文修养,用丰富的知识充实自己。

(三) 人格优化的途径:从小事做起

"不积小流,无以成江海""千里之行,始于足下"。人格优化就是要从身边的小事做起。一个人的言行往往是其人格的外化,反过来一个人日常言行的积淀成为习惯就是人格。许多人所具有的坚韧、正直、细致、开朗等优良的人格特征其实都是长期锻炼的结果,是一点一滴形成的。从我做起,从小事做起,是每一个大学生努力的起点。同时,可以从以下几个方面努力:一是对自己和生活的世界有积极的看法;二是和别人有亲密的关系和对人信任;三是有时间冷静地独处和反省;四是在社会性、智力以及职业的各种技能方面取得成功;五是接触新思想、新哲学以及和有独特见解的人交往;六是找出能充分表达自己情绪的方法,有兴趣爱好;七是经常提高独立程度,减少对他人的依赖;八是具有灵活性和创造性;九是关爱他人,支持扶助他人。

(四) 人格优化的土壤:融入集体

集体是人格塑造的土壤,也是人格表现的舞台。人格发展、塑造的过程,正是人格社会化的过程,是个体与他人、集体、社会相互作用的过程。人格在集体中形成,在集体中展现。正如马克思所说,只有在集体中,人格才能获得全面发展其才能的手段。通过与他人交流,可以看到别人的长处、自己的不足,从他人那里获得理解、肯定的欢悦,并及时调整人格发展的方向。

(五) 人格优化的关键:把握适度

人格发展和表现的"度"是十分重要的,否则就会"过犹不及"。列宁曾指出,一个人的缺点仿佛是他的优点的继续,如果优点的继续超过了应有的限度,表现得不是时候,不是地方,那就会变成缺点。因此,人格塑造的过程中把握好度很重要,具体地说应该做到以下几方面:坚定而不固执;勇敢而不鲁莽;豪放而不粗鲁;好强而不逞强;活泼而不轻浮;机敏而不多疑;稳重而不寡断;谨慎而不胆怯;忠厚而不愚蠢;老练而不世故;谦让而不软弱;自信而不自负;自谦而不自卑;自珍而不自娇;自爱而不自恋。把握人格优化的"度"还体现在人格优化的目标要立足于自己已有的人格基础,实事求是地确立合理的、切合实际的人格发展目标。也就是说目标要适当,不能脱离自己的人格基础而设计优化目标。

人人都想追求健康的人格。但不同的人由于客观条件和具体环境不同,人格层次也不同。人格目标过高会增加挫折压力;目标过低,人格发展就缺乏内在动力。健全人格培养和塑造既是大学生成长发展的要求,也是时代的呼唤。只要坚持不懈地努力,就可以使我们的人格更加健康、完善。

第五节 测试与训练

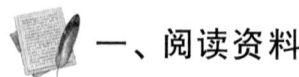

一、阅读资料

动物学校

一天,一群动物聚在一起,彼此羡慕对方的优点,抱怨自己的缺点,于是决定成立一所学校,希望通过训练,使自己成为一个全才。他们设计了一套课程,包括奔跑、游泳、飞翔和攀登。所有动物都选修了所有科目。最后的结果是:小白兔在奔跑方面名列前茅,但是一到游泳课就发抖;小鸭子在游泳方面成绩优异,飞翔也还差强人意,但是奔跑与攀登的成绩却惨不忍睹;小麻雀在飞翔方面,轻松愉快,但就不能正经地奔跑,碰到水就几乎精神崩溃;至于小松鼠,固然爬树的本领高人一等,奔跑的成绩也还不错,却在游泳课和飞翔课中学会了逃课。

大家越学越迷惑,越学越痛苦,于是他们经过反省最终决定:停止盲目学习别人,好好发挥自己的长处。他们不再抱怨自己、羡慕别人,因此又恢复了往日的活泼和快乐。

这个故事告诉我们两点启示:第一,天生万物,各有所长,各有所短,不能强求。第二,人的价值,在于回归自我,把自己的优势充分发挥出来。

二、心理测试

气质类型测试

【测试说明】通过对下面60道题的回答,可以帮助你确定自己的气质类型。在回答这些问题时,你认为很符合自己情况的,记2分;比较符合自己情况的,记1分;介于符合与不符合之间的,记0分;比较不符合自己情况的,记-1分;完全不符合自己情况的,记-2分。

1. 做事力求稳妥,一般不做无把握的事。
2. 遇到可气的事就怒不可遏,想把心里话全说出来才痛快。
3. 宁可一人干事,不愿很多人在一起。
4. 到一个新环境很快就能适应。

5. 厌恶那些强烈的刺激,如尖叫、噪声、危险镜头等。
6. 和人争吵时,总是先发制人,喜欢挑别人。
7. 喜欢安静的环境。
8. 善于和人交往。
9. 羡慕那种善于克制自己感情的人。
10. 生活有规律,很少违反作息制度。
11. 在多数情况下情绪是乐观的。
12. 碰到陌生人觉得很拘束。
13. 遇到令人气愤的事,能很好地自我克制。
14. 做事总是有旺盛的精力。
15. 遇到问题总是举棋不定,优柔寡断。
16. 在人群中从不觉得过分拘束。
17. 情绪高昂时,觉得干什么都有趣,情绪低落时,又觉得什么都没意思。
18. 当注意力集中于一事物时,别的事很难使我分心。
19. 理解问题总比别人快。
20. 碰到危险情景,常有一种极度恐怖感。
21. 对学习、工作怀有很高的热情。
22. 能够长时间做枯燥、单调的工作。
23. 符合兴趣的事情干起来劲头十足,否则就不想干。
24. 一点小事就能引起情绪波动。
25. 讨厌做那种需要耐心、细致的工作。
26. 与人交往不卑不亢。
27. 喜欢参加热烈的活动。
28. 爱看感情细腻、描写人物内心活动的文学作品。
29. 工作、学习时间长了,常感到厌倦。
30. 不喜欢长时间谈论一个问题,愿意实际动手干。
31. 宁愿侃侃而谈,不愿窃窃私语。
32. 别人总是说我闷闷不乐。
33. 理解问题常比别人慢些。
34. 疲倦时只要短暂休息就能精神抖擞,重新投入工作。
35. 心里有话宁愿自己想,不愿说出来。
36. 认准一个目标就希望尽快实现,不达目的,誓不罢休。
37. 学习、工作同样一段时间后,常比别人更疲倦。
38. 做事有些莽撞,常常不考虑后果。
39. 老师讲授新知识、技术时,总希望他讲得慢些,多重复几遍。
40. 能够很快地忘记那些不愉快的事情。
41. 做作业或完成一件工作总比别人花的时间多。
42. 喜欢运动量大的剧烈体育运动,或参加各种文艺活动。
43. 不能很快地把注意力从一件事转移到另一件事上去。
44. 接受一个任务后,就希望把它迅速解决。

45. 认为墨守成规比冒风险强些。
46. 能够同时注意几件事物。
47. 当我烦闷的时候,别人很难使我高兴起来。
48. 爱看情节起伏跌宕、激动人心的小说。
49. 对工作抱认真严谨、始终一贯的态度。
50. 和周围人们的关系总是相处不好。
51. 喜欢复习学过的知识,重复做能熟练做的工作。
52. 希望做变化大、花样多的工作。
53. 小时候会背的诗歌,我似乎比别人记得清楚。
54. 别人说我"出语伤人",可我并不觉得是这样。
55. 在体育活动中,常因反应慢而落后。
56. 反应敏捷、头脑机智。
57. 喜欢有条理而不甚麻烦的工作。
58. 兴奋的事常使我失眠。
59. 老师讲新概念常常听不懂,但是弄懂以后就很难忘记。
60. 假如工作枯燥无味,马上就会情绪低落。

【计分方法】

1. 将各题的得分填入气质类型记分表内。

气质类型记分表

胆汁质	题号	2	6	9	14	17	21	27	31	36	38	42	48	50	54	58	总分
	得分																
多血质	题号	4	8	11	16	19	23	25	29	34	40	44	46	52	56	60	总分
	得分																
黏液质	题号	1	7	10	13	18	22	26	30	33	39	43	45	49	55	57	总分
	得分																
抑郁质	题号	3	5	12	15	20	24	28	32	35	37	41	47	51	53	59	总分
	得分																

2. 将每一种气质类型所包含的15道题相加得总分。

【测试结果】如果某一种气质的得分在20分以上,其他三种气质的得分都很低,即为某种典型气质类型。如多血质一栏的得分为23分,胆汁质一栏的得分为8分,黏液质一栏的得分为3分,抑郁质一栏的得分为-10分,那么就是典型的多血质气质类型的人。

如果某一种气质的得分在10分以上、20分以下,其他三种气质的得分都很低,即为某种一般气质类型。

如果某两种气质或三种气质的得分很接近(相差5分以内),其他两种或一种气质的得分与之相差很大,即为某两种或三种混合气质类型的人。

一般来说,分值越高,表明越具有该项气质类型;反之,分值越低就越不具备该项特征。

三、心理训练

(一) 自尊心训练

1. 训练目的

通过此训练,希望每个人要正视自己的自尊心,它是你迈向卓越成功的根基。

(1) 有关资料表明,90%的人对自己的外貌不满意。那么,又有多少人对自己的言行很满意和不满意呢?心理"指挥"言行,言行就是"形象","形象"导致成败。

(2) 设计自己的新人格、新形象是一个战胜自我的过程,需要有持之以恒的决心、信心、强制训练和顽强的意志品质。只要你想取得伟大的成功,没有干不成的事(想入非非除外)。

(3) 希望通过本训练,能激起你关注自己自尊心的发展和修炼。

2. 具体操作

(1) 检查自己的自尊心。从言谈、习惯、礼貌、待人接物等行为看看自己在自爱、廉耻、自律、自强、独立等方面的表现,你树立了一个什么形象?比如,出言不逊,说脏话、粗话;不拘小节、荣誉感、责任感。

(2) 请从以下几方面,描述一下你的自尊心。

① 是否愿意表现自己的才华:＿＿＿＿＿＿＿＿＿＿＿＿＿＿＿＿＿＿＿＿＿＿＿＿＿＿

② 是否关注自己的形象:＿＿＿＿＿＿＿＿＿＿＿＿＿＿＿＿＿＿＿＿＿＿＿＿＿＿＿＿

③ 是否很看重别人对你的评价:＿＿＿＿＿＿＿＿＿＿＿＿＿＿＿＿＿＿＿＿＿＿＿＿

④ 是否能自觉遵守社会公德和纪律:＿＿＿＿＿＿＿＿＿＿＿＿＿＿＿＿＿＿＿＿＿

⑤ 是否尊重他人,有无随意指责和辱骂他人的言行:＿＿＿＿＿＿＿＿＿＿＿＿＿＿

⑥ 如何评价自己,过高、适度还是过低:＿＿＿＿＿＿＿＿＿＿＿＿＿＿＿＿＿＿＿

描绘的方法可以是文字的或自画像(附说明)。

(3) 在自愿的基础上,可以进行交流,相互评价,看看你与实际表现的差距。

(二) 自主意识训练

1. 做一把自己的戒尺

(1) 请你拿出纸来,写下自己的人生计划。

你在一生中要完成哪些重要的目标:＿＿＿＿＿＿＿＿＿＿＿＿＿＿＿＿＿＿＿＿＿

＿＿

在这些事中,哪些是你自己打心眼儿里喜欢的:＿＿＿＿＿＿＿＿＿＿＿＿＿＿＿＿

哪些是别人(如父母、老师)要求你去做的:＿＿＿＿＿＿＿＿＿＿＿＿＿＿＿＿＿＿

父母、老师要求你做的事中哪些是你确实缺乏兴趣,做起来又很吃力的:＿＿＿＿＿

(2) 从现在起,运用自己手里的戒尺,做出自己的选择,书写自己的人生。

2. 我的大学我做主

相信每名同学都希望自己在大学里得到真正的成长,获得人格的真正独立。通过这次训练,你对人格独立有了怎样的理解?写一篇心得体会,鼓励自己在未来的人生道路上更加勇敢与坚强。

(三) 性格训练

有的人活泼开朗,有的人沉默寡言;有的人豁达大度,有的人心胸狭隘。每个人的性格都不一样,既有自己的性格优势,也有这样或那样的性格弱点。你了解自己的性格吗?

1. 色彩与性格

众所周知,颜色对人的心理和生理影响很大,就像我们选择的食物会对身体健康产生不容忽视的影响一样。颜色对精神和生命活力起到非常重要的作用,同时也会刺激人的心理。

你喜欢什么颜色:＿＿＿＿＿＿＿＿＿＿＿＿＿＿＿＿＿＿＿＿＿＿＿＿＿＿＿＿＿＿

对照下表中性格与色彩的关系看看你自己的性格如何。

性格与色彩的关系

颜 色	象 征	性格描述
紫	权威、声望、深刻和精神	喜欢紫色的人总在努力地超越自我,无论是在信仰还是情感方面,喜欢紫色的人总是能交到很多朋友,因为他们总是替别人考虑
橙	繁荣与骄傲,是自然的颜色	喜欢橙色的人通常都非常热爱大自然,并且渴望与自然浑然一体,他们喜欢户外活动。由于有同情弱者的情结,他们总会很热心地去帮助那些值得帮助的人,而他们"礼贤下士"的这一点也常受到旁人的赞扬
绿	由蓝色和黄色对半混合而成,因此绿色也被看作一种和谐的颜色。它象征着生命、平衡、和平和生命力	喜欢绿色的人乐于去帮助每一个人。他们喜欢隐藏自己的思想,也不过分关注别人的事,所以他们往往是很好的聆听者。他们希望每个人都能过上和谐的生活。由于上述特点,喜欢绿色的人很容易成为别人最好的朋友
蓝	令人想到孤独、沉思、独立和平静,它是真理与和谐的颜色	喜欢蓝色的人往往爱待在个人世界里并且对别人存在戒备心理。他们非常感性化,情绪时起时落,在人生的过程中他们不断地体验各种感受。他们十分愿意和别人交往,但同时他们也很容易受别人的影响。环境对蓝色性格的人影响很大
黄	黄色是所有颜色中反光最强的。它有激励、增强活力的作用,能够增加清晰度,便于交流,并以机智而著称	喜爱黄色的人们喜爱权力和控制他人,他们不想改变,很有科学性、分析性、判断性、独立性、专业性,很顽固,不坦率,自我中心,经常担心、焦虑。有黄色性格的人们很有商业头脑。他们通常封闭自我,不会让很多人走进他们的生活,一般只有一两个好朋友
黑	一种否定和决断的颜色	黑色性格的人总希望所有事情即使在细枝末节上都要很细致。他们具有很强的统计能力。解决难题应该说是他们非常擅长的事,这也反映了他们执着的性格。黑色性格的人很情绪化,尽管可能处于重压之下,他们也会表现得特别自然。他们通常会给人一种强有力的感觉
棕	代表着稳定和中立的棕色,也是地球母亲的颜色,体现着广泛存在于自然界的真实与和谐	喜欢棕色的人非常热爱生活中美好的事物,他们富有感情,喜欢美食、美酒和有人陪伴。他们很可能会因过分抑制自己的感情而生活在个人世界里,惧怕外面的世界
白	代表着纯洁和神圣	白色是雪的颜色,或代表来自上天的灵光。喜欢白色的人带着好奇心观察周围的人,他们也与周围融为一体。喜欢白色的人看上去很害羞,但实际上他们是非常外向活泼的。喜欢白色的人会用一种很挑剔的眼光看待别人,尽管对方可能一点儿也感觉不到
红	热量,活力,意志力,火焰,力量	喜欢红色的人通常激情四射,精力充沛,而且很会赚钱。他们往往认为自己是无敌的,其他人也往往会这样想。他们的思维非常敏捷,很聪明。他们是情绪型的人,他们可能在你面前突然像活火山一样不时地爆发一次,然后很快平静下来

2. 性格评价

(1) 熟人印象。随意找四个你熟悉的人,询问他们对你的印象如何,确定你是否喜欢他们对你的评价,说一说你为什么喜欢或不喜欢留给别人的那种印象。

熟人一对你的印象:_____

熟人二对你的印象:_____

熟人三对你的印象:_____

熟人四对你的印象:_____

你喜欢这种评价吗:_____

你觉得对你的评价准确吗:_____

(2) 期待角色。如果你是一名演员,愿意扮演什么角色,以及你为什么喜欢这个角色。

我想扮演的角色是:_____

我的理由是:_____

(3) 崇拜角色。选择任何一个你所崇拜的人,列出他身上那些使你崇拜的特征和品质。

我所崇拜的人是:_____

我的理由是:_____

(4) 找差距。总结别人眼中我的性格和我自己想成为的人的性格,找出两者的差距。

相同点:_____

不同点:_____

生活中有很多人因为性格上的缺陷影响了他们的身心健康,但只要正确对待,积极地找到有效的方法进行治疗,克服性格缺陷,就会使生活更健康、更快乐。

思考题

1. 什么是气质?四种气质类型的典型特征是什么?如何正确认识人的气质?
2. 大学生有哪些常见的不良人格?是什么原因造成的?如何调节?
3. 结合实际,谈谈如何优化自己的人格。

第七章 大学生学习心理

 **心灵导读**

人的一生,从咿呀学语、蹒跚学步,到老骥伏枥;无论是平凡庶民,还是古来圣贤、现代精英,每一次的进步都离不开学习。我们说,如果没有学习,人类恐怕不会发展到今天;如果没有学习,人生也只能是一个美丽的设想。所以,学习是人类发展和进步的基础,学习也是我们每个人通向成功的必由之路。对于我们大学生而言,学习仍然是生活的中心和活动的主要内容。有人说,现代社会的文盲,不是不识字的人,而是离开了学校之后就不会读书的人。

通过对本章的学习,了解学习的含义和大学学习的特点;理解大学生常见的学习心理问题和影响学习的非智力因素;掌握培养大学生学习心理的方法;能够通过积极有效的途径和方法适应大学的学习,养成良好的学习行为习惯,培养优秀的学习品质。

第一节 学习概述

案例导入

> **案例**
>
> 孙某是大一女生,开学已经两个月了,可是她很难适应大学的学习方式。她觉得和高中从早到晚的课时安排相比,大学里的上课时间特别分散,课余时间多,可是自己又不知道该干什么,时间就不知不觉溜走了。上课时老师常讲课本上没有的知识,来不及记笔记甚至听不懂,作业也都是做论文和设计,她不知道怎么做,难度很大,学习成绩总上不去,尤其高数和制图课,她总是学不好。她觉得过去在高中时,只要自己上课认真听讲,做好笔记,课后好好复习,学习成绩总是不错的,哪怕有不会的,还可以找老师请教,可是现在下课后,不知道上哪去找老师请教,只能自己去学,可是又不知道怎么学好,她感觉高中的学习方法到大学都不管用了。为此,她很焦虑、苦恼,她担心这样下去期末考试会挂科,她希望老师能给她一些指导。

案例评析

像孙某这样的情况在不少大学生的身上都出现过,只是有的比较严重,有的比较轻。大学和中学的学习不论在内容上、形式上还是在结果评价上都有着显著的不同,这也使得大学的学习方法和中学也有明显的区别。但是有些学生对此认识不足,如有些学生认为自己天资聪颖,不用去讲究什么学习方法;有的学生由于学习的动力不足,学习就更谈不上什么方法了;有的学生是由于学习的意志薄弱,在学习上懒散放任,因而也不讲什么方法。虽然这些学生不讲学习方法,但学习方法是客观存在的,因此对于大学生而言,如何根据大学的学习特点采用有效的学习方法,是提高学习效率的关键。

与中学阶段不同,大学学习有着很强的目的性、自主性与选择性,它不单纯是为了学习而学习,而是为了兴趣而学习,是为了未来而学习,为了成长而学习。更为重要的是,大学时期是每位学子记忆力、动作反应速度最佳的黄金时期。学习,不仅是大学生未来事业的基础,更是其成长历程的关键。

一、学习的含义

什么是学习?你会学习吗?面对这样的问题,肯定有许多大学生会不屑一顾,也许有人会说,学习,不就是听课、看书、做作业吗,有什么不会的,其实这种说法是不全面的。

学习一词,我国古代文献中早就有之。孔子说:"学而时习之,不亦乐乎?"又说:"学而不思则罔,思而不学则殆。"孔子的这一观点,在一定程度上揭示了学习与练习、学习与情感、学习与思维的关系。但长期以来,人们对学习仍无一个统一的概念。

许多心理学家、教育学家和哲学家从不同的角度提出了学习的定义。桑代克说:"人类的学习就是人类本性和行为的改变,本性的改变只有在行为的变化上表现出来。"加涅说:"学习是人类倾向或才能的一种变化,这种变化要持续一段时间,而且不能把这种变化简单地归为成长过程。"联合国教科文组织在1987年所做的《学习,财富蕴藏其中》报告中指出:学习是指个体发展终身教育的理念。

从广义上讲,学习是人和动物在生活过程中通过实践训练而获得的由经验引起的相对持久的适应性的心理变化,即有机体以经验方式引起的对环境相对持久的适应性的心理变化。在这个定义中,体现了四个论点:一是学习是动物和人共有的心理现象,虽然人的学习是相当复杂的,与动物的学习有本质区别,但不能否认动物也是有学习的;二是学习不是本能活动,而是后天习得的;三是任何水平的学习都将引起适应性的行为变化,不仅是外显行为的变化(有时并不显著),也有内隐行为或内部过程的变化,即个体内部经验的改组和重建,这种变化不是短暂的而是长久的;四是不能把个体的一切变化都归为学习(如由于疲劳、生长、机体损伤以及其他生理变化所产生的变化都不是学习),只有通过学习活动产生的变化才是学习。

综上所述,我们把学习定义为:学习是一种非常复杂的心理活动过程,是人在生活过程中获取个人经验的过程,是信息的输入、输出与反馈调节的动态过程。老师讲析、阅读书本、同学交流以及联系实际等,都是知识的输入;而运用输入的知识做练习、做作业以及解决生活中的具体问题,则是知识的输出;筛选入出过程中的优劣、不断调节改进、提高入和出的质量,使学习动态结构得以优化,则是学习的反馈调节。学习过程中的三个环节都是不可缺少的,如果学习结构不完整,只知不停地输入、输出,没有学会及时地对入和出进行调节,就难以取得良好的学习效果。学会对学习进行调节,实际上就是学会如何学习、学会掌握学习策略。

大学生的学习则是指在教师有目的、有计划的指导下,个体积极主动地掌握知识、技能和形成高尚品德的过程。

二、大学学习的特点

人需要学习,只有通过学习才能达到自我完善与自我发展的目标。《三字经》上说"玉不琢,不成器,人不学,不知义",就从一个侧面说明了学习的重要性。大学学习较中学阶段有着明显的不同,主要表现在以下四个方面。

(一) 大学学习的自主性

自觉、积极、主动地学习是大学学习活动的核心,这种自主性体现在整个大学学习的多层面、多角度中。

(1) 大学教学指导性多,指令性少。大学生的学习不能完全依赖教师的计划安排,不能单纯接受教师的授课内容。中学时期那种被动听课、盲目随从、无从取舍、缺乏质疑等已远不适应了。

(2) 大学课程的门类明显增多,课堂教学时间相对减少。这对于住校大学生来说,课余自由安排的时间相对宽裕,这就要求大学生学会安排自修时间,制定切合自己的学习计划。

(3) 大学教师讲课是提纲挈领的,对于教材有自己的取舍和补充。大学老师课堂上所讲的往往可能是自己在专业领域中最有心得的部分或关键的重点部分,其余部分往往由学生自己去读、去自学、去理解。教师在讲课中还可能引进与教材观点不同的许多观点,这是中学那种是就是是、非就是非的简单的、界定的教学模式不能相比的。

(4) 选择什么样的学习方法、什么时候记笔记、怎么记等都是由大学生自主决定的。大学教师一般不会规定该用什么方法记忆、怎样阅读,往往只是提出学习的目标和要求,用什么样的方法达到要求则是各显神通。

通过以上的分析,我们说大学学习的自主性特点体现在整个大学学习过程的始终,并反映在大学学习的各个方面。大学生要想在大学里学习好,就必须培养自己的自学能力。

(二)大学学习的广泛性

广泛性是指大学生在学习过程中可以通过各种不同的途径和渠道吸收知识,也可以靠广泛的兴趣去探索,获得课程以外的知识。首先,大学学习活动的安排反映了广泛性的特点。如学术报告、知识讲座、专题讨论、社会调查、专业实习、查阅资料等众多形式为大学生多层面、多角度涉猎知识提供了条件。大学生只有广泛地学习,才能形成合理的知识结构,成为"通才",锻炼能力,增长才干。其次,在学习活动中可以广泛发展自己的兴趣,可以按照自己的意志和兴趣有选择地学习一些知识,可以选修一些适合自己的课程,也可以跨学科学习。

(三)大学学习的专业性

每一个报考大学的学生,都填写过专业志愿,虽然最后录取的专业并不一定是自己满意的,但毕竟都有了专业的归宿。大学的学习实际上就是一种专业定向学习,学习的内容都是围绕着专业方向进行的,而且这种围绕又有很大的不确定性。中学教育是一种普通的基础教育,是为以后继续深造或就业做基础性的文化知识准备。而大学教育是一种专业基础教育,教育目标紧紧盯住未来社会的需要,尽可能地照顾到具体职业的特殊要求。因此,大学所传授的既有专业基础知识,又有专业知识,为了增强学生在未来社会的适应性,又开设了专业选修课和公共选修课,增设边缘学科;为了增强学生的竞争力,各学科都十分重视本学科的最新成果和最新动态。这种动态性和灵活性有时就是不确定性。而实际上,这种不确定性是必要的,因为社会是不断发展的,只有不断跟踪社会发展变化、跟踪学科前沿动态,不断调整课程结构和内容,才能保证培养的人才与社会的需要相适应。

(四)大学学习的探索性和创新性

探索性是指表现在学习过程中的创新意识和初步的创造性活动。大学生的学习能力主要是思维能力,在学习专业知识的基础上,许多大学生已经不能满足对现有结论的简单接受,还包括对书本结论之外新观点的寻求。学术上的新观点、新理论必然会触动大学生的创造性思维。大学生可以把自己以往学到的知识进行重新组合,并从新的角度去分析和认识问题,去积极探索未知领域。随着时代对人才渴望的不断迫切,大学生学习活动的探索性将越来越重要。不少学生在校期间就能够参加教师组织的科研课题,并能发表一些论文,更有佼佼者还承揽了社会上的科研项目。

目前,高等学校普遍加强大学生创新能力的培养,在课程设置、课程安排、课程衔接上突出学生的主体地位,体现创新,加强了学生实践环节的培养,旨在提高大学生的创新能力。

上述特征使我们不难看出,大学生的学习活动较中学时期更复杂、更紧张,需要花费大量的心智能量,需要良好的心理素质和多方面的能力来保障其顺利进行。进入大学后,确实有一部分大学生存在学习上的不适应,但这种不适应只是暂时的,只要我们善于在学习中思考,在实践中摸索,就会很快地掌握大学的学习规律,找到一些符合自己的学习方法,成为学习生活的主人。

第二节 大学生常见的学习心理问题

案例导入

> **案 例**
>
> 李同学是大一新生,高中时学习一直很刻苦,经过紧张的高考冲刺,他考到了一所重点大学。真正开始大学学习生活后,他发现没有了父母的唠叨,没有了高考的压力,他开始放松下来,变得越来越不喜欢学习。上课的时候,他虽然很努力地想听课,可是听着听着就走神了。有时候上课困了,他一觉睡过去就下课了,而且上课时还总是控制不住自己想玩手机。下课后,他本来想在教室再看看书,可是才翻几页书就看不下去了,于是回到宿舍跟室友玩起了游戏。现在学期过半,他发现书上的很多内容他都不会,他想学,可是就是没有学习动力,没有毅力。为此他每天都很痛苦,他讨厌这样堕落的自己,又每天都在过这样的生活。
>
> 岳某是一名大二学生,家人对他的本科学校不满意,希望他考研,等研究生毕业后回到老家所在城市的国家电网单位工作。由于高考的失利和家人的期望,岳某的学习压力特别大,他知道考上重点大学研究生不容易。于是他给自己制订了很严格的学习计划,他好像每天都紧绷着一个神经,丝毫不敢松懈。他上课很认真,下课后就去图书馆看书学习,每天都起早贪黑,没有任何娱乐活动。可即使这样,他期末考试的成绩在班级也只是中等。岳某心里清楚如果他在班级都考不上前几名,谈何考上重点大学的研究生,因此他现在越来越没有自信,不知道为什么自己那么累那么拼成绩却不理想,不明白到底问题出在哪。

案例评析

上面案例中的两个学生都是因为学习动机不当产生了心理上的困惑,第一个案例中的李同学反映了学习动机不足的问题。高中时期,严峻的升学压力使每个学生的生活都是高效、专注、充实的,个体的潜能被最大限度地发挥。进入大学,轻松的大学生活往往会使很多大学生缺乏明确的目标、理想,对学习感到迷惘失落,产生类似与李同学这样的学习动机不足的现象。

与李同学相反,第二个案例中的岳某的表现是学习动机过强的问题。心理咨询老师在与岳某沟通后发现由于岳某家人的期望,岳某的学习动机过强,而他的智力和学习能力却是处于中等水平。岳某对自己的学习能力缺乏恰当的评估,把目标定得高于自己的能力,由此造成他学习强度过大,引起心理疲劳,而且学业自我效能感下降,心理压力大。

大学是青年时期系统学习知识的最后一所学校,是培养掌握专业技能的高层次人才的场所。所以说,大学的学习对大学生的学习心理素质要求较高。大学生的心理发展水平和心理健康状况对大学生的学习产生很大的作用,直接影响学习效率和学习成绩。过去人们习惯把那些不想学习或学不进去、学习成绩下降、精力不集中、考试不及格乃至无法学习而退学的大

学生统统都归结为缺乏理想、学习态度不端正、学习不认真、对自己要求不严等。当然这些因素是导致大学生不能正常学习的重要因素,但却不是唯一的因素。许多研究表明,大学生在学习过程中的心理问题,严重困扰着大学生。

一、学习适应不良

学习适应不良是大学一年级学生普遍存在的一种心理困惑,学习成绩不理想跟学习适应不良有直接的关系,若得不到有效克服,可能会给整个大学学习投下深重的阴影。

(一) 表现

(1) 不了解大学学习的规律,不适应大学的学习方法,不知道如何有效地开展学习活动。

(2) 对本专业的知识、技能、要求认识不足,不知道怎样建构专业知识结构、培养专业技能,学习活动比较盲目。

(3) 对本专业的学习缺乏应有的兴趣和动力,学习精力投入不足。

(4) 对大学学习缺乏应有的紧迫感和自觉性,对大学学习的重要性、复杂性、艰巨性在心理和思想上准备不足。

(5) 学习活动中独立性缺乏,对教师的依赖心强,习惯于由老师来安排自身的学习内容、学习计划和学习时间,否则便茫然不知所措。

(二) 原因分析

1. 客观原因

大学的学习相对于中学来讲,在教学特点、方式和内容上有着很大的不同。大学老师上课来,下课就走,一堂课讲授的内容很多,而且有时会与教材有出入,注重教学的内在逻辑严谨,而不太注意学生的反应。另外,中学时无论是在家庭还是在学校,学生都是重点保护对象,过着衣来伸手、饭来张口的生活,而上大学后一切都要靠自己,这种巨大的变化对心理素质尚未成熟的大学生来说,必然会带来情绪上的波动和不安,从而影响了学习的正常进行。

2. 主观原因

由于大多数同学都是从中学直接升入大学的,生活阅历浅、经验少,加上在高考竞争的压力下,无论是学校还是家庭,包括学生本人都只重视知识的学习,强调分数,因而忽视了能力的培养。在客观条件发生变化时,明显地暴露出适应能力差的问题,不能尽快地随着环境的变化而及时调整自己,在学习上,还希望教师日日在侧、父母天天督促,因而在现实的学习中感到很不适应,产生了消极甚至厌烦的情绪,妨碍了学习。

二、学习动力缺乏

学习动力缺乏是指学习没有内在驱动力量,没有明确的学习方向,缺乏学习兴趣,甚至厌倦学习、逃避学习。用很多同学的话来说,就是学习不像中学那样有劲头了。这种状况在大学校园比较普遍,如不及时调整,会形成厌学的风气,严重影响大学生的学习效果。

(一) 表现

(1) 尽力逃避学习,不愿上课,或上课无精打采、不积极思考、上课睡觉、看课外书、课后基本不学习,沉浸于各种各样的娱乐活动和恋爱等。

(2) 焦虑过低,缺乏学习的自尊心和自信心,学习不好也不感到丢面子,缺乏动力,懒于学习。

(3) 学习中注意力不集中,容易受内外各种因素的干扰,学习满足于一知半解。

(4) 对学习厌倦,冷漠,畏惧心理严重。

(5) 缺乏正确的学习策略和方法,不能主动地去寻找适合自己的学习策略和方法,学习能力较弱,学习成绩不好。

(二) 原因分析

1. 外部原因

首先来自于社会。社会生活是影响学习动机的重要因素。社会对人们的价值观有巨大的影响,正确的价值观可以对学习动机产生积极的影响,而错误的价值观则对学习动机产生消极的影响。在当前社会生活中,存在着知识贬值的现象,很多学生认为,现在学好学坏没有什么大的区别,毕业以后还不知道干什么呢。另外,现在找工作,看的也不是单一的学习成绩,主要看你有没有人、有没有钱。

其次是来自于学校。学校是学生生活学习的场所。学校的校园环境、教学设备、课程设置、教学计划以及教师的素质等,都会对学生的学习动机产生影响。就目前而言,学校的教育体制改革还不够深入,从教学内容到教学方式上基本上还是传统的一套,教师讲课内容陈旧,跟不上社会的发展,从而影响了大学生的学习热情。例如,有一名同学在课桌上写道:"太阳当空照,学校是座庙,老师在念经,学生在睡觉。"

再次来自于家庭。家庭是社会的细胞,是人类最基本的社会生活单位,是最重要的校外教育力量之一。家庭对学生学习动机的影响,主要是通过家庭环境潜移默化地进行的。家庭的经济条件、家长的文化程度和家庭规模是构成家庭环境的客观因素;家长的教育方式、期望程度和家庭气氛是构成家庭环境的主观因素。家庭环境的主观因素对学生学习动机的影响较大,其中尤以家长的教育期望和教育方式最为突出。

2. 内部原因

首先是心理上的自然松弛。经过高考激烈的竞争,一旦被录取了,从心理上便长长地松了一口气,加之进入大学后,学习又不那么紧张,新的目标还没有明确形成。

其次是没有学习动机。近几年来,大学生受社会上不良思潮的影响,价值观越来越趋于实惠,表现在需求上就是越来越偏重"自我""实际",甚至有的同学认为考取大学就等于端上了铁饭碗,就可以出人头地了,奋斗也就到此为止了;还有的同学认为成功是运气好,失败是运气不好;学习成绩不好是因为老师教得不好或老师出题太难,学习自然是对付。例如,一名同学在课桌上写道:"分不在高,及格就行,学不在深,作弊则灵,斯是教室,唯我清闲,小说传得快,杂志翻得勤,琢磨谈恋爱,寻思上网吧,无书声之乱耳,无复习之劳形,虽非跳舞场,堪比游乐厅,心里云'混张文凭'。"

三、学习动机过强

有些大学生由于对自己的能力缺乏正确的认识,过高地估计自己,对自己的期望远远超出实际水平,而实际上又很难达到,因而造成心理上的不平衡和压力。心理压力过大,最后多半导致失败,而失败的体验往往会挫伤自信心,最终可能会使抱负和期望变得很低,从而使自己变得不求上进。

学习动机过强对大学生最大的影响是使大学生心理压力增大,从而难以专注学习。虽然说学习动机对学习活动起着波动、推进、维持的作用,但这并不意味着学习动机越强学习效果就越好。学习动机作用于学习活动,有一个最佳水平的控制问题。动机之所以促进学习,是因为它能唤起、集中并保持学生的注意力,使他们专注学习。动机缺乏,学生则不能专注学习,学习行为不会发生,即使发生了也不能维持。而动机过强(这种过强可能是内部的抱负和期望过高,也可能是外部的奖惩诱因过强)会使学生专注于自己的内部抱负和外部奖惩,而不能专注于学习,从而阻碍了学习。

四、学习过度焦虑

在大学生中,学习过度焦虑是比较常见的,主要是由于一些大学生在环境的影响下,形成不恰当的学习目标和抱负,如把学习的好坏与自己的尊严、形象联系得过于紧密,千方百计想通过学习来保护自己的自尊心不受伤害。但自信心又不足,学习方法不当,心理压力很大,就会产生学习过度焦虑。例如,一名高考时以超出重点线很高的分数入学的女同学,入学后感到教学内容多,进度快,学习很吃力,特别是高等数学,上课时老师不停地讲,前面的内容还没完全听懂,后面的又接踵而来。她非常担心期末考试会不及格,从小学到高中毕业还从来没有这样的困境,要是不及格,怎么向父母交代?所以她感到在学习上的压力很大。这个例子是一个比较典型的学习过度焦虑。由于过度焦虑,一些学生在学习中不能正常发挥心理效能,注意力难以有效集中,在问题面前显得呆板固执,尽管花费了大量的时间和精力,但学习效率很低。有些同学为了减轻学习焦虑,对学习采取回避、退缩的态度和方式,逃避、害怕、厌烦学习和考试。

五、学习心理疲劳

学习心理疲劳表现为注意力不集中,思维迟钝、情绪躁动,记忆力下降,学习效率不高,并有失眠症状的出现。学习心理疲劳在大学生中并不少见,在心理调查中,很多同学反映记忆力下降、注意力不集中、急躁等都与心理疲劳有很大的关系。造成学习心理疲劳的原因是多方面的。

(1) 在学习活动中,学习内容长时间过于单调或生活中缺乏劳逸结合。
(2) 学习内容难度较大,学习过于紧张,使大脑神经持续处于高度紧张状态。
(3) 对学习活动缺乏兴趣,有厌烦、畏难情绪。
(4) 由于受到其他因素的干扰,学习中情绪低落,导致大脑神经活动处于抑制状态。

六、应试心理偏差

(一) 考试焦虑和怯场

在生活中,我们常常见到这样的同学,在即将考试或考试过程中,紧张、恐惧、思维迟钝、记忆力下降,甚至出现生理上的不适,如腹泻、失眠、恶心等,严重的甚至在考试中突然晕倒在考场上,这都是考试焦虑和怯场的表现。造成考试焦虑和怯场的原因主要有以下几个方面。

1. 动机超强

对考试成绩要求很高,把分数看得很重,在这种强烈的动机促使下,精神极度紧张,过分担忧自己考试的成败,而进入考场后,一旦真的遇到难题,便联想万千,从而影响了考试的正常进行。

2. 缺乏自信

有些同学因为种种原因曾经历过考试失败的打击,在心理上形成了失败的定势,总是怀疑自己的能力,担心考不好,于是打破了心理的稳定性,分散了精力,从而影响了考试水平的发挥。

3. 身心过度疲劳

一方面,作为正常的考试已使自身在体力和脑力上有所消耗,考试本身就让人有一种压力感和紧张感,所以,每当考完最后一科时都会长长松一口气,甚至有人高呼"总算解放了"。另一方面,是人为的紧张因素。为了能考得好,拿高分,有的同学打乱了以往的生活规律,夜以继日地学习,使得身心极度疲劳,因而产生负诱导。在考试中,由于紧张,负诱导的作用便出现了,明显感到记忆力下降,本来已经背过的或做过的题就是想不起来,心里非常焦急,越焦急就越加强了负诱导,越想不起来越焦急,从而影响了正常水平的发挥。

(二) 作弊心理

作弊这种行为在高校的考场上是颇有市场的,每一次考试都会有人不惜以身试法。每一次考试前,学校附近的复印店生意总是异常兴隆;每一次考完试,从考场一直到宿舍遍地是纸条。据调查,在考试中有作弊行为或作弊心理的同学约占考试人数的50%以上。作弊者一般有以下几种。

(1) 由于学习动力缺乏而"混日子"的学生。有的大学生平时不学习,把主要的精力全都放在从事各种课外活动上,考前又不想费力,所以就把心思全部放在作弊上。

(2) 平时学习比较用功,把分数看得很重的学生。有的大学生非常好面子,唯恐自己的分数比别人低,拿不到奖学金,从而不惜铤而走险。

(3) 偶尔为之的学生。有考试焦虑和怯场的同学,本来准备得很充分,却因过度紧张而想不起来,怕影响成绩,再加上看到很多同学作弊而没有被抓,所以存在侥幸心理,就这一回,下不为例。

总之,无论出于什么心态,何种原因,作弊者的目的是一致的,就是得到自己所期望的分数,起码及格,力争优秀。在这个目标的驱动和侥幸心理的支配下,选择了一种错误的行为方式。

七、习惯性自暴自弃

习惯性自暴自弃是指个体连续经受到失败,体验到行为后果与行为无关而产生的一种无助心理和从此放弃努力的行为缺陷。

大学生习惯性自暴自弃产生的原因主要有两个方面:一是所经历的失败次数。如果在生活中经受的失败太多,或长期的努力没有结果,就容易使人自暴自弃;二是控制点的特征,即对影响自己生命与命运的那些力量的看法。具有外控特征的人,认为自己主要受命运、机遇和别人的控制,认为行为的结果是自己不能控制的,在经历几次失败后,就会变得自暴自弃。

大学生自暴自弃现象,有可能局限于某一具体课程领域,也可能扩大到较大的学习范围和较多的科目。习惯性自暴自弃的大学生在面对问题时,往往反应性降低,甚至会自动放弃,同时还极易产生动机、认知情绪障碍,妨碍新的学习,影响成绩的提高。

第三节 影响大学生学习的非智力因素

案例导入

> **案例**
>
> 秦某是大学二年级学生,录取时被调剂到某大学环境工程专业。随着大二对专业课学习的不断深入,他发现自己越来越不喜欢自己的专业,他觉得对他来说环境工程专业学起来枯燥,难懂。高中时,他的化学成绩就非常不好,可如今化学是环境工程专业的必修课。然而在生活中,他看了很多心理学有关的电影和书籍,他觉得心理学很神奇,有趣,他开始喜欢心理学,他还花钱报班考了心理咨询师证书,还想考心理学的研究生。渐渐地,他对自己本专业的学习热情消失殆尽,经常逃课。有一段时间,他打篮球把脚扭伤了,就借故不去上课。后来脚好了他也没有去上课,这样的日子过了半个多月,期末考试时,他有两门课程无故缺考,最后一门虽然参加了,却也不及格。

-------- **案例评析** --------

瑞士心理学家皮亚杰说过,"所有智力方面的工作都依赖兴趣",兴趣给人力量,让人保持良好的心理状态。但是像案例中的秦某那样,很多大学生对自己的专业并不感兴趣,他们找不到自己的兴趣点。现在很多大学生学习动力不足,主要的原因就在于学习兴趣的丧失。其实心理学研究表明,兴趣不但可以培养,而且兴趣的发展也是逐步深化的,通过创造特定的客观条件和自身努力,专业兴趣就能够得以培养和激发。对于大学生来说,这个客观条件已经具备,所以培养专业兴趣关键是靠自身努力。

心理学的研究表明,影响大学生学习成绩的主要原因是学习中的非智力因素。学习中的非智力因素主要是指兴趣、情感、意志、性格、态度等方面对学习的影响。

一、兴趣与学习

学习兴趣历来为教育工作者所重视。古人说"兴趣是最好的老师",充分说明了兴趣与学习的关系。浓厚的兴趣能推动个体进行探索性的学习,对某一学科有着强烈而稳定兴趣的大学生,会以此学科作为自己的主攻方向,在学习中主动克服困难,排除干扰。

(一) 大学生学习兴趣的发展规律

兴趣一般要经过有趣、乐趣、志趣三个阶段。

有趣是兴趣发展的低级水平,它往往是被某些外在的新异现象所吸引而产生的直接兴趣,其特点是随生随来,为时短暂;乐趣是兴趣发展的中级水平,它是在有趣的基础上逐步定向而形成的,其特点是基本定向,持续时间较长;志趣则是兴趣发展的高级水平,它把崇高的理想和远大的奋斗目标相结合,是在乐趣的基础上发展起来的,其特点是积极自学,持续时间长,且在学习活动中作用有限。兴趣只有上升到了志趣阶段,才会使学生全身心地投入学习活动中去。

经历中学阶段的学习,大学生进入了专业学习领域阶段,面临着学习兴趣再确认的任务。因为大学生对学习的理解已脱离了有趣,而向着乐趣与志趣发展,从对专业的不了解到了解,再发展到喜爱专业,这需要培养专业兴趣。

(二)中心兴趣与广阔兴趣相互促进

根据兴趣的广度可把兴趣分为中心兴趣和广阔兴趣。中心兴趣是对某一方面的事物或活动有着极浓厚而又稳定的兴趣;广阔兴趣是对多方面的事物或活动具有的兴趣。信息时代要求大学生具有广阔的兴趣,知识广博,并在此基础上对某一专业进行深入钻研,培养起中心兴趣。现代社会需要的 T 形人才,就是指在广博基础之上的专业型人才,而目前倡导的复合型人才需要坚实宽厚的计算机与外语基础与精深的专业知识。这两者的结合,实际上也就是学习中的博与专的结合。正如掘井,如果井口太小,不可能挖出一口深井;如果井口太大,井口消耗过大,没有能力挖成一口深井。

(三)好奇心、求知欲、兴趣密切联系,逐步发展

好奇心是人们对新奇事物积极探求的一种心理倾向,它可以说是一种本能。好奇心人皆有之,在儿童期最为强烈,它主要表现在好问、好动方面。求知欲是人们积极探求新知识的一种欲望,它带有一定的情感色彩。青少年时期是求知欲望最旺盛的时期。某一方面的求知欲如果反复地表现出来,就形成了一个人对某一事物或活动的兴趣。兴趣是人们积极认识某种事物或关心某种活动的心理倾向。从横向看,好奇心、求知欲、兴趣是互相促进、彼此强化的;从纵向看,三者又是沿着好奇心、求知欲、兴趣的方向发展的。在学习活动中,好奇心不仅可以成为学生学习的动力,甚至会导致具有重大意义的发明或发现;而求知欲不仅是学生走上科学之路的诱因,并且是促使学生进行创造性活动的主要动机。因此,我们一方面要促使好奇心尽快地向求知欲发展,最终培养良好的学习兴趣;另一方面也要珍惜好奇心,增强求知欲,提高兴趣水平,使这三种心理因素都得到培养和发展。

(四)兴趣与努力不可分割

兴趣与努力是大学生成才的两个重要方面。大学生可能对自己所学的专业不感兴趣,但愿经过刻苦学习,大学生在专业学习上取得了一定的成绩,也会激发学生的专业兴趣。大学生有学习兴趣后,可以促进他们刻苦钻研,向着更高目标迈进。因此,学生的学习活动既离不开学习兴趣,又离不开勤奋努力,兴趣与努力不断互相促进,才能获得预期的学业成就。

二、情感与学习

我国古代著名教育家孔子将学习分为三个不同层次认识:知之者不如好之者,好之者不如乐之者。三个层次呈递进关系,乐学是最高层次的学习。现代的教育实践也表明,与学习相联系的情感活动主要有以下特点。

(一)情绪逐步向情操发展

情绪是比较低级的情感形式。它一般与人的生理需要相联系,但与社会需要也有联系。其主要表现形式有激情、心境和热情,统称为情绪状态。而情操则是习得的、比较高级的、比较

复杂的情感,它与人的社会需要相联系。其主要表现形式有理智感、道德感和审美感,统称为高级社会情感。在学习活动中,适当的激情、良好的心境、饱满的热情是学习的重要心理品质;而情操则是推动学习的强大动力,是一个人取得学业成就的先决条件。人是自己情感的主人,在学习过程中,学生既要通过学习活动形成和发展自己的情操,又要保持和激发积极的情绪状态,满腔热情地投入学习中去。

（二）情感与认识相互促进,相互干扰

美国心理学家沙赫提出了"情绪三因素说",认为情绪的产生归于三个因素的整合作用,即刺激因素、生理因素和认知因素,而认知因素在情绪的形成中起着重要的作用。事实证明:对客观事物没有一定的认识,就不可能产生什么情感。人的情感越丰富、越深刻,则认识也就越丰富与深刻。同时,人的情感又可以反作用于人的认识活动。心理学有关研究表明,人们回忆那些愉快的经历较之回忆那些痛苦的经历要容易得多,也深刻得多。一般来说,学生在学业上取得较大的成就,是与他对学习活动的满腔热情分不开的。但是,情感与认识又是互相干扰的。对某一事物的认识不当,就会使人对该事物产生不适当的情感;对某一事物产生了不适当的情感,就会妨碍对该事物进行深入的认识,甚至产生不正确的认识。学生的学习热情是在学习过程中培养起来的,丰富的知识可以使之产生丰富的情感。我们要学会用理智支配情感,做情感的主人,以克服消极的情感,防止它们对学习活动产生阻抑作用。

（三）情感与需要相互制约

一方面,情感是在需要的基础上产生与发展起来的,另一方面,情感又可以调节一个人的需要。只有当客观事物与人的主观需要处在一定的关系之中时,才能使情感产生。一般而言,凡是与主观需要相符合,并能使之得到满足的事物,就会产生肯定的、积极的情感,反之就会产生否定的、消极的情感。学生将学习活动、求知欲望当作自己的优势需要,就会产生热爱学习、立志成才的需要;反之,一个厌恶学习的学生会将学习当作负担。在学习活动中,大学生必须明确学习目的,培养合理正当的需要,以利于形成自己的高尚情操;同时,又必须使自己的较为低级的情绪服从较为高级的情操,从而使自己的需要受到这种高尚情操的支配和调节。

三、意志与学习

对于意志在学习中的作用,古今中外的学者都有深刻认识。荀子提出"骐骥一跃,不能十步;驽马十驾,功在不舍;锲而舍之,朽木不折;锲而不舍,金石可镂";苏轼也说"古之成大事者,不惟有超世之才,亦必有坚忍不拔之志"。陶行知先生将育才学校的创业宗旨总结为十句话:"一个大脑,二只壮手,三圈连环,四把钥匙,五路探讨,六组学习,七体创造,八位顾问,九九难关,十必克服。"有人曾对大学生的学习做了这样的描述:大学生差别最小的是智力,差别最大的是毅力。因此,意志在大学生的学习中起着重要作用。

四、性格与学习

陶行知先生从教育实践中得出,良好的性格特征主要有以下四个方面:一是努力奋斗,"奋斗是成功之父";二是实事求是,"知之为知之,不知为不知";三是独立意识,"独立的意志,独立的思想,独立的生计与耐劳的筋骨";四是创造精神。一个具有优良性格特征的学生,可以保证其具有正确的学习动力、稳定的学习情绪、持久的学习举动和顽强的学习意志,提高心智活动的水平,获得大学学业成功。

五、态度与学习

态度是指一个人对人、事、物和某种活动所持有的一种接近或背离、拥护或反对的稳定的心理倾向。它包括认识、情感与意向三种成分。学生的学习态度是指学生在学习情境中表现出来的比较稳定的心理倾向。大学生的学习态度直接影响其学习行为和学习成绩。影响大学生学习态度的因素主要有以下两点。

(1) 教师的人格魅力与教学水平。这些直接影响学生的学习兴趣。很多情况下,学生会有意或无意地吸取或模仿教师的某些行为,把教师作为自己心目中的楷模,这样会对学习产生积极的态度,否则会产生消极态度。

(2) 教学过程。教学过程中所涉及的学科内容、组织方式、授课艺术和讲课策略都会影响到学生的学习态度,如有的学生对专业不感兴趣,会直接影响其课程学习。许多研究表明:在不同教学形式与各种课堂活动情境下呈现出严谨而不失趣味的教学内容,易使学生产生积极的学习体验,从而形成或改变其学习态度;而消极的学习态度,往往伴随着枯燥的学习内容、呆板的教学形式和沉闷的课堂情境而产生。

第四节 大学生学习心理辅导

案例导入

案 例

某高校一年级男生李同学,第一学期考试3门课不及格,给自己造成很大的心理压力,怀疑自己没有学习能力,现在一上课就走神,尤其是高数和英语,根本听不懂,马上又要到期末考试了,他特别担心再考不及格,甚至产生想退学的想法。李同学性格比较开朗,兴趣广泛,喜欢交往,自己在分析考试不及格的原因时谈到,刚考上大学时,也曾经对大学生活有一番设想和憧憬,但来到大学后,发现大学并不像想象的那么美好;再加上老师在管理上也不再像中学那样管得很细、很多,也听不着父母整天没完没了的唠叨了,于是便不由自主地松了劲。今天与老乡聚一聚,明天又参加个什么活动,心怎么也收不回来。等到回过神来想学习的时候,想不到大学的课程讲授速度那么快,他已无从下手了。

案例评析

李同学的问题是学习适应不良、没有学习目标、学习动力缺乏造成的。他之所以产生学习不适应,其原因在于他对大学的学习特点缺乏足够的认识和思想准备,自主安排学习的能力和毅力都比较差,再加上学习中又缺乏具体的目标和方法,结果摔了一个大大的跟头。

表面上看,大学生进入大学学习阶段以后,由于没有升学的压力和学习自由度提高等方面的原因,由学习而带来的心理压力比高中阶段有所降低。但实际上,一方面大学阶段的学习任务的难度、高度、深度和数量增加,另一方面大学阶段进入专业学习阶段,客观上要求每个学生从学习策略和学习方法等各方面都需要有一种转型和改变,再加上大学阶段对大学生综合素质和学习能力的要求以及考试、考研、就业等竞争压力,使得大学阶段的学习压力实质上反而有所增加。

一、适应大学生活

(一) 调整自己的方位

每个人在现实生活中,随着外界环境的变化,都要不断地调整自己的位置,使自身的需求和发展与社会的需求和发展相一致,这就需要我们尽快地调整自己,寻找自己在大学生活中的最佳位置。首先,要平定情绪,不要被一时的不适应吓倒。其次,尽快从高考后的失落、成功的陶醉和入学后的新奇中摆脱出来。最后,努力去探索大学学习的特点和规律,做学习的主人。

(二) 培养自信心

大学是人才云集之处,自己过去的某些优势已不再那么明显,甚至不复存在,许多大学生因此而产生自卑感,对自身的智力产生了疑问,甚至失去了学习的信心,所以培养自信心是至关重要的。美籍物理学家钱致榕在1982年参加南京大学校庆时,讲述了他在中学时期的一段经历:新中国成立前社会风气很坏,很多学生不求上进,一位责任心很强的老师为了改变这种状况,就从全校300多名学生中挑选了60人组成了一个"荣誉班","荣誉班"的学生被告知,是因为他们的智商高,有发展前途而被选中的,所以,"荣誉班"的学生个个信心十足,严于律己、勤奋学习,结果这个班的大多数学生都成了有成就的人。后来有人问那位老师是怎样发现他们的智商比别人高、有发展前途的,那位老师说,并没有经过专门的选拔,是随机抽取的,最主要的就是培养和树立了他们的自信心。

(三) 寻找最佳的学习方法

寻找最佳的学习方法,是保证学习顺利进行并取得良好效果的一个重要前提条件。大学学习的一个突出特点就是以自学为主,所以围绕这个问题,大学生寻找最佳学习方法应在以下几个方面给予重视。

1. 阅读

大家知道,阅读是获取知识的必由之路,当今知识的更新与发展越来越迅速,以个人的精力一切从头做起是不可能的。因此,掌握阅读的方法,特别是学习书本知识是十分重要的。牛顿曾有句名言:"如果说我看得远,那是因为我站在巨人的肩膀上。"阅读是至关重要的。但是,能阅读不等于会阅读,凡识字的人都能阅读,但是大多数人不会阅读,区别就在于"能"阅读的人只是视读书为一个过程,把自己的头脑变成了名家名著的复印机和保存室,而"会"阅读的人能在书中找到有利于自身发展的智慧,并以此为基础去发挥自己的潜能。这正是所谓"活读运心智,不为书奴仆"。

2. 积累文献资料

大学的学习既然以自学为主,那么,我们有一位非常好的帮手——图书馆。图书馆是知识的宝库,也是一位无声的老师,每一位大学生都要与它多接触,成为它的朋友和学生。如何充分有效地利用好图书馆呢?

(1) 要提高我们的检索能力。前人云:"凡读书最切要者,目录之学,目录明,方可读书,目录不明,终是乱读。"

(2) 做好索引和卡片。把有用的资料按自己的方式做成索引或卡片,一旦需要,就可以及时准确地查找到,这样既可以节省时间,又提高了学习的效率。

(3) 记好笔记。俗语说"好记性不如烂笔头",在记笔记的过程中,可以随时记录下自己当时的灵感和想法。有人说,好的读书笔记就是论文的雏形。因此,我们在阅读的时候要做到"手勤、脑勤",养成良好的习惯。

3. 科学运筹时间

英国博物学家赫胥黎有一句非常有哲理的话:"时间最不偏私,给任何人都是24小时;时间也最偏私,给任何人都不是24小时。"其差异就在于能否合理和充分地利用时间。对于时间在学习中的价值谁都明白,但是,由于一下子从紧张的中学学习进入宽松的大学学习,一个明显的感觉就是时间特别宽裕,于是很多同学不知道如何安排课余时间,加之个别同学目标不明确,干什么事情总会说"等明天再说"。那么,如何安排好时间呢?

(1) 养成珍惜时间的好习惯。有人说,人的一生有三分之二的时间是在睡觉、吃饭和娱乐中度过的,而真正用在学习和工作上的也只有三分之一。因此,前人才会感叹"一寸光阴一寸金,寸金难买寸光阴"。

(2) 要善于安排时间。要充分利用有限的时间多去学习和工作,要巧用零碎时间,积少成多。

(3) 丰富充实自己的生活。大学有形的学习只是其生活的一部分,我们还要善于从无形的学习中获取更多、更直接的知识和能力。要充分利用好休息日、节假日、寒暑假到社会实践中去发现自身的不足,努力提高自己。

二、提高心理效能

(一) 增强学习动力

增强学习动力需要内外部环境共同来调节。从外部环境而言,需要有一种重视教育、重视知识、尊重人才的良好社会氛围和学校浓厚的学习、学术风气。这还有赖于社会的发展、教育改革的深入,但这并不是一朝一夕就可以达到的,因此,增强学习动力更需要自身的调节能力。

1. 确立明确的奋斗目标

要根据大学学习的规律并结合自身的特点,制订出新的奋斗目标。目标的确立要注意使个人目标与社会责任联系起来,要把近期目标与长远目标结合起来,只有这样的目标才有生命力,由此产生的动力才会强烈。

2. 培养学习兴趣

爱因斯坦曾说过:"兴趣是最好的老师。"兴趣是人们将注意力集中于某一对象,并伴有喜欢、愉悦的感情体验的心理状态。大家知道,如果一个人对一件事有兴趣,那么他就会深入持久地去做。兴趣不是天生就有的,而是随着年龄和实践培养和发展起来的。俄国著名教育家乌申斯基说:"没有丝毫兴趣的强制性学习,将会扼杀学生探索真理的欲望。"兴趣是求知的动力、热情的凝聚、行为的指向、成功的起点。所以,这就要求我们在学习中善于发现和激发自己感兴趣的问题,并由此深入其中,逐步地从中体会奋斗与创造的乐趣。学习兴趣的培养方法有以下两个方面。

（1）培养明确而强有力的学习动机。学习动机对学习兴趣的形成起着积极的促进作用，只有具备了明确而强有力的学习动机，有对知识的渴求和对成才的强烈愿望，才会对学习产生浓厚的兴趣。

（2）扩大知识掌握的深度和广度。知识的巩固和不断扩大、加深是兴趣产生的重要条件。大学生对某门课程的知识掌握越多、越牢固，产生兴趣的可能性就越大。大学生常有这样的感受：听懂了就有兴趣，听不懂就没兴趣。对专业的兴趣问题也是如此，对专业不感兴趣往往造成对学习不感兴趣，而对专业前景有所了解，掌握丰富的专业相关知识，就有可能逐步培养起对专业的兴趣。

3. 增强克服困难的毅力

有这样一则古代寓言故事：有一个人肚子很饿，于是他来到一家饼店，他吃完一张饼没有吃饱，再吃一张还是不饱，直到吃完第十张后，他打起了饱嗝，此时他非常后悔，说："既然吃第十张饼能饱，为什么一开始不吃这一张呢？白白浪费了那么多钱。"这个故事告诉我们这样一个道理，那就是没有积累就没有提高和飞跃，只有不断地进行量的积累，才能达到质的飞跃。因此，在学习中要调动自身的积极性去克服各种困难，顺利地完成大学的学业。

4. 培养良好的注意力

注意力是知识的窗户，没有它知识的阳光就射不进来。法国生物学家乔治·居维叶曾说过："天才，首先就是注意力。"那么，如何有效地控制注意力呢？

（1）提高对注意力作用的认识。俄国著名教育家乌申斯基曾把注意力比喻为"获取知识的门户"，这就是说要想获得大量的知识，进行创造思维，就必须最大限度地开放"注意"这一门户，高度集中注意力。

（2）要有不倦的好奇心。巴甫洛夫说："好奇是专注的第一要素。"要保持不倦，首先就要对所学内容不断地回顾和不断地发问，这样才能永葆好奇和新鲜感。

（3）要有顽强的意志。注意力说到底是个人意志的一种表现，学习中的挫折往往是集中注意力的劲敌。因此，我们要有败不馁的精神，在遇到困难时要冷静观察和思考，最后做出可行性的探索。

（4）要有健康的人格。注意力在学习中起着重要作用，其他心理活动依靠注意力才能逐渐完善起来。如果没有健康的人格，就很难控制注意力。爱因斯坦说："我的所为，就是想给我存在的祖国留一点属于我个人的东西。"显然，没有崇高的心志，就没有爱因斯坦的相对论。

（5）建立有效的学习规律。这里包括规划固定的学习时间，选择合适的学习地点，学习要有劳有逸、有张有弛。每天必须规定出一段时间来全神贯注地进行学习。在这段时间里，抱着坚定的意愿把注意力集中在一项学习任务上，这样才能明显地促进学习的进度。在选择学习地点时，无论是在学校还是在家里，学习的地点必须要舒适、安静、光线好、通风好、无干扰。要想使头脑保持清醒、精力充沛，生活就要有规律，不要搞疲劳战术。

（6）学会运用思维阻断法。人在注意力不集中时，常常会胡思乱想，及时阻断这种纷乱的思维，对于提高学习效率大有必要。当纷乱思想出现时，把眼睛闭上，反复握拳、松开，使肌肉收缩，并同时对自己说"停止！"，如此反复若干次，可以帮助集中注意力。

5. 掌握记忆方法

记忆力是智慧的仓库。一些优秀人才的较高智能，是与他们具有很强的记忆力分不开的。然而在日常生活中，有的大学生常常因记忆力不佳而忧虑，有的同学在考试来临之前感到记忆力不够用,有的同学在考试时忽然忘了考前已经记住的东西。针对这些记忆障碍,我们要积极地进行化解。

德国心理学家艾宾浩斯的记忆实验证明,记忆与遗忘总是相对出现的,在记忆的同时,遗忘就开始发生。要保持最佳记忆,就必须克服遗忘。识记后的一个小时内遗忘速度最快,遗忘量最大,而后逐渐变慢。学习过的材料过了一个小时之后,记住的材料仅剩下40%左右,再过一天,会忘掉全部材料的2/3,六天之后只剩下5%左右。遗忘规律告诉我们,必须重视及时复习,从而提高学习效率。最好的办法就是趁热打铁,当天的功课当天消化。在复习时间上,对新学到的知识开始每次复习的时间要长一些,间隔时间短一些。

有些大学生认为记忆力好坏是天生的,因而不注意寻求记忆规律和技巧,致使学习效率不高,知识基础不牢。事实上,每个普通人都有强大的记忆力。现代心理学研究证明,目前,人的记忆力一般只发挥了全部脑机能的几十分之一或几百分之一。如果重视记忆,经常锻炼记忆力又掌握记忆规律和科学的记忆方法,人的记忆就会放射出奇异的光彩。下面介绍几种主要的记忆方法。

(1) 目的记忆法。心理学研究表明,在所有条件相同的情况下,有意识记的效果比无意识记的效果好得多。因为记忆目的明确,使大脑细胞处于高度活动状态,大脑皮层形成兴奋中心而注意力格外集中,接受外来信息显得主动,大脑皮层留下的痕迹也颇清晰、深刻。比如第二天要考试,当天晚上记忆效率就特别高,因为此时的记忆目的性很明确。所以首先要加强记忆的目的性。

(2) 选择记忆法。为了记忆有效,大学生还应对记忆材料有一定的选择,去粗取精,有重点有选择地记忆,这样才能扩大自己大脑的记忆容量。著名科学家钱伟长曾说过:"一本书要能够读得它变薄,也要能由薄变厚。"这里的变薄,就是指要有选择重点识记,取其精华;至于变厚,则指运用知识时要融会贯通、举一反三。因此,遗忘那些不需要的材料是一种积极的提高识记效率的方法。

(3) 过度记忆法。现代记忆理论认为,进入脑中的信息开始时是一种神经冲动的回路活动,经过一段时间以后,记忆痕迹才得以固定。在此过程中需要多次强化才能记忆牢固,所以要反复记忆。有实验证实,识记50个外语单词,反复次数在4次以内记忆效果一般,超过4次,记忆量就有一个突增,到7次时,差不多可以全记住。可见,适当的过度记忆,多反复几次,记忆效果大不一样。

(4) 联想记忆法。联想记忆是通过事物在时间、空间、性质、因果等方面的联系来帮助记忆。它利用事物之间的接近性、类似性、对立性、因果性等关系从一事物去回忆另一事物。如学习外语,就可以把同义词、近义词、反义词放在一起学,这样容易把这些词记住。

(5) 歌诀记忆法。歌诀记忆法就是将有些记忆材料编成顺口溜,这样朗朗上口,易读易记。如把圆周率3.14159编成"山巅一寺一壶酒"等。

(二) 保持适度紧张

心理学的研究表明,适度的心理紧张是心理活动所需要的,它能有效地发挥智力水平,调动心理潜能,提高学习效率。

1. 提高学习的紧张度

要有意识地脱离沉浸娱乐、混日子的人际环境,加入学习刻苦、学业优良的人际群体,多到图书馆、自习室、实验室等学习气氛浓厚的环境,制订内容具体、分量适当的学习计划,并保质保量地完成,利用对学习活动结果正、反两方面的想象产生奖惩的心理感受,从而增加学习压力,提高心理紧迫感。

2. 克服学习过度焦虑

要正确认识和评价自己的能力,调整抱负水平和期望目标,增强自信和毅力,要重视努力过程,淡化结果、价值,保持愉悦稳定的情绪;探索、掌握切合自己特点的学习方法;把握大学学习规律,增进学习效率。

(三) 预防、消除心理疲劳

1. 善于科学用脑

人的大脑左右两个半球有着不同的分工,一般来说,左半球主要负责语言、逻辑、数学、符号、线性分析等抽象思维活动,右半球主要负责想象、图形、色彩、音乐、情感等形象思维活动。而且人脑左右两个半球对身体进行交叉控制,即左半球控制身体的右半部活动,右半球控制身体的左半部活动。此外,大脑活动还有一种"优势现象",即当大脑某一功能区的活动占优势时,可使其他功能区的活动处于相对休息状态。所以,根据大脑的活动特点,我们应该不同学科交替进行学习,这样就能有效地预防学习心理疲劳,提高学习效率。

2. 注意劳逸结合

大脑工作时,神经细胞处于兴奋状态,根据神经活动兴奋与抑制过程相互诱导的规律,可以知道长时间兴奋就会转入抑制状态。当我们长时间看书学习,觉得头昏脑涨、注意力不集中时,如果不适当休息,就会使兴奋与抑制失去平衡,并有可能导致神经衰弱。因此,在学习之余应该多休息,或参加一些文体活动,使身心都得到放松和调节,保证充足的睡眠时间,培养广泛的业余爱好,使生活内容丰富多彩。

三、培养应试能力

(一) 养成良好的学习习惯

学习是持之以恒的工作,正所谓"冰冻三尺,非一日之寒"。因此,我们在平时就应该养成良好的学习习惯,考试时才能得心应手。

(二) 正确对待考试

考试只是衡量学习好坏的手段之一,是学校教育中的一个重要环节。但是,考试成绩并不能完全准确地反映一个人的知识水平,特别对能力的反映更欠准确。因此,我们既要重视考试,又不要把分数看得过于重要,不要为分数所累。许多研究表明,一个人的成就跟学习成绩并没有太大的关系。在人类历史上,许多著名的科学家、发明家也都曾经是考试失败者。如物理学家、诺贝尔奖获得者爱因斯坦,中小学学习成绩不好,第一次考大学时名落孙山,法文、植物学、动物学三门课不及格;大发明家爱迪生,上小学时智商测试被认为智商很差,被退学回家;第一艘蒸汽轮船的发明者富尔顿,上小学一年级时只爱画画,别的课程都不行,因此被留级。可见,一两次考试的失败并不能定终身,不必因此而灰心丧气。

(三)提高应试技巧

1. 做好考前准备

首先,在考试前 4~6 周就要进行"强化复习",将一学期所学的内容做系统的整理,边整理,边思考,边回忆。以面到点,以点到面不断深化,使学的东西形成一个清晰、完整、有逻辑联系的整体,加深印象。其次,列个时间表,合理分配好各门课程的复习时间,并把相似学科的复习时间错开,以免各科间相互干扰。再次,临考试前一天晚上,再用两个小时做最后一次强化来加深记忆。

2. 合理安排作息时间

不要使大脑过度疲劳,以免影响发挥,尤其是临考前几天应保持充足的睡眠,这样才能保证使自己头脑清醒、精力充沛。

3. 应付怯场的方法

(1)采取时间延搁。考试时,先做有把握的或较简单的题,这样可以缓解紧张情绪,还可以增强自信心(切记不要发完试卷后不答题,先从头到尾看一遍)。

(2)积极的自我暗示。如果因考题太难而紧张,可暗示自己"考题对大家都一样,我觉得难,别人可能觉得更难,因此不必过分担忧"。

(3)深呼吸。闭上眼睛做几次深呼吸,要做得深而缓,这样可以有效地缓解紧张、放松身心。

(4)转移注意力。当你感到紧张时,可向窗外看一看;也可以提前带些含化片、口香糖等进行咀嚼,以转移对紧张情绪的注意力,迅速稳定情绪。

(5)寻求心理咨询。对考试焦虑或怯场的同学,必要时应寻求心理咨询人员的帮助,通过有针对性的科学训练和心理调适改变这种状态,顺利完成考试。

第五节　测试与训练

一、阅读资料

还是教授想得妙

某单位举办讲座,邀请北京大学的一位教授给全体管理人员讲授"企业的可持续发展战略"。在讲之前,教授给大家出了一道有趣的思考题:"很远的地方发现了金矿,为了得到黄金,人们蜂拥而去,可一条大江挡住了必经之路,你们会怎么办?"

一石激起千层浪,会场上顿时热闹起来。

有的说:游过去。

有的说:绕道走。

但教授却笑而不语。

良久,教授才严肃认真地说:"为什么非要去淘金,为什么不可以买一条船搞营运,接送那些淘金的人,这样照样可以发财致富!"

全体愕然。

教授接着说:"人们为了发财,即使票价再贵,也心甘情愿买票上船,因为前面就是诱人的黄金!"

大家茅塞顿开:是啊,为什么不能换一种思维呢!

二、心理测试

学习动力测试

【测试说明】请你根据自己的实际情况,逐一对每个问题做出"是"或"否"的回答。为了保证测验的准确性,请认真作答。

1. 如果别人不督促你,你极少主动地学习。
2. 你一读书就觉得疲劳与厌烦,只想睡觉。
3. 当你读书时,需要很长的时间才能提起精神。
4. 除了老师指定的作业外,你不想再多看书。
5. 在学习中遇到不懂的知识,你根本不想设法弄懂它。
6. 你常想:自己不用花太多的时间,成绩也会超过别人。
7. 你迫切希望自己在短时间内就能大幅度提高自己的学习成绩。
8. 你常为短时间内成绩没能提高而烦恼不已。
9. 为了及时完成某项作业,你宁愿废寝忘食、通宵达旦。
10. 为了把功课学好,你放弃了许多感兴趣的活动,如体育锻炼、看电影与郊游等。
11. 你觉得读书没意思,想去找个工作做。
12. 你常认为课本上的基础知识没啥好学的,只有看高深的理论、读经典作品才带劲儿。
13. 你平时只在喜欢的科目上狠下功夫,对不喜欢的科目则放任自流。
14. 你花在课外读物上的时间比花在教科书上的时间要多得多。
15. 你把自己的时间平均分配在各科上。
16. 你给自己定下的学习目标,多数因做不到而不得不放弃。
17. 你几乎毫不费力就实现了你的学习目标。
18. 你总是同时为实现好几个学习目标而忙得焦头烂额。
19. 为了应付每天的学习任务,你已经感到力不从心。
20. 为了实现一个大目标,你不再给自己制订循序渐进的小目标。

【计分方法】上述20道题目可分成4组,它们分别测查你在四个方面的困扰程度:1~5题测查你的学习动机是不是太弱;6~10题测查你的学习动机是不是太强;11~15题测查你在学习兴趣方面是否存在困扰;16~20题测查你在学习目标上是否存在困扰。

若你对某组(每组5题)中大多数题目持认同的态度,则一般说明你在相应的学习欲望上存在一些不够正确的认识,或存在一定程度的困扰。

从总体上讲,选"是"记1分,选"否"记0分,将各题得分相加,算出总分。

【测试结果】0~5分,说明你的学习动机上有少许问题,必要的时候可做适当调整;6~13分,说明你在学习动机上有一定的问题和困扰,有必要进行调整;14分以上,说明你在学习动机上有严重的问题和困扰,必须要进行调整。

三、心理训练

（一）学会管理时间

1. 体验时间

首先根据你的回忆，将你典型一天中的 24 小时的每个活动占据的时间按比例画在一个圆中，然后准备一个小本子，记录你每天所做的事情，以及这些事情所花费的时间，坚持一个星期，最后将你的记录与你最初画的"时间馅饼"进行对照，看看差别有多大。

写下你的感受＿＿＿＿＿＿＿＿＿＿＿＿＿＿＿＿＿＿＿＿＿＿＿＿＿＿

2. 按重要性安排事情

(1) 写下所有你需要在今天完成的工作，不用考虑次序。

日期：＿＿＿＿＿＿＿＿＿＿＿＿＿＿＿＿

1.　　　　　　　　4.
2.　　　　　　　　5.
3.　　　　　　　　6.

(2) ABC 等级次序方法。

将你写下的事情分成 ABCD 四类：A 类是重要又紧急的事情；B 类是重要不紧急的事情；C 类是紧急不重要的事情；D 类是不重要也不紧急的事情。按照你的责任和事情的重要性将它们排序。

A	B	C	D
＿＿＿＿	＿＿＿＿	＿＿＿＿	＿＿＿＿
＿＿＿＿	＿＿＿＿	＿＿＿＿	＿＿＿＿
＿＿＿＿	＿＿＿＿	＿＿＿＿	＿＿＿＿

正确的时间管理观念是先做 A 类事情，然后做 B 类事情，少做 C 类事情，不做 D 类事情。

（二）学会设置目标

1. 建立课程学习目标

为每门准备学习的课程建立一个目标，可以使学习的目的性更明确，从而产生学习的主动意识。

2. 学习时间的安排与控制

通过每天的自我监督，不断提高自己对学习时间的安排和控制能力，以培养良好的学习习惯，提高学习效率。

3. 具体操作

(1) 在纸上画出含有以下栏目的表格。

课程名称	
课程性质	
学时（学分）	
主要内容	
知识学习的目标	
技巧方法的目标	
能力培养的目标	

（2）填入课程名称、课程性质（包括必修或选修、专业课或基础课等）、学时数或学分数。通过向老师询问或查阅有关资料，了解并填写该课程的主要内容，要求简明扼要。

（3）根据课程的要求及自己的情况和意愿，在知识学习、技巧方法和能力培养三方面分别写上自己的学习目标。

在确立目标时要注意结合自己的特色，目标越具体越详细越好。这里提供一些基本样式供参考。

关于"知识学习"类的目标：
学习有关的基础知识_____
了解这一学科的基本结构_____
熟悉该领域的最新动向_____
搜集某问题的理论依据_____
关于"技巧方法"类的目标：
学习解决有关问题的方法_____
掌握对未来工作有用的技术_____
了解该学科的思维方法_____
关于"能力培养"类的目标：
提高用事实说明各种问题的能力_____
培养综合考虑问题的能力_____
提高文字表达能力_____

（4）平时复习和作业时读一遍此表，考试前和上课前也应读一遍此表，以使自己明确努力方向和目标，增强学习的目的性和针对性。

（5）在纸上画出如下坐标：横轴以天为刻度单位（如星期一至星期六），纵轴以小时为刻度单位。在纵轴适当的地方，画上一条横向的虚线，表示希望达到学习时间的平均水平（此学习时间为课堂学习时间之外的可以由自己独立支配的时间），如要求每天完成3小时的学习，就从刻度"3"作一虚线。

（6）每晚临睡之前，在表上记录当天学习的情况，即在对应日期和时间的坐标上画一个圆点。时间的计算，可以是直接用于学习的小时数，也可以把用于学习的小时数再乘上时间的利用效率。

（7）隔几个星期（大约一个月左右）分析一次。可能出现以下几种情况：

① 所有的点都在虚线以上。这表明你已很好地完成了计划用时。如果经常出现这种情况而不觉得紧张和吃力，说明你还有很大的潜力，你的用时指标还可以适当地加以提高。

② 有的点在虚线之上，有的点在虚线之下。可能是由于你还不能较好地控制自己，学习

的自律还要加强。也可能是出现了一些特殊情况,但要注明原因。

③ 所有点均在虚线以下。这表示你未能达到目标的要求,需要加倍努力,尤其要加强自我约束,以克服自我惰性和外界干扰。如果连续几次出现这种情况,就应该分析一下,是没有严格执行时间计划,还是目标过高,应当加以调整。

 思考题

1. 大学学习与中学学习有何不同?如何适应大学的学习生活?
2. 为促进学习,应该保持一种什么样的动机状况?
3. 为了更好地适应大学的学习生活,应有意识地培养自己哪些学习心理品质?

第八章 大学生人际交往心理

 心灵导读

对于众多的大学生来说,大学生活可能是学生时代的最后一站。从踏入大学的那一时刻起,我们就开始离开家庭、住宿学校,迈出我们独立生活的第一步。当一个人处在生活的转变时期,最重要的和最紧迫的问题莫过于思考如何在新环境中建立好人际关系。但是,很多同学由于不能很好地处理与别人的关系,从而发出了"活得真累、做人真难"的感叹。可以说,交往已成为人们生活中一项重要的内容,也成为衡量一个人生活能力的一项重要指标。

通过对本章的学习,了解人际交往的含义和功能;理解大学生人际交往的特点以及影响交往的因素;掌握大学生人际交往的技巧和方法;使大学生能够通过积极有效的途径和方法提高自身的人际交往能力。

第一节 人际交往概述

案例导入

案 例

李同学是家中的独生女,学习成绩优秀,但她在班上不爱和同学交往,认为学习是最重要的。由于经常受到母亲的打骂,对周围的同学不怎么信任。初中时感觉经常被同学欺负,很少和同学交流,经常一个人独来独往,有写日记的习惯。有一次自己的日记本无意中被人看到,而且在班上传开了,班上的人叫她"心理变态",从此,她就更不愿意和班上的人交往了。李同学认为初中是很痛苦的日子。高中时候,她意识到人际关系的重要性,发现自己的朋友少,就尽量主动去交往,因此高中的朋友还比较多。现在上大学后,高中的朋友很少联系了,关系也淡了许多,她觉得朋友没有什么意思,到目前为止还没有算得上交心的朋友。

李同学现在是大三的学生,最近两周以来,她感觉人际关系很紧张。"人际关系影响了我的考试,感觉自己与人相处很失败,现在和同学交往我就有些害怕了。我感到焦虑、郁闷、苦恼。前天考试了一科,遇到了一道难题,心里很着急,又想到前段时间和寝室同学关系的问题,心里本来不想想的,但就是忍不住要去想,越想越心烦,觉得自己遇事老是不顺。"对于寝室里发生矛盾的经过,李同学讲道:"我经常在寝室说一个同学,主要是说她上厕所忘记关水,早上起来开水龙头开得很大声,既浪费了水又影响我睡觉,上个星期一晚上熄灯后,我用台灯在看书,她觉得影响了她,就说早点睡觉,明天还要考试呢。我就关了灯。第二天早上起来她把水龙头开得特别大,我想她肯定是在报复我,我就让她开小声点。她很冒火地和我吵了起来。这件事过后我觉得也没有什么,本来就是她不对。中午看见她在和寝室另一同学QQ聊天。看到她说'我才不像你那么容忍她!',我一看就知道在说我。从那天中午以后她们两个变得很要好了,我心里特别不舒服,因为突然之间我感觉自己是被孤立的人。她们两个以前关系不好,就因为这么一件小事她们就成为好朋友了,我心里很不平衡。"

案 例 评 析

大学生离开了父母和家庭,开始独自面对人生。他们需要与同学、老师等进行各种交往,经常要面对和处理多种多样的人际关系。李同学与人相处过于自我,不能站在对方的角度去思考,不能体谅他人,总认为同学不好。当发现问题时,原有的知识结构中缺乏人际沟通与交流的方法,不知如何突破并改变现有的被孤立的状态,被焦虑情绪困扰,不能自行解决。其家庭教育与自身性格等多重原因造成李同学难以与同学和谐相处。人类心理的适应最主要的就是对人际关系的适应,人们的心理健康水平则有赖于正常的人际交往和社会生活。我们每个人的人生都是在与别人的交往中度过的,甚至可以说,我们每个人都是交往的产物,从我们出生后的第一声啼哭开始,我们便落入一个巨大的而又复杂的人际关系网中,不管你愿意与否、自觉与否,你都必须与别人进行着各种各样的交往。友爱、和谐的人际关系可以使人感到温暖、安全、愉快,从而激发人的积极性和创造性;相反,冷漠、排斥、充满敌意的人际关系则使人时时不快、事事不乐,甚至产生焦虑、强迫等神经症状,极大地限制人的发展。相关调查及心理咨询的实践表明,目前大学生人际关系的状况并不理想,这不仅直接影响到大学生们的心理健康,还会广泛地影响到他们在学习期间及将来走入社会后很长一段时间的生活。

一、人际交往的含义

人际意为人与人之间;交往是指人们运用语言或非语言符号交换意见、传达思想、表达感情和需要的交流过程;人际交往是指人们在社会实践中形成的人与人之间相互发生的关系,即在一定社会关系制约下,人与人之间在交流、联系、活动中形成的心理距离和心理关系。

人际交往表现在认知、情感和行为三个方面,可以说人际交往是由这三种心理因素构成的。认知是人际交往的前提条件。人际交往首先通过彼此相互感知、认识、理解而建立一定的心理关系。情感是人际交往的主要调节因素。没有情感因素的参与和调节,其关系是不可想象的。行为是人际交往的主要手段。在人际交往中,不论是认知因素,还是情感因素都通过行为,即言语举止、表情、手势等外部动作表现出来并达到相互交往的目的。认知、情感和行为是人际关系三个相互联系、相互促进的有机体。在交往中,人们相互间认知一致、情感相容、行为配合,就形成良好、和谐的人际关系,反之就会产生不和谐、相斥的人际关系。这些不同性质的人际关系交织在一起,就构成一张动态的、多维的、错综复杂的人际"关系网"。

二、人际交往的功能

凡是有人群生活的地方就存在着人际关系,每一个人的成长和发展都依存于一定的人际关系中,人际关系的好坏往往是一个人心理健康水平、社会适应能力的综合体现。对于正处于学习、成长之中的大学生来说,培养良好的人际交往能力、融洽的人际关系,显得尤为重要。人际交往的功能主要体现在以下方面。

(一) 实现信息交流

信息交流功能是人际交往的基本功能。人们在共同的交往活动中,彼此交流思想、知识、经验、情感等,这一切都是信息交流,人际交往就是一个不断输出信息和接收信息的过程。有人估计,人们在一天中除了8小时的睡眠外,其余的16小时中大约有70%的时间都在进行着相互间的交往与信息的交流。很多有识之士都十分重视人际交往中的信息传递。

(二) 提高学习、工作效率

人际关系是在群体里、在交往过程中实现的。群体内人际关系的好坏对学习、工作效率有很大的影响。人际关系是通过对劳动、学习态度的调节而间接影响人们的学习、工作效率的。社会心理学家研究表明,人们在学习和生产劳动中约有15%的时间用于人际关系冲突后的体验上。群体内各个成员之间如果能够相互沟通、理解、体谅、信任、支持,就会形成一种相容的心理气氛,使各个成员不但会产生满意、愉快的情绪体验,而且会以最小的能量消耗产生最大的成绩,更多地发挥各个成员的聪明才智,达到事半功倍的效果。相反,人际关系紧张、冲突,既消耗了人们宝贵的时间,又使人精神不愉快,处于苦恼之中,影响人们的学习、工作和生活。

(三）促进人的身心健康

我国医学心理学家丁瓒说过："人类心理的适应，最主要的就是对人际关系的适应，所以人类心理的病态主要是由人与人之间关系的失调而来。"人际关系良好的人，能为别人所接受、理解，也能用信任、友爱、宽容的态度与他人相处。他们不为一时的冲动所驱使，不为暂时的困难而焦虑；虽怒而不失态，虽悲而不自毁，他们的心境始终是豁达、开朗、稳定和乐观的，促进了身心的健康。相反，一个人如果缺少人际交往或人际关系紧张，喜怒哀乐等情感无处交流，日久天长，必然会造成心理上的障碍，影响身心健康，导致心理失调，甚至危害身体。心理学有个感觉剥夺实验就能证明这一点：20世纪50年代初期，加拿大心理学家赫伯，以把外界的空气、阳光、声音全部隔绝为实验条件，一天给25美金，吸引许多大学生参加实验。其结果证明，人们忍受不了没有任何刺激的环境。有的大学生仅仅几个小时就忍受不了，凡忍受下来的都出现了幻觉、失去常态，甚至会导致精神障碍。因此，改善人际关系是身心两方面健康的基本保证。

（四）促进良好个性的形成

人际关系对人的个性改变有很大作用。一个人的个性除了受先天遗传因素的影响外，更重要的是后天环境的影响。人们的交往不仅是认知上的相互沟通、情感的相互交流，而且也是性格和个性相互影响的过程。在交往中，一方的行为会对另一方起着很大的暗示作用，使个体获得进行全面比较的参照系数，全面了解到自己的为人，并可产生追求理想人格的强烈渴望。一个人长期生活在友好、信任、相容的人际气氛中，其个性会在他人和环境的影响下，在其自身的努力下，变得勇敢、热情、开朗、豁达、积极、主动。相反，一个人长期生活在不良的人际关系中，则会变得冷漠、粗暴、自私、悲观、脆弱，这反过来又促使人际关系更加不和谐。

（五）获得知识

在与人交往的过程中，人们随时可能通过与他人交流而获取对自己的学习、工作和生活有意义、有价值的知识经验，以他人的长处填补自己的短处，发展和更新已有的知识体系。此外，在交往过程中，人们会不断增强竞争能力、提高交际能力、开发创造能力，使自己的素质得到不断发展和完善。

第二节　大学生人际交往的特点和类型

案例导入

> **案　例**
>
> 关某是大二的一名学生，他因为与同寝室的同学相处不好而感到特别困惑，在班级心理委员的劝说下来到心理咨询室。他说来大学前，父母就一再告诫他要处理好同学关系，他也深知人际关系的重要性，可是不知从何做起。刚入学时，他为给同学留个好印象，扫地、打水等凡事抢着做，可是慢慢地他发现好像室友觉得寝室的活就应该他来做，这让他心里很不是滋味。再加上生活习惯等也存在一定的差异，他越来越觉得很难与室友相处。

---------- 案例评析 ----------

在如今的大学校园里普遍存在类似于关某所说的这种寝室人际关系问题,一个寝室几个人,由于成长的环境不同、性格差异,目标不一样、爱好不一致等难免会出现这样或那样的一些问题,应该说是正常的。正确处理人际关系,与周围的人和睦相处是青年人成长中的一个重要课题,因为你这一生都要不断地与周围人相处,难免会产生这样那样的问题。埋怨是不能解决问题的,而要学会处理人际关系,这不仅是一个方法问题,更能反映一个人的处世态度和精神境界。

一、大学生人际交往的特点

大学生人际交往的特点是由大学生自身条件决定的。大学生文化层次比较高,生理和心理都趋于成熟,重感情、爱幻想,在人际关系上表现为迫切希望交往、追求平等、注重精神、情感性强等特点。

(一) 迫切性

青年时期是一生中在交往方面较独特的阶段,有迫切的交友愿望。某大学组织的一次对新生的问卷调查有一题为"你现在最迫切的需要是什么?"在知识、友谊、金钱、时间、爱情、能力等多选项中,选择友谊的占83%,仅次于对知识的需要。这说明大学生社会参与强,他们迫切地希望与他人交往,让他人了解并承认自己,得到他人的理解、关心和尊重,并在交往中锻炼自己各方面的能力,为以后进入社会打下基础。

(二) 平等性

大学生由于生理和心理上的日趋成熟,其自我意识也处于逐渐成熟的过程中,产生了"成人感",希望在各个方面努力体现其独立的人格。加之大学生知识水平较高,民主思想较浓,平等观念强,因此大学生在人际交往中表现出强烈的平等性追求。

(三) 多样性

大学生文化水平高,兴趣爱好广泛,知识丰富,热情开朗,朝气蓬勃,思想活跃。这些特点决定了大学生的交往内容十分广泛,交往形式丰富多彩,内容涉及政治、经济、文学、艺术、体育、学习、娱乐、个人情感等广泛领域。他们可以通过组织社团、举办篝火晚会、搞联谊活动、爬山、游泳、旅游、散步等形式进行交往。

(四) 易变性

大学生由于心理发展得不完善,情绪容易产生波动,做事容易冲动,加之生活领域不断拓宽,因而在选择交往对象上也相应地表现出易变性。

(五) 精神交往性

大学生思想活跃,有着丰富的精神世界。大学生人际关系一般重义轻利,不是以物质关系为前提,更多的是精神领域内的交流,如交流思想、切磋学问、探索人生、抚慰鼓励等。我国社会心理学工作者对435名大学三年级学生做抽样调查,以了解他们的交往目的,其结果是:有利于学习提高的占 66.9%,有利于工作的占 15.2%,便于娱乐的占 16.8%,共同探索人生的占 49.2%,生活上互相照顾的占 28.5%。这说明大学生交往的主要目的是满足精神需要,丰富自己的精神世界,即便是相互馈赠或物质上的援助,也只是精神交往的一种辅助行为。

（六）情感性

大学生的人际交往,不管是学习上的互相帮助、生活上的互相照顾,还是娱乐上的合作都表现出较强的感情联系。而且由于大学生心理发育还没有完全成熟,情感很不稳定,好恶易显于表,好友之间朝亲夕分的事常有发生,因而其人际关系受情感影响而引起的变化也不小,这种情感的波动导致大学生人际关系的不稳定性。有的大学生,特别是女大学生因情感变化太快,很难交上知心朋友。极少数大学生在与异性的交往中只注重感情,超越现实,不顾后果,铸成终身遗憾的大错。

二、大学生人际交往的类型

大学生人际交往的类型是建立在特定的外部环境和心理环境的基础上的。按照交往的范围可分为三类。第一类是个体与个体之间的关系,如同学关系、朋友关系、师生关系和亲子关系。第二类是个体与群体之间的关系,如个体与家庭、学生与班级、群体与群体等。第三类是血缘关系、地缘关系与业缘关系。

血缘关系指父母与子女的关系、兄弟姐妹之间的关系及由此衍生出的亲戚关系。目前家庭教养方式与大学生的相关研究得到充分重视,家庭中的人际关系显得相当重要。

地缘关系指居住在共同的地区而产生的人际关系,如同乡关系、邻里关系等。这种关系因共同的乡土观念、相似生活方式、相同的语言文化带来更多的心理相容性,特别是大学新生初次离家求学,老乡在一定程度上起着心理稳定剂的作用,非正式群体中的老乡始终活跃于校园。

业缘关系是指共同的事业、爱好而结成的关系,如师生关系、师徒关系等。大学里的师生关系也有别于中学,师生关系是平等的身份,是以学术为纽带而建立的,看似疏淡实则志同道合。

这里着重介绍大学生之间的交往关系,即同学关系（含异性关系、地缘关系、趣缘关系）,大学生同教师的交往关系,即师生关系,大学生与父母的关系,即亲子关系。

（一）同学关系

同学关系是学校人际关系的基础内容之一,是大学生人际交往中最普遍的关系,它在大学生的整个人际交往中占有重要位置。学生群体之间和学生个体之间人际关系的好坏,会对学生的身心产生重要影响。究其原因,目前我国大学生入学年龄一般在 18 岁左右,经过 4～5 年的大学学习,在他们毕业时 23 岁左右。这一时期正处于青春期后期与成年初期阶段。从心理和生理上分析,这一时期青年的自我意识得到发展并逐渐成熟,他们希望摆脱大人而独立,需要得到他人的尊重和承认。

然而,他们又往往体会到一种与青春期以前阶段不同的种种激动与烦恼,产生青春期特有的孤独感、急躁感。随着性的成熟,还会产生不安感和不适感。加之高校特定的环境,又脱离原有熟悉的环境、人际关系和学习方式,对大学生活心理准备不足,在突变的环境面前大学生显得很难适应,心理产生许多矛盾和困惑。因此,这个时期的大学生往往迫切希望与他人交往,以期得到他人的承认、尊重和理解;互相关心、互诉衷肠,获得信息并借助他人提供的经验解除心理障碍,达到精神上的满足与愉悦,实现心理平衡、扩展知识、充实生活。

青年期知心朋友的亲密程度往往超过同父母、老师的关系。大学生在几年同窗生活中能结成浓厚的情谊。这种同学交往不仅存在于学生时代,而且可延伸到毕业以后,成为步入社会交往的纽带。同学交往的内容包括学习知识、获得信息、加强友谊、充实生活和恋爱等。同学交往的范围越来越广。过去,大学生的社交活动大多习惯和局限于同班、同乡的小圈子里。现在,随着第二课堂的开辟等原因,大学生交往不再局限于同班、同乡,只要对其学业有帮助、对其思想有启发、能丰富其情感生活的,他们都乐于交往。文、理科间的学生加强了往来,跨系、跨院校的活动增多了。大学生交往的形式不拘一格。大学生之间的交往在新条件下采取新的交往形式,如学术研讨会、各种沙龙、舞会联欢、寒暑假的社会调查等。这些形式的交往丰富了同学的知识,充实了课余生活,增强了大学生对社会和国情的了解,为大学生以后走上社会打下基础。

同学交往的作用可分积极作用和消极作用两方面。从积极方面看,大学生通过同学间的交往活动产生了积极的心理品质,增强了自信心、自尊心和责任感,促进了专业知识的学习,起到积极作用。从消极方面来看,同学交往不当也容易产生消极的群体行为和从众行为,也有的大学生只热衷于人际交往而影响了对专业知识的学习,导致交往行为的消极性。大学生应努力发扬人际交往的积极作用,避免消极作用的产生。

（二）师生关系

师生关系是大学生人际交往的主要关系之一,是学校人际关系的中心。研究表明,良好的师生关系能提高教师的教育效果,有利于学生身心的健康发展;不良的师生关系则易导致教育上的失败。据调查,大学生喜欢的教师具有知识渊博、业务能力强、看待问题敢于发表独到见解、热情、平易近人、严格要求并关心学生、办事公正等个性特征。大学生期待教师的教育和帮助、关怀和喜爱,并希望在此基础上建立起师生间纯真的感情。但是,大学阶段的师生关系与中、小学不同,大学教师着重培养学生的系统学习能力、自立能力和独立思考能力,双方交往主要发生在课堂上,课下也多与专业学习有关。相对于同学交往来说,师生交往显得比较淡薄,相互沟通少,学生除生活、学习上需要依靠教师的帮助和指导外,在人际关系上没有更迫切的交往动机。因此,尽管师生关系比较重要,但其在大学生的人际关系中并不占很突出的位置。

（三）亲子关系

大学生和父母的交往是一种最亲密、最可靠的交往关系。亲子之间的交往带有浓厚的感情色彩。大学生离开父母独自生活后,在感情生活方面渴望不断得到家庭的温暖,而且目前作为独生子女的大学生日渐增多,他们生活和思想上的独立性很弱,对父母的依赖性强,并把父母的付出看成理所当然,往往只讲索取不讲回报。大学生正处于成才的过程中,更需要父母在政治思想、道德品质、人生观及学习等方面的关心和指导。每一个父母都有"望子成龙"的迫切愿望,他们希望在给予子女物质帮助的同时能够给予子女思想和精神上的帮助。作为子女的大学生,应敞开心扉,主动向父母暴露思想,接受亲人情理交融的指导,并学会对父母的感恩,把亲子关系升华到一个新的境界。

第三节 大学生人际交往心理障碍及其影响因素

案例导入

案 例

在一次人际关系训练团体辅导活动中，一名同学在总结自己优缺点中这样写道：我叫无优点。我的优点清单——无！论长相，又黑又瘦；论学习，成绩平平；论家庭背景，最穷的山区农村；论身体状况，弱不禁风，常年头痛；论交友，朋友一个也没有。

看着这份署名"小风"的同学交上的心理小练习，心理老师只觉得百般滋味涌上心头，脑海中出现了一个人，像一只紧紧包裹着的厚厚的"茧"。人际关系训练团体辅导活动之后，心理老师与小风促膝而谈。"老师，我是个十分自卑的人，但又是个好强的人。我爸妈从小教育我，一个人的声誉最重要。我不愿意别人注意到我的'不好'。我很在意别人的眼光，在意他们如何评价我。因而我封闭自己，尽量少与人打交道。我想这样我就不用担心暴露自己的缺点，给他人留下'话柄'，让自己难堪。可是，我常常觉得自己活得好无聊，没有一点生命的色彩，人生不应该是我这样的吧……"

案例评析

我们可以看出小风的家庭背景、认知特点、追求完美的人格特征和缺乏主动性，使得他将自己"缚茧"起来，社交技能越来越退化。良好的人际关系应该以适度的自我价值感为基础。自我价值感来源于对自己作为一个独特个体而存在的固有价值的认识。是否具有适度的自我价值感直接影响到人际交往的模式。小风对自己的态度和糟糕的自我评价，必然会造成他在交往中出现障碍。

一、大学生人际交往心理障碍

人际认知反映的是个人对自己及自己的人际关系状况的了解程度，它是人际知觉的结果，是人际关系得以形成的理性条件。个体通过知觉了解他人与他人的关系、他人与自己的关系以及他人对自己的反应。个人只有形成了对自己人际关系客观、正确的了解，才能更好地认识自己、调节自己与他人的人际关系。在现实生活中，大学生常见的人际交往心理障碍主要有以下几个方面的表现。

（一）过于理想化

大学生生活经历一般不足，缺乏对事物本质的把握能力，故他们对人际的认知过于理想化，易把理想和可能性当作现实，即对人际交往的期望值较高，用理想化的尺度来衡量现实。大学生在进入大学之前，充满了对自己心中理想大学的憧憬，当然也包括对大学里温馨、和谐的人际关系的憧憬。他们赋予大学人际关系以理想、完美的色彩。这使得他们对校园里人际关系的复杂性和多样性缺乏足够的心理准备。许多大学生认为朋友间应无话不谈,一旦发现对方有什么事没告诉自己,就觉得不够朋友,甚至有被欺骗、受伤害之感。大学生人际关系中又确实存在着某些不足,故与同龄人相比,大学生对人际关系的满意度更低。有资料显示,有大约70%的大学生不同程度地对自己的人际关系感到不满意,而从具体分析来看,主要是其理想与现实不相吻合而产生的失望。

(二) 归因偏差

大学生在认识自己的人际关系,处理自己人际关系中相关的一些事情时,容易呈现出一定的归因偏差甚至错误。有调查发现,一些女生不敢与异性同学打招呼,归因于自己来自农村,长得不漂亮等;而一些学生将自己交往范围小归因为对方考虑地位、家庭背景、利益等因素过多,而不是归因为自己没有主动与人交流、自己的兴趣爱好不够广泛等。另一项调查发现,大学生对自己人际关系总体归因偏向于内控性,但对人际关系失败的归因表现出外控倾向;文科学生较理科学生对人际关系的归因更为外控;大四学生在人际交往失败方面的归因与大一、大二的学生存在显著差异,更为外控。正是对自己的认知偏见和对他人的消极认识、评价使许多大学生在自己的人际交往中产生嫉妒、自卑、猜疑、报复等不良心理,极大程度地局限了他们的人际交往,阻碍了人际关系的发展,也严重影响着他们的心理健康。

(三) 以自我为中心

现在的大学生多数是独生子女,他们在中小学时期往往是表现出色的好学生,已习惯接受别人的表扬和肯定。许多人进入大学后仍主观固执,自我意识强,自理能力差,想问题、处理事情往往以自我为中心。他们常常认为自己就是"恒星",别人是"行星",都应该围着自己转,关心自己,为自己着想。他们往往会过分关注自我,过分注重自我需要的满足,却忽略或否认他人的需要,并以自我需要展开人际活动,进而以此作为判断和评价人际关系的标准。他们不大注意了解他人的性格、爱好、生活习惯、思维方式等,对差异缺乏宽容精神;认为好朋友就是和自己观点一致的人、处处维护自己利益的人,只要别人的思想和自己产生分歧,就把这些人视为"异己",排斥在交际圈之外。调查结果显示,有26.21%的大学生要求自己的朋友要100%地对自己好。如果朋友达不到这一要求,往往会由最初的亲密走到后来的各奔东西。

(四) 过分苛求

由于大学生的生理、心理还不够成熟,情绪化色彩重,生活经验也不丰富,他们在认知方面往往还存在着绝对化、概括化的误区,即过分苛求自己和他人,追求完美;经常以一时一事评判自己或他人整个人乃至整个人生,缺乏辩证的弹性思维。在交往过程中,这种不全面的认知首先表现为从自己的心理出发认识和理解问题,缺乏对对方性格和心理的客观了解,从而很容易产生误解和矛盾。

二、大学生人际交往的心理效应

社会心理学研究表明,在人际交往中,对交往对象的认知、印象、态度及情感等,都会影响到交往的正常进行。然而,由于种种原因,交往过程中的人际认知往往会出现这样或那样的心理偏差。

（一）首因效应

首因,即最先的印象,或称第一印象。在人际交往中,人们往往注意开始接触到的细节,如对方的表情、身材、容貌等,而对后来接触到的细节不太注意。这种由先前的信息而形成的最初的印象及其对后来信息的影响,就是首因效应。

首因效应是大学生在交往活动中一种比较常见的现象。客观地说,首因效应在交往活动中有一定的作用。这就是我们常说的"先入为主",它影响着今后交往活动的深入进行。当然,第一印象也不是不可改变的。虽然第一印象赖以产生的信息是有限的,但由于人的认知具有综合性,完全可以把这些不完全的信息贯穿起来,用思维填补空缺,形成一定程度的整体印象。

（二）近因效应

近因,即最后的印象。近因效应,指的是最后的印象对人们认知具有的影响。最后留下的印象往往是最深刻的印象,这也就是心理学上所阐释的倒摄作用。首因效应与近因效应不是对立的,而是一个问题的两个方面。在大学生的人际交往中,第一印象固然重要,最后的印象也是不可忽视的。一般而论,在对陌生人的认知中,首因效应比较明显;而对熟识的人的认知中,近因效应比较明显。这就告诉我们,在与他人进行交往时,既要注意平时给对方留下的印象,又要注意给对方留下的第一印象和最后印象。

（三）光环效应

光环效应又称晕轮效应,指的是在人际交往中,人们常从对方所具有的某个特性而泛化到其他有关的一系列特性上,从局部信息形成一个完整的印象,即根据最少量的情况对别人做出全面的结论。所谓"情人眼里出西施",说的就是这种光环效应。光环效应实际上是个人主观推断的泛化和扩张的结果。在光环效应状态下,一个人的优点或缺点一旦变为光圈被扩大,其他优点或缺点也就隐退到光的背后被视而不见了。在大学生的人际交往中,光环效应也是一种常见的现象。例如,男女大学生会对外表吸引人的同学赋予较多的理想人格特征,常常为那些长相比较动人的同学设计美好的未来。

（四）投射效应

投射效应是指在人际交往中,认知者形成对别人的印象时总是假设他人与自己有相同的倾向,即把自己的特性投射到其他人身上。所谓"以小人之心,度君子之腹",反映的就是这种投射效应的一个侧面。

一般说来,投射可分为两种类型:一种是指个人没有意识到自己具有某些特性,而把这些特性加到了他人身上。例如,一个对他人有敌意的同学,总感觉到对方对自己怀有仇恨,似乎对方的一举一动都有挑衅的色彩。另一种是指个人意识到自己的某些不称心的特性,而把这些特性加到他人身上。例如,在考场上,想作弊的同学总感觉别的同学也在作弊,倘若自己不作弊就吃亏了。值得注意的是,后一种投射往往会把自己某些不称心的特性,投射到自己尊敬的人、崇拜的人身上。其逻辑是:他们有这些特性照样有着光辉的形象,我有这些特性又有何妨。目的是通过这种投射重新估价自己不称心的特性,以求得心理上的暂时平衡。

(五) 定势效应

定势效应是指由于人们头脑中存在着某种想法,而影响对他人的认知和评价。在人际交往活动中,当我们认知他人时,常常会不自觉地产生一种有准备的心理状态(出现原有的某种想法),并从这种心理状态出发,按照事物的一定的外部联系进行认知和评价,于是也就产生了定势效应。定势效应在某种条件下有助于我们对他人做概括的了解,但往往会产生认知的偏差。例如,农村来的同学认为城市来的同学见多识广,但狡猾、小气;城市来的同学则认为农村来的同学孤陋寡闻,但忠厚、老实。

(六) 刻板印象

刻板印象是社会上对于某一类事物或人物的一种比较固定、概括而笼统的看法。它主要表现为在人际交往过程中机械地将交往对象归于某一类人,不管他是否呈现出该类人的特征,都认为他是该类人的代表,进而把对该类人的评价强加于他。刻板印象作为一种固定化认识,虽然有利于对某一群体做出概括性的评价,但也容易产生偏差,造成"先入为主"的成见,阻碍人与人之间深入细致的认知。例如,男生往往认为女生细心、胆小、娇气;女生则往往认为男生粗心、胆大、傲气。

三、影响大学生人际交往心理的因素

(一) 时空邻近性

俗话说"远亲不如近邻"。这说明时空距离是形成密切的人际关系的一个重要条件。邻近性是指如果其他条件相同,人们在时空上越接近,双方交往和接触的机会就越多,彼此间就越易形成密切的人际关系。大学生们由于同时入学,或年龄相当,或住在同一个寝室,或经常在一个教室和图书馆一起学习,或是同乡等原因,经常接触,相互交往的次数多,容易具有共同的经验、共同的话题、共同的体会,从而建立起较密切的人际关系。

美国心理学家费斯廷格等人调查研究了一个区域里的友谊模式,他们向17座独立的二层楼房里的住户提出询问:"在该区社交活动中你最亲近的是哪3个人?"其结果发现:居民与住得最近的人更亲近,最容易建立密切的友谊关系。其中有41%的人选择了隔壁的邻居为朋友,22%的人选择了隔一个门的邻居为朋友。由此可见,时空邻近性是密切人际关系的一个非常重要的条件。

(二) 态度相似性

俗话说"物以类聚,人以群分"。人与人若具有相类似的认知与价值观,不但容易获得对方的支持与共鸣,同时也容易预测对方的感情与反应倾向,在交往过程中彼此容易适应,从而建立良好的人际关系。所谓相似性,包括年龄、学历、兴趣、爱好、态度、信仰、容貌等方面的类似性或者共同性,具有上述某方面相似性的人容易成为朋友,建立亲密关系,其中特别是态度的相似性。

相似性有助于交往,这是因为:首先,各种相似的因素使人具有较多的共同参与社会活动的机会,因而人们接触较多,容易熟悉和相悦;其次,相似性可使交往双方产生一种社会增强作用,能满足双方共同的需要;最后,相似性可使人与人之间的意见容易沟通,由于较少有沟通上的障碍,因而可减少误会、曲解和冲突,从而有利于维持良好的人际关系。大学生在评价自己的这种友谊时说:"我们性格志趣相投谈得拢。"又说:"我们有共同的语言,在情感和信仰上没有隔阂和矛盾。"

(三) 需求互补性

互补性也是密切人际关系的重要因素之一。所谓互补是指人的个性表面的差异,由内在的共同观点或看法来弥补。如果相似性是客观因素,那么互补性可视为主观因素。互补实际上是一种主观的需要或动机。有时两个性格很不相同的人相处很好,并成为好朋友,这就是由于双方都知道自己的长处和短处,都想利用对方的长处来弥补自己的短处,这是一种心理上的需要,基于这种需要,双方可以和睦相处。特别是异性之间,根据互补性原则结为姻缘的相当普遍。常言道,男刚女柔,刚柔结合,既相冲又相容。

当交往的双方能彼此满足对方的心理需求,彼此将产生强烈的吸引力,从而使相互之间的关系更加密切。大学生们长期在一起生活、学习和工作,虽然不可避免地会产生这样或那样的矛盾,但是,如果一方所表现出来的行为,正好能满足另一方的心理需求,则彼此间将产生强烈的吸引力,从而密切他们之间的人际关系。大学生们的心理需求很多,归纳起来主要有安全需求、归属需求、自尊自信需求、成才成就需求。大学生们在评价他们之间的友谊时,也往往说:"他成绩好,知识面广,可以帮助我、带动我。""他人缘好,我们常在一起,能够在思想上、学习上等方面获得他的帮助。"这也说明互补性需要是密切人际关系的重要条件。

(四) 个性特征

大学生的个体能力、性格、品德等个性特征,是构成人际吸引的重要因素。心理学家奥尔波特经过研究发现,人际吸引力最重要的成分是人的内在属性,如涵养、幽默、礼貌等;其次是形体的特点,如体魄、服装、仪表等;第三是个人表现出的特殊行为,比如新奇和令人喜欢的动作等;第四是个人的角色地位而引起他人的爱慕与尊敬。

(五) 外表特征

爱美之心,人皆有之。一个人的长相、穿着、仪表、容貌、体态,往往是构成人际吸引力的重要因素,特别是在初次交往和第一印象中。外表包括人的外貌、身高、风度等。这些因素也会影响人与人之间的关系。美丽比介绍信更具有推荐力。由于首因效应,外表特征在人际吸引力中占有重要地位,尽管我们都懂得"以貌取人,失之于人"的道理,但是,在人们交往活动中外表特征有时也会在无形中影响着人与人之间关系的建立与发展。

在戴恩及同事的一项实验中,给大学生们看三个大学生的照片:第一个外貌有吸引力,第二个相貌一般,第三个无吸引力,让被试者在 27 种个性特征上对这 3 个样本做出评价,并要求他们估计这 3 个人未来是否幸福。结果表明,最合人心意的、最幸福的预言都落在外貌有吸引力的人身上。

大学生在评价异性时,通常是把一个人的外表美与心灵美结合起来加以考虑。对北京大学 200 多名大学生(含研究生)的调查表明,相当多的男大学生认为"女性美最主要的是自然美加上健美","不要浓妆艳抹,应着重心灵美,外表是次要的"。他们认为女性应具有的特征是善良、温柔、热爱生活、爱学习、热情、娴静、活泼而不轻浮,富有青春活力等。一般情况下,开始的时候人们往往把对方的个人仪表、外貌、特征视为最重要的。但是,随着双方交往的深入,吸引力将会从外在的仪表美逐渐转向内在的心灵美,把心理品质视为最重要的因素。

(六) 才能与专长

大学生比较崇拜和羡慕有真才实学的人。一般说来,一个人的才能出众或有某方面的专长,对别人就有一种吸引力。当然,有时候过于精明强干的人也不一定受人喜欢。社会心理学家阿伦森的研究结果显示:十全十美的人(实际上不存在),使人感到高不可攀,敬而远之,人们往往不敢与之交往。相反,有小缺点、才能超群者往往更受人们喜爱。大学生们经常说:"没有缺点本身就是最大的缺点"。所以,个人的才能与专长是指个人在某方面的出类拔萃,超群脱凡,而不是指十全十美。这也是一个人吸引他人的重要组成部分,是构成人际吸引力的重要因素。

第四节 大学生人际交往心理辅导

案例导入

案例

大二学生陆某是一个活泼、开朗的女孩子,一进大学校门,她就积极主动地与周围同学交往,希望获得别人的接纳与喜欢。同学之间的交谈她都积极参与,渐渐地只要有她在场的交流,没有不是以她为中心的,她说的话最多,占用的时间最长,并且总是千方百计地把别人的注意力吸引到自己这边来,或者竭力驳斥与自己观点不同的人,她为此而自我感觉良好。然而,随着时间的推移,她发现最初同学们倾听她侃侃而谈时的专注、欣赏的表情消失了,代之以心不在焉、无动于衷甚至是不耐烦的神情。不止一次,她发现别人在回避她、疏远她,她陷入了前所未有的孤独与困惑。

案例评析

案例中的陆某犯了一个大学生人际交往中常见的以自我为中心的问题。陆某之所以存在着人际交往方面的问题,从交际心理来分析,她存在以下心理误区。

(1) 把交流看作是与人竞争的一个方面,把在交流中占上风看作交流的目的。其实,交流的目的在于沟通双方的内心,有来有往,互通有无,彼此分享对方的经验、观点、知识、情感等,促进彼此全面、深入的理解与接纳,以便更好地协调双方的关系,达到促进双方共同成长的目的。

(2) 在与人交流时倾听对方的太少,自己讲、讲自己的太多,这样做会被别人认为是虚荣心强、以自我为中心、不尊重他人。

(3) 在交谈中只注意运用理性去判断,没有注意调动情感去体会,所以别人对她的冷淡与疏远是必然的。

大学生来自五湖四海,各地的风俗习惯、风土人情千差万别,家庭环境和成长经历不尽一致,生活习惯、兴趣、爱好、个性有较大的差别,再加上不了解人际交往的心理原则、技巧和艺术,从而导致了与他人交往中经常碰壁。有些大学生因此对人际交往失去了信心,从而在心理上封闭自己,独来独往,最终给自己带来精神上的压力和痛苦。因此,大学生要建立良好的人际关系,必须掌握一些交往的原则、规范、技巧和艺术,才能达到事半功倍的效果。

一、培养大学生良好的人际交往原则

（一）平等原则

在人际交往中,平等待人是建立良好的人际交往的前提。如果没有平等待人的观念,就不可能与人建立密切的人际关系。交往要平等指的是人与人之间的相互交往应该平等,做到一视同仁。同学之间不要因为家庭、经历、特长、经济等方面的不同而对人"另眼相看",也不要因为学习成绩、社交能力等方面存在差异而看不起别人,更不要因为自己获得了荣誉和拥有良好的社会背景而傲视别人。只有把每个人都看成是和自己同等的人,像求助于别人一样帮助别人,才能与他人形成真正平等互助的正常交往。

（二）互利原则

互利原则要求人们在交往过程中,交往双方都得到好处和利益,心理上获得满足。互利包括三个方面:物质互利、精神互利和物质与精神兼利。大学生交友中的互利虽然也有一定的物质互利,但主要还是精神互利。大学生的生理和心理特点决定了他们最希望能得到别人的理解和支持,喜欢引人注目,渴望出类拔萃。大学生精神互利,与他们本身需求系统中精神需求所占比重较大有关。

大学生在同他人交往的时候,要想从他人那里获得关心、注意和爱护,就必须考虑到他人也有这种需要。这也是互利原则所需求的。因此,建立良好的人际关系要互相关心、互相爱护、互相帮助、互相理解、互相尊重,不能只让别人对你贡献,而你对别人只讲索取。

（三）信用原则

所谓信用,是指在人与人的交往中,要说真话而不要说假话,要遵守诺言,兑现诺言。信用是忠诚的外在表现,讲信用是相对于他人而言的,没有交往便无所谓信用问题,单独的个人就不存在信用问题。但是,人是离不开交往的,而交往离不开信用。在大学生的人际交往中,取信于人是非常重要的。由于大学生群体的特殊性,他们的信用一般不像社会政治与经济交往中那样受到法律的约束,而主要是依靠道德力量来约束。大学生在人际交往过程中,只有真诚待人,才有可能与别人建立和保持良好的人际关系。社会经验证明,为人与交友最重要、最根本的就是要诚实,诚实才能使人放心,才能取得他人的信任,别人也才能同你推心置腹地交心。信用是大学生结交知己良朋必不可少的前提。大学生们也都喜欢同诚实正派的人交往,这样的交往有一种安全感,不用担心什么。

常言道"言必信,行必果"。取信于人的主要方法概括为守信、信任、不轻诺、诚实、树立自信心。无信不立,守信是第一步。树立自信心,就是为了获取信用,自信被视为成功的第一要诀。一位研究人际关系的学者说得好:"人际关系不好的人大都缺乏自信心。想保持良好的人际关系,必先找回个人的自信心。"大学生在交往过程中,既要自信,又要信人,做到互相之间以信相待,以诚相待。

(四)兼容原则

兼容原则是指人们在交往过程中出现矛盾、遇到冲突时要有耐心,能够宽容他人,做到包容并蓄,包括容忍对方的个性和缺点。大学生在人际交往过程中应该学会宽以待人,不计较他人的细枝末节,如物质利益的损失,某些性格上的差异,甚至一些言词方面的冒犯等,这样才能在学习、生活和工作中保持融洽的人际关系。

大学生主要过集体生活,他们来自全国各地,每个人的个性、兴趣爱好各不相同。有人外向,有人内向;有人热情,有人深沉;有人大方,有人小气;有人学习成绩优秀,有人文体特长较多。因此,要想关系融洽,需要每一个大学生能够尊重他人的习惯、爱好,不把自己的主观意志强加给别人。同时还要充分理解对方的心理,谅解别人的过失,对别人不求全责备。只有这样,同学之间才能避免和消除猜忌、纠纷、傲慢和自卑,形成协调的、融洽的、和睦的人际关系,使大学生的集体成为一个温暖的集体,而这一切都是离不开兼容原则的。

兼容不仅表现在对非原则的问题上不斤斤计较,而且表现在别人明显亏待了自己的时候也能做到以德报怨;兼容不仅表现在容忍别人的短处,也要容忍别人的长处。当别人不如自己的时候不轻视怠慢,当别人优于自己的时候不嫉贤妒能。当然,兼容也不是软弱无力,恰恰相反,不以牙还牙,抑制狭隘的报复心理本身就是力量和勇气的表现。佛语说得好:"以恨还恨,恨依然存在;以爱还恨,恨自然消失。"大学生有文化,知书识礼,应该达到"有理也让人"的心理境界,严于律己,宽以待人,兼容并蓄。

(五)尊重原则

尊重是由"人人平等"的社会伦理规范所规定的人际交往原则。它包括自尊与尊重他人两个方面。自尊就是在各种场合都要自重、自爱,不做有损于人格尊严的事。尊重他人就是重视他人的人格和价值,承认他人在人际交往中的平等地位。一个不尊重他人,经常损害别人,或把别人当工具"呼之即来,挥之即去"的人,人们是不愿与之交往的。人都有友爱和受人尊重的需要,大学生的自尊心都比较强,他们希望在社会中有一定的地位,受到人们的信赖与尊重,使自己成为社会中平等的一员。

二、大学生人际交往心理的调适

(一)克服交往的心理障碍

1. 摆脱孤独感

孤独感在青年期有其心理上的独特性,大学生随着心理的成熟,越来越发现自我与其他同龄人之间的心理差异,意识到自己与众不同的特点,产生了与他人交往、了解别人内心世界并被其他同龄人接受的需要。如果这种需要得不到满足,就容易感到空虚,产生孤独感。大学生们常常产生这样的矛盾心理:一方面觉得自己心中有许多不愿轻易告诉别人的秘密,有一种闭锁心理;另一方面又渴望别人能真正了解自己,能与自己彼此以心换心地沟通思想。当寻觅不到这样的"知音"时,便会陷入惆怅和苦恼之中,加深自己的孤独感。

摆脱孤独感的基本途径就在于改变不适当的处世态度和生活方式,拓展生活空间,在积极的交往活动中通过沟通建立与他人的心灵联系。一个人在紧张和充实的生活中,是无暇顾及孤独的。只有在无所事事的时候才会感到寂寞和空虚。因此,在闲暇时间积极从事各种有兴趣的活动,积极参加各种社交活动,可使人觉得生活充实而富有乐趣。当感到自己被人所理解、所包容,并与别人心理相容的时候,便会抛弃自我封闭的孤独感。

2. 正确对待生活

一个人对人生的看法及其处世态度,会在很大程度上影响他的交往态度和方式。人生总是充满着顺利与挫折、成功与失败、幸运与不幸、获得与失去的交织。生活中,许多人由于种种心灵的创伤而把自己关闭起来。事实上,这种自我压抑的方式只能使自己承受痛苦的煎熬,而不能从根本上得到解脱。最好的办法就是通过结交良朋知己,开放自己的心扉。也有人是以清高绝俗的态度来对待人生的,他们不屑与周围的"芸芸众生"为伍,而只期望结交没有缺点的"完人",实际上是戴着有色眼镜待人接物。当然,"个人奋斗"本身并非坏事,但是,如果鄙视周围的人,离开社会交际,那只能成为孤家寡人,在精神上不可能愉快,在事业上也很难成功。

正确地对待人生,就意味着以平等的态度同他人往来,学会正确地评价别人的优缺点。对大学生来说,关键是要放下自己的架子,丢掉清高之感,牢牢记得"三人行必有我师"的古训,与任何人真诚交往都是会有所收获的。要善于发现别人身上的闪光点,这样就能找到理想的朋友,建立良好的人际关系。

3. 战胜自卑和羞怯

自卑与羞怯,常常使人不敢大方地与人平等交往。虽然个人主观上很想同别人交往,但又不敢大胆地进入社交圈子,唯恐受到别人的拒绝和耻笑,当与他人来往时,容易出现无法抑制的脸红心跳、惶恐失措,严重者会患上"社交恐惧症"。

战胜自卑和羞怯,尤其是"社交恐惧症",关键在于树立起成功交往的信心。充满自信才能在精神上和躯体上都有所放松,从而使人显得坦然自若,沉着镇定。第一次成功的社交经验,将会极大地破除社交的神秘感和增强对自己的社交能力的自信,从而逐步走上人际交往的良性循环。

4. 克服嫉妒心理

嫉妒心理是当个体的私欲得不到满足时,对造成这种不满足的原因和周围已经得到满足的人产生的一种不服气、不愉快等的情绪体验。在嫉妒心理的支配下,会产生嫉妒行为。对于嫉妒,有的人能够克制自己不采取攻击性言行,使之逐渐淡化,甚至能够利用它转化为积极的竞争行为。而有的人则不能把握这种情感,并向消极一面转化,产生痛苦、忧伤、攻击性言行,导致人际冲突和交往障碍。

大学生中嫉妒心理是比较普遍的,因此,很有必要克服、解决好人际交往中的嫉妒情绪,促使其向积极方面转化。这就要求做到:要认清嫉妒的危害性是打击别人,贻误自己;要正确认识自己,摆正自己与别人的位置,任何人都既有缺点又有优点,重要的是如何取长补短;还要克服私心,加强个人修养。

5. 克服猜疑心理

人际关系中的猜疑心理,是由于对人际关系的不正确的认识而引起的。有这种心理的人对别人总是抱有不信任的态度,认为人人都是自私的、虚伪的。他们总是以一种怀疑的眼光看他人,对他人存有戒心,自己不肯讲真话,戴着假面具与人交往。猜疑是交往的大敌,消除疑心最根本的是去掉私心杂念,"心底无私天地宽"。当产生猜疑心的时候,应立刻提醒自己,暗示自己:"我不能这么想,这样会把事情弄糟,无助于问题的解决。""我应该相信别人,不能以己之心度他人之腹。"同时,不妨置换角色,站在对方的立场上处理和思考这个问题,可谓"将心比心"。

(二) 培养良好的交往风度

良好的交往风度是成功交往的基本条件,因为它制约着你在交往对象心目中形成的印象,也制约着对方以何种方式做出反应。人的社交风度是其各种心理素质和修养的外部体现,它能反映出你的道德品质、思想感情、性格气质、学识教养、处世态度乃至交往的诚意。

1. 精神状态饱满

与人交往,神采奕奕,精力充沛,显得坦荡自信,就能激发对方的交往动机,活跃交往气氛。相反,如果萎靡不振、无精打采,便显得是在敷衍对方,即使你有交往的诚意,对方也会感到兴味索然乃至不快。大学生正值青春时期,体力充沛,精力旺盛,思维灵活,反应敏捷,是发展人际交往的良好年华。

2. 待人态度诚恳

不管对待什么交往对象,都应该以平等的态度待人,显得诚恳而坦率,做到一视同仁、不卑不亢。作为大学生,要讲究端庄而不过于矜持,谦逊而不矫饰作伪,在待人接物过程中,充分显示出自己的诚挚之心。

3. 仪表礼节洒脱

根据人际吸引原则,一个人风仪秀气,英俊逸洒,能增加个人的交往风度。大学生应该注意自己的衣着服饰与自己的气质、体型、年龄、身份、场合相符,讲究基本的称呼、问好、告辞、致谢、致歉、寒暄、婉拒等礼节以及交往时的身体姿态。

4. 行为神态得体

人的神态和表情,是沟通人际间的思想感情的非语言交往手段,是交往风度的具体表现方式。面部肌肉放松,微带笑容,是一种轻松友好的表示;而脸冷若冰霜,则旁人不敢亲近。朴素大方、温文尔雅的行为,能正确表达自己的良好愿望;粗俗不雅的动作则使人生厌。分寸得当的交往距离能使彼此心理上都感到舒适坦然,过度亲热和冷淡则容易引起对方误会。

5. 言词谈吐高雅

大学生都是有较高文化修养的人,说话时应注意用词准确通俗,语音语调恰当,说笑话掌握分寸,言语不要拖泥带水,不要喋喋不休。幽默的谈吐使人轻松愉快,增添活跃气氛,但要注意场合和分寸。会说更要会听,常言道"会说的不如会听的","用一秒钟的时间说,用十分钟的时间听"。听人说话也是一门学问,需要讲究艺术,不仅要耳朵聆听,还要做到眼睛注视对方,并用心用脑思考每一个问题。

人的交往风度和能力是在交际实践过程中逐渐培养和发展起来的。大学生们只要勇于在社交中锻炼,个人交际能力就必定会不断地得到提高,从而建立良好的人际关系。

(三) 加强个人修养

个人修养,主要包括道德品质和文化知识方面的修养,这两者是相辅相成的。加强道德修养,就要提高文化科学知识水平。大学生在加强个人的道德和文化知识修养的同时,还要注意培养豁达大度的胸襟。有意识地培养自己宽阔的胸怀,这也是医治嫉妒的良方。大学生要有气量,不要让私心膨胀。

加强大学生个人修养十分重要,方法也多种多样。例如,学习先进榜样;阅读进步书籍;继承优秀民族传统文化以及全人类文明成果;参加实践锻炼,深入生活,了解国情社情民情。总的来说,大学生要建立良好的人际关系,从个人来说,应该做到严于律己,宽以待人,善于沟通,乐于助人。

(四) 调适交往的尺度

任何事物都有一个度,超过或破坏了这个度,就会改变事物的性质,带来不良的后果。因此,在人际交往中要把握好交往的方向、广度、深度、距离、频率等。

1. 交往的方向要正确

大学生的思想相对来说比较单纯,不够成熟,因此,在交往中同哪些人交往、交往的目的是什么、如何把握方向,就显得尤为重要。俗语说"近朱者赤,近墨者黑",交什么样的朋友对我们今后的发展影响是非常大的,很多大学生就是因为交友不慎而误入歧途,毁了自己大好的前途。因此,我们在交往中的目的、方向一定要明确。

2. 交往的广度要适当

我们每个人都有自己能够密切交往的交际圈,但如果仅限于自己的交际圈,就会陷入狭小的人际圈子不能自拔,形成排他性而失去了许多可交的益友,这是非常遗憾的。因此,我们应该走出交际圈,与更多的人进行交往。但是,我们的交往范围也不是越大越好,如果人数太多、范围太大,就必然会分散自己的精力,影响学习,结果得不偿失。因此,我们交往的广度要适当。

3. 交往的深度要适当

我们在人际交往过程中,如何对待他人、如何选择交往对象、如何确定交往层次,是一个复杂的问题,应该认真加以选择,谁该深交、谁该浅交、谁该拒交要做到心中有数,不能混淆。古人云:"益者三友,损者三友。友直,友谅,友多闻,益矣。友便辟,友善柔,友便佞,损矣。"这就是说,和正直、讲信用、有学问的人交往,会得益匪浅,与那种献媚奉承、心术不正、华而不实的人交往,则会带来坏处。

4. 交往的频率、距离要适度

在人际交往中,心理距离因素和频率因素起着十分重要的作用。一般来说,心理距离越近,表明相互之间的感情越深,交往的频率越高;心理距离越远,则表明相互之间的感情越浅,交往的频率越低。但是,接触的次数过多,有时容易发生摩擦和冲突,也可能产生腻烦现象,使好感下降,因此在人际交往中,我们要适当把握交往的心理距离,即使是再要好的朋友,交往也不是越近越亲密就越好,如果两个人每天都形影不离,那么相互之间就会缺乏各自应有的一片天空,久而久之便会产生厌烦心理,影响彼此的感情和友谊。

(五) 学会交往技巧

1. 给人留下良好的第一印象

良好第一印象的建立,首先靠的是外部特征,如长相、面部表情、身体姿态、言语、行为表现、衣着服饰等。首次相见,双方的注意力特别集中,记忆力也很强,将眼睛和耳朵都朝向对方,捕捉对方身上发出的信息,并依此形成第一印象。因此,在人际交往中,应尽量使自己的仪表符合当时所扮演的角色,即在不同的场合、针对不同的人,伴以不同的表情、姿态、语调,该严肃时严肃,该放松时放松,衣着要干净整洁,这是获得对方好感、留下良好第一印象的有效方法。

2. 交谈的技巧

俗语说:"一样话,十样说,一句话让人笑,一句话让人跳。"可见,交往中的同一句话由于语气、语调、面部表情和当时的情景不同而出现不同的含义。交谈成功与否不仅取决于交谈的内容,而且取决于交谈的方式方法。我们在与别人交谈时应掌握以下一些技巧。

(1) 谈话时尽量让对方先说,一来可以显示自己谦逊,二来借此机会来观察对方。

(2) 谈话的过程中,尽可能不要谈论对方的隐私和忌讳的话题。

(3) 在有几个人一起交谈时,不要把注意力集中在一个人身上,要注意平衡。不要目光长时间盯着对方或审视对方,让对方感到不舒服。

(4) 不要经常打断对方的谈话或抢接对方的话题。

(5) 不要口若悬河、滔滔不绝、忽视对方的反应。也不要注意力不集中,经常让对方重复谈过的话题,或对对方的谈话表现出不耐烦。

(6) 不要单方面突然结束交谈或强行把话题转移到自己感兴趣的方面去;也不要随便解释某种现象、妄下断语或不懂装懂,借以表现自己。

3. 倾听的技巧

学会倾听是一项重要的交往艺术,越是善于倾听他人意见的人,人际关系就越融洽,因为倾听本身就等于告诉对方,你是一个值得我倾听你讲话的人,表现出对别人的尊重,无形中就会提高对方的自尊心,加深了彼此的感情。在倾听对方讲话时应掌握以下技巧。

(1) 精神要集中,表情要专注,经常与对方进行目光交流。

(2) 要不停地赞许性地点头、微笑、做手势,或不时用"对""是这样"以及重复一些你认为重要的话,这表示你在注意倾听,鼓励对方把话继续讲下去。

(3) 在交谈中如有疑问,可以提出一些富有启发性或针对性的问题,对方会感到你对他的话很重视,有知己的感觉。

4. 非语言交往技巧

美国心理学家梅拉比安曾提出了这样一个公式:信息的全部表达=7%的语调+38%的声音+55%的表情。这充分说明了非语言行为的状态作用。为了增进自己的人际关系,应注意以下非语言交往技巧。

(1) 服饰技巧。服饰展示着一个人的形象和风度,因此,在人际交往中,必须注意自己的服饰问题,服饰要整洁、得体,要体现出自己的个性,与自己的身份相符合,形成自己的人格风度。

(2) 目光技巧。我们说"眼睛是心灵的窗口",显示着心灵深处的信息。目光是人际交往中重要的信息来源,心理学家发现,在一般文化背景中,人们相互之间频频地目光对视是一种亲切交往,但其对象大多限于情侣和亲人之间。如果一般关系的异性敢于长时间地对视,则意味着彼此感情和关系的升级;在相互不太亲密的交往对象之间,直愣愣地盯着对方,往往是一种失礼的行为;而上下打量对方则是一种轻蔑和挑衅的表示;躲避别人的目光表示自卑;在对方瞪视之下垂下视线,则表示退让和服从;在遇到困难或感到恐惧时,长时间凝视来向别人求援,往往可以增加得到帮助的困难性。

(3) 体态技巧。体态是一种无声的语言,它通过人的手势、身体的姿态、面部表情等来传递信息,既体现了人的精神魅力,又体现了人的外在魅力,是人的思想感情与文化修养的外在体现。一个人的姿势、眼神和动作,能从多方面反映他的内心世界。在日常生活中,如果表现出热情和兴趣,往往身体略微倾向交谈的对方,并伴有微笑、注视等;微微欠身,表示谦虚有礼;身体后仰,表示傲慢;侧转身表示厌恶和轻蔑;背朝人家表示不屑一顾;慌慌张张地走路,表示有压力或感到不安,动作不自然,表明有心事;交往中两手揪衣襟、抓后脑勺,表示缺乏自信;等等。另外,人的面部表情是人的内心状态的晴雨表,它是一个人情绪、态度和人格的外在表现。

在社交场合有些体态应避免出现,如拉拉扯扯、指手画脚、将身体靠在别人身上或物体上、当众伸懒腰、挖鼻孔、掏耳朵、打哈欠、大声说笑、点头哈腰、歪头斜视等。这些都是对人不尊重的表现,会直接影响人际交往。

(4) 距离技巧。心理学家通过观察和实验发现,人都有一个把自己围住的心理上的空间,一旦这个空间被人触犯,就会感到不舒服或不安全,甚至愤怒。在人际交往中,人与人之间的距离表达特定的意思。

① 亲密带(0~0.5米)。在这种距离内,人们不仅靠语言,还通过视觉、听觉、触觉、嗅觉来传递信息,每个人都能感到对方呼吸的快慢,皮肤的气味。这样的距离往往限于贴心朋友、夫妻和情人之间,其他人如果插足这个空间,就会引起十分敏感的反应和冲突。

② 个人距离带(0.5~1.25米)。一般的亲密朋友是在0.5~0.8米的距离带交往,而普通朋友则在0.8~1.25米的距离交往。

③ 社会带(1.25~3.5米)。在这种距离内的交往,彼此的关系不再是私人性质的,而是公开的社会交往,如在办公室里一起工作的同事总是保持这种距离进行交往。

④ 公共带(3.5~7.5米)。这种距离常常用于非正式交往,人们之间极为生硬的谈话适合于这个距离,如上课、开会等。

在实际交往中,需要我们根据相互之间的关系、亲疏、远近以及类型来调整与人交往的最佳空间距离,从而有助于增进人际关系。

第五节 测试与训练

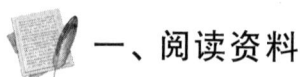
一、阅读资料

给予真诚的赞赏与感谢

爱默生说:"使用你会运用的语言,因为你也只能说出自己本质所具有的话来。"假如只要逢迎便能使他人上钩,那么我们每个人都能成为人际关系的专家了。

当我们不在思考某些特定问题的时候,通常会花费95%的时间去思考与自己有关的问题。现在假如我们暂时不去想自己的问题,而去思考其他人所提出的观点,我们就不必刻意去讨好他人。因为刻意讨好他人的话在说出口之前,已经被人看轻了。我们日常生活当中最常忽略的美德之一便是赞美。有时候,儿女从学校带回一份好成绩单,我们忘了称赞他们;当孩子们第一次烤了一个蛋糕或造了一个鸟笼,我们也忘了鼓励他们。对孩子们来说,父母的注意和赞赏最能令他们高兴。

下一次,你在餐馆里见到盘中漂亮的装饰,不妨告诉厨师他们做得多好;当疲累的店员耐心地拿出货品给你看时,也别忘了称赞他们。每个公共发言人都知道,当他们倾其所有给听众却得不到一丝赞赏时,内心会有多失望。同样的情形发生在办公室、店铺和工厂的员工,甚至我们的家人和朋友身上,他们同样会有这样的感受。在人际交往里,别忘了我们所接触的是人,他们渴望被赞赏,提供欢乐给人是合法合理的。在你每天的生活之旅中,别忘了为人们留下一点赞美的温馨,这一点小火花会燃起友谊的火焰。当你下次再度来访时,会惊奇地发现它留下多么鲜明的痕迹。伤害别人不仅不能改变他们,更不能鼓舞他们。

 二、心理测试

交往类型测试

【测试说明】 以下四对八种交往类型,符合自己的实际情况的打"√",不符合自己实际情况的打"×",介于符合与不符合之间的打"△"。

一、主动型/被动型
1. 在路上碰到熟人你主动打招呼吗?
2. 你经常主动打电话与外地亲友联系吗?
3. 在课堂上你会主动发言吗?
4. 在你有困难时,你会毫不犹豫地请求别人帮助吗?
5. 在车船上,你会主动与别人交谈吗?
6. 在人们各行其是的环境中生活,你感到不自在吗?
7. 你喜欢串门吗?
8. 有同学来拜访你,你非常热情和高兴吗?

二、领导型/随从型
1. 你喜欢在大庭广众之下侃侃而谈吗?
2. 在集体中你常坚持己见吗?
3. 别人批评你时,你很难接受吗?
4. 你喜欢考虑影响全局的宏观问题胜于喜欢考虑具体的微观问题吗?
5. 在同学意见有分歧时,你愿意当仲裁吗?
6. 你很同情弱者吗?
7. 当与你有关的人做错事时,你是否感到自己也有责任?
8. 在有几个人的情况下,有人提出问题你会率先回答吗?

三、严谨型/随便型
1. 和老朋友渐渐疏远了,你感到心里不安吗?
2. 在新环境中,你不会结交一些朋友吗?
3. 班级活动时,有人替你垫了公共汽车票、门票钱,事后你一定如数归还吗?
4. 与人约会,因意外情况迟到了,你会解释再三吗?
5. 你很少同异性同学交往吗?
6. 在集体活动中,你不会爽声大笑吧?
7. 你从无忘记自己诺言的情况吗?
8. 根据情况取消既定计划,你很不自在吗?

四、开放型/闭锁型
1. 在电话中,你经常谈论自己吗?
2. 心中有事,你总是憋不住要找同学倾吐吗?
3. 与志趣不同、性格相异的人交往,感到愉快吗?
4. 同学们愿意找你交流不同的见解吗?
5. 在集体中,你会发表没有完全成熟的意见吗?

6. 你喜欢不断结交新朋友吗?
7. 你喜欢不断接受新思想、新观念、新信息吗?
8. 经常有同学来拜访你吗?

【计分方法】打"√"的每题得3分;打"×"的每题得1分;打"△"的每题得2分。将四对八种交往类型分别加出总分。

【测试结果】如果你的每对得分在16分以上,说明你属于每对交往类型的前一种;得分在12分以下,说明你属于每对交往类型的后一种;得分在11~15分,说明你属于中间型。

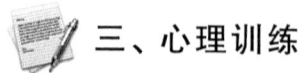

三、心理训练

训练主题:融洽的宿舍关系

大学生的宿舍关系是大学生人际关系的重要组成部分,小小的宿舍是大学生最直接参与的人际交往场所,也是衡量大学生人际交往能力、心理健康和为人处世的一杆小标尺。人际关系是大学生面对的最苦恼、最难适应的问题。大学生寝室是学生最为集中、滞留时间最长的社区,是学生生活休息、思想交流、信息沟通、情感传递的主要场所,是大学生人际关系建构的重要阵地,但也是人际关系紧张的高危地带和主要矛盾的集散地。

1. 了解你的宿舍关系

(1) 你和你室友是根据怎样的原则分到同一宿舍的?
(2) 若可以重新调整宿舍,你会重新选择新的室友与你同住吗?
(3) 每间宿舍都会有一名室长,那么,你们是如何推选室长的?
(4) 你认为当一名室长,最重要的条件是什么?
(5) 假如你是室长,你会采取怎样的方式增进室友之间的感情?
(6) 当室友之间发生矛盾冲突时,若你是一室之长,你会如何处理?
(7) 宿舍的清洁卫生是怎样解决的?
(8) 可曾为宿舍某成员庆祝过生日? 或全体宿舍成员一起过节日? 是以什么样的方式进行的?
(9) 若学校或学院举办一个活动,参加的条件之一是全体宿舍成员都参与,那么你们宿舍是如何决定参不参加这个活动的?
(10) 在宿舍成员中,可有分帮结派的情况? 若有,它是以怎样的方式形成的? 你会扮演什么角色?
(11) 关于水电费支付问题,你们宿舍是如何处理的?
(12) 在节约水电问题上,你们宿舍是否采取措施? 如果有,采取了什么措施?
(13) 若你们宿舍设立了室规,那么它都涉及哪些方面?
(14) 宿舍成员之间是否经常聊天? 一般的话题涉及哪些方面? 是在什么时间?
(15) 若宿舍成员中有你不喜欢的类型,你会如何与其相处?

2. 宿舍主要问题

(1)"猫头鹰"和"百灵鸟"。你的寝室有没有"猫头鹰"型(晚睡晚起)和"百灵鸟"型(早睡早起)的同学? 比如夜里打游戏,语音聊天,点蜡烛看书、打电话等;或者每天早上起得很早,影响大家早上的睡眠。

遇到这样的室友你有没有协调的方法:_____

与室友协商制定一份寝室作息制度：
① _____
② _____
③ _____
④ _____

(2) "邋遢大王"和"栗原太郎"。你的寝室有没有"邋遢大王"(不讲卫生者)和"栗原太郎"(洁癖者)？比如乱扔东西，从来不叠被子，床上又脏又乱，袜子穿完也不洗，踢了球一身臭汗也不洗，上厕所甚至常常忘记冲水，从不打扫寝室卫生，反而是垃圾制造者；或者不允许任何人碰自己的东西，每天要洗很多次手，每天都要洗衣服，觉得到处都是细菌。

遇到这样的室友你该如何调节与其相处的方法：_____
_____
_____

寝室卫生需要大家来共同尽义务，请你制作一份值日表，并写出如果不履行规定应受到怎样的惩罚。

(3) "万人迷"和"无人理"。有一些同学是班级里的"爱情宠儿""老师宠儿""学习宠儿"，是学生中的焦点人物，有众多追求者，但也常是一些同学嫉妒的对象；也有一些同学长相平平、成绩平平，得不到大家的关注，从来没有人追求。这造成了室友之间的心理失衡，容易产生嫉妒、反感情绪。如果你的寝室存在这样两种类型的人，你会怎么调节相互的关系？如果你是"万人迷"或者"无人理"，你想对自己说些什么？

我(万人迷)想对自己说：_____
_____
_____

我(无人理)想对自己说：_____
_____

(4) "富二代"和"草根族"。大学生来自不同的地区，地域的差异可能带来贫富差距，这种"经济的不平等"导致的矛盾在大学生中也很普遍。有的学生家庭条件好，经常请客吃饭，买名牌衣服和化妆品，用高级电子产品；有的学生家境贫寒，节衣缩食，自己打工补贴生活费，可能还要申请助学贷款，如果处理不好他们之间的关系可能造成互相敌视。

你觉得经济条件差距较大的同学之间能有长久的友谊吗？为什么？_____
_____
_____

他们之间应该从哪些方面互相理解和包容：_____
_____
_____

(5) "胶布人"和"独行侠"。有的同学无论室友当时是否愿意，都要拉上室友一起锻炼、上课、吃饭、娱乐等，过于亲密的交往使得室友失去了和别人交流的时间和空间，狭隘的人际交往让室友觉得空虚而对此人的"友好"烦恼不堪。还有的同学什么事都独来独往，万事不求人，很难与他人建立亲密关系。

如果你的宿舍有这两类人,你会怎样处理与他们的关系：_____
_____
_____

 思考题

1. 什么是人际交往？大学生人际交往有哪些常见类型？
2. 大学生人际交往的障碍及其影响因素有哪些？
3. 结合你自己的实际谈谈怎样对常见的人际关系问题进行调适。

第九章 大学生恋爱心理

 **心灵导读**

　　随着身心发育的日渐成熟,大学生对爱情的渴望和追求自然萌发。对于刚刚脱离家庭生活、远离父母"束缚"的大学生来说,恋爱是他们所面临的第一件独立的、依靠自己力量来解决的人生大事。它在很大程度上影响着大学生的心理和行为,特别影响着其人格发展。什么是真正的爱情,如何对待恋爱、追求爱情,怎样把握自己处理好恋爱中出现的各种问题,如何协调恋爱中的各种关系等问题,将是每个大学生所面临的问题。然而,不少大学生处理不好这些问题,不能发挥恋爱的人格再造作用,也不能从中获得全新的自我体验,反而迷失自我。出现各种心理困惑和心理问题,影响到他们人际交往、学习及心理健康,继而可能影响到日后的职业选择、事业发展,以及家庭幸福等。

　　通过对本章的学习,了解爱情的含义、特点和恋爱类型;理解大学生恋爱心态以及影响因素;掌握大学生良好恋爱心理的培养方法;使大学生能够通过积极有效的途径培养正确的恋爱观,调节不良恋爱心态。

第一节 爱情概述

案例导入

> **案例**
>
> 周某,女,大一新生,性格内向。上大学后,远离家乡和亲人,觉得一切都很陌生,倍感无助、孤独、寂寞。在同乡会上,认识了一位大二的学长,学长给了她很多帮助,经常关心她、安慰她,二人逐渐熟悉起来。后来学长向周某表白,希望发展成为恋人关系,这让周某很为难,她觉得自己并没有恋爱的打算,也没有爱上学长的感觉,但是,考虑到学长对自己的照顾和自己对他的某种程度的依赖,不知道该怎么办,拒绝还是答应呢?

案例评析

周某性格内向,不善交际,到大学这一新环境后,在人际关系上的适应比较缓慢,心理上虽然渴望友情,但行动上却很被动,没有主动地和室友、同学、老师交往。这种感情"真空带",加强了她对学长的感情依赖。但这种依赖并不是爱,而是孤独感和无助感引起的,这一点她自己也很明白。在大学里,高年级的男生关心刚入学的学妹是普遍现象,有很多男生试图通过这种关心把学妹变成自己的女友,因为刚入校的女生受陌生的环境带来的孤独感影响,很容易被攻破心理防线。因此,认清自己的感情是对孤独的逃避还是爱,这很重要。

爱情是人类永恒的主题。随着时代的发展、生活方式与人们观念的改变,男女青年对待爱情的观念与态度也在发展和改变。面对时代的发展和自身的成长,大学生应如何理解和对待恋爱与爱情,这是关系他们健康成长的大问题。

一、爱情的含义

什么是爱情,如果让 100 个人来回答这个问题,恐怕会有 100 种甚至多于 100 种答案。有人说,爱情就是"一场游戏一场梦";有人坚信爱情就是"金钱和地位的附庸";也有人说爱情是"两颗心相互碰撞的产物";等等。正是对爱情的理解不一样,也就形成了每个人不同的恋爱观。

马克思说:"真正的爱情是表现恋人对他的偶像采取含蓄、谦恭甚至羞涩的态度,而绝不是表现在随意流露热情的过早的亲昵。如果你以人就是人以及人同世界的关系是一种充满人性的关系为先决条件,那你只能以爱去换取爱,以信任换取信任;如果你想欣赏艺术,你必须是一个有艺术修养的人;如果你想对他人施加影响,你必须是一个能促进和鼓舞他人的人。你同人及自然的每一种关系必须是你真正的个人生活的一种特定的、符合你的意志对象的体现。如果你在爱别人,但却没唤起他人的爱,也就是你的爱作为一种爱情并不能使对方产生爱情;如果作为一个正在爱的人你不能把自己变成一个被人爱的人,那么你的爱情是软弱无力的,是一种不幸。"

瓦西列夫在《情爱论》中说："爱情是作为男女关系上的一种特殊的审美感而发展起来的，爱情创造了美，使人对美的领悟能力敏锐起来，促进对世界的艺术化认识。""爱情把人的自然本性和社会本质联结在一起，它是生物关系和社会关系、生理因素和心理因素的综合体，是物质和意识多方面的、深刻的、有生命的辩证体。"

苏霍姆林斯基说："真正的爱情，意味着不仅是欣赏美，而且要培植美，创造美。""在生活中还有别的事情的时候，爱情才会是美好的，如果没有崇高的社会目标将人们联结在一起，爱情就会变成地狱。"

别林斯基说："爱情是生活中的诗歌和太阳，但是在我们这个时代，如果想把幸福大厦仅仅建立在爱情之上，并在内心指望自己的一切意愿都得到充分满足，他将是不幸的。"

车尔尼雪夫斯基说："爱情的意义就在于帮助对方提高，同时也提高自己，唯有那因为爱而变得思想明澈、双手矫健的人才算爱着。"

罗兰说："爱情可能是恒久的，那是一份坚贞和执着，但也可能是很脆弱的，那是当你存有太多幻想而又不肯忍受现实的缺点的时候，能维持长远的感情，其中定有很多的宽容与原谅。"

弗洛姆说："爱是我们对所爱者的生命与成长的主动关切，没有这种关切就没有爱。"

柏杨说："爱情是不按逻辑发展的，所以必须时时注意它的变化，爱情更不是永恒的，所以必须不断地追求。"

邓颖超说："真正持久的爱情不是一见倾心，因为相互的全面的理解、思想观点的协和，不是短时间就能达到的，必须经过相当时期才能真正了解，才能实际地衡量双方的感情。"

通过以上名人对爱情的描述，我们说真正的爱情是指男女双方在相互交往与了解的基础上形成的彼此爱慕和依恋的情感。

二、大学生爱情的特点

（一）大学生恋爱的高纯度，纯净、美丽有时甚至显得单纯

多数大学生恋爱如同琼瑶笔下的男女主人公，没有现实生活的压力，第一要务就是认认真真地恋爱。而爱情永远离不开坚实的大地，脱离现实生活的爱情必然是"见光死"。

（二）大学生恋爱的精神特质

大学生在恋人的选择上，更重视精神层面的相互认同，世俗生活中的物质交换、门当户对等不会对大学生构成影响；大学生甚至追求纯洁地爱一次。

（三）大学生恋爱的冲突性

大学生面临自身发展的压力，如考研、就业、经济、学业、人际关系。恋爱需要大量心理能量，学业压力、成长压力，特别是性压力，对恋爱的双方都是巨大的心理与意志考验。

（四）大学生恋爱表达的自然与随缘

大学生更多地相信缘分，当面对无法解释的情感纠葛时，他们会以缘来缘去解释情感的变化。

(五)大学生恋爱理性与感性并存

大学生在选择自己的恋人时,既有感性的冲动,更有理性的思考。更加考虑双方是否合适,将两人交往时快乐的感觉列在重要位置。而对未来生活的规划显得心理准备不足,当面临职业选择等人生重大课题时,恋人常因不能长相守而劳燕分飞。

(六)大学生恋爱的多元化

传统的爱情理念在今天的大学校园受到空前的挑战,与20年前的大学生相比,今天的大学生更重视爱情的即刻性,将恋爱作为一项独立的人生任务而非与婚姻等长久的人生目标相连。爱情的多元化伴随着网络的发展,使大学生的恋爱不再如此严肃而神圣。

三、爱情的发展

现代人的爱情一般是经过恋爱而形成的。恋爱是男女双方由相互吸引开始,进而相互爱慕和相互依恋、相互知心的过程,一般可以分为三个阶段。

(一)互相爱慕和吸引的阶段

恋爱首先产生于互相吸引。这种互相吸引可能是由于双方的魅力而"一见倾心",也可能开始时并无好感,只是由于接触多了才产生好感。但不论以哪种方式开始,总是双方能互相吸引,不见面时就想念他(她),并产生种种关于对方的想象。这往往是"单相思"的阶段。

(二)互相了解和加深情感的阶段

这是恋爱进入发展的关键阶段。在一般的情况下,当双方基于互相吸引而进行交往以后,总是朝着情感加温的方向发展,双方都在对方面前表现自己的优点,去做一些使对方满意和高兴的事情,甚至尽量去美化对方。但是,这种情感的加温过程也可能由于主客观的原因而中途发生挫折。如发现对方不忠诚、对方恋爱的动机不纯或者家庭反对、某些客观情况发生变化等其他问题,都可能使恋爱关系中断或者破裂。

(三)建立爱情的阶段

所谓建立爱情,就是双方经过一段交往与了解达成了进一步发展情感的默契,或者彼此明确表态向着缔结婚姻的方向发展。总之,这是正式肯定彼此之间的恋爱关系的阶段。双方开始从共同的关系来考虑问题,情感更加亲密,下一步的发展就是缔结婚姻。

四、影响大学生恋爱的因素

大学期间,性生理的发育成熟是大学生恋爱的最根本的生理动因;生理发展所引发的心理巨变是大学生恋爱的心理动因;而宽松的校园环境、浪漫的人文氛围,以及社会开放的文化渗透和道德伦理规范的约束是大学生恋爱的环境动因。

(一)生理因素

一个身心健康的人迟早都会对异性产生倾慕爱恋之情,生理动因是大学生恋爱心理产生、发展的自然因素。我国当代大学生年龄一般在18～23岁,正值青春发育成熟期,即性萌发到性成熟的时期,不仅生殖系统即性器官和内分泌系统在发育成熟,而且大脑中的性控制中枢与情绪中枢也正逐步成熟。这个时期大学生性本能欲求具有很强大的推动力,男女同学之间相容相悦,对异性产生好奇、好感、亲近的心理需要,出现了想与异性交往的欲望,引发其强烈的恋爱冲动,他们通过恋爱来满足这种欲求。

在这种过程中,当生理上的变化及发育不适,如第二性征发育不良引起的外形缺憾,引发对身体形象、性器官功能发育的不满、不适,觉得不如己意,希望改变,但又很难改变时,就会产生心理挫折感,引起诸如自卑、焦虑、忧郁等情绪障碍。同时由于缺乏完备的性知识,以及保守的传统性教育,大学生将一些正常的性意识表现,如想一些性问题、出现性幻想、做性梦、自慰等看作一种犯罪,出现性意识困扰,引发其不同程度的心理冲突,表现出焦虑、烦躁、忧郁、厌恶、内心痛苦不安、恐惧以及道德自责等,部分在此方面困扰严重的学生,甚而出现失眠、注意力分散、害怕与异性交往并常陷入一种苦闷困扰之中,从而影响其学习、生活等,甚至阻碍自我的正常发展。

这些情绪障碍、心理反应都对大学生恋爱心理的确定造成了影响,可见生理基础是大学生恋爱心理发生发展的根本原因,也协调着大学生恋爱心理的变化及表现程度,进而影响着大学生恋爱心理的健康发展。

(二)环境因素

大学校园里,少了父母、长辈的"束缚"和"监控",大学生觉得有了更大的自由与自主,对自己的恋爱问题持有相对较大的主见;同时同学中的恋爱相互影响,使得恋爱心理相互感染,活跃了大学生的恋爱心理;而大学浓厚的文化氛围,使学生可以从各种渠道,如报纸、杂志、影视、网络中获得有关爱情的各种信息,这些又诱导、刺激着大学生恋爱心理活动的发生、发展,并时时刻刻影响、调适转化着大学生的恋爱心理。

而传统的伦理道德规则也时时牵制影响着大学生的恋爱心理。特别是它严肃又神秘压抑的两面性,在外来"性解放"文化的影响渗透下,冲击着大学生的恋爱心理,使他们的恋爱观发生了错位,贬斥传统文化所推崇的贞操观、性与婚姻结合,漠视婚恋、家庭的责任与义务。加之地位、财富、权利等社会功利意识在大学生恋爱心理中的分量渐增,使他们陷入婚恋的认识误区,流入"性与道德、法律无关""性与婚姻分离"的思想误区,这给当事人心理造成或多或少的不良影响。出现婚前性行为的大学生,大多在心理上出现严重不安、自我否定、恐惧焦虑等心理反应。

这些不良的文化风气使大学生情感多于理智,为欠缺理性的恋爱找到了理论根据,并用这些谬论付之于实践,使得他们在恋爱心理上显得既茫然、迷乱又开放,所有这些加剧了恋爱期大学生心理的不安、烦恼和焦虑。因此,可以说环境特别是校园环境是引导与制约大学生恋爱心理健康发展的一个因素。

(三)心理因素

作为整个心理系统的一部分,大学生的恋爱心理和整个心理系统以及其他部分有着必然的联系。认知活动是大学生恋爱的感性基础,它对大学生恋爱心理起着感应、唤起和导向作用。而情绪则对大学生恋爱心理体验起着活跃和扩展的作用。情感是造成大学生恋爱心理不稳定的主要因素。青年中期的大学生可塑性强,情绪波动大,面对情感问题的两难抉择,在理想与现实的天平上,他们不知如何做才能使两者保持平衡,从而顾虑重重,思虑万千,诱发情感冲突。大学生的恋爱心理形成过程中,担心害怕产生激情行为,悲哀带来失望与伤心,愤怒则引发了嫉妒与冷酷等,这常使大学生在建立健康恋爱心理过程中失去心理平衡,诱发了空虚、无助、寂寞的心绪,引发一些诸如抑郁、消沉、自卑、不安等情绪障碍,可以说情绪调节着大学生恋爱心理的起伏。至于意志方面,则把恋爱的建立与社会义务、责任、权利联系起来,制约着大学生恋爱心理的发展。众多有关越轨性行为的分析,以及恋爱受挫后的过激行为的调查显示,在缺乏主观意志力作用、自制力薄弱情况下,大学生很难调整自己的恋爱认知与情绪,破坏了恋爱本身的美,严重的还引发恋爱心理障碍。此外,人格特质、自我概念等也都是大学生恋爱心理的重要因素。不同气质类型影响着大学生恋爱的表达方式与程度,以及恋爱心理的发展。性格倾向不同的大学生在恋爱情感体验中的表现也大相径庭。性格外倾者在恋爱过程中往往冲动、狂热、乐观、主动,而性格内倾者则往往是谨慎、被动、冷静、悲观。而大学生自我概念在这时也正处于发展成熟阶段,自我评价不当易使之形成自傲、自负等心理。恋爱中的大学生出现的负性情绪,诸如自卑主要是自我评价不当引起的。据调查,许多大学生因自己的外形特征、经济状况、家庭地位等不如人意,将恋爱挫折错误归因,怀疑自己的能力,从而造成情爱品质评价过低,形成消极的恋爱心理,诱发心理障碍,严重影响恋爱心理健康的发展。

第二节 大学生恋爱心理的特点

案例导入

案 例

王某,女,大二,才貌出众,追求者如云,不免心生虚荣,经常展示追求者的微信内容,或者将别人的爱慕绘声绘色地再现给其他同学听,到处吹嘘炫耀,弄得对方无地自容,尴尬难堪,原先心中的爱慕也荡然无存。

---------- 案 例 评 析 ----------

任何人都有爱的的权利,也有拒绝的权利,但是绝对没有伤害他人情感的权利。拒绝爱情要真诚,讲求合适的时间、地点、态度和方式。态度要坚决、明了,无论口头还是书面拒绝都要婉转中肯,切忌伤人自尊、使人难堪。尊重一份真挚的情感是对他人的尊重,也是对自己的尊重。

大学是青年人密集的小社会,进入青年中后期的大学生产生恋爱要求是很自然的,也是合乎情理的。据调查,恋爱是大学校园里除了毕业工作外,大学生最关心的问题,大学生恋爱已成为大学校园中不可回避、不容忽视的普遍现象。但是,由于大学生身心发育还不成熟,一部分同学还不能很好地驾驭自己的感情,在恋爱中也就不可避免地出现了很多问题。关于恋爱在大学生中流传着这样一句顺口溜:"大一想、大二谈、大三乱、大四散"。为什么会出现这种现象呢?这跟我们恋爱的心态有必然的联系。

一、大学生的恋爱心态

恋爱是大学校园最热门的话题,也是校园文化的重要组成部分,更是在寝室卧谈最多的话题。从某种意义上讲,爱情是人类永恒的主题,也是踏上人生之路的一门必修课。爱情是一把双刃剑,它可以造就一个人,也可以毁灭一个人,因此,如何正确对待和处理恋爱问题,对促进大学生的生活和学习、保证身心健康成长都具有十分重要的意义。

(一)摆脱孤独,寻求慰藉

许多大学生远离家乡、父母、朋友,又不能很快适应大学生活以及当地文化习俗,因而常常有被抛弃、被遗忘的感觉,在节假日里这种感觉尤为明显,孤寂之感随时袭来。加上大学业余生活较为单调,人际关系复杂,这使得处于青春期特殊阶段的大学生常有一种莫名的惆怅和孤独感。当无法从周围获得这种心理需求的满足时,就借助爱情来补偿心中的空虚寂寞,或摆脱人际孤独,或用之来代替父母的关爱。据调查有10.4%的大学生认为"谈恋爱主要是能够消除寂寞,排除孤独与空虚",一项调查显示,有27.37%的大学生认为"大学生活中,人际交往、学习、考试使他们压力重重,而谈恋爱,可以建立一种比较亲密的关系,可以充实生活、缓解紧张、转移注意力、摆脱孤独、寻得一份感情寄托"。用许多同学的话说:"恋爱打发了寂寞的夜晚和周末,使大学生活变得色彩斑斓,增强了男女双方的自信,还引起了同学羡慕的目光。而没有恋爱的人让人觉得你不近人情,没有感情,是个怪物。"

(二)跟着感觉走,入乡从众

应该说,有相当一部分大学生对"黑色六月"是刻骨铭心的,都想好好珍惜这来之不易的大学时光,并没有想过早地涉足恋爱,但是,随着大学校园中恋爱现象越来越普遍,一些同学经受不了诱惑和刺激,也纷纷卷了进去,他们往往强调"跟着感觉走,不求天长地久,只求曾经拥有"。可以说,恋爱是一股风气,这股风气引起了男女大学生对异性间如何建立恋爱关系的重视,同时也给许多大学生带来了压力,这股压力迫使一部分人盲目地加入恋爱的行列。例如,一名同学在课桌上写道:"床前明月光,人影一双双,唯我独徘徊,心里闷得慌。"这样的同学就仅仅是为了虚荣心和自尊心而加入恋爱的行列。心想:"你们能找,为什么我就不能找呢?我各方面也不比你差,我要不找岂不被你们笑话?"有的同学认为出出入入有女朋友相伴多潇洒,有男朋友陪伴多安全。

(三)错失机缘,把握机会

有些大学生特别是部分女大学生,担心自己步入社会后已是"大龄青年",会成为被爱情遗忘的角色,因而把校园作为爱情最后的殿堂,在大学里加紧步伐,抓住机会加入恋爱洪流;还有人认为大学生人才济济,大家经历类似、交往单纯、机会较多、选择范围大,并且有较长时间互相了解,找一个称心如意的伴侣相对容易,而到了社会上则交往复杂,功利性强,不易找到志同道合的伴侣,所以需要把握住大学恋爱的好时机。

(四)渴望了解,满足好奇

这正是大学生恋爱的生理因素的表现,同时也由于大学生正处在喜欢探寻自我与世界的阶段,而未知的事物总是那么的神秘与充满诱惑,这对于没有恋爱经历的他们来讲,谈恋爱具有很强的吸引力。加上许多爱情故事、诗歌的影响,不少大学生对爱情充满了向往和好奇,渴望亲身体验,所以当机会来到时,即使可能不爱对方,也会去尝试,以满足自己的需要与好奇心。

(五)多方考虑,寻找出路

近年来,一向被认为是"象牙塔"的大学校园也受到社会上一些功利思想的影响,不少大学生的恋爱动机也不免沾染上这种思想。他们把恋爱作为达到自己某种目的的途径,精于为自己的利益打算,刻意与那些家庭经济状况好、社会地位高、有海外关系等条件的学生或校外的人谈恋爱;谁能为自己将来找个好的单位就与谁谈;谁能为自己吃、喝、玩、穿提供优惠条件就主动找谁谈恋爱,不再考虑其他就匆匆地加入恋爱大军中去的现象在如今的大学生中比比皆是。

(六)情感波动,放纵欲念

有少数大学生把谈恋爱作为一种时尚,一种感情消费,觉得大学阶段不谈朋友太亏待自己,认为谈恋爱追求的是一种感官刺激,可以满足与异性交往的欲望,更有甚者认为在大学里谈恋爱可以为以后的恋爱获得经验,并由此发生婚前性行为,把玩弄异性作为一种乐趣,把大学作为自己的一个驿站,通过谈恋爱,从异性朋友身上实现自己的人生享乐。还有的大学生自觉潇洒、漂亮、有魅力搞三角恋爱、多角恋爱。著名教育家陶行知写了这样的一首诗来告诫那些放纵欲念的人:"爱之酒,甜而苦,两人喝是甘露,三人喝是酸醋,随便喝要中毒。"

(七)纯洁高尚,为爱而爱

部分大学生在男女长期共同学习、交往过程中,相互吸引,彼此了解,通过双方的选择,以情感为基础,由相知到相爱,由友谊发展到恋爱。这种动机促成的恋爱双方在恋爱中注重心灵的沟通,把和谐的精神生活和共同的事业成功作为目标,以婚姻关系为恋爱目的。

(八)相信感觉,一见钟情

调查表明,有36.66%的大学生认可一见钟情,两个人一下子就产生了"感觉",没有理由,没有原因。这当中有"一见钟情"的生理基础——大学生发育基本成熟,也由于其所接触的古今中外艺术经典所熏陶的文化背景中不乏"一见钟情"的故事;在这类大学生心目中本身有一幅理想爱人的形象,一旦现实生活中有一个人与之符合,那么他(她)就会采取行动;同时大学文化氛围中带有较多理想主义色彩,"一见钟情"正体现了大学生对浪漫主义的思考,而且这与这种文化氛围也恰好适应。因此,有许多大学生在这种情况下将自己抛入恋爱大潮中。

二、大学生恋爱中的心理差异

男女大学生,不仅在生理上有相异之处,在心理上也不尽相同。大学生在了解了两性在恋爱心理上的差异之后,可以在谈情说爱中减少不必要的麻烦。

(一)男同学比女同学更容易一见钟情

人们之间的了解总要从相识开始。爱情萌生于好感,而人们之间的好感,也离不开最初的一见。有的初见没有什么,但是日久生情;而有的则只要见上一面,就会顿生情愫。通常状况下,男同学更注重女生的外貌长相等外部特征,而女同学更注重男生的内心世界,选择对象一般较为慎重。

(二) 男同学往往通过展露才华来博得心仪女同学的青睐

男同学为了博得心仪女生的欢心,往往会卖力地展现自己的才华。他们开始注重自己的仪表,学会了在自己心爱的女孩儿面前如何尽情地展示自己的长处,掩盖自己的短处。在有心仪女生在场的情况下,男同学干活会特别卖力,而危急关头也会表现得特别勇敢、机智,不畏强暴。而此时女同学的性格则会变得有些矜持、腼腆,深藏自己的感情。

(三) 男同学求爱时积极主动,女同学则偏爱"爱情马拉松"

在恋爱过程中,男同学往往敢于率先表白自己的感情,喜欢"速战速决",与对方接触不久,就展开大胆的追求,希望在短期内就能取得成功。而女同学则不然,她们喜欢采取迂回、间接的方式,含蓄地表露自己的感情,喜欢将爱情的种子珍藏在心灵深处。

(四) 男同学在恋爱中的自尊心没有女同学强

在恋爱中,男同学一般并不过分计较求爱时遭到对方拒绝所带来的尴尬。如果求爱受挫,他们会用"阿Q精神"来安慰自己,以求得自身心理上的平衡。而女同学则不然,她们在恋爱中极其敏感,自尊心强,并想方设法满足这种需要。

(五) 男同学的戒备心理没有女同学强

一般来说,男同学在恋爱中的戒备心理要比女同学少一些。尽管他们在恋爱初期也十分警惕那些水性杨花、对爱情不忠诚的女子,但不少男同学在与女同学开始接触后,几乎没有什么怀疑对方的心理,爱占据了他们的整个心灵。女同学则不然,她们在恋爱初期抱有较重的戒备心理,显得冷静,常常以审视的态度来观察对方是否出自真心实意,考察对方的个人和家庭细情,唯恐上当受骗。这可能与在以往的婚姻恋爱中受到过玩弄、欺骗和遗弃,或认同倍受婚姻家庭之苦的大多是些弱女子的情况有关。

(六) 女同学比男同学更易受刻板印象的影响

刻板印象是指社会上对于某一类事物产生的一种比较固定的看法,也是一种概括而又笼统的看法。刻板印象会产生先入为主的作用,若对某人产生"好"的印象,就容易把他的一切个性特点都认为是"好"的;反之,若对某人产生"坏"的印象,就认为这个人一无是处。在现实生活中,有不少女同学对男友一往情深,可谓是棒打不散的鸳鸯,哪怕父母不同意,也不能动摇她们的决心。女同学的这一特点,使她们能够不屈服于家庭社会的阻挠,勇敢地与自己的心上人结为终身伴侣。但也有不少女同学盲目地被爱情蒙住了双眼,听不进别人的忠告,一意孤行,同不适合自己的人走到了一起,致使在以后的婚姻生活中问题百出,后悔莫及。

第三节 大学生恋爱心理障碍与误区

 案例导入

> **案例**
>
> 刘某,男,大三学生。性格内向,敏感。他非常喜欢同专业的一个女生,而且认为对方也很喜欢他,于是对该女生发起了猛烈的追求。女生虽然婉言拒绝过他多次,但他仍然觉得该女生只是太害羞,或者想考验一下他的情感,才不肯答应自己。于是更加频繁地纠缠该女生。该女生不堪其扰,通过辅导员对刘某提出严正警告,并与同校的另一位男生谈起恋爱。失去希望的刘某非常痛苦,情绪低落,无法正常饮食、睡眠。后经医院诊断,刘某已经由恋爱受挫发展成抑郁症,需要接受医学治疗。

案例评析

这是典型的由单恋受挫引起的心理障碍。单恋是一方的倾慕情感苦于不被对方知晓和接受而造成的一厢情愿地对恋爱的渴望,俗称单相思。它仅仅停留在个体单方面爱恋而无法发展成双方恋爱的状态,是一种深沉而无望的爱情,具有痴迷而深刻的特点。爱情错觉则是指在异性间的接触往来和友谊中,一方错误地认为对方对自己"有意",或者把双方正常的交往和友谊误认为是爱情的来临。爱情错觉是单相思的另一种形式,它常常会使当事人想入非非,自作多情。

爱情的神圣与庄严、神秘与美好吸引着无数大学生为之折腰。但是,恋爱通常不是一帆风顺的,对于大学生而言,如果在恋爱问题上处理不当,就容易引发恋爱挫折,如失恋、单恋、恋爱纠葛等,将会使当事人精神上受到不同程度的刺激,进而产生不良的心理甚至诱发心理疾病,危及身心健康。

一、大学生恋爱心理障碍

(一)失恋

大学生在校期间,其重要的人际关系除了师生关系、同伴关系之外,还有两性之间的恋爱关系,它对大学生的意义已不仅是恋爱本身,而且是大学生自我价值感和自我评价的重要来源和基础。可想而知,失恋会给当事人带来剧烈的心理创伤,使人处于抑郁、焦虑、自卑、悲愤甚至绝望的消极情绪中。失恋对于大学生心理健康的影响肯定是其人生中最为严重的心理挫折之一。不少学生在失恋后出现失控和反常的心理,会产生极度的孤独感、绝望感和虚无感。大学生失恋一般有以下四种较为常见的不良心理。

1. 自卑心理

大学生虽然在他人面前显得自信心十足,但同时表现出对他人关于自己的评价以及自我

评价的敏感。失恋使大学生对自己的人际吸引力产生极大的怀疑,怀疑自己不会再被人爱,怀疑自己没有能力再去爱别人,表现出对自己建立亲密关系能力的评价急剧降低。有的学生因为失恋觉得自己没有面子,在同学、亲友面前无地自容,特别是在异性面前没了自信,抬不起头来;有的学生觉得自己一无是处,认为自己各方面都很差。这表现出失恋大学生对自己各方面的评价出现偏差,引发过度自责行为,产生强烈的自卑心理,感到羞愧难当、心灰意冷。如果当事人性格内向,更易产生这种心理,长期这样下去,可能因此走上绝路。

2. 绝望心理

这是失恋所带来的一种极端心理反应,尤其当处于热恋中,其中一方被另一方拒绝而分手时,这种心理表现得格外强烈。当事人很难心理平静,觉得自尊和情感受到严重的伤害。这时他们可能将自己与外界隔离开,以保护自己免受更多的伤害和自尊心的毁损,甚至可能发誓"以后不再恋爱",对恋爱绝望,从一次失恋中否定对方所属的性别、职业、出生地,乃至爱情本身。这种绝望心理,甚至会影响当事人对学习、生活或其他方面的信心、兴趣,很可能引发对学习、生活、人生感到无望,出现自暴自弃行为。

3. 报复心理

这是大学生激情犯罪的一个常见起因。失恋后,有的学生失去理智,把自己的痛苦全部归因于对方的抛弃,认为对方对不起自己,因而产生报复心理,认为自己不好过也不让对方好过。特别是由于对方不道德而失恋或恋爱进程明显受他人阻挠时,当事人觉得自己更有理,也就更容易出现报复心理。在这种心理基础上引发的行为常常带有破坏性,发生校园冲突事件,伤害自己和他人。这也是大学生恋爱中极度的占有欲受到挫折后而唤起的心理行为反应。

4. 悲愤、渺茫消沉心理

有人将爱情视为生命中最重要的东西,一旦失恋了,就不顾学业、前途,终日沉浸在极度的痛苦中,反复咀嚼失恋后的痛苦,变得性格古怪,使人难以接近;有的选择对自己的行为不加约束,放纵自己,或借酒消愁,对他人的关心不予理睬,很不近情理,冷漠、痛苦,严重的甚至导致精神分裂症;有的什么都不考虑了,只感到一片渺茫,今后也不知怎么办。

(二)单恋

单恋也是大学生恋爱中常见的一种恋爱挫折。恋爱应是两人之间的感情交流,但如果只是一方投入感情,而另一方毫无感情,或是根本不想与之进行这种交流,这就形成了单恋。单恋通常包括两种形式:一种是内心爱慕对方但无法表示出来或已被对方拒绝仍痴情不改的单恋;另一种是把与对方的交往和友谊认为是"有意"或"暗示"而产生的"爱情错觉"。无论是哪种单恋形式都是一种畸形的恋爱,一种臆想型恋爱情结。这部分大学生常常沉湎于自我幻想或想象的虚幻情境中难以自拔。在心理上表现出由于痴情而对单恋对象产生强烈关注、幻想、焦躁和冲动。然而这一切都是在对方毫无觉察或者得不到对方认可和接受的情况下产生的,由此引起单恋大学生内心的痛苦和强烈的冲突。部分大学生碍于周围环境和心理压力,对自己内心深处的情感和暗恋感到难以启齿,不敢向对方诉说,这种闭锁心理更加深了他们的苦恼,很容易产生心理障碍和心态失衡,发生情感失控、精神萎靡、注意力分散、思维迟钝、消沉等现象,给学习、生活、身心健康造成很大的影响,严重的还会导致失去理智、精神异常。特别是低年级学生,长期将这种情感压抑而不解决,那么当事人就很容易出现一系列心理障碍,如沉默、抑郁、消极厌世、兴趣消失、喜怒无常、激动不安,有的甚至走向极端,失去自我控制而做出伤害他人的蠢事。少数学生在共同的学习、生活中爱上某位同学,就不顾一切付诸行动,不管对方是否接受就苦苦追求,完全不顾及对方的感受,甚至做出干扰对方正常学习、生活的行为,丧失人格、自尊去表达自己所谓的爱。还有的学生当现实(对方已有恋人)无情地击碎了爱的梦幻之后,就会陷入空虚、烦躁,甚至失落、绝望的巨大痛苦之中,承受感情的煎熬。这样的爱情是一种有害甚至危险的感情波澜,不仅会因为不思茶饭、夜不成眠而影响身体健康,更会因情绪一落千丈、反复无常而损害心理健康。

（三）恋爱纠葛

恋爱纠葛是大学生恋爱的又一种恋爱挫折,主要是指恋爱时因某些主观因素或客观因素引发的欲罢不忍、欲爱不能的感情冲突与内心强烈的矛盾,它给恋爱中的大学生带来一系列的情感危机,引发极度紧张、不安、忧郁、焦躁、恐惧等不良情绪。如有的学生因恋爱遭到家庭反对或周围人的非议,显得心烦意乱、坐立不安、焦虑、抑郁;有的因恋人之间出现矛盾、误解或猜疑而忧心忡忡;有的因陷入"三角恋"或"多角恋"的漩涡中,不知如何摆脱这种局面而焦躁不安、恐惧;有的在热恋时由于"第三者"闯入出现感情危机,而感到不安、痛苦等。这些恋爱纠葛、情感危机使大学生心理上遭受严重挫折,有的会无法控制自己的思想、行为以及情感,不能正常地学习、生活,甚至会精神崩溃,并导致自杀等恶性事件和诱发性精神病。

（四）网恋

网恋到底是虚拟的伊甸园,还是潘多拉的盒子?网恋究竟在多大程度上改变了大学生的恋爱方式?种种网恋现象折射出的又是怎样的深层心态?大多数大学生泰然面对网恋,相信在这个网络膨胀的社会中网恋是十分正常的事情。很多学生之所以喜欢上网聊天以及网恋,就是因为网络给了大学生一个毫无阻隔的、无比宽广的交流空间,大家不用彼此掩饰,因为本来就看不到对方。此外,感情本来就不是一个看得到摸得着的东西,在现实生活中如此,在网上也是这样。

但是我们应当看到,网络世界假的太多,和现实有很大区别,甜言蜜语往往是信口开河,因此不该将虚拟生活与现实搅在一起,上网只是一种消遣,不过是给生活添点调料。而且在大学生网恋中,有些人是抱着游戏的态度,不停地在QQ、微信等社交软件中搜索异性,热聊三四天就迅速发展到网恋,失去兴趣后继续搜索。还有一些人,沉溺于网恋无法自拔,造成身心的伤害,甚至荒废了学业。当大家从虚幻的网络世界里走出来的时候,却发现他(她)和网上的他(她)有着很大的差异而无法接受。网恋最终大多是以悲剧收场,而且更可怕的是一些不法分子开始利用"网恋"从事违法活动,这严重危害到社会的安定。同时,在网上交流往往会将彼此理想化,希望越大,失望越大,身边网恋失败的例子比比皆是,造成很多大学生较为严重的心理压力。

二、大学生恋爱中的误区

尽管大学生恋爱的心态各异,但大多数人还是能够理性地对待爱情,只有少数大学生的恋爱是盲目的,甚至是畸形的,他们往往还没有弄清楚爱情的含义就匆匆涉足爱河。仔细分析恋爱心态就不难发现,在青年学生的恋爱中存在着一些误区。

（一）重视现在而轻视将来

当代青年大学生在对待爱情问题上存在着重现在轻未来的趋势,与社会青年的恋爱相比往往侧重感觉,较少考虑对方的家庭地位、经济条件、现实因素,因此大学生的恋爱也更加浪漫、纯情。在校学生毕业后的经济收入和去向都存在着未知和不确定性,他们也不可能过多地考虑将来的问题,但他们不愿意因为将来的不可知而放弃享受爱情和青春,于是就出现了重现在轻未来的心理误区。不少大学生恋爱,往往只看重当时的感受和过程,而不看重恋爱的结果,只要彼此合适就走到一起,充分享受美好和甜蜜,至于爱情的种子能否结出婚姻的果实,则很少考虑或没有考虑,因此"只在乎曾经拥有,不在乎天长地久"自然有一定的市场。大学生中重现在轻未来的恋爱观,从表面上看来似乎存在着它的合理性,但却反映了他们功利主义、享乐主义的人生观、价值观。应当看到,恋爱的最终目的是结婚,但大多数青年学生的恋爱只是享受爱情,而很少考虑将来能否组织家庭,甚至明知道将来不能组织家庭还要谈恋爱。由于不考虑将来,所以也就可以不对对方的将来负责,这是极其有害的。

(二) 重视感情而轻视理智

大学生的年龄特征决定了其轻率冲动、易感情用事的心理特点,反映在恋爱问题上,则存在着重感情轻理智的误区。据有关资料统计,谈恋爱的大学生发生两性关系的比例正呈逐年上升的趋势,大学生受现在开放思想的影响较多,相当一部分同学谈恋爱时往往在一时的感情冲动之下发生两性关系。有些同学错误地认为只要双方彼此相爱就可以发生两性关系,以追求灵魂与肉体的结合,不需要过多地考虑将来,但他们尤其是女孩子没有考虑到在中国这样一个传统的国度中,人们还是比较看重贞操的,一旦将来各方面的因素导致双方不能结合在一起,那么婚前发生两性关系只能既害了对方、又害了自己。

(三) 重视外表而轻视内涵

大学校园里恋爱的风气之所以盛行,根本原因就是大学生很容易被对方漂亮的外表、雄辩的口才等外在因素所吸引。大学生恋爱容易出现一见钟情的情况,谈恋爱的大学生一开始是被对方的外表所吸引,那些相貌出众的男女同学就容易成为被追求的对象,而相貌不出众的男生女生就不那么引人注目,这反映了大学生在择偶方面的幼稚和片面。他们没有意识到外在的美是一时的,只有内在的美、丰富的内涵才是永恒的、更重要的。

(四) 重视享乐而轻视理想追求

在大学校园里虽然流传着不少大学生恋人双方互相促进、最后双双考上研究生、获得爱情事业双丰收的佳话,但大多数大学生谈恋爱后却未能实现学业上齐头并进,为将来的幸福生活打下坚实的基础,而是把时间消磨在霓虹灯下、花前月下,二人世界的甜蜜使他们淡化了对知识的追求,对理想的渴望,放松了对未来理想生活的不懈追求。

(五) 重视爱情而轻视友情

从广义上说,恋爱只是异性交往的一种形式,友情才是异性交往的最主要形式。在一个人的成长过程中,与同龄人的交往是非常重要的,但恋爱往往导致两个人每天缠在一起而忽略了与他人的交往,过早地进入二人世界就失去了许多参加集体活动锻炼的机会,也失去了许多重新审视自我的机会,最后导致人际交往发生问题。恋爱是大学生永恒的话题,这是青春、生理、心理发展的需要,爱情的萌发也是他们逐渐走向成熟的标志,然而由于众多的原因,大学生在恋爱中往往把握不住爱情,走进误区,造成了不应有的损失。

第四节 大学生恋爱心理辅导

案例导入

> **案例**
>
> 大学二年级学生黄某,在校学生会工作期间认识了高她一届的李同学,两人因工作关系经常见面,逐渐产生了感情,很快坠入爱河。这是黄某第一次谈恋爱,因此她倍加珍惜,几乎把所有的精力都投入到恋爱中,然而在相处一段时间后,自己的男友却因喜欢上别的女生而向她提出分手,这对她来说简直是晴天霹雳。此后她每天都在痛苦和悲伤中度过,整天以泪洗面,什么事也不想做,不愿意和别人接触。她不仅辞去了学生会的工作,学习成绩也一落千丈,越来越觉得活着没什么意义。她认为一切都是李同学造成的,于是决定以死来惩罚李同学,让李同学痛悔一生,幸而在实施自杀的过程中,她被同学及时发现救了下来。

案例评析

案例中的黄同学因遭遇失恋而产生了一系列的心理问题。从心理角度来看,失恋可以说是大学生最严重的挫折之一,会引起一系列的心理反应,如难堪、羞辱、失落、悲伤、孤独、虚无、绝望和报复等。这些不良情绪如果得不到及时的排解和转移,容易导致失恋者产生忧郁、自卑的情绪,严重者甚至采取自杀的手段来报复对方。

爱是人类所特有的并经过后天学习而获得的一种情感体验,爱情是其中最美好、最令人陶醉的一种。两颗心在某个瞬间碰撞在一起,但这只是漫漫历程动人而闪光的起点,在生活的激流中经历了种种考验之后,人们才能收获爱情的成熟果实。那么,为了明天的收获,我们必须在今天学习和实践爱的知识。

一、以审慎的态度对待爱情与恋爱

爱情与恋爱都是实现婚姻的基础和前提,是关系个人终身的大事,必须审慎对待。人活一生,在世界上相伴时间最长的人是夫妻。如果婚姻美满,双方可以度过幸福的一生;如果婚姻不如人意,就可能烦恼、痛苦一生。因此,大学生在学习期间切不可以用轻率的或者游戏的态度对待恋爱和爱情。否则,将自食苦果,后悔莫及。

如何以审慎的态度对待爱情与恋爱呢?就是要坚持在相互交往、相互了解的基础上建立爱情。"人不可貌相",不能根据外表的印象来了解一个人,也不能凭借心理测验,而是要通过共同的生活实践来进行考察。考察一个人,就是看他如何对待学习,如何对待工作,如何对待他人,如何对待有关国家和人民利益的大事。仅仅根据对方对你好不好,不足以判断对方的人品,因为人在恋爱的时候总是表现得好,总是互相关心、互相爱护、互相帮助,结婚以后能否这样就不得而知了。如果我们了解一个人在各方面都表现得比较好,就比仅仅了解他(她)对你

好要可靠得多。

二、坚持理性的抉择,调控恋爱的动机

男女恋爱的动机是一种复杂的系统,有满足眼前短时需要的动机,有满足终身婚姻需要的动机,有追求物质需要的动机,也有发展事业需要的动机。恋爱双方必须根据主客观的条件和长远的需要进行明智的抉择。

人都有爱美的天性。男性喜欢女性美丽、苗条;女性喜欢男性高大、英俊;男性喜欢女性温柔、体贴、善于持家;女性喜欢男性聪明、能干、对家庭负责、有事业心。然而,在这些相互喜欢和期望的人品中,有些是长期起作用的,有些只是暂时起作用的。爱美之心,人皆有之。在恋爱之初,美是起重要作用的因素。然而,外表的美是随着年龄的增长而变化的,年龄大了,面貌和身材就不再美了。如果人们仍以外貌的美作为维系爱情的主要因素,那么,随着年龄的增长,婚姻就会产生危机。维持婚姻长期稳定的主要因素是志趣相投、互相关心和体贴。除此之外,还要有对家庭的责任感和道德感。这样,当家庭面临意外事件的冲击、遭遇不幸时,才能迎风搏击,渡过难关。

卢梭说:"道德的美必然增添爱情的美。"因此,大学生在选择恋爱对象时,要善于识别和把握那些对婚姻稳定长期起作用的因素,并把对这些长期因素的追求作为恋爱的主导动机。外表的美要能体现心灵的美,爱情必须有道德感维系,这样才能消除婚姻中隐藏的危机。

三、区别友情与爱情

异性大学生间的友情与爱情,有时会交织在一起,犹如孪生的姐妹、色彩各异的并蒂花那样,很难辨别清楚。但是它们之间既有相似之处,又有不同点。总的来看,异性青年的友情是爱情的最初表现形式,但是友情并不等于爱情;爱情是友情发展的一种结果,而异性友情并不必然发展为爱情;爱情是友情的延伸和继续,而不是友情的结果;获得爱情的人同时会享受到友情的芬芳,而获得友谊的人则并不都能体验到爱情的韵味。

爱情是一种专一的感情,具有封闭性、排他性;而友情则产生在普遍的人际关系中,是开放、广泛和可以传递的。爱情具有隐秘性,不愿在众目睽睽之下谈恋爱,把自己爱情的言行公开在他人面前,友情则是公开的,不仅是友情的对象,其表达和交往的方式也同样如此。友情与爱情的不同还表现在交往不同:友谊最重要的交往是彼此的相互了解,而爱情是依靠感情而对对方的美化,往往很难像分析好朋友一样分析爱人的优缺点。地位不同:朋友之间立场相同,地位平等,既有人格的共鸣,亦有剧烈的冲突;而爱情则有一体感,两者不是互相碰击,而是互相融合。责任不同:友谊关系主要承担道德义务,朋友之间要做到忠诚热忱、友爱互助,要讲原则明是非;而爱情关系的双方不仅要承担道德义务,结为婚姻关系后还要承担法律义务。

大学生活中,友情是大学生人际交往的重要方面,它为大学生活提供了和谐、理解的气氛,使朋友和同龄人的意见更易于吸收,为大学生个性心理发展创造了良好的环境。同时,同学之间的友好交往会使大家感到集体的温暖,有利于解除个人的孤独感,有利于培养大学生良好的心理素质。友情的存在,给了在集体中生活的同学以感情上的慰藉、生活上的帮助、学习上的指导和同龄人之间的理解。因此,大学生更需要友情,同时更应注意正确区别友情与爱情,认为男女之间只有爱情没有友情,或者错把友情当爱情,都不可能获得真正的友谊和爱情。只有正确地区别了友情与爱情,才能去大胆地建立友谊,建设爱的桥梁,才能实现对爱情的向往和

追求。

四、把握情感之舵

在恋爱过程中,强烈的情绪体验,使爱情强烈、奔放、焕发,使生活五彩缤纷,使恋爱过程甜酸苦辣俱全,从而大大地丰富了爱情的浪漫和吸引力。爱情还能提供巨大的动力,青年想念心爱的人会彻夜不眠;看上理想的异性后,可以花几天时间写一封有生以来最费脑筋的长信;约会时,宁愿跑得大汗淋漓,也不迟到一分钟。它还具有一定的评价作用,青年在恋爱时,产生的情绪反应和情绪体验,会使自己知道最喜欢的是什么,自己爱上了对方哪些方面。但是,在这种情感的影响下,青年的某些心理过程也会产生特异的改变,出现一些和平常不同的特点。比如,热恋中的男女,相恋情感高涨而使理智有所蒙蔽,"情人眼里出西施",这似乎是爱情领域中一种规律性的现象。在这种现象的作用下,他们感到对方完美无缺,只看到对方的优点,看不到对方的缺点,甚至把缺点看成是优点。如果别人指出恋人的缺点,就会觉得别人多事。他们总夸大自己与恋人之间的相似性,抹杀其间的差别,感到对方非常理想,将对方偶像化,用自己的想象去补充美化自己爱慕的人。

爱情的这种现象是由于爱的"炽热""融化"了自我,并且具有如下特点:失去独立意识,完全与恋人保持一致;似乎"注射"了对方的灵魂;盲目崇拜或听信恋人;似乎对方说的一切都有道理,自己却显得十分幼稚,因此变得朴实谦虚起来;舍弃自己的个人利益,积极主动地迎合恋人的愿望;为对方做自己能够做的任何事情,只讲贡献不求索取;还会宽容对方的某些缺点和不足。

大学生从少年期刚刚过渡到青年期,生理成熟的速度高于心理发展的速度,更高于道德认识的速度。阅历浅,人生观和性格还未定型,对恋爱和婚姻问题缺乏全面的认识。因此,极易因感情放纵造成不应有的失误。

大学生对婚姻大事要慎重,要把握好情感之舵。如果一个人个性失去太多,就会变得脆弱,使对方感到失去了爱慕的对象和客体,也会失去魅力。如果过分地迎合对方,还可能使自己个性特点逐步消失或者畸形发展,甚至为对方干出一些不正当的事情。爱情的发展和增强也有强大的推动作用,使恋人的形象在头脑中理想化,剔除了其中引起不良体验的部分,爱情会由此而变得更加纯洁、强烈,更令人向往。然而爱情也能使当事人产生错觉,甚至对恋人的某些本质性缺点视而不见,把友人的好心忠告当作耳旁风,一意孤行,酿成大错。一旦冷静下来,理想的光环失去,才发现对方并无光彩,因此大学生在恋爱时,客观的评价是非常必要的。

热恋中的双方情感专注热烈,指向性很强,他们心中只记挂着对方,恨不得时时刻刻在一起,而对两人感情活动以外的其他活动兴趣不大。大学生要控制这股如火的热烈情感,并使之成为学业追求的动力。

五、纯真、自然交往

男女之间的爱情是一种纯真而美好的感情。这种纯真的爱情生活,是人类的一种高尚的精神生活。只有在这种爱情基础上发展起来的恋爱和婚姻关系,才是美满和幸福的。在恋爱过程中要做到以下事项。

(一) 真诚相见

帮助对方了解自己,吸引对方的回报,两人在相互的展示中,能够找到更多的共性,产生较强的共鸣。

(二) 互相尊重,讲求礼貌,平等相待

恋爱中双方是平等的,每个人都应该尊重对方的看法,尊重对方的选择和行动自由,不应以"主人"或"支配者"的地位自居。

(三) 互相谅解,尊重人格,互相帮助

帮助对方解决各种困难和问题,是感情培养的重要方向。

每个青年人都需要爱情,但每个人也都需要别的东西,如理想、事业、前途等。如果一方在建立爱情的同时企图取得这些东西,另一方要支持恋人的追求,这样两人的心会贴得更紧。

爱情是男女两性交往和精神交流的产物,尽管离别助长爱慕,但在爱恋中有一定的交往频度还是必要的,特别是感情建立初期更是如此。不过,交往也不应过于频繁,有的人一爱上对方,恨不得一天见一次或者整天待在一起,这样不但浪费时间,也不利于感情培养。接触过频,有时会感到发展过快,不能冷静考虑,产生失误,有时也会因过于熟悉,慢慢失去激情和新鲜感,使人觉得爱情生活过于平淡枯燥,缺少令人兴奋的内容,感到对方身上的理想和色彩慢慢消退,失去吸引力。爱恋不等于结婚,所以必须保持一定的距离,善于用恰当的形式表达自己的爱情,就像俗语说的"真正爱情的表达不是用嘴,而是通过全部生活来体现的,真正爱情的接受不是用耳朵,而是用心灵来体验的"。

爱情的甜蜜和幸福并非只表现在相互的亲昵中,它还包括在事业上的相助,学习上的互帮,生活上的互相体贴,患难之中的互相照顾。工作学习是无止境的,亲昵则应当适可而止,应主动参加一些有益的集体活动,到朋友中去,到大自然中去。

六、践行爱情道德

自古以来,人们都赞美坚贞的爱情,真正的爱情是经得起人生道路上的种种曲折、磨难的考验的,使人们在艰苦的生活和工作面前能够互相激励,增强信心和勇气,所以说它是一种特殊的情感。这种情感应该是强烈而持久的,绝不是一时的感情冲动;应当是纯洁而又高尚的,绝不允许存在别有用心和虚伪;应当是面向生活并有明确的责任和义务的,绝不能脱离生活和实际困难而空想。美好的爱情应当是专一的、强烈的、持久的。这样,才能使生活更加美满幸福。

诚实专一是恋爱道德的核心,只有诚实专一的阳光雨露,才能培育出艳丽的爱情之花。当然,在一个青年即将进入恋爱生活的时候,他有权进行选择,一个人在几个人中选择自己的对象,看看与谁建立恋爱关系合适,这是允许的,也是必要的。但是,这种选择更多的应该在友谊的基础上进行。然而我们都知道,友情没有数量和性别的限制,爱情则除了友爱之外还有性爱的因素等,因此,一个人不能同时与一个以上的人发生爱情。搞三角恋爱,不管是因为认识上的不足还是出于其他什么动机,都是作弄人、伤害他人感情的行为,只会给别人带来痛苦。总之,交友可以广泛,爱情只能专一,一心一意者高尚,心猿意马者糊涂,来者不拒者虚荣,左右逢源者轻薄,游龙戏凤者堕落,门当户对者封建。

婚姻恋爱的实质,就是经过慎重选择,有两个人参加、结成生活道路上共同战斗的忠诚伴侣,组成一个家庭生活单位,成为社会中的一个细胞。因此,践行爱情的道德要求是十分重要的,因为它不是纯粹个人的私事,而是要对双方负责,要对后代负责,要对社会负责。真正的爱情必须是忠实的,既然在爱情上做了慎重的选择,就要对彼此间的爱情负责,承担道德上的责任和义务。一个人爱另一个人或接受另一个人的爱,那么他对另一个便承担着严肃的社会和心理责任。有人说这是做感情的奴役,但是列宁说:"克己自律绝不是奴役,它们即使在恋爱方面也是必要的。"

七、走出失恋困境

恋爱不可能总是成功的,因为存在着不利于恋爱的种种社会和个人的因素。失恋对任何人来说都不是甜的滋味,但是对一个有明确生活目的、有理智、能控制自己感情的人来说,它是可以解脱的。爱情是两相情愿的结合,只可追求而不可强求,既要尊重自己的选择,又要尊重别人的选择。做到失恋不失智、不失德。

(一)改变对恋爱的错误认知

面对失恋的打击,不同的人会出现不同的反应,原因首先在于不同的人看待问题的方式不同。要减少失恋对一个人的负面影响,最主要的是排除一些对恋爱不合理的观念,比如"爱情是人生的全部""再也不会遇到比他更好的人"等。失恋者应换个角度看问题,爱情在人生中占有重要地位,没有爱情的人生是不完美的,但爱情不是生命意义的全部,只为爱情而活着是苍白的;应看到爱情的脆弱性一面,恋爱可能成功,也可能遭遇失败;一次失恋不等于整个爱情生命的结束,人还会再恋爱,时过境迁,说不定又是柳暗花明;失恋只是一种选择的结果,每个人的欣赏角度不同,不同的人对于恋爱对象的心理需求各有侧重,对方不选择自己并不等于自己一无是处。

(二)了解"失恋过激反应"的心理机制

人们对现实的感受,往往并不等同于现实,最多只能接近现实。心理学家契可尼通过实验证明,一个人的记忆有这样一个奇特的方面,它对已完成的事情极易忘却,而对中断了的、未完成的事情却总是记忆犹新,这被称为"契可尼效应"。没有结果的恋情让人刻骨铭心,回味无穷,从心理学上解释,也许正因为它是未完成的、不成功的,如果你懂得这一心理学常识,也许对于没有结果的爱就不会那么执着和念念不忘了。

(三)多为对方着想

一个人对伤害自己的人会本能地产生仇恨,这也是失恋者不能从痛苦中走出来的重要原因。我们应失恋不失态,失恋后不要穷追不舍、纠缠对方,甚至产生报复心理。谁都有选择爱的权利和拒绝爱的权利,既然是你所爱,就应设身处地为对方着想,让对方做选择,告诉对方,尽管你很痛苦,但如果对方觉得这样更幸福,那你就尊重他(她)的决定,并祝他(她)幸福。仇恨和报复并不能挽回失去的爱情,只能使自己的心态更加失衡,只有宽容才能让人释怀。

(四)适当运用心理保护机制,消除爱情固着心理

因为爱一个人,会觉得对方是最适合自己的,失去了倍感珍贵,甚至明知道对方不爱自己了,但依然深深地爱着对方而不能自拔。针对这种心理,应适当运用"酸葡萄"效应,多想想对方的缺点,打破把对方过于理想化的倾向,以修补心灵的创伤。常言说得好:"塞翁失马,焉知非福",失恋虽然让你失去了一次机会,但是却让你进入了一个充满新机会的世界。人有一种

在感情上进行自我恢复和再次示爱的能力,当你平静地接受现实,重新寻觅,你就会惊奇地发现,生活中还有更适合自己的人。许多重新获得幸福的人都有这样的体会。

（五）转移自己的注意力

失恋之后之所以难以摆脱恋情的困扰,是因为你还把自己放在昔日与恋人的美好回忆情境中,因此要学会将自己的情感与注意力适当地转移到失恋对象以外的人或事上。如清理掉与其相关的物品,避开你们以前常去的地方。同时,扩大人际交往,积极参加学校的各种娱乐活动,投身于大自然,在自然的怀抱中得到慰藉。

（六）适当地发泄情绪

不要把失恋的痛苦压抑在内心深处,一个人慢慢品味,而要寻找合适的途径把痛苦、难堪和绝望的情绪发泄出来,以减轻心理的负荷。如找个没人的地方痛哭一场;或找朋友或亲人倾诉你的痛苦,得到他们的理解、关心和支持;或通过心理辅导老师的帮助,宣泄苦闷,重新建立起心理平衡。

八、培养爱的能力

爱是一种情感,也是一种艺术、一种能力。青年大学生要重视培养发展爱的能力,从而不仅祈求爱、渴望爱,更善于爱。

（一）迎接爱的能力

迎接爱的能力包括给予爱和接受爱的能力。前者是心中有了爱,在理智分析后,敢于表达,善于表达的能力;后者是面对别人的求爱,能及时、准确地做出判断,并做出接受、谢绝或再观察的选择。

要具备迎接爱的能力,就应懂得爱的深刻内涵,有健康的恋爱价值观;就应了解自己,知道自己喜欢什么、需要什么、适合什么;就应对自己、对他人保持热情;关心他人、热爱他人,正如马卡连柯所说:"一个青年人如果不爱他的父母、同志和朋友,他就永远不会爱他所选来作为妻子的那个女人。"博爱是爱情的基础和养料,应在生活的所有领域里都能保持创造性和主动性。倘若在其他领域消极无能,他在爱的领域也必将重蹈覆辙。应有一种健康的心理,能坦然地表达爱或接受爱,能承受求爱被拒绝或拒绝求爱所引起的心理扰乱。

（二）拒绝爱的能力

拒绝爱的能力就是对不愿或不值得接受的爱加以谢绝的能力。它包括两个方面:一是敢于理智地拒绝不希望得到的爱情,学会勇敢地说"不";二是要掌握恰当的拒绝方式,即运用一种充满关切、尊重和机智的方式,维护自己也维护他人的利益。

（三）承受失恋的能力

这是一种善于运用理智的力量驾驭痛苦的情绪,善于通过积极有效的途径和方式引导情感的挫折,以积极的姿态走出失恋的困境,恢复心理平衡的能力。

（四）发展爱的能力

这是在爱情生活中，维护、增进、深化爱的能力。在恋爱乃至婚姻生活中，会遇到许多矛盾、挫折、纠纷，发展爱的能力体现在能妥善处理这些可能对爱造成破坏的障碍，体现在相爱和共同生活的过程中，能使爱情不断更新、不断发展，保持永久的魅力。

第五节　测试与训练

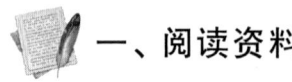
一、阅读资料

爱怕什么

爱挺娇气、挺笨、挺糊涂的，有很多怕的东西。

爱怕撒谎。当我们不爱的时候，假装爱，是一件痛苦而倒霉的事情。假如别人识破，我们就成了虚伪的坏蛋。你骗了别人的钱，可以退赔，你骗了别人的爱，就成了无赦的罪人。假如别人不曾识破，那就更惨。除非你已良心丧尽，否则便要承诺爱的假象，那心灵深处的绞杀，永无宁日。

爱怕沉默。太多的人，以为爱到深处是无言。其实，爱是很难描述的一种情感，需要详尽的表达和传递。爱需要行动，但爱绝不仅仅是行动，或者说语言和温情的流露，也是行动不可或缺的部分。我曾经和朋友们做过一个测验，让一个人心中充满一种独特的感觉，然后用表情和手势做出来，让其他不知底细的人猜测他的内心活动。出谜和解谜的人都欣然答应，自以为百无一失。结果，能正确解码的人少得可怜。当你自觉满脸爱意的时候，他人误读的结论却千奇百怪。比如认为那是矜持、发呆、忧郁……

一位妈妈，胸有成竹地低下头，做出一个表情。我和另一位女士愣愣地看着她，相互对视了一下，异口同声地说："你要自杀！"她愤怒地瞪着我们说："岂有此理！你们怎么那么笨？！我此刻心头正充盈温情！"愚笨的我俩挺惭愧的，但没等我们道歉的话出口，那妈妈恍然大悟道："原来是这样！怪不得我每次这样看着儿子的时候，他会不安地说'妈妈，我又做错了什么？你又在发什么愁？'"

爱是那样地需要表达，就像耗竭太快的电器，每日都要充电。重复而新鲜地描述爱意吧，它是一种勇敢和智慧的艺术。

爱怕犹豫。爱是羞怯和机灵的，一不留神它就吃了鱼饵闪去。爱的起初往往是柔弱无骨的碰撞和翩若惊鸿的引力。在爱的极早期，就敏锐地识别自己的真爱，是一种能力更是一种果敢。爱一桩事业，就奋不顾身地投入。爱一个人，就斩钉截铁地追求。爱一个民族，就不遗余力地献身。爱一种信仰，就至死不悔。

爱怕模棱两可。要么爱这一个，要么爱那一个，遵循一种全或无的原则。爱，就铺天盖地，不遗下一个角落。不爱就快刀断麻，金盆洗手。迟疑延拓是对他人和自己的不负责任。

爱怕沙上建塔。那样的爱，无论多么玲珑剔透，潮起潮落，留下的只是无珠的蚌壳和断根的水草。

爱怕无源之水。沙漠里的河啊，即便不是海市蜃楼，波光粼粼又能坚持几天？当沙暴袭来的时候,最先干涸的正是泪水积聚的咸水湖。

爱怕假冒伪劣。真的爱也许不那么外表光滑,色彩艳丽,没有精致的包装,没有夸口的广告,但它是有内在的质量保证。真爱并非不会发生短路与损伤,但是它有保修单,那是两颗心的承诺,写在天地间。

爱是一个有机整体,怕分割。好似钢化玻璃,据说坦克轧上也不会碎,可惜它的弱点是宁折不弯,脆不可裁。一旦破碎,就裂成了无数蚕豆大的渣滓,流淌一地,闪着凄楚的冷光,再也无法复原。

爱的脚力不健,怕远。距离会漂淡彼此相思的颜色,假如有可能,就靠得近一点,再近一点,直到水乳交融亲密无间。千万不要人为地以分离考验它的强度,那你也许后悔莫及,尽量地创造并肩携手天人合一的时光。

爱像仙人掌类的花朵,怕转瞬即逝。爱可以不朝朝暮暮,爱可以不卿卿我我,但爱要铁杵磨成针,恒远久长。

爱怕平分秋色。在爱的钢丝上不能学高空王子,不宜做危险动作。即使你摇摇晃晃,一时不曾跌落,也是偶然性在救你,任何一阵旋风,都可能使你飘然坠毁。最明智最保险的是赶快从高空回到平地,在泥土上留下深深的脚印。

爱怕刻意求工。爱可以披头散发,爱可以荆钗布裙,爱可以粗茶淡饭,爱可以风餐露宿。只要一腔真情,爱就有了依傍。

爱的时候,眼珠近视散光,只爱看江山如画。耳是聋的,只爱听莺歌燕语。爱让人片面,爱让人轻信。爱让人智商下降,爱让人一厢情愿。爱最怕的,是腐败。爱需要天天注入激情的活力,但又如深潭,波澜不惊。

说了爱的这许多毛病,爱岂不一无是处?

爱是世上最坚固的记忆金属,高温下不融化,冰冻不脆裂。造一艘爱的航天飞机,你就可以驾驶着它,遨游九天。

爱是比天空和海洋更博大的宇宙,在那个独特的穹窿中,有着亿万颗爱的星斗,闪烁光芒。一粒小行星划下,就是爱的雨丝,缀起满天清光。

爱是神奇的化学试剂,能让苦难变得香甜,能让一分钟驻成永远。能让平凡的容颜貌若天仙,能让喃喃细语压过雷鸣电闪。

爱是孕育万物的草原。在这里,能生长出勇气、智慧、才干、友谊、关怀……所有人间的美德和属于大自然的美丽天分,爱都会赠予你。

在生和死之间,是孤独的人生旅程。拥有一份真爱,就是照耀人生温暖的灯。

二、心理测试

恋爱观测试

【测试说明】恋爱观测试由17道题组成,从答案中选择一个符合自己实际情况的。

1. 你想象中的爱情是(　　)。
   A. 具有令人神往的浪漫色彩　　　　　　　　B. 能满足自己的情欲
   C. 使人振奋向上　　　　　　　　　　　　　D. 没想过
2. 你希望同你恋人的结识是这样开始的(　　)。
   A. 在工作或学习中逐渐产生爱情　　　　　　B. 青梅竹马

C. 一见钟情
D. 随便

3. 你对未来妻子的主要要求是（　　）。

A. 别人都称赞她的美貌
B. 善于理家
C. 顺从你的意见
D. 能在多方面帮助自己

4. 你对未来丈夫的主要要求是（　　）。

A. 有钱或有地位
B. 为人正直,有事业心
C. 不嗜烟酒,体贴自己
D. 英俊有风度

5. 你认为完美的结合是（　　）。

A. 门当户对
B. 郎才女貌
C. 心心相印
D. 情趣相投

6. 你认为巩固爱情的最好途径是（　　）。

A. 满足对方的物质要求
B. 柔情蜜意
C. 对恋人言听计从
D. 完美自己

7. 在下列格言中,你最喜欢的是（　　）。

A. 生命诚可贵,爱情价更高
B. 爱情的意义在于帮助对方,同时也提高自己
C. 有福同享,有难同当
D. 为了爱,我什么都愿干

8. 你希望恋人同你在兴趣爱好上（　　）。

A. 完全一致
B. 虽不一致,但能相互照应
C. 服从自己的兴趣
D. 互不干涉

9. 当你发现爱人的缺点时,你的态度是（　　）。

A. 无所谓
B. 嫌弃对方
C. 内心十分痛苦
D. 帮他(她)改进

10. 你对恋爱中的曲折怎么看（　　）。

A. 最好不要出现
B. 自认倒霉
C. 想办法分手
D. 把它作为对爱情的考验

11. 你对家庭的向往是（　　）。

A. 能同爱人天天在一起
B. 人生归宿
C. 能享天伦之乐
D. 激励对生活的新追求

12. 自己有一位异性朋友时,你将（　　）。

A. 告诉恋人,在同意下继续交往
B. 让恋人知道,但不准干涉
C. 不告诉
D. 告诉与否看恋人的气量态度而定

13. 另一位异性比恋人条件更好,且对自己有好感,你会（　　）。

A. 讨好对方,设法接近
B. 保持友谊,说明情况
C. 持冷淡态度
D. 听之任之

14. 当你迟迟找不到理想的恋人时,你会（　　）。

A. 反省自己的择偶标准是否实际
B. 一如既往

C. 心灰意冷,甚至绝望   D. 随便找一个

15. 当你所爱的人不爱你时,你会(　　)。

A. 愉快地同他(她)分手   B. 毁坏对方的名誉

C. 千方百计缠住对方   D. 不知所措

16. 你的恋人对你采取不道德的方式变心时,你会(　　)。

A. 报复   B. 散布对方的缺点

C. 只当自己没有看准   D. 吸取教训

17. 当发现恋人另有所爱时,你会(　　)。

A. 更加热烈地求爱   B. 想法拆散他(她)们

C. 若他(她)们尚未确定关系就竞争   D. 主动退出

【计分方法】在下表中,找出你所选题的分值,将所有题目的得分相加。

【测试结果】总分在46分以上,恋爱观正确;42～45分,恋爱观基本正确;42分以下,恋爱观需要调整。

	1	2	3	4	5	6	7	8	9	10	11	12	13	14	15	16	17
A	2	3	1	0	1	1	2	1	1	1	2	3	0	3	3	0	1
B	1	2	2	3	1	0	3	2	0	2	1	2	3	1	0	1	0
C	3	1	1	2	3	2	0	0	2	0	1	1	2	0	1	2	2
D	0	1	3	1	2	3	1	3	3	3	3	1	1	1	1	3	3

三、心理训练

(一) 主题:情感世界

1. 准备

将全体同学分成四组,要求男女生分配比例适当。

2. 要求

扮演角色要认真投入,用心体会在角色扮演中的情感反应,认真观察别人的表演,倾听别人的感受,在课后将自己的感受写出来。

3. 训练过程

第一组题目:大学恋爱三部曲。

A. 先讨论确定大学生恋爱分哪三步,然后男女生自由配对进行简单的表演,要求每一队的表演具体形象、有代表性。一对同学表演时其他同学认真观察、评分。

B. 小组在部分成员表演后,展开讨论,交流表演的感受和观察的感受。

第二组题目:异性间正常适度的情感交流

A. 小组先讨论异性间正常适度的情感交流中应注意什么问题,然后自由组合,各自设计情感交流的方式,依次表演。一对同学表演时,其他同学认真观察、记录、评分。

B. 小组在部分成员表演后,展开讨论,交流表演的感受和观察的感受。

第三组题目:失恋状态

A. 每个小组成员根据自己的观察、体验、想象,独自设计表现失恋状态的方式,依次表

演,其他同学观察、记录、评分。

B. 小组在部分成员表演后,展开讨论,交流表演的感受和观察的感受。

评分:按照商议的评分规则,分成自评与他评的方式给各组打分,选出最佳表演奖,并将各组的体会整理出来,大家分享,同时选出最深刻感悟奖。

(二)给正在恋爱的同学出谋划策

就如何正确处理恋爱与学习、恋爱与活动、友情与爱情等的关系,先配对讨论,接着小组讨论,最后各小组交流和汇报讨论结果。

(三)分组讨论

(1)男女同学交往应当怎样把握友谊与爱情的界限?年龄相当的男女之间是否会存在纯洁的友情?很多人认为年龄相当的男女如果有深厚的友情的话,要么发展成为情人关系,要么就倒退为很一般的朋友甚至会变成陌路人,这种看法对不对?

(2)我和一个男孩子情投意合,但双方因学习压力大始终没有捅破恋爱这层纸。上大学后他给我写了封火辣辣的求爱信,可此时我和他相隔遥遥千里,我不忍伤害他,没有信心开始这段恋情,我该怎么办?

(3)青春期的大学生没有产生对恋爱的渴求,甚至认为自己将来不会谈恋爱和结婚,这种心理是否有点不正常?有人认为爱情往往不能给人以安全感,有些人宁愿终身不结婚,应当如何看待这种现象?

(四)讨论"罗密欧与朱丽叶"现象

让一位爱好外国文学的同学查阅莎士比亚的作品《罗密欧与朱丽叶》,在课堂上给其他同学介绍"罗密欧与朱丽叶"现象,并请其他同学提问和讨论。

 思考题

1. 什么是爱情?大学生的爱情是如何发展的?
2. 男女同学在恋爱中有哪些心理差异?影响大学生恋爱的心态有哪些?
3. 大学生常见的恋爱障碍和误区有哪些?结合实际谈谈怎样克服。

第十章　大学生性心理

心灵导读

性是人性的表现。大学生处于性生理发育基本成熟、性心理发展正趋激烈的阶段,与性有关的许多问题,如性意识、性吸引、性冲动、性压抑等直接影响大学生的学习、生活和心理健康。因此,性问题对大学生而言是一个不可回避的问题,开展性心理教育已势在必行。

通过对本章的学习,了解性心理的含义和大学生性心理发展的状况;理解大学生健康与不健康性心理的表现以及影响因素;掌握大学生健康性心理的培养方法;使大学生能够了解自己在性心理方面存在的问题,能通过积极有效的途径和方法对性心理困惑进行自我控制和调节。

第一节　性心理概述

案例导入

> **案 例**
>
> 夏某是一名大二的男生，他在咨询时称，自己来自大山深处的一个小村落，父母、老师从未对他谈过有关性的知识。上大学以后，他对性知识的渴望程度与日俱增，却找不到正规的途径获得这方面的信息，只能借助色情期刊、黄色网站来了解与性有关的知识。慢慢地，他流连、沉迷于这些内容，满脑子都是色情画面，意志消沉，想入非非，无心学习和交往。他很为自己的未来担心，于是在室友的建议下前来咨询。

案例评析

据调查，像夏某这样通过非正规渠道获得性知识的大学生接近五成。我国的性健康教育匮乏，大学生又是思想活跃、易接受新事物的特殊群体，轻易就可以浏览不良网站、色情信息，导致大学生对性知识的认知较为肤浅，做事不考虑后果。具体来说，正规的性知识获取渠道有知名媒体对生殖健康知识的正面宣传、性心理健康教育读本、家庭性教育、高校性健康教育、同伴教育等。通过正规渠道学习、掌握科学的性健康知识，大学生基本上就可以消除对性的种种困惑。

一、性与性心理

（一）性的含义

随着人类文明的发展，人们已逐渐把性从纯生殖的功能中分离出来。我们认为，应从生理、心理和社会三种存在方式来认识、理解性的概念。

从生理的角度说，性是人类最基本的生物学特征之一，对性的需要就如人需要呼吸、饮食一样，是人的一种自然本能。孟子所云"食、色，性也"，《礼记》所云"饮食男女，人之大欲存焉"，均表明人生来就有食欲和性欲两大欲望。

从心理的角度说，性是指与性有关的一切心理现象，它不仅包括性交、性爱抚等所有直接的性活动，还包括人们对于性的情感、态度、价值观和性方面的喜好等心理方面的表现。

从社会的角度说，性是人类得以繁衍、进化之本，性活动则是人类社会生活的基本内容之一。无论何时何地，人类的性观念和性行为都受制于一定的社会意识形态和道德规范，而不是"两个人的私事"。

（二）性心理的含义

所谓性心理，是指在个体性心理成熟的基础上所形成的与性征、性欲、性行为有关的心理状况和心理过程,包括异性交往、恋爱、婚姻等与异性有关的心理问题。简言之,性心理就是与性生理、性行为有关的心理现象。大学生由于其生活环境和成长背景与其他同龄人不同,因此其性心理有明显的校园色彩。

从本质上看,性心理是人的生物性与社会性的统一。生物性是指男女在生理结构上的差异,以及人生来就有的性的欲望和本能。它是人类生存和繁衍后代的必要基础条件。从这个方面来说,人类的性与一般动物的交配具有相同之处。但是,性心理的本质是它的社会性,如人的择偶标准、恋爱、性行为等都体现出个体性的社会需求。因此,个体性心理既要受到人发展的生物规律的支配,又要受到人类社会文化发展程度和各种社会需要的制约,是两者密不可分的有机统一体。

(三) 性心理的内容

人的性心理活动是围绕性征、性欲和性行为而展开的一个动态的过程,包括以下内容。

1. 性感情

性感情指因性而生的两性之间微妙的感情关系,正是这种性感情促成两性之间对对方具有充分的吸引力。

2. 性意识

性意识是对性的言语水平的觉知,主要包括是男是女的性别意识和青春期后萌发的性欲意识。

3. 性知识

性知识是经耳闻目睹获得的有关性问题的知识内容。

4. 性经验

性经验是经自身的性行为获得的关于性的实际感受和体验。

5. 性观念

性观念是指对有关性问题的较为稳定的看法和持有的态度评价。

(四) 性行为的方式

性行为是指生物为繁殖后代,满足性欲等而进行的与性有关的行为。性行为在人们的日常生活和社会活动中是普遍存在的,而对性行为的认同要依行为人之间的相互关系和所处的不同文化群体而定。例如,在西方社会可能属于一般性礼仪的拥抱和接吻,在我国通常是男女相爱的一种表达方式。性行为的表现形式十分多样,可以做多角度的划分。

1. 按照性行为发生的对象划分

(1) 在异性之间发生的性行为,这也是通常意义上的性行为。

(2) 在同性之间发生的性行为,比较典型的就是同性恋。

(3) 无须他人参与,靠自己通过手淫等方式发生的性行为。

2. 按照性体验的程度划分

(1) 性感,通常仅是在视觉意义上的性兴奋。

(2) 边缘性行为,泛指除性交外的一切亲昵行为,如拥抱、接吻、性爱抚等。

(3) 性交,也就是狭义的性行为。

3. 按性质划分

(1) 正常的或一般的性行为,通常指发生在男女两性之间的符合当地社会习俗的性行为。

（2）异常的或变态的性行为，如恋物癖、窥阴（淫）癖、暴露癖、异装癖、性虐待等。世界各国性教育工作者和性科学工作者普遍认为，同性恋不是变态，而是"性少数"。

二、健康与不健康的性心理

（一）健康的性心理

健康的性心理不仅表现为个体身心的健康，也表现为在健康性心理作用下的性行为的健康，从而构建整个社会性心理的健康。大学生要培养自己健康的性心理。

健康的性心理的有以下表现。

1. 正确认识自我

愉快地接纳自己的性别，能够正视自己性生理的发育和性心理的变化，客观地评价自己和他人，并乐于承担相应的性别角色。

2. 正常的性欲望

性欲望是获得性爱和性生活的前提条件。一个人如果没有性欲望，就不会有性爱与和谐的性生活，性心理健康也就无从谈起。

3. 性心理特点和性行为符合相应的性心理发展年龄特征

在生命发展的不同年龄阶段，人的心理发展表现出不同的特征，性心理发展也同样呈现阶段性的特点。如果一个人的性心理与大多数同龄人格格不入，就不是健康的性心理。

4. 较强的性适应能力

性适应能力就是个体的性活动与外界形成和谐关系的能力，即性生理、性心理、性社会三要素在性生活过程中交互作用而显示出协调状态的能力。

5. 和异性保持和谐的人际关系

性心理健康的个体，能够在日常的学习、生活中与异性进行自然的、符合社会规范要求的交往；在彼此交往的过程中保持独立而完整的人格；有自知之明，不卑不亢，做到相互尊重、相互信任、自然有礼。

6. 性行为符合社会文明规范

性心理健康的人具有一定的性知识和性道德修养，能自觉分辨文化的糟粕与精华、淫秽与纯洁、庸俗与高雅、谬误与真理，自觉抵制腐朽没落的性文化的侵蚀。

（二）不健康的性心理

性心理不健康通常有以下几种表现。

1. 将性作为消除疑虑的手段

从男性的角度看，性行为是男子"魅力"的最简单的证明，因而一个人可能寻求许多性经验来向他人证明自己的本领。如果有某种因素阻止他继续保持一定水平的性活动，他就容易产生抑郁、自卑、焦虑等情绪。从女性的角度看，一个人则可能因极度怀疑她对男性的魅力和她的"女性气质"，而在性生活方面放荡不羁，以此证明她是魅力十足的。在这些情况下，性被用作消除疑虑的手段，这是不健康的，因为这并未解决促使人们产生疑虑的根本问题。

2. 将性作为心理"麻醉剂"

性满足是一种基本的快感。对许多人来说，日常生活是灰色的，没有什么快乐可言。在这种情况下，有人就可能用频繁的性关系或手淫来弥补其生活的空虚。把性行为当作麻醉剂也是不健康的,因为它也没有从根本上解决问题。相反,性快感使人如此"镇静",以至于丧失了为改变其环境而进行努力的动力。

3. 将性作为可资交换的条件

人可以把性行为当作一种手段,用以获得他(她)认为用其他方法无法或难以获得的东西。卖淫是把性当作可以交换的商品的最明显的例子。现实生活中,还有不少变相的卖淫或抱着类似心态的人,虽然有时候这种交换的性质并不明显。这些人也在不断地为自己寻求各种开脱的理由,但重要的是,"卖主"把自己当作一件商品,这对于"买主"和"卖主"来说都是卑劣的、不人道的。

三、影响性的因素

性受自然的生物因素的限制,具有生物属性;也受心理过程和个性品质的制约,具有心理属性;同时还要受社会文化习俗、伦理道德、法律规定等各种社会生活环境的制约,具有社会属性。

(一) 生物因素

影响性的生物因素是指对性发育和发展产生影响的生物遗传物质和生理条件,如决定男女第一特征的性染色体,决定第二性征的性激素及对性欲有影响的性腺发育。生物因素决定了性就如人的呼吸、饮食一样,都是人的一种自然本能,是健康成熟男女的正常生理机能和正当合理要求,也是生物有机体生存和种族繁衍的必要原动力。性的生物因素也决定了人类的性作为一种生物本能,与其他生物的性机能一样,极具盲目性和冲动性,甚至包含着放纵性和野蛮性,具有自发、自然、无意识的特征。

(二) 心理因素

影响性的心理因素是指影响性的活动和存在状况的心理过程和人格特征。不同的心理过程和人格特征使得人们有不同的性欲表达方式、不同的交往需求、不同的性心理感受、不同的性审美观点。一般来说,健康成熟的心理和人格,如自尊、自控、责任感、男女平等意识等有利于性生理和性心理的正常发展,也有利于合乎社会规范的性行为的形成;而不健康的心理和人格,如自恋、自卑、人格分裂、大男子主义或大女子主义等不但会破坏性生理和性心理的正常发展,还会导致畸形性行为的产生。人类丰富多彩的心理活动使人类的性关系早已脱离了动物界变成了人的一种高级、复杂的情感和心理活动。

(三) 社会因素

1. 社会性环境

社会性环境对个体来说是一种既定的、先在的、不可超越的客观存在,因此性一开始就是由政治经济制度、社会文化习俗、伦理道德、法律规定决定的,具有强烈的社会必然性和制约性。社会性环境分为主流性环境和非主流性环境。主流性环境以社会责任、社会义务等他律形式和官方价值导向存在于整个社会生活中,通过学校教育、新闻媒体、社会舆论广为传播,从而对每个社会成员性道德的形成起正面的引导、教育、约束和限定作用,维护着婚姻家庭关系的秩序和稳定。而非主流性环境一旦作为主流环境的对立面而存在,就会对婚姻家庭具有破坏性,对社会成员的主流性道德具有瓦解性。当前非主流性环境主要体现为享乐主义、拜金主义、个人主义和以性保守、性愚昧为核心的腐朽性观念。

2. 家庭性环境

父母的性道德、性观念，以及行为举止、生活作风作用于子女的感官和心灵，影响着子女性观念的形成。家庭性环境对子女性观念和性道德的特殊作用在于：一方面对子女的性角色意识、性心理，以及性的是非、荣辱观念的初始定势起着重要的作用；另一方面，它是在日常生活中、在潜移默化中、在无意识的示范和模拟中进行的，具有持续深入、渗透性强、示范性强等特点。

3. 同龄群体的性氛围

同龄群体由于年龄和发育阶段同步或相仿，因此性问题、性关系成为他们共同关注的重要问题，从而形成了小群体内部特有的性道德价值取向和舆论氛围。群体中的性观念和性规范并非代表了每个人的意愿，但是个人对群体从心理上的依附和从属，常常使他们服从小群体的性道德舆论，认同其性道德价值，长此以往，小群体的性道德价值标准就内化为每个成员的内在性道德观。

第二节 大学生性心理发展状况

案例导入

> **案 例**
>
> 大一女生甘某和男友相恋半年后，两人感情很好。但是最近几次约会，男朋友要求与她发生性行为，被甘某拒绝，男友非常生气，认为女友根本就不爱自己，开始和甘某冷战。为此甘某非常困惑和不安，不知道该怎么办。

-------- **案例评析** --------

大学阶段，由于男女大学生性生理发育成熟，性冲动和性需求较为强烈，恋爱中难免会引起性冲动，但婚前性行为不为社会和道德所接受，容易引起心理冲突。尤其一旦怀孕，女生的压力往往更大一些。对此大学生应自觉地调节，把恋爱行为限制在社会规范之内，这也是心理健康的反映。

一、大学生性心理的发展

（一）大学生性心理发展的一般特征

1. 性心理的本能性和朦胧性

大学生的性心理，尤其是低年级大学生的性心理，通常缺乏深刻的社会内容，主要还是生理发育成熟带来的本能作用，好像会情不自禁地对异性产生兴趣、好感，爱慕异性。加上不少大学生不了解性的基本知识，性对他们来说有较浓厚的神秘感，使得这种萌动又罩上了一层朦胧的色彩。

2. 性意识的强烈性和表现上的文饰性

大学生十分看重异性对自己的评价,但在表现上可能显得拘谨和羞涩。例如,心里对某一异性很感兴趣,表面上却有意无意地表现得无动于衷,甚至不屑一顾,或做出回避的样子;表面上很讨厌男女间的亲昵动作,可心里可能很希望体验一下等。

3. 性心理的动荡性和压抑性

青年期是人一生中性欲最旺盛的时期。大学生心理还不够成熟,尚未形成稳固的道德观和恋爱观,自控和自制的能力有限,他们的性心理易受外界各种影响而显得动荡不安。与此同时,大学生并不具有通常意义上满足性冲动的配偶,易导致过分的焦虑和压抑。

4. 性别差异性

大学生的性心理因性别不同存在明显差异。例如,在对异性感情的流露上,男生显得较为外显和热烈,女生往往表现得含蓄而冷静;在内心体验上,男生更多是新奇、神秘和喜悦,女生则常常是惊慌、羞涩和不知所措;在表达方式上,男生比较主动和直接,女生往往采取暗示的方式等。不过,这种差异近年来有缩小的趋势,如在表达方式上,女生变得较为主动的情况已越来越常见。当然,由于个人的生理、心理条件的不同,家庭环境、地区及文化背景的差异,大学生性心理发展的各种特征呈现出参差不齐的复杂局面。

(二) 大学生性心理的发展状况

我国大学生在校学习的年龄为 18~23 岁,就其心理的发展状况而言,已经进入了性生理和性心理趋于成熟的阶段。这一阶段性心理发展的表现如下。

1. 对性知识的关注

对性知识的关注早在认识到人有男女两种性别之分时就出现了。但由于长期以来受封建思想的影响,性的问题一直笼罩着一层神秘的面纱。这使得人们在儿童时期就缺少获得性知识的正常渠道。中国应试教育体制的制约,又使得他们对性知识无暇顾及或不可能顾及。进入大学后,高考压力缓解,学校、家长管理放松,加之生理发育更趋成熟,性意识不断增强,大学生对异性的关注更密切,对性知识的渴求更强烈。

2. 对异性的爱慕

大学是年轻人的世界,年轻人在一起学习、生活,自然会有意无意对异性产生好感与爱慕,甚至是深深的思念。

3. 对性的欲求

当人的生理发育基本成熟以后便产生正常的性欲。但在校大学生学习任务繁重,社会对在校大学生的婚姻行为通常持否定态度,使得大学生在校学习期间没有正常的、合法的满足性欲的条件。但是,大学生是通过什么方式来满足自己的性需求和对性的好奇心呢?调查表明,部分大学生通过谈论与性有关的话题,看描写性的书刊、影视、网页,或与恋人拥抱、接吻或相互触摸身体,或者以手淫或同居等方式来得到暂时的性满足。在这些获得性欲满足的方式中,有不少是不利于大学生成长的。

(三) 大学生性心理的矛盾冲突

1. 生理成熟与心理不适的矛盾

男性以初次遗精(一般在 14~15 岁)为标志,女性以月经初潮(一般在 12~13 岁)为标志,伴随着第二性征的出现,个体进入青春期后,性器官开始迅速发育,一般到了16岁左右,在身体发育上具备了性交的能力。在这以后的数年里,性激素分泌使性器官不仅在形态而且在机能上进一步发育,最终获得生殖能力。刚进入大学的学生,在生理上已接近或基本成熟,然而,大学生的心理及社会成熟常常滞后于其生理上的迅猛变化。加上近年来青少年性生理成熟及身体发育的前倾现象,更加剧了生理生熟与心理不适之间的矛盾冲突。一些学生对月经、遗精等正常生理现象感到紧张恐惧,因为对手淫的误解而造成身心问题,由于对性的好奇和无知导致性罪错行为及易受性侵害等,都与这种矛盾有关。

2. 生理需求与社会规范的矛盾

青少年从性成熟到以合法婚姻形式开始过正常的性生活,一般要经历十年以上。这一时期被称为"性饥饿期"。大学生也处于"性饥饿期",有着强烈的性生理感受和性心理体验,且伴有性冲动,但社会规范、校规校纪等对大学生的性行为有严格的约束。这种矛盾使不少学生感到不安和压抑。由于个体的性欲望有其隐蔽性的特点,这种性压抑往往以多种形式宣泄出来,如谈论有关性的话题,"桌面文学"中表现性的内容,有时以非理智、非文明的方式宣泄,甚至有时毫无目的地胡闹,声嘶力竭地喊叫等,都可能与性压抑有关。

3. 传统性观念与开放性观念的矛盾

中国传统的性观念中封建色彩浓厚。"男女授受不亲""存天理,灭人欲",对性强调"非礼勿视、勿听、勿言、勿动",把性看作是肮脏、丑陋的,甚至是"万恶之源"。性教育崇尚伦理学的说教,奉行"无师自通"的原则,把对性的关注看成是下流和可耻的,不能公开涉及有关性的知识,采取不敢正视的回避态度。改革开放以来,西方的"性解放""性自由"等思想大量涌入,身为时代先锋的大学生最先接受这种影响。传统的性观念与开放的性观念之间的巨大反差使得不少大学生要么受缚于封建传统观念的桎梏之中,要么徘徊于传统与开放的性观念的矛盾冲突之中,要么挣扎于"性解放""性自由"的冲击之下。

二、影响大学生性心理健康的因素

文化层次较高的大学生比同龄群体敏感,会更有意识地发展健全的自我与人格,这又使得他们的性活动更多地受到社会文化与心理特征的制约。以下几方面的因素,容易引起大学生性心理失调。

(一) 性冲动

性冲动本身是正常的,性冲动与限制其宣泄的社会规范之间有冲突也是正常的,性冲动可能引起性心理失调的真正原因在于其与社会道德规范内化而成的"性罪恶""性淫秽"等观念之间的冲突。这种冲突可以是在意识层面的,也可能是在潜意识中的。所以说,即使你能认识到"性罪恶"的观点是不正确的,但在骨子里却不一定能真正消除它的影响。据调查,大学生中平时有性冲动表现的约为87%(男女生分别为96.3%和68.7%),其中对自身的性冲动感到羞愧的约占36%,自责的约占33%,苦恼的约占26%,困惑的约占22%,厌恶的约占17%,恐慌的约占12%。可见,因性冲动而起的各种消极情绪在大学生中还相当普遍。

(二) 性态度

当今大学生的性态度已有了很大的改变,禁欲主义显然已没了市场。大多高年级的大学生能把性作为一种正常的人生经历来看待。不过,性态度的开放也伴随着婚前性行为的增加。

婚前性行为本身并不会造成身心方面的损害,但对于许多心理还不够成熟的大学生而言,引起各种矛盾冲突,危害心理健康则是必然的结果。另外,不少大学生虽然表面上也持开放的性态度,个别的甚至宣扬性解放,其实可能只是以此来表现自己的独立性、独特性或叛逆精神等,内心则是矛盾重重。

(三)性的统合

性的统合是自我统合的重要成分,也是青年期性发展的基本任务。性的统合的发展经历三个层次:一是觉察到生理发育在身体上引起的性别差异。这对大学生来说通常不成问题。二是在生理差异的基础上表现出与性别角色相符的气质和魅力。这可能使部分大学生感到紧张和焦虑,他们担心自己缺乏男性或女性气质,不能吸引异性。三是通过与异性的亲密关系确立起性的统合。几乎所有的大学生都会产生这方面的困惑,并经历这方面的挫折,这些困惑与挫折本身是真正达成性的统合所必需的。而且,虽然大学环境为大学生提供了宽松的异性交往的机会,但仍有不少学生存在片面的认识,或者缺乏自信,在与异性的交往过程中过于主观和盲目,从而产生各种各样的心理问题。

(四)情感需求

大学生远离家乡,没有了来自亲朋好友的直接的关爱与情感支持,在情感需求方面要经历一个明显的"断档",这对一些性格内向、不善交际的学生更是如此。在这种情况下,他(她)可能急切地寄希望于与异性建立亲密的关系,以此来摆脱情感需求"断档"所致的焦虑。然而,这样做的后果难免产生另外的焦虑,因为健康的异性交往应该是一个自然的过程。

(五)校园环境

校园并非"象牙塔",一方面是校园对各种社会流毒缺乏抵御能力,另一方面是学校的性教育仍然处在相当落后的局面,结果使得大学在"性"的问题上处境尴尬,表现颇为"虚伪"。所以,从引发性心理失调这个意义上讲,与一般的社会环境相比,大学可能更是一个高发区。

第三节 大学生常见的性心理困扰

案例导入

> **案 例**
>
> 毛某,大二男生,性格敏感内向,因无法摆脱和控制的性梦、性幻想和性自慰而苦恼万分。自述从中学时就已经开始出现上述情况,当时只是偶尔出现,进入大学后这种情况日益严重。最近常常失眠,以致白天头脑昏沉、情绪焦虑、注意力不集中、记忆力下降,学习效率降低。毛某因此经常陷入深深的自责与懊悔之中,经常无缘无故地朝同学发火,导致同学关系紧张。他害怕这种异常会长期折磨自己,因而前来求助。

案例评析

大学生的性生理基本成熟,产生强烈的性意识,有性幻想和性梦是正常现象。性自慰作为婚前一种释放能量的方式,也是无可非议的,不属于个人品德问题。据美国学者调查,美国大学生中有性自慰行为的占95%以上,只要适度,并不会对人体健康造成严重的危害。因为不了解这种现象,过分自责和压抑,毛某的焦虑泛化到生活和学习的其他方面,造成各方面的困扰。走出这种困境,需要正确认识性现象,正确疏导性压力。

大学生因为性生理的成熟,面临着许多性心理卫生问题。性困扰是大学生心理卫生中与学业、人际关系并列的三大问题之一。

一、性认知方面的偏差

近年来,虽然人们对性的认识发生了变化,但几千年封建社会愚昧、保守的性观念的影响还远未肃清,很多人仍把性看成是下流、肮脏的东西。这种性认知往往导致大学生性情感、性态度的过敏、矛盾,进而影响他们的自我评价,表现为焦虑、烦躁、恐惧、自责等,从而影响其学习、社会活动,甚至会干扰自我的正常发展。也有些大学生过于强调性的生物性,信奉"性自由""性解放",在行为上放纵自己,违背性道德,不择手段甚至丧失人格地去获得性的满足。这样一种性认知、性情感、性态度的偏差是一种不健康性心理的表现,也是引起一系列性心理障碍的重要因素。

二、遗精恐惧与月经期烦恼

(一) 遗精恐惧

遗精是男性生殖腺开始成熟的标志,是一种生理现象。男孩子首次遗精的年龄一般为14~16岁,到18~20岁精子制造达到高峰,"精满则自溢"。

有些大学生对遗精有不正确的认知和心理反应。由于受传统观念的影响,不少人认为遗精会失去身体的精华,伤了"元气"、产生"肾亏"。因而一有遗精,便感到不安、恐惧。这种不良心态和情绪,严重影响大学生的正常学习、生活和身体健康,易产生不良后果。

大学生应该正确认识遗精现象,顺其自然。当代医学认为,遗精在某种程度上可以解除人体内的紧张,达到一种生理上的平衡。遗精没有规律,也没有绝对的标准。一般来讲,年轻健康的未婚男子一个月遗精4~5次是常有的事,有些人在一段时间内几个月都不发生遗精,也很正常。为保持健康的生理状况,应注意睡前不看色情书刊、视频,避免穿太紧的内裤、盖太重的被子;最重要的是应多参加文体活动,丰富自己的兴趣,减少或转移性的刺激。如果遗精过于频繁,一夜数次或一有性冲动甚至无性冲动就精液外流,就应去医院检查。

(二) 月经期烦恼

月经的来潮是女子进入青春期的标志,是一种正常的生理现象。有些女大学生受错误观念的影响,认为"月经不干净""来月经见不得人",对月经有一种厌恶排斥心理,把来月经称"倒霉"就是一种不良的心理暗示。

月经虽是正常生理现象,但是因为经期大脑皮层的兴奋性下降,全身及生殖器官局部的防御机能均会发生暂时性的减退,所以月经期间人容易疲劳,容易受凉感冒。同时,部分女同学对月经本身产生的厌恶、恐慌的情绪,以及外界环境的不良刺激所引起的紧张、烦躁、抑郁等情绪都可能不同程度地引起月经紊乱,恶性情绪甚至会引起痛经、闭经。因此女大学生经期的生理和心理卫生是一个不容忽视的问题。

（1）要了解自己经期的规律和特征,同时对自己情绪上的不稳定有心理上的准备,有意识控制自己的消极情绪。

（2）注意心情愉快。经期不要参加过于激烈和容易疲劳的活动。

（3）避免不良暗示。有的女生每每在来月经之前,就担心自己有严重的身心反应,这种期待性焦虑会导致或加重不舒服的感觉。例如,有的女生担心自己经期睡不好,结果果真如此,这都是心理因素的影响。如果能给自己积极的暗示,就可有效地改善经期的情绪。

三、性自卑

大学生都关注与自己性别相关的体形特征,希望自己美丽或者潇洒,如果认为自己长相平凡,就会感到苦恼。个别大学生过于在意自己的外形特征,一旦遇到被拒绝、被歧视或恋爱挫折,就容易引起性心理严重适应不良,极个别甚至会走上自杀轻生的道路。

四、性嫉妒

性嫉妒是指对现实或想象中的优于自己的性爱竞争者所持的怨恨的情感。当同性别的人出现,而自己的性爱对象有被其占有或夺取的可能时,就会产生各种复杂的情感体验和行为。一般先是注视、疑虑、担心或跟踪,继而转为憎恨、敌视,甚至采取暴力或自虐、自残行为。女大学生的性嫉妒心理比男大学生强烈得多。

五、性幻想

性幻想是指在某种特定因素的诱导下,自编、自导、自演的与性交往有关的心理活动过程,又称爱欲性白日梦。它是青春期常见的一种自慰行为,是一种正常的、普遍的性心理反应。性心理的成熟和性能力的发展使得大学生有着强烈的与异性交往的愿望,但由于社会环境的约束,不可能满足这方面的欲望。于是,便把自己在影视作品及生活中看到、听到的恋爱故事,经过大脑的重新组合而编成自己的性故事。通过这种自编自演的、不受时空限制的幻想来满足自己对性的心理欲求。性幻想是一种正常的心理现象,它一般在入睡前及睡醒后卧床的这段时间以及闲暇时出现较多。一般来说,性幻想的发生率女性高于男性。青春期的性幻想是性冲动的一种发泄方式,适当的性幻想有利于释放压抑的性行为。但如果性幻想过于频繁且沉溺其中,以致影响正常的学习和休息,甚至把幻想当成现实,那这就是一种病态,应加以调节和克服。

六、性梦

性梦是指在睡眠状态中所做的以性内容为主的与异性交合的梦境,又称爱欲性睡梦。这是一种无意识或潜意识的性心理活动。女性多发生于青春期后期或成年期。

多数心理学家认为,性梦是自慰行为的一种形式。一个人有了性的欲望和冲动,如果客观现实不允许其实现这种欲望,就必须加以克制。这种欲望和冲动虽在意识层中被压了下去,却可能在潜意识中显露出来。于是,便可在梦境中得到实现。因此,性梦是正常的生理、心理现象,是一种不由行为人控制的潜意识的性行为,故又称为非意志性的性行为。性梦是伴随着性心理活动的增多而产生的。性梦的内容十分广泛,性对象多为相识的,甚至是自己的亲人。梦境凌乱、模糊,所体验到的情绪大多是愉快的,少数为忧虑、恐惧等情绪。性梦的结局常以达到性高潮而破梦。女性在醒后一般能回忆出梦的内容,并可影响自己的情绪和行为。经常会有些人想:"我都梦见他了,还有亲密的行为,这不是爱上他了吗?"也有人反过来想:"我这么爱他,可怎么就梦不见他呢?"有些人错把性梦当成了自己的愿望,认为"既然他能来到我的梦中,那么意味着他一定是对我有意的",于是执着地开始寻找性梦中的他。具有癔症性格的女生往往把梦境当成实境。

性梦给大学生带来一定程度的心理压力,他们中有的人认为这是一种淫欲,是不道德的。其实适当的性梦有利于缓解性压力,只有性梦过于频繁才会对自身的生理、心理健康带来负面影响,对他们与异性的正常交往带来障碍。

七、性焦虑

广义地说,性心理矛盾、冲突以及各种性适应不良都会引起性焦虑,这里的性焦虑主要指对自己形体、性角色和性功能的焦虑。第二性征变化不仅将发育成熟者和未发育成熟者区分开来,而且将成熟男子和成熟女子区别开来,它不仅是区分不同性别的标志,而且是显示生殖系统开始运转的信号,同时又是两性相互吸引的一个重要根源。

当对自己的第二性征形态不满意,而且很难改变它时,就会出现烦恼和焦虑。有人对1260名女大学生做过调查,对自己乳房等性征发育问题感到焦虑的有856人,占回答该问题人数的67.9%。这足以说明女大学生在性体征方面具有普遍的焦虑性。除了对形体不满带来的不安外,女大学生还为自己的心理行为是否与性角色相吻合而忧虑,如一些女生觉得自己不够温柔、不足。有些人还怀疑自己的性功能有问题。从调查来看,13.3%的大学生怀疑过自己的性功能有问题。这种焦虑并没有科学依据,因为他们中的多数人并没有性生活的实践,也没有做过这方面的检查,只是看到书上讲到一些性功能方面的问题就胡思乱想,杞人忧天。因此,这实际是一种自扰行为,是在对性问题似懂非懂的情况下出现的思想混乱。由此可见,对大学生进行性教育是非常必要的。

八、性自慰

性自慰是指性欲冲动时,用手或其他物品摩擦、玩弄生殖器等性器官以引起快感、获得性满足的行为,是与青年性生理发育相适应的一种自娱自慰式的自限性性行为,是人到了青春期后产生了性要求和一时不能满足此要求的矛盾的产物。只要自然的性活动受到限制,自慰就很容易出现。研究表明,性自慰时所产生的生理变化相当于性交时的生理变化,它是消除性饥渴和性烦恼的一种手段。通过性自慰,可获得性欲的满足,缓解性的冲动和张力,在大学生中是比较普遍的现象。

因性自慰而产生心理压力的大学生也占有一定比例。据调查,产生心理压力的主要原因在于对自慰的错误认识,这使他们在每次自慰前后总是伴随高度的精神紧张、恐惧甚至罪恶感。为了获得快感,在自慰时假想或再现记忆中性爱的情节,事后感觉自己低级、庸俗,从而背上沉重的思想包袱。当然,长期频繁的自慰,会引起大脑高级神经功能和性神经反射的紊乱,自然会影响人的身心健康。对待性自慰应按照我国著名医学家吴阶平教授所说的那样:"不以好奇去开始,不以发生而烦恼,已成为习惯要有克服的决心,克服之后就不再担心。"如果大学生能以平静的心理去对待性自慰,既不上瘾成癖,又不内疚懊悔,就不会引起性心理的异常。

九、性倒错

性倒错即人们平时所说的性变态,性变态是指有性行为异常的性心理障碍,其共同特征是对不易引起常人性兴奋的某些物体或情境有强烈的性兴奋感觉,或者采用与常人不同的异常性行为方法满足性欲或有变换自身性别的强烈欲望,以及存在其他与性有关的常人不能理解的性行为和性欲、性心理异常。性倒错的表现形式多种多样,包括恋物癖、异装恋、虐待狂、露阴癖、窥淫癖、易性癖等。

导致性倒错的原因目前尚不明确,它们包括生物遗传方面、心理学方面、环境和社会等各方面的因素。性倒错患者对于正常的性活动通常没有要求,甚至心怀恐惧,他们的变态性行为常具有强迫性和反复性,他们的自我控制和自我保护能力往往较差,但并非时时发作。他们只是在歪曲的性冲动支配下,在特定的情境和处境下突然付诸行动,当时怎么也控制不了自己,他们在事前并无周密准备,事后常常感到痛心疾首,无限悔恨。有些人强烈要求医治,希望摆脱这种令人痛苦的状况,但也有些人则不认为自己有病。

性倒错的异常性行为使其本人体验到极端的矛盾和痛苦,这种痛苦来源于性欲和社会道德标准之间的冲突,或本人认识到给他人带来了侵害而出现的心理上的自责和内疚。性倒错的异常性行为由于可能使性对象遭受侵害,因此常常被视为危害社会性道德的行为,引起法律问题,但不是流氓犯罪行为。当事人对性倒错的异常性行为对他人造成的侵害应承担相应的社会责任。

第四节 大学生性心理辅导

案例导入

案 例

孙某来到大学后不久就处了一个男朋友,俩人感情很好,在相处了一个月后便在学校附近租房子,开始了同居生活。最初她觉得性生活是很令人陶醉、快乐的事,可是后来听朋友说如果怀孕了做人工流产很痛苦,并且会影响以后的生育。同时,因为还没结婚担心会遭到别人指责,所以每次性生活后孙某都会感到紧张和不安,特别是当月经不能准时来时,更是惶恐不安。

案例评析

案例中孙某的问题属于性焦虑,即在性心理和性行为上表现出担心、不安的一种负性情绪反映。性焦虑的产生原因是多方面的,该案例中的孙某的性焦虑主要来自两方面,一方面是怕人工流产对自己身体造成伤害,另一方面是怕来自社会舆论的压力。

健康的性心理,应该具有系统的性生理、性心理和性社会知识,能以开放的心态面对自己性生理和性心理的变化,消除性发育过程中的恐惧和担心,在男女两性的关系上有正确的态度和责任感。

一、学习性知识,接受性教育

通过性知识传授,使大学生懂得必要的性知识,正确对待青春期出现的性生理、心理现象,对性欲冲动保持理智的态度,学会保护自己、调节自己、爱护自己、发展和完善自己,更好地防止在成长发育期间产生性生理疾病和性心理障碍,同时为今后的婚姻生活提供必要的知识储备。另一方面,让大学生通过公开、健康、科学的方式和途径获取有关性的知识,以满足他们对性知识的渴求,避免被黄色书刊、盗版光碟、网络上的淫秽的性信息刺激误导和毒害。

性教育是一门综合教育,其内容十分广泛,在校大学生首先应该学习接受。

(一)性生理教育

性生理教育主要应涉及男女性器官的生理解剖、生育过程、青春期发育、性生活、计划生育与优生优育、性病的防治等方面的知识和教育。

(二)性心理教育

性心理教育包括性心理发展的特点、性心理卫生、性的美学等方面的知识和教育。

(三)性道德与性法制教育

性道德与性法制教育包括树立正确的恋爱观、婚姻观,批判"性解放""性自由",防止性罪错的发生,等等。

性教育毋庸置疑是学校教育、家庭教育、社会教育的重要内容。不但学校、家庭、社会要给予高度的重视,大学生本人也应该自觉地重视起来。大学生只有掌握了科学的性知识,才能走出性的"误区",改变不良情感,减少性焦虑,健全人格,才能使自己的人际交往及爱情沿着健康轨道向前发展。

二、培养健全的人格

对大学生而言,性心理问题的核心就是自尊、自制和责任心的问题。因此,性心理成熟的过程也是自我完善的过程。培养健全的人格正是解决各种性问题的根本途径。人格健全的人知道自己该干什么,能通过合理的方式表达自己的情感,也能严格地控制自己的欲望,使自己的行为符合外界环境和社会文化背景的要求。在面对性问题时,人格健全的人会自觉抵制各种不良刺激的影响,克制自己的欲望,尊重自己,尊重他人,能够以负责的态度来面对性。把性心理健康教育上升到培养健全人格的高度,就是要结合大学生性心理发展的规律,对其进行社会价值观、个人意志品质、心理调节能力和社会适应能力等多方面素质的综合培养教育,以协调性心理发展与人格发展之间的关系,缩小性成熟与人格成熟之间的差距。

三、树立正确的爱情观

培养大学生成熟的爱情观和男女平等意识,使其理顺性心理与恋爱心理之间的关系,进而带动个体性心理的健康发展。大学生已进入正常的恋爱时期,其性心理活动常常与恋爱心理联系在一起。爱情不都是柏拉图式的精神恋情,但需要这样一个精神交往过程。爱情对欲望有一种自然抑制力。当一个人意识到爱情的神圣和责任时,他(她)就会以审慎的态度去对待自己的欲望,用理性去护卫纯洁的感情。对大学生而言,纯洁的感情是真爱与淫乱的分水岭。如果缺乏真正的爱情,恋爱就容易被性欲冲动所主宰,从而影响双方感情的正常发展。

四、加强道德伦理教育

性的社会属性决定了性从来就不是个人私事,特别是发生在校园中的性行为。因此,大学生必须按照社会的规则来适当约束自己的性行为。用道德控制人的性欲望和性行为,也是人与动物相区别的标志。第一,在性问题上,应当旗帜鲜明地给学生指出什么是正确的,什么是不提倡的,唯有旗帜鲜明地反对不正确的价值观,性教育才能产生有效的力量。第二,强化两性关系中的尊严和名誉心理,促使大学生形成自珍、自爱、自尊、自重的道德心理,激励大学生无论在任何环境和条件下都要抵御诱惑,坚守节操。第三,注意性道德教育方法的灵活多样性,尽量做到以理服人、以情感人。在教育的方法手段上,运用广播、电视、报刊、网络等媒介,把抽象的道理通过直观的形象表现出来,以增强性道德教育的生动性和趣味性。

五、端正性态度

大学生应该科学地理解性,正确地认识人类性的自然属性和社会属性,既不能把性看成是一种罪恶,把性欲看成是一种不纯洁、不道德的可耻、下流的冲动,也要坚决反对把性凌驾于道德和理智之上的纵欲主义。科学的性态度应该是承认性欲望、性冲动是一种正常的生理和心理现象,同时对性欲望应该有所节制。只能以符合社会规范的途径和方式来获得性冲动的满足,讲求性行为的科学、道德与文明。

六、正常与异性交往

实践证明,大学生异性之间的正常交往不仅能满足男女大学生彼此的心理需要,消除对异性的神秘感,而且能转移"性兴奋灶",调节性冲动。

男女大学生之间怎样交往才算正常地交往呢?首先,既要破除"男女授受不亲"的封建意识,又要反对无界限的过分亲密。其次,防止自卑和自傲两种不恰当的交往方式。然后,超越异性群体交际,直接进入个别交往,恰当的个别交往应该是在群体交往活动中获得与异性交往的一般经验的基础上进行的。最后,注意内容健康、情趣文明、格调高雅,在交往中把彼此的兴趣和注意力集中到交流知识、交流思想、互相帮助、取长补短、共同提高上来,从而真正实现"性兴奋灶"的转移和性欲望的升华。

七、避免性挑逗

性冲动既有生理的原因,又与外界的性刺激有着密切的关系。调查显示,大学生的自我性行为大多是由看富有挑逗性的东西,如色情书刊、异性裸图等引起的。因此,避免性刺激、防止性挑逗对处在"性欲望延缓满足过程"自我控制能力尚显不足的青年大学生来说是十分重要的。

八、制定严格的生活作息制度

大学生的生活作息要有规律,要按时就寝、按时起床。睡觉前不看对性欲有刺激的书刊,同学间的谈话要避免涉及两性关系及低级无聊甚至淫秽的内容,不要躺在床上胡思乱想,早晨按时起床,不贪恋床褥,这对青年大学生减少性刺激,控制性欲起着一定的积极作用。

九、踊跃参加积极健康的活动

参加丰富多彩、健康有益的活动可以转移、宣泄、代偿和升华性冲动。

(一)积极参加学习、创造活动

学习、创造活动是复杂、紧张的智力活动,能使人的精神处于高度紧张状态,使人将精力、体力集中于学习和创造活动中,从而抑制其他欲望的干扰,并能得到精神的满足和创造的欢愉。

(二)培养广泛的兴趣爱好,参加丰富多彩的校园文化活动

丰富多彩的活动符合青年的心理特点,它可以转移性兴奋,缓解性紧张。实践证明,体育、文艺等各项活动可以使大学生旺盛的精力得到释放,使大学生避免性刺激的诱惑,降低其性的敏感度。此外,各种文化活动对男女大学生的交往能起到很好的引导作用,使其情感升华,兴趣转移。

第五节 测试与训练

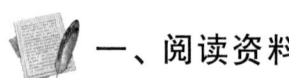

一、阅读资料

婚前性行为可能带来的危害

"在你做了那件事后,你的心境就再也不一样了,你面对的事似乎也都和以前迥然不同了。"虽然发生婚前性行为的原因很多,但不管因为什么,婚前性行为都容易对当事人造成伤害。

首先,婚前性行为会对性本身造成伤害。婚前性行为往往是在充满内疚、提心吊胆或唯恐别人发现的"犯罪感"的心理状态下进行的,缺乏良好的性生活环境,双方不仅难以从中体验到性快感,反而会留下痛苦的性经验,容易造成性功能障碍。

其次,性关系会破坏正常的感情。对性的尊重是对爱情最大的承诺。在大学生纯洁的感情中掺进性行为之后,就可能使性超乎一切之上。性会抑制先前培育感情的健康交往和正常的相互帮助。在未发生婚前性行为时,恋爱双方是相互平等、自由选择的关系,可发生性行为

之后情况则有所不同：一是双方对对方的吸引力比过去逐渐减弱。原以为两性关系很神秘，现在变得"不过如此"，过去紧密吸引对方的东西突然间消失了，于是感到对方枯燥乏味，进而不愿交谈，从而导致缺乏耐性、愤怒、嫉妒、自私等心态。二是男女平等关系错位。原来男方十分迁就女方，自女方"委身"于男方之后，男方便有了"船到码头车到站"的感觉，故对女方开始态度随便、任意支使。反之，女方则因把贞节交给了男方，又担心男方改变初衷，抛弃自己，于是对男方一再迁就、容忍。调查表明，婚前性行为后有一多半的人感到后悔和无助。三是使双方猜疑开始萌生。女性如此，男性更甚，男生总希望女友只信任自己，对自己开放，一旦与之发生关系，便又开始猜疑女方，"她对别人是否也这样？"若女方过去已谈过几个对象，这种疑心就会加重，或导致恋爱关系中止，或为婚后生活埋下隐患。

第三，对心理和人格造成伤害。婚前性行为可能使年轻人的人格成长停滞不前。在大学这个专注于人格全面发展的重要时期，陷入性关系的漩涡之中，就等于把心胸完全封闭在两人的小圈子里，丧失了与他人交朋友、参与文体活动、开发技能、拓展兴趣、尝试去尽更大的社会责任等向外发展的好机会，女孩所受的危害尤其严重。

婚前性行为也会导致当事人丧失自尊心，造成自我价值感丧失，给当事人带来巨大的心理压力。调查显示，大学生在性行为后，出现严重不安、自我否定、恐惧焦虑的男女均占82.2%，对该行为持有害评价的男生占37.0%，女生占82.2%。

第四，婚前性行为会使分手产生更大的破坏力。性是一种很强的力量，一个人对发生过性关系的人会有一种强烈感情依赖，而且对其的期待也高度强化，所以当两人关系终止时会感到心痛欲裂，情绪上的反应可能达到怒不可遏的地步，从而导致对前男友或前女友做出暴力行动。心理损害是最难以修复的，许多人一生都未能从第一次性关系破裂的痛苦中得到完全走出来。性关系破裂之后觉得被利用或被背叛的大学生，会在以后的两性交往中经历感情上的困难，即"一朝被蛇咬，十年怕井绳"。

第五，婚前性行为会导致将来婚姻更易破裂。研究表明，凡是涉及婚前性行为的人此后离婚的可能性比较大。有人认为，为了使婚姻能有较好的准备，应当"试婚"多次再做决定。这种论调根本不合情理。研究结果显示，"试"过性行为的女性比婚前保持纯洁的女性在婚姻的持久性与满意度上都较低。

最后，婚前性行为也更容易导致怀孕，再就是性病的威胁，其严重后果就更难以预见。

 二、心理测试

性成熟程度测试

【测试说明】请按实际情况回答下列问题，结果将使你认识到自己在性方面是否成熟，它将有助于你扩大眼界，提高社交技巧。以下问题分为两大部分，第一部分由女性回答，第二部分由男性回答。由于两大部分都几乎包括了相等的问题，因此伴侣之间可以相互比较自己性成熟的程度。

女性回答的部分

1. 你认为男人最理想的优点是什么？
   A. 宽裕的银行存款　　B. 健壮的体魄　　C. 发挥其最大潜力的雄心
2. 如果你感觉你有性方面的问题，你将怎么办？

A. 写信向你喜欢的妇女杂志求教　　B. 向最好的朋友倾诉

C. 直接告诉你的伴侣

3. 你认为给男人印象最深的是什么?

A. 容貌、身材、性感,如高耸的乳房等　　B. 持家有道

C. 聪明,富幽默感

4. 最能使男人迷恋你的是什么?

A. 能做美味可口的饭菜　　B. 穿三点式　　C. 懂得如何表现自己的特点

5. 假如有男人向你献殷勤,你会如何反应?

A. 打发他离开,说自己会照顾好自己　　B. 不知所措地笑笑

C. 享受作为女人的自豪

6. 如你的伴侣与别的女人暧昧,你会如何反应?

A. 给他难堪　　B. 当面斥责他,然后回家

C. 放心地由他去,毕竟他爱的还是你

7. 你是否赞赏你伴侣的外貌?

A. 从来不,他已经够自赏了　　B. 仅仅作为回报,只有当他赞赏了你时

C. 常以赞赏的态度对待他打扮自己的方式

8. 当你的伴侣性冷漠时,你怎么办?

A. 告诉他,你认为他真没用　　B. 夸耀一个男电视明星,使他嫉妒

C. 使用你的技巧,使他在精神上和肉体上感到松弛,直到不能抗拒

9. 你喜欢年龄大的男人吗?

A. 喜欢,尤其是特别有钱的　　B. 如果没有年轻些的话

C. 重要的不是年龄,而是人本身

10. 在什么情况下你最有可能对爱人说谎?

A. 如果他对你说谎的话　　B. 如果肯定他发现不了的话

C. 如果你刚与一个你极向往的男人在一起的话

11. 如果你皮肤不美,怎么办?

A. 你不在乎,既然他爱你,他就得接受上帝造就的你

B. 夏季注意保护皮肤　　C. 小心地保护皮肤的光洁与健美

12. 你所爱的男人想与你同居或试婚,你怎么办?

A. 明确地拒绝　　B. 同意,但感到委屈

C. 做好分手的准备,你也不能肯定与他是否长期合得来

13. 如果你不慎与你所爱的男人怀孕,你会:

A. 要求他立即与你结婚　　B. 继续怀孕,并对此感到自豪与幸福

C. 做人工流产,直至恰当时再结婚

14. 在何种情况下你为丈夫做他最喜欢的菜?

A. 你对他有所求时　　B. 你要向他坦白某件事时

C. 你想特别使他高兴时

15. 你认为爱情与性关系是直接相连的吗?

A. 我宁愿只有单纯的爱情

B. 只有爱情发展到一定程度时,才有性关系

C. 如果你爱他,你觉得这两者难以区分

16. 如果你已过了几年的婚姻生活,对性生活你会采取何种态度?
A. 再也不在性生活上费脑筋　　　　　　B. 如果他要的话,由他决定方式
C. 你将尽量保持生活的愉快与丰富

17. 如果一个陌生人在公共汽车上调戏侮辱你,你会:
A. 叫警察　　　　　　　　　　　　　　B. 假装没注意
C. 指责他的行为是不道德的,如果他不能自制,告诉他应找有关医生看看

18. 如果你爱人很快达到性高潮,而你没有满足,你怎么办?
A. 下次不再理睬他　　　　　　　　　　B. 寻求治疗,学习技巧
C. 使他很快又冲动起来,使你满足

男性回答的部分

1. 你认为女人最理想的优点是什么?
A. 贞操　　　　　　　B. 性欲强　　　　　　C. 大方

2. 如果你有性方面的问题,你将首先与谁谈论此事?
A. 好朋友　　　　　　B. 询问医生　　　　　C. 你的爱人

3. 你认为能给女人最深印象的是什么?
A. 英勇　　　　　　　B. 性技巧　　　　　　C. 体贴入微

4. 最能使女人感到温馨刺激的是什么?
A. 关上灯后抚摸她　　　　　　　　　　B. 亲吻她并轻声呼唤她
C. 放弃嬉戏,注意她的情感

5. 你认为当代女人的特点是什么?
A. 女人还是喜欢男人在性方面粗俗地对待她
B. 今天的女人在所有方面都要求平等
C. 女人仍喜欢男人把自己作为贵妇人对待

6. 如果你的伴侣花很多时间与别的男人在一起,你会如何反应?
A. 禁止她再与他们接触　　B. 尽可能地跟着她
C. 因她普遍受人喜爱,但你为她最爱的是你而感到高兴

7. 你常赞赏爱人的外貌吗?
A. 极少正眼看她　　　　　　　　　　　B. 当你特别喜欢或不喜欢她某一点时
C. 常找她的优点并加以赞赏

8. 当你有性欲而她表示冷漠时,你怎样做?
A. 发脾气,指责她的冷漠　　　　　　　B. 走开去看色情书刊
C. 耐心而温柔地爱抚她

9. 你对年龄较大的女人持何态度?
A. 在性方面不与他们发生任何关系　　　B. 她们在性方面仅次于年轻姑娘
C. 她们有丰富的性经验

10. 如果你瞒着妻子的事被发现,你将怎么做?
A. 找出她的一个过错,为你的过错开脱　B. 避免提及此事,以防伤害感情
C. 使她相信你对那件事根本没在意

11. 你对个人卫生有何特别的注意?
   A. 你认为女人喜欢自然的、男子的气味　　B. 在约会前你都洗脸并喷上香水
   C. 在约会和做爱前都洗澡
12. 你爱的女人认为婚姻是过时的东西,你会怎样?
   A. 认为她缺乏道德并不能容忍她的这种观点　　B. 不结婚但与她共度时光
   C. 高兴地与她自由同居
13. 你对避孕持何态度?
   A. 男人不会怀孕,这是女人的事　　B. 你会每次都戴避孕套
   C. 在谈好双方的共同责任以前,不与她同房
14. 你何时送花给伴侣?
   A. 在你觉得有事对不起她想和好时　　B. 在生日或节假日
   C. 当你想特别使她高兴时
15. 你愿带一个成熟的女人看以下那一种电影?
   A. 喜剧片　　　　　　　B. 惊险片　　　　　　　C. 爱情片
16. 如果你爱人因病或其他原因丧失了进行正常性生活的能力你怎么办?
   A. 对她表示同情,但尽早离开她　　b. 感觉被骗了并为自己感到不幸
   C. 寻找相互满足的新方式
17. 如果一个未成年的女孩对你提出性要求,你怎么办?
   A. 答应她,但完事后迅速离开她　　B. 告诉她父母,并建议多加教育
   C. 友善地告诉她你不答应她的理由
18. 刚做完爱后你做什么?
   A. 抽支烟　　　　　　　B. 很快入睡　　　　　　C. 继续抚爱你的伴侣

【计分方法】男性和女性部分的计分均为:选 a 得 0 分;选 b 得 1 分;选 c 得 2 分。将每题分数相加,所得的总分按以下评价。

【测试结果】30～36 分:你是一个对异性了如指掌,非常成熟的人。你在爱情生活方面不需要什么指教,只要你愿意,你周围不会缺乏爱你的异性。

20—29 分:你在爱情生活中及对异性的把握上有相当能力,但如果你想在这方面继续取得进展,你的情感方式的某些方面还需改进,通过回答本测验中的问题,你能够找到自己的弱点。

10～19 分:你在与异性交往方面不是太年轻就是太天真,大多数人会把你看作爱情方面尚未成熟,不能令人满意的情人,虽然也有少数人会喜欢你那幼稚的恋爱方式。

0～9 分:你的态度明显表明你在性方面还处在朦胧的萌芽状态,没有一个头脑清醒的人会与你再次约会,更不会考虑与你共度终生了。如果你做这个测验时是诚实的,你应该向有关方面寻求指导和帮助。

 ## 三、心理训练

（一）松弛训练

无论是在生理上或情绪上,松弛都是与焦虑相对立的,因此,运用松弛训练法,可以有效地调节在性生理、性心理上的紧张和焦虑,使内心得到平静、精力更易集中、生活充满活力。松弛

训练的步骤和方法如下。

1. 预备阶段

在条件许可的情况下,选择一个尽可能安静、舒适的室内环境,去除那些刺激肌肉紧张的触觉物理刺激物(如放宽紧身的衣裤,摘下手表、眼镜、领带等);选择一个尽可能舒适的位置躺下或坐下,选择位置的标准是你的肌肉不必支撑身体(如取坐姿时,头部可以靠在椅背上)。

2. 深呼吸练习

深呼吸练习是松弛训练中的基本环节。在进行松弛训练前,首先必须学会深呼吸(也叫横膈膜深呼吸),它是横膈膜肌肉组织的运动引起的呼吸,这种呼吸的外部特征是腹部出现鼓凹运动,所以又称腹式呼吸。相比胸腔呼吸而言,腹式呼吸能更充分地扩张肺部,使人吸入更多氧气。

3. 深部肌肉松弛

深部肌肉松弛通常有两种方法,即紧张-松弛训练和循序渐进松弛训练。前者的机理是先使身体某一部分的肌肉紧张起来,然后再松弛下来,比较紧张和松弛两种状态的区别,并记住这种感受,从而达到学会松弛的目的;后者则是依照一定的顺序和步骤(如从头部开始逐步到脚)系统地缓缓放松。在实际训练中,尤其对初学者来说,将这两种方法结合起来使用效果更佳。现将深部肌肉松弛训练示范如下:

步骤一:用力捏紧拳头,使前臂紧张保持一会儿,放松,体会你的身体感受;重复上述动作1~2次。

步骤二:用力弯曲双臂,收紧并保持一会儿,放松,体会你的身体感受;重复上述动作1~2次。

步骤三:紧张双脚,脚趾用力内收,保持一会儿,放松,体会你的身体感受;重复上述动作1~2次。

步骤四:将脚趾用力向上翘,脚跟向下压,保持一会儿,放松,体会你的身体感受;重复上述动作1~2次。

步骤五:皱紧前额,紧张额部,保持一会儿,放松,体会你的身体感受;重复上述动作1~2次。

步骤六:紧闭双眼,保持一会儿,放松,体会你的身体感受;重复上述动作1~2次。

步骤七:按顺时针方向转动眼球,加速,然后,按逆时针方向转动眼球,加速,停下,体会你的身体感受;重复上述动作1~2次。

步骤八:皱紧鼻子、脸部肌肉,紧闭双唇(绷紧或皱起双唇),保持一会儿,放松,体会你的身体感受;重复上述动作1~2次。

步骤九:咬紧牙齿,收紧下腭部肌肉,保持一会儿,放松,体会你的身体感受;重复上述动作1~2次。

步骤十:舌头抵住上腭,保持一会儿,放松,体会你的身体感受;重复上述动作1~2次。

步骤十一:头部向后用力抵紧枕头或沙发,保持一会儿,放松,体会你的身体感受;重复上述动作1~2次。

步骤十二:向后扩展双肩,收紧背部肌肉,保持一会儿,放松,体会你的身体感受;重复上述动作1~2次。

步骤十三:向前吸紧双肩,用力含胸,保持一会儿,放松,体会你的身体感受;重复上述动作1~2次。

步骤十四:紧张臂部肌肉,上提会阴,保持一会儿,放松,体会你的身体感受;重复上述动作1~2次。

4. 恢复兴奋状态

每次松弛训练时间通常在20分钟左右。完成练习之后,可以直接转入睡眠状态,也可恢复兴奋状态。恢复兴奋状态时,先让手脚和头部做一些轻缓活动,然后睁开双眼,坐起,行走一下。

松弛训练是一项长期的保健练习,应坚持做下去,每天至少1次,只有这样才能体会到它的奇异功效。

(二)调查讨论

以"男生眼中的女生和女生眼中的男生"为题,进行课堂调查,并当场统计结果,组织讨论。

1. 男生眼中的女生(男生填写)

(1)选择你认为女生最吸引你的三项特质。(　　　)

A. 温柔　　B. 漂亮　　C. 贤惠　　D. 热情　　E. 真诚　　F. 稳重　　G. 聪明
H. 勤奋　　I. 身材好　　J. 有修养　　K. 好运动　　L. 有主见　　M. 活泼、外向
N. 内向沉稳　　O. 善于打扮　　P. 穿着大方　　Q. 爱好相近　　R. 家庭背景好
S. 其他(列出上面未说明而你认为重要的特质):＿＿＿＿＿＿＿

(2)简单描述你讨厌什么样的女生。＿＿＿＿＿＿＿

2. 女生眼中的男生(女生填写)

(1)选择你认为男生最吸引你的三项特质。(　　　)

A. 高大　　B. 英俊　　C. 幽默　　D. 真诚　　E. 稳重　　F. 热情　　G. 聪明
H. 勤奋　　I. 讲义气　　J. 出手大方　　K. 好运动　　L. 有主见　　M. 有修养
N. 乐观外向　　O. 穿着潇洒　　P. 乐于助人　　Q. 爱好相近　　R. 家庭背景好
S. 其他(列出上面未说明而你认为重要的特质):＿＿＿＿＿＿＿

(2)简单描述你讨厌什么样的男生。＿＿＿＿＿＿＿

3. 统计并公布调查结果,并由此展开讨论

(1)女生为什么看重男生的这些特质?对男生有何启示?

(2)男生为什么看重女生的这些特质?对女生有何启示?

思考题

1. 如何正确看待男女之间的性爱?
2. 你认为婚前性行为有哪些害处?
3. 你发现自己的性心理和性行为有没有异常问题?若有,则通过什么样的方法加以调整?

第十一章 大学生择业心理

 心灵导读

随着我国就业体制改革的不断深入,大学生就业有了更多的机遇和更广阔的市场,但同时也要面对越来越激烈的社会竞争及更大的心理压力。对大学生而言,求职择业是人生的必经之路。选择适合自己的职业,充分发挥自己的潜能,是每一个有进取心的大学生梦寐以求的事。但是,选择职业是人生道路上面临的一次重要抉择,将会遇到更严肃的课题、更复杂的矛盾和更深的困惑。面对选择与被选择,以及竞争日益激烈的就业市场,大学生做好择业心理的准备就显得非常必要。

通过对本章的学习,了解职业的含义及大学生择业心理特点;理解影响大学生择业心理的因素;掌握大学生心理发展的特点和影响大学生心理健康的因素;使大学生能够制定科学合理的职业生涯规划,确立正确的择业心态。

第一节 职业概述

 案例导入

> **案例**
>
> 张某与王某同时从交通技术学校毕业,张某受其父亲的影响选择到一家单位当司机,而王某却自主选择职业。王某从网上了解到,现在购车的人越来越多,并且大部分都是自己驾驶,可见当司机的前途并不大。但许多人只会开车,不会修理与保养汽车,尤其是一些女司机买了汽车熟悉驾驶后,开始考虑把汽车装饰得漂亮一些、舒适一些、个性一些,可是目前做这种事情的人却很少,于是他选择了一店汽车修理店,并说服老板,在店里做起了"汽车美容"的生意。一年后,王某名声大震,很多人都慕名前来请他来给爱车做"美容",自然他的收入也相当丰厚。而张某所在的单位由于进行了公车改革,撤销了司机的岗位,张某只好选择开出租车来谋生,工作辛苦不说,收入也很低。

案例评析

职业是在人类长期生产活动中,随着生产力发展和社会劳动分工的出现逐步产生和发展起来的。职业的产生和发展是社会生产力进步的结果,同时也反过来促进了生产力的提高。一个国家的经济结构、产业结构、科技结构和生产力总体水平决定了社会职业的构成;而职业构成的变化在客观上也反映着经济、产业、科技及生产力水平的状况。随着科学技术进步的不断加快,职业变化的速度也是历史上前所未有的,一些传统的职业不断萎缩直至消失,新职业不断产生,有多少红极一时的职业,几年后成了"鸡肋"。社会分工越细,职业种类越多。这就要求我们要对职业世界的发展趋势有充分的了解。

职业选择对于每个人来说都是非常重要的,尤其对大学生来说,选择能发挥自己特长、适合自己的职业是事业成功的关键。而正确的择业必须建立在理性的思考和正确的理论指导基础上。因此,大学生需要深刻把握职业的内涵,掌握职业的发展趋势。

一、职业的含义

对于职业的确切含义,不同人有不同的看法和认识。

美国社会学家塞尔兹认为,职业是一个人为了不断取得收入而连续从事的具有市场价值的特殊活动,这种活动决定着从事它的那个人的社会地位。职业范畴的三个要点是技术性、经济性和社会性。

日本职业问题专家保谷六郎认为,职业是有劳动能力的人为了生活而发挥个人能力,向社会做贡献而连续从事的活动。职业具有五个特征:一是经济性,从中取得收入;二是技术性,可以发挥才能和专长;三是社会性,承担社会生产任务,履行公民义务;四是伦理性,符合社会需要,为社会提供有用的服务;五是连续性,所从事的劳动相对稳定。

而我国有些学者从"职业"一词的词义上进行了分析,认为"职"指职业、职责,包含着权利和义务的意思;"业"指行业、事业,包含着独立工作、从事事业的意思。这种观点认为职业的内涵即"职责和业务"。职业的外延包括三方面的内容:有工作;有收入;有工作时间限度。

综上所述,我们认为,职业是人们通过专门技术劳动而取得个人收入、履行社会义务并取得社会地位的一种重要的社会现象。

二、热门职业

改革开放以来,我国经济得到了长足的发展,职业作为经济社会发展的产物,也发生了很大的变化。一批新兴的热门行业不断涌现,为大学生创造了大量的就业机会。由于人们对热门职业的看法不同,根据不同的标准,就形成了不同的热门职业。

(一)以人才紧缺程度来定位热门职业

在经济发展过程中,产业结构的调整,或重大经济发展契机的出现,往往会使某些行业出现人才紧缺的情况,从而带动相关职业的发展,使其成为热门职业。据国家人力资源和社会保障部的有关统计预测,我国今后几年急需的人才主要是以下几大类:电子技术、生物工程、航天技术、海洋利用、新能源材料为代表的高新技术人才;信息技术人才;机电一体化专业人才;农业科技人才;环境保护技术人才;生物工程研究与开发人才;国际经贸人才;法律人才。

(二)以社会不同领域对人才的需求来确定热门职业

据国家有关部门近期统计,在不同领域内,以下专业的毕业生更受欢迎。

(1)流向国家机关的前十名专业:法学、经济学、侦查学、国际经济法学、英语、会计学、国际贸易、行政管理学、行政法学、临床医学。

(2)流向高校任教的前十名专业:英语、体育、教育、临床医学、计算机及其应用、计算机科学与技术、通信工程、建筑学、法学、经济学。

(3)流向国家科研部门的前十名专业:建筑学、通信工程、建筑工程、机械工程、自动化与电子工程、计算机科学与技术、计算机应用、计算机自动化、电气工程及自动化、工业自动化。

(4)流向国有企业的前十名专业:会计学、计算机、通信工程、建筑工程、机械设计及制造、工业自动化、电气工程及自动化、电力系统自动化、机械电子工程、机械设计与制造。

(5)流向金融单位的前十名专业:国际金融学、货币银行学、会计学、统计学、计算机及应用、投资经济、经济学、信息管理、保险学、国际贸易学。

(6)流向"三资"企业的前十名专业:会计学、计算机科学与技术、机械工程自动化、通信工程、英语、计算机应用、国际金融、电气工程、市场营销、机械设计与制造。

(7)出国最受欢迎的前十名专业:化学、计算机科学与技术、英语、国际金融、生物化学、应用物理、国际经济、无线电技术学、信息学、计算机。

(三)以收入高低来定位热门职业

收入水平高是热门职业的重要特征之一,人们在选择职业的时候,往往很重视收入的高低。据有关部门统计,2017年,平均月收入在8000元以上的职业有私营企业经营者、股份制企业负责人、国有企业负责人、"三资"企业中方高级职员、法律专业人员、导游、演员、职业股民、个体经营者、影视制作人员、事业单位负责人、证券业务人员、IT行业从业者、卫生专业人员、购销人员、大学教师、新闻出版文化工作者、其他专业技术人员、自由撰稿人。

(四)根据招聘广告和人才市场的供需状况来看热门职业

人才需求与供应之间存在着引导与趋从的关系,因此,人才需求多的职业通常也是求职人才数量多的职业。据有关部门统计,2017年人才需求量最大的十个职业依次为:营销、计算机、电子通信、管理、机械、文秘、财会、建筑、广告、医药。而人才供应即求职人才数量最多的十个职业依次是:管理、财会、电子通信、营销、计算机、机械、文秘、建筑、贸易、中外文。

三、发展前景较好的职业预测

任何行业都要经历从产生、发展、成熟到衰退的生命周期。发展前景好的职业是指那些属于生机勃勃的朝阳行业,在发展中有新突破,呈现出诱人前途的职业。对于哪些职业将在未来走俏,国内外的学者和职业研究专家有许多预测,这里将从我国经济发展情况出发,集中分析一些发展前景较好的职业,希望能为大学生在选择职业上提供帮助。

(一)计算机软件职业

未来社会是信息化、网络化的时代,社会经济的各个方面都离不开计算机。21世纪,世界范围内的信息处理和数据处理事务将空前活跃,知识型的软件产品所占的比重将越来越大。因此说计算机软件业是21世纪的"黄金"产业一点也不过分,它支撑着全球庞大的由计算机和网络组成的信息世界。随着我国产业结构的调整,集约型和知识密集型产业将成为我国经济的主导,而21世纪计算机软件开发产业也将进一步扩大,需要大批的高素质的专业软件人员投身此行。预计到2020年,我国计算机软件设计及开发产业的产值将达到10万亿~14万亿元,计算机软件开发就业人员将达到800万~900万人,比现在要翻5~6倍,将占我国就业总人口的2.8%~3%。因此,无论就世界范围来讲,还是就我国来讲,在21世纪,计算机软件设计职业都将是一个前途无量的职业。

(二)电子通信职业

未来社会是信息社会,通信行业将得到极大发展,通信服务将向数字化、综合化、宽带化及个人化的电信网过渡,通信服务行业的发展必将带动这一行业就业人数的急剧增长。我国非常重视电子信息产业的发展,已将其列为国家支柱产业和经济结构转型时期的新的增长点。预计到2020年,电子通信总产值将占GDP的15%。

(三)生物工程技术研究和开发

生物技术是以生物科学为基础,向人类提供商品或社会服务的综合性科学技术。随着生物技术的迅猛发展,越来越多的生物技术成果被广泛应用于人们的生产和生活,带来巨大的经济和社会效益。我国非常重视生物技术的研究和开发工作,已把生物工程列为"十三五"期间重点发展的产业之一,并将努力把生物工程建设为我国国民经济的支柱行业之一。

我国的生物工程技术研究虽然取得了一些成就,但生物工程技术的开发应用还不够普遍,生物技术产业化格局尚未形成,与世界发达国家相比还有一定的差距。例如,在我国从事生物技术研究和经营的人员的数量仅是美国的1/4。无论是生物技术研究人员还是生物技术产品的开发人员,都存在严重不足。随着生物技术的不断发展,生物工程技术研究和开发将成为

21世纪最受欢迎的职业之一。

(四) 建筑工程职业

"安居乐业"是中国的古训,建筑作为经济建设和人民生活的基础设施,对国民经济的发展起着非常重要的作用。随着我国经济的不断发展及房地产政策的逐步改革,国家加大了基础设施建设,尤其是城镇化建设的投资规模,这为建筑及房地产业的发展提供了良好契机。预计到2020年,房地产业总产值占国内生产总值的比重将提高到5%,直接从业人员将增加到800万人,间接和配套的行业人员将增加1000多万人。

基础设施需求增多和房地产市场的逐渐升温,势必需要大量的建筑人员,这其中包括各种各样的建筑工程人员、建筑施工人员、建筑管理人员等。特别是随着建筑材料和建筑艺术的不断发展及房地产市场的不断完善,被誉为"城市美容师"的建筑设计师及工程监理技术人员将越来越受到欢迎,成为市场上最紧俏的人才之一。另外,随着人们居住条件的提高,高素质的物业管理人员也将大受欢迎。

(五) 农业科技职业

民以食为天。任何一个国家的发展都离不开农业的发展,尤其是我国这样一个地少人多、农业基础比较落后的国家,要建设现代化国家,建设社会主义强国,农业的发展、农村的稳定显得尤为重要。而农业要发展必须走产业化道路,这就需要科学技术的支持,越来越多的先进技术将应用于农业生产,如生态科学、遗传工程、生物工程、遥感技术、农业智能机器人等。而我国目前农业科技人才非常短缺,成功之神往往青睐那些有远见、有头脑的人,农业科技工作将是21世纪最有发展前途的职业之一。

(六) 策划职业

当今社会,各种各样的策划,如广告策划、营销策划等,已相当有市场。我们每天都能感觉到策划大师们精心营造的"美丽旋涡",且一不小心就会心甘情愿地身陷其中。随着知识经济的发展,策划业以其"运筹帷幄,决胜于千里之外"的魅力吸引着越来越多的青年人投身于此。随着市场经济的不断发展和完善,以及我国经济同世界经济接轨,市场对高级策划人才的需求将不断增长。预计到2020年,从事策划业务的从业人员将达到180多万人。

(七) 环保产业

20世纪,生产技术的进步和经济的高度发展创造了人类有史以来最辉煌灿烂的经济和文明奇迹,但大自然也给人类最无情的打击。当今世界,环境的不断恶化、各种稀有动植物的灭绝、能源的短缺等困扰着人类。因此,加强环境保护,实现人类的可持续发展,是当前各国面临的最主要的问题,这必将带动环保产业在21世纪的大发展。目前,我国的环保人才严重不足,这与我国国民经济建设的发展步伐是不一致的。随着各级政府对环保的日益重视及人们环保意识的逐步增强,环保科技人才的社会需求量将越来越大。

(八) 律师职业

21世纪是知识经济的社会,法律是社会和经济的"守护神",法制健全和执法严明将是未来社会的重要保证。律师作为法律的化身,在未来社会中将继续扮演重要的角色。随着我国法制建设的进一步加强,法制观念在人民群众头脑中的不断深入,社会对法律方面人才的需求量将进一步增加。虽然律师行业近几年在我国发展很快,但无论是在数量上还是在质量上,都与我国发展市场经济、依法治国目标还有很大的差距。

我国律师行业发展迅猛,从业人员越来越多。到2020年,律师人数将达到300万,律师将成为我国的一大知识产业和就业热点。在今后20年中,我国律师需求量达300万～350万人,律师是我国服务行业人数需求较多的行业。随着我国经济体制改革的逐步深入和加入WTO后国际交往的进一步增强,我国将需要大量的高素质、熟悉国内外法律法规的国际型法律人才。

(九) 国际贸易职业

随着世界经济全球化的进一步发展,熟悉国际贸易规则和国际经济法律、精通国际外贸知识的综合性国际经贸人才势必将越来越受欢迎。高度发展的信息化将使全球形成一个"地球商业村",贸易方式将发生很大的改变,贸易智能将取代传统的交易方式,这对国际贸易人才提出了更高的要求。总之,随着我国经济实力的增长,21世纪我国对外贸易正在发展成为世界贸易的重要组成部分,国际贸易职业将是一个充满挑战和诱惑的职业。

(十) 教师职业

21世纪的竞争是人才的竞争,这必然会导致以培养人才为目标的教育事业的竞争。我国把"科教兴国"作为基本国策,搞好教育工作是我国迅速增强综合国力和发展经济的重要途径,更是我国社会主义现代化建设的重要战略目标。随着我国教育事业的不断发展,教师的政治地位、社会地位在不断地提高,经济待遇也在不断改善,教师正成为越来越多的人在选择职业时的首选对象。

(十一) 财会类职业

财会是一个传统的职业,根据各种招聘及人才市场的统计,财会是出现频率最高、供需量较大的职业之一。目前,财会人员基本上处于饱和状态,甚至供大于求。但是,我们也应该看到,目前我国财会人员的结构存在着很大的不平衡。一方面,财会人员的素质普遍偏低,求职较难;另一方面,社会又需要大量的高素质的财会人员。经济的发展将对财务人员提出新的挑战,在21世纪,通晓国际会计规则、熟悉经济税务法规、懂得财务管理的高级财务人员,有"经济警察"美誉的注册会计师、注册税务师等很受市场的青睐。

(十二) 医疗保健职业

随着经济的不断发展,人民生活水平的不断提高,医学将不只是维护健康,而是越来越关注如何进一步改善人们的体质,提高人们的智能。预计到2020年,全国预防疾病的普及率将达到90%以上,保健医疗的普及率将达到85%。在今后20年中,我国从事医疗保健业的人员将增加1倍。在21世纪,人类医学将步入保健医学的时代,医学所涉及的领域将越来越宽,营养学、生态学、心理学、生物学、优生学等都会得到进一步的发展,医疗保健人才将越来越走俏。

(十三) 旅游业

随着人们生活水平的提高,旅游将成为休闲的主要方式,该行业的优势也将逐渐显露出来。据预测,世界旅游大国的排序将更换为中国、美国、西班牙、意大利、法国、俄罗斯、瑞士。到2020年,每年到中国旅游的人数将达到2亿人次,在今后20年中,我国旅游从业人员将达到3000万人,是服务业就业人数较多的行业之一。

第二节 大学生择业心理的特点

案例导入

案 例

广东技术师范学院2005级法律事务专业的毛华锋同学,是该校政法学院实现自主创业的第一人。他精心创立的"广州沃思文化传播有限公司"于2008年1月13日正式成立。该公司是股份制企业,是一家集公关、活动策划、演艺、设计、销售为一体的综合性文化传播机构。毛华锋同学是法律系的学生,在校接触的大多是法律相关的专业知识,而他成立的是一家传媒公司,这对于学法律的他而言,简直就是在另一个全新领域前行,可想而知,该同学创业的艰难程度。

"传媒这个行业靠的就是创意,要有好的创意肯定要有付出!"毛华锋同学时常记着这句话,并以此为座右铭,时刻鞭策着自己。在校期间,毛华锋同学不仅学习出色,而且工作更加出众,他利用在校课余时间充实自己的知识,了解社会情况,他把公司设立在海珠区赤岗东,靠近琶洲会馆,考虑周到的他结合周围的人流分布情况,充分利用当地的地理优势来策划自己的公司。他知道,万事开头难,更何况是自主创业,于是他边学边干,通宵达旦在办公室工作是常有的事情。"市场是不等人的,只有擅于抓住时机才能成功。"功夫不负有心人,一个好的创意终于出现了,从此改变了毛华锋同学的命运。在101届广交会上,他争取了一个为某家外企进行广告策划的机会,凭借这个机会,他尽心尽力地推广该外企的产品,最终使该外企的产品成功打入国内市场。而毛华锋的传播公司也因此首战告捷,并在广告传播领域拥有了一定的知名度,为公司日后的发展奠定了基础。

-------- **案 例 评 析** --------

毛华锋同学的这种情况具有一定的代表性。首先,毛华锋同学在择业和就业的过程中在心理上进行了有效的自我调适,树立了合理的就业价值观,调整了就业的期望值;其次,在其创业的过程中,毛同学不仅看到了机遇,而且善于抓住机遇,他成立的公司显然与他所学的专业是不对口的,然而他能学以致用,突破专业的局限性,能利用在校时间不断充实自己,学到了很多在上课时学不到的知识,拓宽了就业面,坚定了自己的自信心,从而提高了就业能力。

在社会经济体制发生重大变革的今天,大学生的择业取向出现了双向选择和自立竞争的新特征。市场经济的迅速发展促进了大学生的自我觉醒,培养了他们积极的进取心理,激发了他们的创造性和开拓精神。大学生思想理念新,观念更新快,市场认同度高,经济意识强。他们在市场经济大潮的强烈冲击和荡涤下,更加重实际、讲实干、求效益,他们不愿墨守成规,也不愿听人摆布,更不愿讲空洞的大道理。在他们身上反映出了知识经济时代的鲜明特征,体现了21世纪文化新生代朝气蓬勃和积极进取的精神风貌。

一、大学生择业价值心理冲突

市场经济的突飞猛进,使新世纪大学生的择业前景愈加开阔,人生发展的道路愈加宽广,可谓是"海阔凭鱼跃,天高任鸟飞"。知识经济时代择业的竞争令大学生们跃跃欲试,然而,有竞争就有压力,有选择就有取舍,有机遇就有挑战。在诱惑和压力的双重作用下,在多种目标的选择中,许多大学生不免感到困惑和不安、难以决断,心理矛盾和冲突油然而生。

(一)择业价值的多种选择

21世纪大学生立志成才,渴望成功。他们逐步意识到,要取得成功必须选择适合自己的成功目标,为此,他们有着多种不同的设计和选择。

1. 继续深造,走专家学者型道路

知识经济的到来使得越来越多的大学生意识到掌握知识的重要性,他们很清楚四年的大学学习实在是不足以满足未来社会、事业发展的需要。为此,考研、考博,继续艰苦而清贫的求学之路,成为不少学子执着的奋斗目标。

2. 选择职业,投身社会实际工作

毕业后大多数学子选择到社会实践中锻炼自己、积累经验、培养能力。他们深入基层、深入生活的各个方面,或从事技术开发,或从事市场与管理,从具体工作做起,逐渐成为各行业、领域的业务骨干和技术能手。

3. 自主创业,商海中尝试一回

社会环境为大学生提供了一个前所未有的创业新空间,大学生创业已成为莘莘学子的热门话题。大学生向往能到商海中去尝试一番,哪怕失败了也是一种经验的积累。

4. 出国寻梦,寻找新的发展空间

中国加入世贸组织之后,人才流动更为频繁。出国留学、在外闯荡、回国创业,今后的发展天地十分广阔,不少大学生决意出外尝试。

5. 不受拘束,做自由职业人士

大学生的思想活跃,个性突出、鲜明,许多大学生不愿在择业上受到束缚,不希望成为被动的"工作机器"。钟点文秘、自由撰稿人、项目策划、广告设计、经纪代理、理财顾问等一些工作弹性大、自由支配度高的职业逐渐受到青睐,工作的稳定性已不再是大学生追求的主要目标。

(二)择业价值的矛盾冲突

市场经济条件下,社会群体利益分配的差异性及群体价值观念的多元化,使大学生在择业价值观念上的困惑和矛盾明显增多。一方面他们强调个性,强调与众不同,另一方面却容易赶时髦、随大流;一方面有爱国热情和忧患意识,希望国家尽快发展和强大起来,希望家乡尽快改变落后面貌,另一方面在选择工作去向时却往往更多地考虑自己的利益和发展,大城市、大企业、大机关是首选,往往不愿意去艰苦落后的地方;一方面渴望走向社会,尽快证明和实现自身的价值,另一方面却对激烈的竞争、无情的淘汰感到无所适从。

21世纪大学生择业价值观的矛盾性还体现在观念和行为的错位与脱节上。例如,大学生希望改革的步伐再快一点,择业的双向选择机制更完善一些,可是,一旦自己在择业过程中受挫又未免牢骚满腹,甚至留恋过去的统包统配。再如,他们崇尚真、善、美的精神境界和高尚的人格,对那些在平凡岗位上无私奉献的优秀人物深表敬佩,但在现实生活中若真让他们学习效仿,却还是讲实际、图实惠的更多一些。他们在学校里接受的正面教育往往被社会上的不良观点、倾向所抵消,理想教育与现实生活的反差的确给大学生带来许多困惑与不解。因此,他们在求新与守旧、优越与自卑、求异与从众、贡献与索取、个人与集体等价值冲突中做判断、做选择,存在着希望与困惑并存、进取与彷徨相伴、认同与失落交错的复杂心态;存在着先进与落后、正义与邪恶、勤俭与奢侈、忠诚与虚伪的矛盾冲突。

另外,从生理年龄看,大学生正处于变化多端的青春期;从社会年龄看,大学生年纪轻、经验少、生活阅历浅、社会化程度低;从心理年龄看,大学生正处于"第二心理断乳期",心理和情绪容易波动。加之目前大学生中独生子女的比例日益上升,他们深受父母宠爱,生活条件优越,生活一帆风顺,心理上往往比较脆弱,对挫折的承受能力较差。因此,他们在择业价值观很容易受外界环境影响,处于不稳定状态,容易产生绝对化和片面化。他们可以因取得成绩、择业顺利而热情高涨、踌躇满志,也会因择业受挫而灰心丧气、一蹶不振。他们有时感觉良好,有时却茫然不知所措;有时高亢奋进,有时却情绪低落。这种内心的冲突和不稳定性容易使大学生在择业价值判断上产生动摇,在择业价值选择上产生彷徨,甚至会步入择业价值观念的误区,不利于大学生择业价值观的健康发展。尤其在心理上,因产生心理冲突,遇到心理压力,受到心理挫折,大学生在情绪上波动较大,在行为选择上极易出现偏差。

二、大学生择业期望心理冲突

随着择业竞争的日益加剧,大学生的择业心理发生了很大的变化。面临人生的这种重大转折,他们既向往又担忧,既对自己有很高的期望,又怕自己失败受挫。一方面,他们渴望竞争,希望通过自己的努力找到理想的职业,以证明自身的价值;另一方面,竞争的激烈又不免使之产生犹豫担心、自卑恐惧、焦虑急躁等心态。

(一) 理想目标与现实需要的冲突

大学生对自己今后的发展常有着各种美丽的构想。职业不单是一种谋生的手段,更是大学生实现自身理想抱负的重要途径,每个大学生都希望自己能找到一个既体面又能发挥才干的理想职业,好干出一点名堂。然而,社会是复杂的,理想与现实是有差距的,美好的愿望有时会被无情的现实击碎。为此,他们失落、抱怨,甚至痛苦,缺乏对现实的理解和承受能力。

从对大学毕业生的调查了解到,大学生都希望到发展前景较好的企事业单位,如微软、联想、海尔、电信、联通、政府机关、工商税务、银行等,造成大学生择业期望值居高不下。少数大学生甚至给自己划定范围,如名气不响的单位不去,收入不高的单位不去,不是大城市不去,没有提升希望的不去,等等,从而使择业的理想目标与现实需求之间产生较大的冲突。

(二) 长远利益与眼前利益的冲突

随着国家经济的不断发展,人们收入水平的不断提高,大学生对物质的追求也在不断升级。毕业后到外资企业去、到金融证券企业去、到挣钱最多的地方去,成为一部分大学生择业心态的写照。不少大学生希望自己毕业后能迅速富裕起来,却很少想到眼前该付出怎样的艰辛和努力,怎样脚踏实地从头做起。他们目光短浅、心态浮躁、求成心切、只重眼前,而一旦发现现有岗位不能满足自己的愿望便轻易跳槽。因此,是继续读书深造还是选择就业、是倾向于眼前的高收入还是看重今后的发展空间，是注重现实打好基础还是急于求成名利双收，这一切都令大学生为之困惑。

（三）求稳与求变的冲突

今天的世界，挑战与机遇并存，希望与危机同在。市场经济时代的大学生在择业方面拥有更多的选择，他们也具有强烈的成才愿望和热情。但面对毕业，到底是寻找一份待遇好、稳定系数高的职业还是不断挑战自我、寻找新的更多的"奶酪"，是替别人打工还是敢冒风险、尝试自主创业，都令大学生们困惑不已。

三、大学生择业心态分析

（一）奉献心理

具有奉献心理的求职者树立了正确的人生观、价值观、择业观，将国家利益、社会利益放到首位，如放弃优越的工作条件和生活条件，自愿到边疆、贫困地区工作。在他们身上体现了过硬的思想素质和强烈的献身精神。

（二）功利心理

在现实生活中，许多大学生在择业过程中把获取高收入、高地位作为自己强烈渴求的目标。有关部门对大学生择业取向的调查发现，排在前三位的是"工作条件好，有利于个人才能发挥""经济收入高""社会地位高"。从调查结果中可以清楚地看到，大学生在择业过程中有强烈的功利心理。

（三）竞争心理

当今社会处处存在着竞争，大学毕业生择业时竞争更大。竞争有其积极作用，也有消极影响。

（四）从众心理

在求职现场经常可以看到一些热门职业的摊位前人满为患。许多大学生由于缺乏对自己的了解和认识，在择业时盲目从众，别人选什么职业，自己盲目跟随，因此错过了本属于自己的求职机会，最后落个"竹篮打水一场空"的处境。有书云："骏马年历险，犁田不如牛；坚车能载重，渡河不如舟。"求职者在求职时要全方位考虑、选择，绝不是"跟着感觉走"，绝不能盲目从众随大流，要充分考虑自己的专业、气质、性格、爱好等，要扬长避短，发挥特长。

（五）安全心理

有相当一部分大学生在选择职业时，首先考虑的是"能不能发挥自己的才能和个性""工作稳不稳定"，这种心态在许多干部、知识分子、工人家庭出身的大学生身上表现得尤为明显，他们在选择职业时，往往选择教育、科研单位，机关、党政部门，虽然收入不是很高，但是比较安全、稳定。

第十一章 大学生择业心理

（六）求名心理

在择业过程中,有许多大学生追求"名望高、名誉好、有发展前途"的知名单位。其实,大学生对前往应聘的单位并不是很了解,尤其不了解单位内部实际经营状况,而实际上许多单位是徒有虚名而已。许多大学生放弃能发挥自己特长的民办企业、私营企业,而盲目地认为"瘦死的骆驼比马大",一味求"名"。

（七）求闲心理

一部分大学生在择业时追求舒适、清闲,宁愿待在办公室里打杂,也不愿意到能充分发挥自己才能和特长的基层去,从而荒废了学业,虚耗了青春。

（八）求点心理

工作单位所在地是毕业生在择业时考虑的一个重要问题。从每年的就业情况看,60%以上的毕业生把经济发达地区作为理想的工作地点,70%的毕业生不愿意回到生源地。许多学生认为,经济越繁荣、文化越发展、竞争越激烈越有利于发展自己、展现自己、挖掘自身的潜能,而到经济落后、人才缺乏的地方往往会"英雄无用武之地"。这种以单位所在地因素来选择就业的求点心理,使部分毕业生失去了就业的机会。

第三节　影响大学生择业心理的因素

案例导入

案　例

女学生罗某和男学生张某都来自鄂北山村,他们在武汉某大学同窗四载,并成为一对恋人。即将毕业时,他们觉得自己好不容易从偏僻的山村走出来,无论如何也不能回去,于是将目光放在北、上、广、深。然而拥有一张"发达地区的绿卡"又谈何容易呢？面对严峻的考验和激烈的竞争,他们发现,留在北、上、广、深唯一的道路就是考研。因此,他俩双双报考了研究生,结果张某考上了一所理工科大学的研究生,而罗某却名落孙山,不得不回到老家。4年的恋情难舍,她又无法安于城镇的清苦,唯一的出路是继续考研,但又连考两年均未中。张某临近毕业,但两人的"都市情结"推动着张某必须留在上海,但罗某怎么办？张某为了安慰她,与她结了婚。罗某很难在上海找到满意的工作,能把罗某带到上海的办法只有张某继续攻读博士。于是,为了圆"都市之梦",今年他又报考了博士。不知考博能否成功,不知这"挪亚方舟"能否挽救这对都市迷,圆了他们的"都市之梦"。

案例评析

临近毕业,绝大多数有"都市情结"的毕业生把目光投向大城市及沿海发达地区,认为只要到这些地方便拥有了一切。他们迷恋大城市的繁华和现代化气息,认为只有在大城市才能实现自我价值和远大抱负。如果回到小城市甚至村镇,自己的一辈子就算完了。只要能留在大城市,专业对口与否、单位好坏都不在乎。这是拥有"都市情结"者的典型想法。形成如此牢固的"都市情结"的原因有以下几方面。

(1) 毕业生的思想政治觉悟水平不够高,只从自己的角度去选择职业,而不根据国情到社会最需要的地方去。这类人倾向追求奢华的生活,他们迷恋都市的繁华,不愿到艰苦的地方去,在心理上形成了解不开的"都市情结"。

(2) 毕业生的个性特点影响了他们对工作地点的选择。很多人不愿吃苦,缺乏实干精神,不愿到艰苦的地方去。具有极强虚荣心的人也是一心要留在大城市,认为只有在大城市,才有利于自己的发展,而到农村则永远没有出头之日。

(3) 个人的经历影响毕业生的职业选择。出身于富裕家庭,生活一帆风顺的毕业生认为自己理应留在大城市享受现代化生活;而一些来自农村,生活条件差的毕业生也留恋都市的繁荣,嫌弃家乡的贫穷与落后。这些毕业生在心理上把城乡差别看得过重,将求职的砝码完全放在城市的一端。这也是当今社会经济迅速发展使他们形成的不良心理反应,他们认为城市代表着时代的主旋律,而农村远远落在后面。

(4) 从众心理也是毕业生形成"都市情结"的重要原因。毕业生普遍将目光投向大城市,很少有人愿意到小地方、小单位,这种现象自然会影响整个毕业生群体,使他们不由自主地形成"都市情结"。

大学生经过四年的拼搏,开始进入择业阶段,这是决定自己前途和命运的关键时刻。大学生能否顺利择业,取决于择业的客观环境因素和择业的主体因素两个方面,包括家庭的背景和期望、学校的教育目标与质量、社会就业的形势与信息、个人的素质、个性特征等。在择业过程中,毕业生自身的择业动机、就业目标、自身实际情况等原因也会影响择业。

一、对就业政策一知半解

为了加强对毕业生的就业指导,许多高校都开设了就业指导课,并成立了学校的就业指导机构,对就业政策进行广泛的宣传。但有相当一部分的大学生在思想上轻视就业指导课,对毕业政策置若罔闻、一知半解,甚至不屑了解,总以为能找到单位就好了,认为市场经济下的就业政策就是"愿意选择哪里就选择哪里"。殊不知,就业政策与劳动人事政策、招生政策、分配政策、户籍政策之间是息息相关、唇齿相依的。

二、缺乏必要的自我认知能力

有的大学生不能客观地评价自己,不能冷静地面对社会现实,表现出心理上的不稳定及思想上的不成熟。大学生要想找到一份适合自己的职业,就必须对自己有一个全局的客观认识和正确的评论,要着重考虑自己的兴趣爱好、专业特点、气质性格与适合自己的职业。在毕业求职过程中,有许多毕业生犹豫不决,他们内心虽然渴望能找到一份既能满足自己兴趣爱好,又能发挥专业特长的工作,但实际上这仅仅是一种愿望和兴趣而已,至于到底怎样的工作或职业是真正适合自己的,他们心中并不清楚。另外,许多大学生由于不了解自己的性格、气质特征,对自己认识不清,因而在择业时不加考虑以上因素,盲目乐观随大流。

三、缺乏求职常识和择业技巧指导

毕业生在选择职业前必须要了解招聘的程序、求职的程序、面试应注意的事项等常识性问题。在了解、掌握了这些常识性知识的基础上，有的放矢，做好准备。但有相当一部分大学生由于缺乏这方面的知识而未按有关程序去做，以致在求职过程中屡屡碰壁，甚至洋相百出，自尊心受到严重伤害，导致择业失败。

四、青春期固有因素的影响

大学毕业生的年龄一般在23岁左右，处在这一时期的大学生接受新事物快，容易产生幻想，处理问题时易冲动，自我意识比较强烈。虽然生理发育已经成熟，但相当一部分大学生心理发展还不成熟、不稳定，生理状况与心理因素具有明显的不同步性，再加上他们的知识结构不完善，在择业过程中表现出浮躁、彷徨和不安等，感到寻找工作无从下手，无从做起。

五、优柔寡断等心理弱点的影响

毕业生从学校步入社会，是人生的重要转折。面对这一转折，毕业生既要做到知己知彼、尽快适应，又要不失时机、抓住机遇、当机立断。但在择业过程中，许多毕业生优柔寡断、犹豫不决的心理弱点往往使他们产生"这山望见那山高"的思想，以致白白失去了许多择业良机。

六、自命不凡心态的影响

一些大学毕业生因自己的学习成绩优秀、政治条件好、学校牌子响、专业需求旺、求职门路广、家庭条件优越，或者因自己的能力强，在同学中有一定的竞争实力，或者因自己相貌出众、能说会唱，等等，产生了一种自命不凡的优越感。这种自视过高的心理，往往使毕业生在求职时狂妄自大，这家单位瞧不上，那家单位也不遂心，结果使自己丧失了许多就业机会。

七、心理期望过高的影响

大学生在毕业时都希望能找到一份充分施展自己才华和实现自己人生抱负的工作。从目前情况来看，绝大多数毕业生普遍希望能到大城市、大机关、大企业及重点院所等单位工作。这说明大学生普遍对择业的期望过高，对社会的需求不了解，结果往往造成大城市、大机关、大企业去不了，小城市、小机关、小企业不想去或已招满，"好马难吃回头草"的尴尬局面。

八、依赖因素的影响

依赖在大学生择业过程中有两种表现：一种是依赖大多数的从众心理，自己缺乏独立的见解，在求职时不是从自己的实际情况出发做出切合实际的选择，而是人云亦云，见别人都往大城市、大机关、大公司里挤，自己也跟着凑热闹；另一种是依赖政策、依赖他人，在择业中不主动选择、积极竞争，而是坐等学校或他人给自己落实单位，结果往往错过机遇，与就业失之交臂、遗憾终生。

九、等待因素的影响

在择业过程中,等待有两种表现:一种是自己不积极参与择业,而是靠父母和亲朋好友,等着他们为自己四处奔波,找关系、托人情;另一种是在招聘季刚开始,招聘单位较多,招聘单位对人才的需求量比较大时,就是不与合适的单位签订协议,一直在观望,总认为还会有好单位在后头,结果是"过了这村,没了那店"。

十、短见因素的影响

有些毕业生在择业时过分看重地位、实惠,一心只想去大城市、沿海发达地区,想进挣钱多、待遇好的单位,甚至为了暂时的功利宁可抛弃所学的专业,完全服从单位安排。这样可能会得到一些眼前的利益和满足,但从长远发展看,并非是明智的选择。

十一、传统观念的影响

首先是社会习俗的影响。有些大学毕业生把社会上的某些传统观念作为自己择业的依据,在择业时求稳、求静、求享受,出现争进大城市、大公司、大机关,不愿到基层、生产第一线的倾向。其次是家庭、亲友的影响。中国几千年的传统文化使部分大学生产生了"苦读十年,荣宗耀祖"的观念,他们在择业时首先征求父母的意见,考虑的是工作对家庭有没有利、有没有面子、离家远不远,而事业的发展则是第二位的。无形之中,家庭、亲友利用其特殊地位,对大学生的择业起了替代作用。女大学生在这方面受影响尤为突出。

十二、自卑心理的影响

某些毕业生因自己的学校不是名牌、自己的专业不热门,自己学历不高、长相一般、没有社会关系、没有钱等产生自卑感。面对激烈的择业竞争,觉得自己这也不行、那也不如别人,走进就业市场就发怵,参加招聘面试更加忐忑不安、异常紧张,难以发挥自己应有的水平,甚至自己的优点也被弱点所掩盖,难逃落选的命运。

十三、自信心不足的影响

一些性格比较内向、不善言辞的学生,或学习成绩平平、能力一般、受过某种处分的学生,还有一些专科生和女大学生,在面对择业竞争时极度缺乏自信。他们怕面对竞争,缺乏足够的勇气、临场经验和现场应变能力,以致产生"我能竞争过别人吗?""要是碰了钉子多丢人!""万一失败了怎么办?"的恐惧心理,在求职过程中显得过于怯懦。

十四、畏难心理的影响

对某些专业而言,就业难是一个不可回避的现实问题,部分大学生对此缺乏必要的心理准备,一旦在择业过程中遇到困难和问题就打退堂鼓,多跑几次怕辛苦,多找几人怕麻烦,多问几次怕受气。本来通过努力可以克服困难、解决问题,由于畏难心理的影响,就不愿再努力了,自己放弃了机会。

第四节　大学生择业心理辅导

案例导入

> **案　例**
>
> 　　刘某是某高校计算机专业的毕业生,一天,某公司经理约他去面试。经理看过他的简历后对他说:"你是学计算机专业的,正好我这有份材料,你帮我打印出来吧。"经理起身顺手把计算机关了。刘某坐在计算机前,信心满满地开始启动计算机,可是热启动不行,冷启动也不行。黄豆大的汗珠顺着脸颊往下淌,他急得如热锅上的蚂蚁,暗想:"完了!"他抬头无助地望着经理说:"这台计算机好像真的有问题,可是刚才还好好的,你刚才不是还在用吗?"经理对他说:"忘了告诉你,刚才我把电源线的插销拔了!"刘某呆住了,他几乎无地自容,什么也没说,拿着自己的简历走出了经理办公室。

-------- **案例评析** --------

　　刘某被这么个不成问题的小问题难倒了,根本原因就是他面试时过分紧张。在众多的应试者中,绝大多数人会不同程度产生紧张情绪,影响面试成绩。有些人生性胆小,性格内向,过度紧张而导致思维停滞。因此,紧张是面试的大敌,必须设法消除。

　　择业是大学生人生的一个重大转折点,是成就事业的新的生长点,是从"自然人"向"社会人"转变的聚焦点,是大学毕业生成才的闪光点。在社会主义市场经济迅速发展的今天,用人单位和求职者双向选择,就业竞争十分激烈,要想运筹帷幄、决胜千里,就必须做好择业的心理准备。

一、确立择业竞争意识

　　市场经济的核心内容就是竞争,社会各个方面都存在着竞争,择业更是激烈竞争的一个方面。大学生应该从入校起就培养自己的竞争意识,择业是双向选择,"我择业,业择我",每一名大学生都要积极应对,参与竞争。在校期间要充实、完善自己,提高自己的竞争实力;在人才市场上要对自己充满信心,不轻易放弃任何一个可以抓住的机会,在用人单位面前尽显自己的风采。大学生可以从以下几方面培养自己的竞争意识。

(一) 不要轻易示弱和言败

　　我们每个人都有自己的生存方式,"天生我材必有用",要敢于面对困难,世上没有弱者、失败者,只有胆怯和懦弱者。

（二）进取不止,锲而不舍

有些人在事业上、学业上小有成绩后就不思进取了,认为自己已经算是一个生活的强者了,但是"山外有山,楼外有楼"。

（三）从小事做起

要先制定一个小目标,待完成之后,再集中全力向大一点的新目标前进;待大一点的新目标实现后,再进一步建立更大的目标,然后向它展开激烈攻击。只有这样坚定而不懈地努力,我们才能成为人中豪杰。大学生一定要脚踏实地,从小事做起。小事不干,何成大业?

二、提升择业成功的信心

大学生要不断增强自主择业的意识,要充满信心、主动出击,要认识到大学生就业不仅是国家、学校的事,更是自己应主动关心的事。毕业生应树立"要工作,找市场"的观念,主动了解自己所在学校的就业形势、就业情况,并了解具体的就业技巧,同时在择业期间不断向老师、同学咨询。在择业时如何充满信心、积极面对。有专家总结出以下几点关于择业的诀窍。

（一）绘制蓝图

在心中描绘出自己希望达到的成功蓝图,然后不断地强化这种印象,使它不致随着岁月的流逝而消退模糊。此外,相当重要的是切莫设想失败,也不要怀疑此宏观蓝图实现的可能性,因为怀疑是成功的心理障碍。

（二）强化积极的态度

如果冒出怀疑自身力量的消极想法,就要尽快驱除这种想法,必须设法发掘积极的想法,并将它具体列出来,同时强化这种积极的态度。

（三）不受他人影响

不受他人威信的影响,不要盲目仿效他人,他人的东西是生搬不来的,任何人都不可能成为另一个他人。

（四）进行积极的自我暗示

每天重复说十次这段强有力的话:"谁也无法阻挡我的成功,我很棒,我能成功!"用积极的心理暗示克服消极的心理障碍。

（五）寻求朋友的帮助

寻找对你了如指掌,且能对你提出忠告的朋友,让朋友们帮你一起分析,帮助你找到自己自卑感或焦虑感的根源所在,克服消极的情绪。

(六) 正确评价自己

正确估价自己的实力,对自己的定位要恰如其分,既不能过高,又不能过低,这样有利于制订取得成功的就业计划。

三、培养良好的情绪状态

大学生不仅应具有良好的思想品德素质、科学文化素质和身体素质,还应有良好的心理素质。良好的心理素质不仅使大学生在择业期间能保持良好的心态,适时调整自己的行为,促进顺利就业,而且可以在择业后促使大学生顺利适应职业和环境,尽快成才。择业是大学生人生的重要转折点,面对择业,大学生的心理既复杂又多变,同时择业的过程本身就是一个复杂的心理过程,受个体心理、群体心理和社会心理制约。因此,大学生在择业过程中难免会出现种种心理矛盾、心理误区和心理障碍。所以,大学生在生活、就业过程中必须学会保持乐观向上的心态,有效地驾驭自己的情绪,保持良好的情绪。培养良好情绪状态的具体做法如下。

(一) 确立合理的需要和远大的理想

情绪的基础是需要。如果个人的需要得到满足,就能引起积极的情感体验,如满意、高兴、幸福等;而如果个人的需要得不到满足,就会引起消极的情感体验,如不满、焦虑、抑郁、愤怒等。人的需要是多层次、多方面的,大学生要想获得健康乐观的情绪,就要使自己的需要和愿望尽力符合当前的社会条件。理想是人的高层次需要,是人的精神支柱,有了远大的理想,不论遇到什么样的曲折和困难,都能尽力去克服,而情绪也会保持健康乐观、积极向上。

(二) 增强适应社会生活的能力

生活本来就是复杂的,有甘甜也有苦涩。学习竞争的压力、人际环境的变化、就业的艰难等都是我们在生活中遇到的问题,如果不面对现实,不能适应这些变化,情绪长期低落,就会影响自己的学习和身体。要想增强适应社会生活的能力,保持稳定的、乐观的情绪,就要正视生活,正视遇到的困难和挫折。要看到自己的优势和长处,要接受经自己主观努力而无法改变的现实,不要过分自责、自暴自弃、自我消沉。遇到了困难并不要紧,要紧的是情绪必须稳定乐观。

(三) 加强性格锻炼

对情绪的控制和调节能力,同人的性格密切相关。有的人性格比较沉稳,遇事能冷静对待,不急不躁;有的人性格比较急躁,遇事头脑发热,缺乏考虑,容易冲动;有的人性格开朗,喜欢交往,遇事容易想得开;有的人性格孤僻,不喜欢交往,整天心事重重;等等。大学生应该培养自己良好的性格,主动改变和纠正不良性格,做到更有效地控制和调节自己的情绪。

(四) 增强幽默感

幽默感是一种特殊的情绪表现,也是调节情绪的一种有效方式。幽默感体现了个人的自信和镇静,幽默可以使尴尬的局面在笑声中缓解,可以使紧张的劳动变得轻松愉快。幽默有助于情绪的调整,有助于身心健康。

四、形成良好的择业心态

大学生在择业过程中,迫切希望有人帮助他们解决择业过程中的种种心理适应问题,维护他们的心理健康,使他们保持应有的心理平衡。特别是在竞争激烈、信息量大、人们就业观念发生较大变化的新形势下,大学生的这一需要更为迫切。面临毕业,大学生必须考虑社会给自己提供了那些职业,有多少选择的机会与可能;同时也应考虑如何认识自己、调整自己,使自己做出最佳选择并尽快适应职业需要。前者属于社会就业环境问题,在很大程度上不以个人意志为转移;后者则是心理问题,属于个人可掌握的部分。认识环境、把握自己、有一个良好的心理调节机制,乃是最积极可行的途径。总之,在求职过程中,大学生应当充分认识心理调节的作用,提高自我调节的自觉性,尽量通过自身努力使自己保持良好的心态,以利于合理择业、顺利就业和健康成长。

五、强化择业的倾向性

大学时代是人生道路上的一个重要阶段,随着生理和心理的逐渐成熟,大学生对职业的种类、社会地位、经济地位等有了一定的认识,个人的兴趣、爱好、能力、情感、价值观等便逐渐反映到职业选择上来。能客观、冷静地分析自己的条件和发展前途,强化自己的择业倾向意识,形成较为实际、明确、具体的择业倾向,对大学生的就业事业的成功至关重要。为此,大学生在择业过程中应努力做到以下几点。

(一) 认识自己,调整期望值

戴尔·卡耐基有一句名言:"你若不能做一条大路,那就做一条小径;你若不能做太阳,那就做一颗星星。不能以大小决定你的输赢,但要做,就要做最好的你。"大学生历来被社会誉为"天之骄子"。身为"天之骄子"的自豪感使他们自视甚高,对未来充满了种种美好的憧憬。然而,在大学生这一群体中,每个个体的实际情况又不尽相同,他们的兴趣、气质、能力等各方面都存在着巨大的差异。大学生不可能个个都成为经理、厂长、局长等。每个人的发展机遇和他们各自先天的许多条件往往有着巨大的联系,一个不具有综合领导和管理能力的人,可能会在平凡的岗位上成为一名出色的劳模,但若将之放在经理的位子上,他可能会导致企业的破产。因而,正确认识自我,选择能发挥自身特长、挖掘自我潜力的职业,才能真正做到人尽其才。

(二) 树立现实的就业观念,确定正确的价值取向

当前,市场经济大潮奔涌不息,其间也不免有许多腐朽的沉渣泛起,如金钱至上观念、享乐主义观念,等等,影响着大学生正确的择业行为。发展社会主义市场经济,从某种程度上说就是为了提高人民的生活水平。但如果大学生仅仅沉浸于低层次的生物、物质生存需要,就会变得目光短浅、心胸狭窄,并且会经常纠缠于利害得失的圈子里,平添种种烦恼。唯有树立正确的人生价值观,追求和发展高层次的社会性、精神性需要,才会超脱种种世俗的烦恼和功利名禄,不断得到精神上的愉悦享受。大学生在择业过程中,除职业的社会地位和社会声望外,还

应看到职业多方面的价值,更何况"一次定终身"的传统就业观早已被打破,只有树立正确的价值取向,才能确定正确的择业标准、择业倾向;只有正确处理好国家、集体、个人三者的关系,才能确定正确的择业观念,才能在择业中实现自我的价值,体现人生的意义。

(三) 纠正盲从的择业心理,增强成功就业的信心

大学生在择业过程中,在形成自我的正确职业倾向时,要树立正确的择业意识,避免不切合自身实际的从众心态。人才市场的竞争使大学生机会均等,使个体可以自由发展,然而这就需要大学生有正确的择业心态。要跳出择业从众心态的怪圈,切忌随波逐流,跟着感觉走。最终选择的职业,应该是适合自我专长、特长的职业,而非热门的、赶时髦的但不适合自我情况的职业。与此同时,对于大学生来讲,要想择业成功,必须坚定自我的择业倾向,增强自信心,相信自身的才能和长处,满怀信心地推销自己、展示自我。如果自感实力不够,竞争不过别人,也不必自卑失落,而要用更为现实的标准审视自我、估价自我,找到自身的定位。成功,固然应该高兴,然而失败也并非全无益处,人生中挫折难免,但挫折能磨炼人的意志。只要我们能正确找出导致失败的原因,对自己做出客观的分析,择业的信心就不会被消磨掉,择业的倾向性才不会偏离。

六、提高择业的科学性

大学生的择业过程,从表面上看,是毕业生考虑如何找到一份比较满意的职业;从深层意义上来看,是毕业生规划自己的人生道路、策划和选择自己一生的事业。因此,择业选择、策划是否科学合理,不仅影响到毕业生能否顺利就业,而且影响到毕业生能否为走好人生道路打下坚实的基础。为了提高大学生择业的科学性,在择业决策过程中应从以下几个步骤着手。

(一) 制定人生理想,确立择业目标

想成为什么样的人,或者说自己的人生目标是什么,这是大学毕业生应该首先考虑的问题。毫无疑问,每个人都想成为一个成功的人,但是成功的标准是什么,每个人都会有不同的答案。有人为了名,有人为了利,还有人为了名利双收。然而,在实际生活中,名与利常常不可兼得。选择不同的职业,就是在选择不同的社会角色和社会地位,也是在选择不同的收入水平。因此,毕业生在进行就业选择时,首先要决定的是"我想成为一个什么样的人?我想从事一份什么样的工作?"。每个毕业生都应该思考自己的目标,而且目标越明确、越具体,越有可操作性,就越能使自己制定出合适的、科学的实施策略和计划,也就越能实现自己的目标和理想。

(二) 分析自身实力,明确心理定位

实力分析基于两方面:一是自己的专业素质和非专业素质是否符合职业本身的要求;二是自己在就业竞争中处于优势地位还是劣势地位。大学毕业生都有一定的专业知识。因此,若从事与所学专业一致的工作,相对于其他专业的毕业生,专业知识就是自己的优势。但是,在本专业范围内,由于学业成绩的不同及运用知识能力的高低,相同专业乃至相近专业的毕业生

也有实力高低之分。对于那些对专业知识没有太高要求的职业来说,非专业素质的高低决定了毕业生竞争实力的高低。总之,要针对目标,对自己进行全面分析,要做到心中有数,只有这样,才能使自己的择业决策更有针对性,更显科学合理性。

(三) 寻找能够实现自己目标的单位

寻找能够实现自己目标的单位是提高就业决策科学性的关键环节。因为就业的最终实现体现在你找到了一个愿意接收你并且你也愿意去的工作单位。但是,对于很多毕业生来说,目标也许是抽象而模糊的,而选择对象往往是具体的,毕业生所注重的任何一个方面也许都有许多单位同时能够满足。例如,一个倾向于高薪的毕业生,可能发现许多单位提供的薪水都比较高,但这些单位的工作性质等内在方面却大相径庭,即使同行业、同规模的单位也可能由于企业文化、经营管理方式等方面有所不同,给毕业生的发展前景带来完全不同的结果。要从众多的单位中寻找到自己的目标单位,首先要尽可能获得足够的信息。没有足够的信息,一切的分析判断都无从进行。

(四) 在选择中修正目标,提高实施针对性、合理性和可行性

绝大多数毕业生都是第一次真正面对社会,因此,当直接与社会打交道时,往往可能发现自己处在尴尬的境地:自己设计的人生目标并不现实;学校里所学的知识一点儿也派不上用场;面对陌生的人和事显得无所适从;等等。这就需要毕业生不断地调整自己的目标,也需要毕业生改变实施策略,在与社会的接触中使自己迅速成熟起来,使自己的就业技巧尽快娴熟起来,能够从容面对社会的挑选,也能冷静地选择合适的单位。只有这样,才能使自己更好地提高择业决策的针对性、合理性和可行性。

七、拟定择业思路

择业是大学生在人生十字路口的一次重大抉择,谁都渴望有一个令人羡慕的职业,但是选取自己满意的职业却不是每个大学生都能够轻轻松松做到的。求职的每一个过程都需要做出正确的选择和判断,以及充分的心理准备。

(一) 专业对口的择业思路

大学生的职业选择必须从客观现实出发,一定要将个人的职业愿望、自身素质与兴趣、能力结合起来,加以充分考虑,估计一下自己能否满足某项职业的要求,认真评价个人职业意愿的可能性。如果对照后你非常符合条件,那么就可以选择专业对口的职业。学以致用,会使你很快地融入工作中去,迅速将你的能力和才华发挥出来,得到领导和同事的好评。

(二) 专业错位的择业思路

每个行业对需求的人才都有着不同的要求,每个行业都有着不同的发展周期。如果某些行业不适合你或你不感兴趣,或者这个行业已没有发展前途、人满为患,那么专业错位择业是不错的选择。

有些大学生过分强调专业对口,在就业过程中死盯着专业不放,从而丧失了就业机会。实

际上,具有发展潜质的大学生都是树立"先就业,后择业"的观念。学非所用在用人制度发生巨大变化的今天已不是什么新鲜事,博士、硕士改行投身其他行业并取得一定成绩的不乏其人。所谓的学历、专业只能说明你经受了一定层次的教育,而并不意味着你必须选择这种职业。即使你在专业不对口的岗位上并没有获得成功,但你积累了宝贵的工作和人生经验,为你重新选择职业提供了大量有益的财富。因为,你的职业生涯中所包含的决不仅仅是专业,还包括人际关系、处理问题的能力、协调能力、创造精神,等等。况且,随着人事制度改革的深入,你也许有第二次、第三次择业的机会,有了第一次的经验,以后的道路应该会畅通得多。

第五节　测试与训练

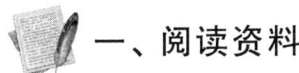

一、阅读资料

松下——不言放弃

日本松下电器公司总裁松下幸之助,年轻时家庭生活贫困,常为找工作奔波。有一次,瘦弱矮小的松下到一家电器工厂去谋职,负责人看到松下衣着肮脏,觉得很不理想,但又不想直说,于是找了一个理由说:"我们现在暂不缺人,你一个月以后再来看看吧。"这本来是个托词,但没想到一个月后松下真的来了,那位负责人又推脱说此刻有事,过几天再说。隔了几天松下又来了,如此反复多次,这位负责人干脆说出了真正的理由:"你这样脏兮兮的是进不了我们的工厂的。"于是,松下回去借了一些钱,买了一套整齐的衣服穿上又返回来。这人一看实在没有办法,便告诉松下:"关于电器方面的知识你知道的太少了,我们不能接受你。"两个月后,松下再次来到这家企业,说:"我已经学了不少有关电器方面的知识,你看我哪方面还有差距,我一项项来弥补。"

这位人事主管盯着他看了半天才说:"我干这一行几十年了,头一次遇到像你这样来找工作的,我真佩服你的耐心和韧性。"松下的毅力打动了那位主管,主管终于答应他进那家工厂上班。后来,松下以顽强的努力逐渐发展成为一个非凡的人物。

在成功者的眼里,失败不过是暂时的挫折,它说明你还存在某种不足和欠缺,找到它,补上这个缺口,你就增长了一些经验、能力和智慧,也就会离成功越来越近。失败者之所以失败,最重要的原因就在于他缺乏一种韧性和勇气,刚遇到一点挫折,就打起了退堂鼓。在人生的道路上,真正的敌人不是失败而是自己。世界上真正的失败只有一种,那就是轻易放弃。

二、心理测试

职业价值观测试

【测试说明】下面的职业价值观测试有36道题,每题都有A、B两种类型的态度和处理方法,经过考虑后,在符合你个人情况的选项下面打"√",如果A或B均不符,则在A、B下面都打"×"。

1. A. 即使有些损失，以后可再挣回来　　B. 无利可图则不干
2. A. 国家的富强是经济力量在发挥作用　B. 国家的富强是军事力量在发挥作用
3. A. 想当政治家　　　　　　　　　　　B. 想当法官
4. A. 通过服装、居住条件可知其人　　　B. 不想通过表面现象去判断一个人
5. A. 为了更重要的工作而养精蓄锐　　　B. 必要时愿意随时献血
6. A. 想领个孤儿抚养　　　　　　　　　B. 不愿让他人留在家里
7. A. 如果买车，就买全家能乘的大型汽车 B. 买车就买最流行的汽车
8. A. 非常注意自己和他人的服装　　　　B. 对自己和别人的事情都不放在心上
9. A. 先确保有房子才考虑结婚　　　　　B. 不考虑以后的事
10. A. 被认为是个考虑周到的人　　　　　B. 被认为是有判断力的人
11. A. 生活方式同他人不一样也行　　　　B. 其他人家里有的东西我也想凑齐
12. A. 为能被授予勋章而奋斗　　　　　　B. 暗中支持得不到帮助的人
13. A. 自己的想法比别人的正确　　　　　B. 应当尊重别人的价值观
14. A. 婚礼最好能上电视，而且有人赞助　B. 结婚仪式要比别人办的气派
15. A. 被认为是手腕高，能推断将来的人　B. 被认为是处事果断的人
16. A. 即使是小店也愿意干　　　　　　　B. 不想做被人瞧不起的工作
17. A. 非常关心法定利率、佣金　　　　　B. 关心自己的能力和适应性
18. A. 人生不取胜就没意思　　　　　　　B. 人生就是互助
19. A. 社会地位比收入更有吸引力　　　　B. 与社会地位相比安全更重要
20. A. 不重视社会惯例　　　　　　　　　B. 经常被邀请去当婚礼主持人
21. A. 愿同独身生活的老人交谈　　　　　B. 为别人干点什么都嫌麻烦
22. A. 每天过充实的生活　　　　　　　　B. 收入够生活就不想干了
23. A. 有空闲时间就想学习文化知识　　　B. 考虑让别人喜欢自己的方法
24. A. 想一鸣惊人　　　　　　　　　　　B. 平凡地生活也就可以了
25. A. 用金钱能买到别人的好感　　　　　B. 人生中不可缺少的是爱而不是金钱
26. A. 一想到将来就感到兴奋　　　　　　B. 对将来能否成功置之度外
27. A. 伺机重新大干一番　　　　　　　　B. 关心发展中国家人们的生活
28. A. 尽可能地利用亲属　　　　　　　　B. 同亲戚友好地互相帮助
29. A. 如果来世变成动物的话，愿变成狮子 B. 如果来世变成动物的话，愿变成熊猫
30. A. 严守作息时间，生活有规律　　　　B. 不想忙忙碌碌，想轻松地生活
31. A. 有空就读成功者的自传　　　　　　B. 有空就看电视或睡觉
32. A. 干不赚钱的事是乏味的　　　　　　B. 时常请客或送礼给别人
33. A. 擅长干决得出胜负的事情　　　　　B. 擅长布置房间或修理东西
34. A. 对自己的行动充满自信　　　　　　B. 注意与他人合作
35. A. 不愿借给别人东西　　　　　　　　B. 经常忘记借来或借走的东西
36. A. 运气决定人生，这是荒谬的　　　　B. 受命运的支配很有意思

【计分方法】打"√"的记 2 分；打"×"的记 1 分。然后按下表纵向统计你的得分。

	一	二	三	四	五	六	七	八	九		一	二	三	四	五	六	七	八	九
1	A	B								19				A			B		
2		A	B							20					A			B	
3			A	B						21						A			B
4				A	B					22					A			B	
5					A	B				23					A		B		
6						A	B			24			A		B				
7							A	B		25			A						
8								A	B	26	A			B					
9							A	B		27	A							B	
10				A		B				28			A					B	
11				A		B				29				A					B
12			A		B					30				A					
13			A		B					31				A					
14		A		B						32			A						
15	A		B							33	A						B		
16	A		B							34	A							B	
17		A			B					35			A						B
18			A		B					36	A								B

注：一到九表示 9 种职业价值观类型

【测试结果】纵向合计，计算一到九每列的得分，得分超过 12 分的那列对应的职业价值观类型就是你的职业价值观；如果得分比较松散，9 列的得分均不超过 12 分，就说明你的职业价值观不鲜明，具有多种职业价值观的特点。

一到九依次表示的职业价值观类型如下。

（1）独立经营型。独立经营型也称非工资生活者型，具有这种职业价值观的人不愿受别人指使与干涉，只靠自己的力量，任意施展自己的才能，自己独立完成自己的工作。

（2）经济型。经济型又称金钱型，具有这种职业价值观的人确信世界上的一切幸福都能用金钱买到，把赚钱作为人生的目标。

（3）支配型。支配型也称独断专行型，具有这种职业价值观的人认为能支配别人的职业是高尚的，把权力、社会地位作为人生追求的目标。这种人无视别人的意见，以坚持己见为乐。

（4）自尊型。具有这种职业价值观的人渴望得到别人的尊重，追求虚荣，渴望得到社会地位和荣誉。

（5）自我实现型。具有这种职业价值观的人不追求绝大部分人认为的幸福，不关注一般惯例，一心一意追求个性、探索真理，对收入、地位乃至他人全然不顾，喜欢向自己的能力及可能性的极限挑战，并把它看成是生存的最大意义。

（6）志愿型。具有这种职业价值观的人富有同情心，把他人的痛苦视为自己的痛苦，乐于帮助别人，为大众服务。

（7）家庭型。具有这种职业价值观的人常以家庭为中心，喜欢平凡、安定的生活，注重与家人团聚，生活态度保守而稳重，不愿冒险。

（8）才能型。具有这种职业价值观的人单纯，爱戴高帽子，把受别人欢迎、赞扬视为乐趣，常以能说会道博得众人好感。

（9）自由型。具有这种职业价值观的人办事既无目的又无计划，而是适时采取相应的行动。这种人不愿负责任，不给别人添麻烦，也不想受任何约束，愿意随心所欲地生活。

 ## 三、心理训练

（一）设计职业生涯规划

对于大学生来说，就业前就应该预先设计好自己的理想与规划，否则就会缺少准备，缺少目标和方向。职业生涯规划就像手中的棋盘，作为下棋的人，不能在举棋不定时才想起观察与预判的重要性，要下好一盘棋，就应该对每一步都进行设计，这样才能最终实现自己的目标。

请你将理想的职业生涯制成一份表格，其中每一项都至少包含两方面内容：其一是对各项词条的畅想描述；其二是如此畅想描述的理由。每项字数最好控制在200字以内。

理想的职业生涯要素	畅想描述	理由
职业种类、性质		
职务、职位		
日常工作状况、方式、内容		
工作地点、环境		
工资待遇、社会地位		
工作伙伴		
职业发展前景		
职业的社会价值		
所需技能、专业		

（二）大学发展目标探索

1. 活动目的

通过活动，让学生发掘大学应该完成的发展目标，从而激发学生的行动力。

2. 活动步骤

你是否发现了未来的职业发展和大学需要提高的能力之间的关系？请把你的想法和理由尽可能多地写出来。

关系：＿＿＿＿＿＿＿＿＿＿＿＿＿＿＿＿＿＿＿＿＿＿＿＿＿＿＿＿＿＿＿＿＿＿＿＿＿

理由：＿＿＿＿＿＿＿＿＿＿＿＿＿＿＿＿＿＿＿＿＿＿＿＿＿＿＿＿＿＿＿＿＿＿＿＿＿

（1）在大学，我要努力完成的发展目标是＿＿＿＿＿＿＿＿＿＿＿＿＿＿＿＿＿＿＿

（2）原因是＿＿＿＿＿＿＿＿＿＿＿＿＿＿＿＿＿＿＿＿＿＿＿＿＿＿＿＿＿＿＿＿＿

（3）我觉得完成该目标的困难是＿＿＿＿＿＿＿＿＿＿＿＿＿＿＿＿＿＿＿＿＿＿＿

(4) 调节的方法是_____

可以尽可能多地写出大学期间要努力完成的多项发展目标。之后,分组讨论目标的异同及理由的异同。

(三) 我的未来不是梦

1. 活动目的

通过活动,帮助学生设立自己的人生目标。让学生意识到设立人生目标的重要性;让学生对自己未来的生活有初步的规划和目标;改变学生现有的某些行为和习惯,为实现目标打好基础。

2. 活动材料

白纸,笔。

3. 活动过程

组织者准备一些有关于目标的故事,最好是可以比较的,如一个人没有目标时很迷茫,有了目标后充满动力。让同学们根据故事判定自己是否是有目标的人。

(1) 描绘自己目前的情况。将一张白纸画出平行且相等的四块地方,在最左端写出自己现在的学习情况、家庭情况、兴趣爱好、人际关系等。

(2) 对未来生活进行憧憬。憧憬自己的未来,如未来职业、家庭情况、社会生活、学习情况、人际关系等,并做一个详细的规划,写在另一张白纸的中间。

(3) 画出自己的未来之路。在原来写有自己目前情况的纸上的第二块地方写出针对自己所做的详细规划所做出的十年后在各个方面的设想;在第三块地方写下对自己在二十年之后的各个方面的设想情况;在第四块地方写出自己三十年后的生涯规划。最后,将四块地方用线条连接起来,形成自己的未来之路。

4. 活动评价

该活动形象生动地体现出学生的未来之路该如何走,让同学们制定了有关未来的目标规划,知道了目标的重要性。有了方向,路才会越走越远。

思考题

1. 通过对本章的学习,你感到有哪些心理因素影响你对职业的选择?
2. 你希望在即将毕业时,社会、学校、老师能给你提供什么样的帮助?
3. 如何调整心态,确立正确的择业心理?

第十二章　大学生网络心理

心灵导读

　　网络作为一种新型的信息传播和人际交往的工具,对大学生的学习、生活和心理健康产生了巨大的影响。被形象地喻为"双刃剑"的网络,在给大学生网民带来积极作用的同时,也不可避免地产生了一些负面效应。如何发挥网络的积极心理效应,控制和减少其消极作用,已成为大学生应该认真思考的问题。

　　通过对本章的学习,了解网络的特征及网络对大学生的影响;理解大学生网络心理特点和网络心理障碍的表现;掌握大学生网络心理障碍的调节方法;使大学生能通过积极有效的途径和方法克服网络心理障碍及对网络成瘾综合征进行矫治。

第一节 网络概述

 案例导入

案例

开学不久后,大一新生小于就让父母给他买了一台笔记本电脑。从此,他的生活就离不开网络了,上网浏览信息,购物,和同学、朋友交流,就连吃饭也懒得出去吃,而是直接在网上订外卖。以前遇到不懂的问题他会去查查书,自己动脑思考一下,现在直接上网找答案。本来他买电脑的初衷是为了学习,结果现在只要一打开电脑,他就会被与学习无关的事情干扰,如看看新闻网页,听听歌,看看电影。然而,上网的时间过得特别快,一晃一两个小时就过去了,该查的资料还没查,该做的作业还没做。时间一长,小于在学习上有了很严重的拖延症,对学习越来越不感兴趣。对于小于来说如果没有网,那简直是最痛苦的事。他特地花钱买了手机流量套餐,这样他就可以随时随地在网上冲浪了。由于经常熬夜上网,他的睡眠和休息已经受到了影响,视力也开始下降,思维也比以前迟缓,上课也总是注意力不集中,控制不住地就想掏出手机上会儿网。如今小于好几门课程都跟不上,他特别痛苦,他不喜欢沉迷网络的自己,他试着拔掉网线,可是最后还是控制不住自己又开始上网,他担心这样下去自己会越来越颓废。

案例评析

现在的大学生越来越离不开网络,如查阅学习方面的信息资料,寻找网络资源,交友,购物,网络交费,等等。很多大学生尤其是大一新生,对大学生活适应不良,再加上没有家长、老师对自己上网行为的监督,缺乏自制力,像案例中的小于一样患上不同程度的"上网成瘾综合征"。一旦形成网络依赖,对身体和心理都有很大的伤害,如出现视力下降、思维迟缓、情绪低落、颈椎不适等问题,而且容易出现焦虑、缺乏耐性等心理问题,极大影响了正常的学习与生活。因此,如何发挥网络的积极心理效应,控制和减少其消极作用,已成为大学生应该认真思考的问题。大学生应该首先认识到,网络并非生活的全部,更何况网络是一种"如影如电"的虚幻空间,网络之外还有更广阔的天地,有很多有意义的事情值得我们去做。在课堂上与同学互相问难、在图书馆阅读古今名著、在课后参加文体活动、节假日出外参观旅游……这些都能让我们体悟到大千世界的丰富多彩及生命的莫大乐趣。同时,大学生还应该努力培养自己的自制力,对自己的行为负责。在充分发挥网络的积极作用的同时,不要沉溺其中,被网络牵着鼻子走。古人云"君子役物,小人役于物",要让网络为我所用,而不是让自己成为网络的俘虏。

近年来,网络越来越多地走进大学生的实验室、课堂和宿舍。形形色色的人物、众说纷纭的观点、无穷无尽的数据等,无一不对大学生产生不可抗拒的吸引和诱惑。作为"网络新生代"的大学生的网络心理,已成为心理学研究的一个崭新视阈。

一、网络的含义

网络不仅仅是一个计算机网络,还是一个庞大的、实用的、可共享的公共信息源,也是一个面向芸芸众生的社会。所谓网络(Internet),即国际信息互联网络,特指集通信网络、计算机、数据库及日用电子产品于一体的电子信息交换系统,是计算机之间进行国际信息交流和实现资源共享的最佳手段。它能使每个人随时将文本、声音、图像、电视信息传递给设有终端设备的任何地方、任何个人。我国有人将 Internet 直接音译为"因特网",常说的网络也大多是指互联网。

随着信息传输技术的发展和我国信息网络建设力度的加大,互联网很快成为与电视、广播、报刊齐名的第四大媒体,并以高速度、大容量、交互性强等特点著称。随着互联网的日益普及,现代人越来越清晰地意识到"网络社会"已经到来。

互联网已经成为许多大学生学习和生活的重要组成部分,对其认知、情感和心理发展产生了重大影响。与其他媒体相比,互联网雅俗共赏、内容丰富、信息量大、影响面广、新知识多、传递速度快、观点开放、气氛轻松自如,网络信息交流和网络服务具有双向性和多向性,人可成为信息接收者和发送者,这使天性好奇、好学、爱好刺激的青年尤其是大学生对其情有独钟。

大学生始终是新生事物的促进派,站在时代的前列,代表着事物的发展方向。在网络大潮汹涌而来的网络时代,大学生始终扮演着网络建设的重要参与者与重要推动力量的角色,也正越来越多地享受着互联网带来的舒适和便利。2013大学生网络文化调查报告显示,超过七成(86.8%)的大学生每天上网时间在4个小时以上。超过九成(94.5%)的大学生使用手机上网。这些事实都表明,青年大学生始终是互联网的忠实追随者,上网已成为大学生生活的重要组成部分。

大学生具有创造性强、接受新鲜事物快等特点,但由于涉世不深、追求刺激、喜欢娱乐,自我控制力较弱,这些特点不仅使他们成为互联网的极大受益者,也容易使他们沉迷于网络,在心理健康方面受到很大的负面影响。在近几年高校对学生的处分中,有8.6%的大学生是因为网络成瘾导致学业荒废而被退学。可以说,互联网对大学生来说是一把双刃剑。

二、网络的功能

(一)查询、浏览全球信息

通过搜索引擎用户可以在万维网(WWW)上寻找合适的网站,也可以通过点击一些网站上的"友情链接"轻松地找到相关信息。万维网所蕴藏的巨大信息分布在世界各地的主机上,用户可以借助信息查询工具在指定网站上找到自己想要的,诸如文本、图形、音频、视频、动画、软件等不同形式的信息,或对上述信息进行下载。网民上网的最主要目的是休闲娱乐和获取信息,两者的比例值分别为37.9%和37.8%,学习排在第三位。上网目的继续多样化发展。

(二)获得新闻

通过浏览器访问网上的各种新闻站点、新闻组和BBS,可以快速获得世界各地的最新新闻,包括各种公告和时事文章,跟上社会发展的节拍。同时,这些新闻信息也可以供大家使用、讨论和发表评论。需要注意的是,由于对网站发布的信息难以有效监管,因此网上的"新闻"不一定都货真价实,不同网站上的新闻可信度是不同的。

(三) 网上学习

网上学习是一种很好的学习方法。一方面它使学习更加轻松便捷,如学生通过远程教学,可以享用最好的学校、教师和课程;通过电子图书馆,可以读到世界上任何一家电子图书馆的藏书。另一方面,网上的知识内容丰富多彩,可以使学习更有趣生动。一些网上的交流方式,如电子邮件和网上论坛,尤其是有关教育、学习、计算机和网络等的论坛,为我们提供了很好的学习讨论场所,还给我们提供了交流经验的机会。

(四) 收发电子邮件

电子邮件是借助计算机网络的连接传递信息的通信方式,可以传递文本、图像、声音和程序等各种各样的文件。使用者可通过 Internet 迅速地将电子邮件发送至指定的电子信箱,收件人可随时收阅。一封电子邮件从中国到达美国只需数秒钟至数分钟,与人工邮件比起来,既迅速又准确,而费用几乎为零。

(五) 在网上与人交往

网络使人与人之间的交流更加便捷,各种聊天工具可以使人们实时在线交流。

(六) 发布信息

用户可以建立个人或组织的网站或主页,发布所想要发布的各种信息,介绍自己或组织的观点及研究成果等。

(七) 网络游戏

网络给我们玩游戏提供了一个很好的环境,无须去电子娱乐厅就能玩自己想玩的电子游戏。另外,我们还可以利用互联网在线听音乐、看电视,等等。

(八) 其他远程服务

如家中办公,不去办公室就能在家中的计算机上进行网上办公;如网络会议,参会人员无须聚在一起,只要身边有计算机和网络,就随时可以一起商讨事情,大大提高工作效率;又如电子商务,通过互联网发布商品信息便可进行电子贸易。如今越来越多的人采取电子购物的形式,不去商店在家中就能进行购物。

三、网络的特征

(一) 开放性

互联网的本质是通过计算机之间的互联互通实现信息共享。而且,计算机之间互联互通的程度越充分,共享信息越多,开放性越高,互联网所起的作用就越大。互联网的这种开放性主要体现在以下几个方面。

1. 对用户开放

互联网是一个对用户充分开放的系统。在这里,不分国家、种族、贫富、性别、职位高低、年龄大小，只要你具备上网的硬件条件，就可以上网，去体会网上冲浪的乐趣。

2. 对服务者开放

从系统论的角度来说，互联网是一个无限的信息巨系统。互联网上的信息来自不同的提供者，没有哪一个国家或组织能够独揽互联网的信息服务。互联网正是通过对服务者开放，为用户提供一个开放的接入环境，从而使互联网上的每一个节点都可以自愿地、轻而易举地为互联网提供信息服务。互联网的开放性，是互联网强大的生命力和活力之源。

3. 对未来的改进开放

互联网对未来的改进开放这一特点，使得互联网上的子网在遵循 TCP/IP 接入协议的前提下，可以有不同的风格和体系，可以根据不同的需要随时对任何一个子网进行更改而不影响整个互联网的运行。在《互联网简史》中，互联网的缔造者们明确强调，"互联网的关键概念在于，它不是为某一种需求设计的，而是一种可以接受任何新的需求的总的基础结构"。

（二）实时性

实时性是指互联网在第一时间发布新闻、报道，而用户则可以随时方便、快捷地获得所需要的信息。因此，作为"第四媒体"的互联网，其实时性胜过传统媒体，用户可以随时上网发表见解、抒发感想及发表文章等。由于互联网运作模式的特殊性，人们能在第一时间获得所需要的信息，传统媒体几乎无法与它相比。

（三）全球性

网络拓展了人类的认识和实践空间，原本可能终生难以相见的人们瞬间成了近在咫尺的网友。庞大的地球在不知不觉中变成了"地球村""电子社区"，人人都可以进入这个"地球村"，成为这个"电子社区"的一员；人人都可以在网络上使用最新的软件和资料库，不同的观念和行为的冲突、碰撞、融合就变得直接和现实；网络还把不同的宗教信仰、价值观、风俗习惯、生活方式等呈现在人们面前，经过频繁洗礼和自主选择，不同国家、不同民族、不同生活方式的人们通过与对方交往、互相学习，达成共识和理解。总之，当互联网以其传播方式的超地域性将地球连接成"地球村"时，每个网民都成为"地球村"的平等公民，互联网无论在广度上还是在深度上都在我们无法想象的空间中蔓延、伸展着，它突破了种族、国家、地区等各种各样的有形或无形的"疆界"，真正体现了全球范围内的人类交往，体现了人与人之间的"无限互联"及"无限关涉"。

（四）虚拟性

网络世界是人类通过数字化方式，链接各计算机节点，综合计算机三维技术、模拟技术、传感技术、人机界面技术等一系列技术生成的一个逼真的三维的感觉世界。进入网络世界的人，其基本的生存环境是一种不同于现实物理空间的电子网络空间或赛伯空间。一方面，网际关系的虚拟性是与实体性相对的。交往主体隔着"面纱"，以某种虚拟的形象和身份沟通、交流，交往活动也不再像一般社会行动那样依附于特定的物理实体和时空位置。另一方面，网际关系的虚拟性并非与虚假性等同，尽管由于人的恶意操作它可能会堕落变质为虚假。在人工构造的虚拟情境中，网络赋予人一种在现实中非实在的体验，从功能效应上说这是真实的，所发生的虚假关乎于交往者的德行，而与网络的上述功能无关。

（五）身份的不确定性

在现实世界中，人们的社会关系，如亲戚、朋友、同事、邻里、师生等，在很大程度上是一种"熟人型"的，其交往活动依附于特定的物理实体和时空位置，并受较为稳定的社会价值观念文化的支撑和规约。而在网络世界里，尽管计算机专家可以将一切信息还原为数字"0"或"1"，换言之，信息在其构成上是确定的，但是信息的庞杂性、虚拟性和超时空特征使得其作为行为目的、意义和情感的传播载体并不是清晰可辨的。同时，网络世界是一个开放多元的世界，它跨越了时空的界限，但却无法聚合历史文化的差异。这些都使得发生在人与人之间的网络交往易变、混沌，网络世界中的人际关系也因此充满了不确定性。不仅如此，在"网络社会"这个崭新的信息世界里，主体的行为往往是在"虚拟实在"的情形上进行的，在网络技术的帮助下，每个人都可以成为"隐形怪杰"，其身份、行为方式、行为目标等都能够得到充分隐匿或篡改：一个白发老翁可以将自己伪装成红颜少女，强盗亦可自称警察而难被发觉，甚至就像网络经典名言所说的那样，"在互联网上没人知道你是一条狗！"

（六）非中心化

互联网以令人惊异的发展速度，把社会各部门、各行业乃至各国、各地区联成一个整体，形成了一个相对自由的"网络时空"。互联网是由世界上许多国家的局域网所构成的，在科学家设计互联网的前身 ARPANET 时，军方就要求这个网络没有中心，让信息在网络中能够自由地传播，因此它采用离散结构，不设置拥有最高权力的中央控制设备或机构，这样互联网就成了一个没有中心的网络世界。此外，从地理角度讲，互联网覆盖在整个地球表面上，既没有明确的国界和地区界限，也没有开始和结束。一旦进入这个由光纤电缆和调制解调器构成的世界，你就变成了电子化的飞速运动的"符号"，作为小小的个体陷在无边无际的"网"中，无论怎样"挣扎"都将是无能为力的。

网际交往突破了现实社会行为所具有的以自我为中心的互动特征。当你随着网络进入他人的行动空间，或进行在线交谈、网络讨论，或进行超文本的创作和阅读时，他人也同时进入了你的行动空间。没有了专家、平民之分，没有了作者、读者之别，每一个网络参与者都处于一种交互主体的主体际界面环境之中。互联网技术消灭了"客体"这个字眼，消灭了权威式中心化的主体意志，而代之以平等自由的主体间交往，所形成的网际关系是非中心化的。

（七）平等性

互联网作为一个自发的信息网络，它没有所有者，不从属于任何人、任何机构，甚至任何国家。因而也就没有任何人、任何机构、任何国家可以左右它、操纵它、控制它。在这里，没有政府机构的监督和管理，所有的用户都是自己的领导和主人，因为所有人都拥有网络的一部分；在这里，谁都没有绝对发言权，但同时谁又都有发言权。这样，网民可以充分感受到自由性与主体之间的平等性。

（八）个性化

互联网是世界上最大的计算机网络的集合，它将世界上数以万计的计算机、网络互联在一起，既互通信息、共享资源，又相互独立、各自分散管理，没有人比其他人享有更多的特权，权力、阶级、阶层，甚至地理位置、国家、民族在网络中都失去了意义，每个网民都有可能成为中心,人与人之间趋于平等,不再受等级制度的控制,个体的个性意识逐渐增强。网络呈现出的分散性、自主性和隐蔽性等特点正是网民生活的个性化的表现,这种表现包括上网时间和地点的很大的随意性和不确定性,上网目的、浏览内容的多样性及上网身份的不实性。在网上,每个网民的目的不同,需求各异。可以说,网络为人的个性发展提供了广阔的空间,使个体的创造性能够获得极大的张扬。

第二节 大学生网络心理的特点

案例导入

案 例

某大一男生宫某,在现实生活中性格内向、孤僻,没有朋友,经常独来独往,不和同学说话,即使在路上遇到同学也不打招呼。可是在网络上宫某却是另外一个样子,他能和班上同学随意聊天或者开玩笑,和女生也能侃侃而谈。最近宫某还在网上追求班上的一个女生,可是在现实生活中,他却看都不敢看那个女生,更别提和那个女生表明自己的心意了。面对身边的同学,他也很难用语言来表达自己的意思和感情。甚至有时候面对面吃饭,他都会拿出手机用聊天软件聊天,因为他觉得这样才能完整地表达他要传递的信息。宫某常常觉得自卑,总认为自己一事无成,可是他在网上却是另一个样子,他在网络中体验到了与现实生活完全不同的境界,性格也不那么内向,智力也没有想象的那么低。他感到很困惑,到底现实中的他和网络中的他哪一个更真实呢?他应该怎么样面对两个不同的自我?

案 例 评 析

如今,网络对大学生行为与心理的影响越来越深,网络社交在当今这个科技高度发展的社会越来越普遍,QQ、微信等即时通讯工具成为大学生相互联络的工具。案例中的宫某已经发展到沉迷于虚拟社交,与现实生活脱节的状态。这主要是因为宫某性格比较孤僻、自卑,在现实中的人际交往方面存在一定的障碍,缺少朋友和交流,于是他开始依赖网络社交。因为在网上交际的主体都是平等的,可以把对方想象得更加完美,同时也不易发现对方的缺点及暴露自己的缺点。很多大学生像宫某一样用大量的时间和精力沉迷于网上的虚拟交往,而导致现实交往能力下降,渐渐地疏远了同学、老师、朋友和亲人,社交面变窄,人际关系疏淡,个人因此产生焦虑、孤僻、压抑、冷淡等心理障碍。

大学生应该在享受网络带来的快捷便利的同时,不忽略正常的社会交往,要留出充足的时间进行线下正常的社交活动。同时,要培养良好的兴趣爱好,更多地参与现实生活中的社交,积极乐观地融入社会。现实社交活动有利于调整我们的日常情绪,良好的兴趣爱好能给我们带来更多的美好与惊喜。外出旅游能使我们开阔眼界,增加社会知识,保持好的心态;户外运动能放松身心;与家人一起谈天说地能融洽彼此关系;拜访亲朋好友,能使我们有更多的情感寄托,获得更多的安全感和成就感。

对先进知识和技术有着敏锐直觉的大学生,是最具有网络意识的群体。面对互联网构建的虚拟世界,当代大学生表现出了极高的认同度和参与热情。网络已经深入到了大学生的学习、生活及情感等各个领域,成为大学生学习知识、交流思想、休闲娱乐的重要平台。同时,大学生形形色色的网络行为所透露出的种种心理现象也引起了人们的关注。

一、网络对大学生行为与心理发展的影响

网络作为一个集通信网络、计算机、数据库及日用电子产品于一体的电子信息交换系统,能将网、文、声等多媒体信息传送到设有终端设备的地点和个人,并且时时刻刻影响着上网者。网络不仅渗透到了大学生活的方方面面,而且以其特有的方式影响着大学生的行为与心理。

(一) 网络对大学生行为的影响

1. 网络拓宽了大学生获取信息的渠道

网络具有信息量大、传播速度快和影响范围广的特点,作为一种新的信息传播方式,广为大学生青睐。在这样一个信息时代,网络已经取代其他的传统方式,成为大学生获取信息的最主要的渠道。这种全新的信息传输方式给大学生带来的影响也是多方面的。

(1) 网络提高了大学生的信息占有量和信息更新速度。网络既是世界上最大的广告系统、信息和新闻媒体,又可以称为全球最大的图书馆、博物馆和展览馆。在这个信息的海洋中,各种信息无奇不有,丰富而新鲜,并具有运行的快捷性、同步性和使用简便性的特点。它以更快的速度传送和处理数量日益增加的数据、信息和知识。正如威尔·希弗利在《难以置信的光收缩》一书中写道:"今天一根头发丝般细的光纤能在不到 1 秒的时间里将《大不列颠百科全书》29 卷的全部内容从波士顿传到巴尔的摩。"大学生只需轻轻一点,就能方便快捷地在浩瀚的信息海洋中找到自己所需的信息,这大大缩短了他们在搜寻信息上耗费的时间,从而在很大程度上提高了大学生的行为效率。

(2) 网络干扰了大学生对信息的准确判断和选择。网络既是信息的宝库,又是信息的垃圾场。在铺天盖地而又瞬息万变的网络信息中,存在着大量的虚假信息和不良信息。前者成为大学生汲取信息的"陷阱",不仅浪费大学生宝贵的时间,而且干扰他们及时找到有用的准确信息;后者则是信息中的"垃圾",很容易对大学生造成精神上的污染和行为上的误导。

2. 网络改变了大学生的学习方式

传统的学习方式是以老师为主导,以大学生为主体,以课程为载体,以课堂讲授为主要方式,实现知识的传输和能力的培养。这种封闭式、单一性的学习方式必然导致大学生学习兴趣减退、学习效率降低。网络以全新的方式渗透到大学生学习的各个环节,在很大程度上导致了大学生的"学习革命"。

(1) 网络提高了大学生学习的主动性。网络为大学生提供了获取知识的新渠道。与传统的从书籍、报刊、课堂获取知识的方式相比,从网络获取知识的方式具有明显的快捷性、方便性和灵活性的特点。网络资源的共享性使得大学生不必担心课堂笔记是否完整,也不会为了图书馆里的一本书而等上数月。由于对网络方式的高度认同,因此在网络这样一个汲取知识的新天地中,大学生不再只是被动地接受知识和信息,而是更主动地学习新知识,选择信息、接受信息。网络对大学学习的介入帮助大学生打破了局限于课堂、埋头于书本的僵局,不仅使大学生扩大了知识面,而且提高了大学生学习的积极主动性。

(2) 网络增强了大学生学习过程的互动性。在大学生的学习过程中,课堂学习和课后自学占了大部分时间,整个学习过程具有封闭式和单向性的特点,老师与学生、学生与学生之间的交流和互动容易被忽视。尽管现代教育改革一再强调要加强教育环节的互动性,但真正行之有效的方式并不多。网络为大学生开展互动交流式的学习开辟了足够的空间和便捷的方式。大学生可以通过网络课堂、BBS、电子邮件及网上视频等多种方式和老师、同学展开广泛的交流。

(3) 网络也导致了大学生一些不良学习行为的出现。网络的隐蔽性、自由性和快捷性,也滋长了大学生的一些不良学习行为。例如,一些大学生在网上下载、购买相关资料作为作业交给老师,甚至硕士、博士毕业论文也如此"得来全不费功夫";有些大学生在网上帮别人做作业、写论文赚钱;更有甚者,连考试也在网上找"枪手"代考。这些不良行为的滋生与蔓延不仅扭曲了大学生的学习态度,也败坏了高校的学风和学术伦理。

3. 网络影响大学生的人际交往

"交往是人类的必然伴侣",无论是在刀耕火种的远古时代,还是在科技发达的现代社会,人类都无法避免与他人交往。从农业社会到工业社会,人类延续着千百年来的传统交往方式,即通过直接或间接的方式实现彼此的物质、精神、信息等的交流。进入信息时代以来,网络的出现在很大程度上改变了人类亘古不变的交往方式。对于处在交往探索期的大学生来说,网络对其人际交往的影响更为深刻。

(1) 网络扩大了大学生人际交往的范围。网络人际交往具有超时空性的特征。现实社会的人际互动总是发生在一个具体的情境中,具有空间和时间的实在性,形成了传统的"在场"与"缺场"的意义。而在网络人际互动中,不仅时间和空间发生了分离,而且空间与场所也发生了分离。因特网极大地延伸了人们网络交际的空间距离,又压缩甚至取消了现实人际互动所需的时间和场所。超时空性使整个人际互动的环境成了一个虚拟和真实的混合体。网络交往的这种特性使得大学生能够从狭小的生活圈子走出来,跨越千山万水,突破地域限制,实现"朋友遍天下"的梦想。

(2) 网络丰富了大学生人际交往的方式。网络为大学生提供了诸多方便快捷的交往方式,如微信、QQ、电子邮件、BBS论坛、网络游戏等。与传统交往方式相比,网络交往方式多了一份自由,少了一丝束缚;多了一份神秘,少了一丝真实。这对于心理正处在不稳定期的大学生来说,极具吸引力和诱惑力。

(3) 网络在某种程度上导致大学生现实人际交往能力减弱。人际交往的一个基本内容就是人际互动。网络为大学生提供的交往空间是一个既隐蔽又流动的非面对面的情境,大学生在其中互动时,既不会被人监视,又不用太顾忌社会规范的压力,他们在现实社会互动中的人际障碍,如家庭背景的悬殊、生活方式的不同、生理和心理的差异等均可消失,取而代之的是平等、自由和普遍的交往关系。这使得大学生乐于在网上交友,而对现实中的人际接触避而远之。例如,一个在网上侃侃而谈、倍受欢迎的大学生在现实中可能会沉默寡言、性格孤僻。长此以往,必然导致现实人际交往能力减弱。

(二) 网络对大学生心理发展的影响

1. 网络对大学生认知发展的影响

认知是指人们感受事物、思考事物的心理过程,它对一个人的情感、行为都有着极其重要的影响。大学生正处于感受能力强、思维活跃而又丰富的时期,其认知发展在很大程度上受到网络的影响。网络作为一种新颖快捷的信息传输渠道,它通过扩大信息量,缩短大学生收集信息的时间,为大学生提供了更好的学习机会和途径,从而拓宽了大学生的认知视野,提高了大学生的认知效率。网络集视、听于一体,注重网民参与的信息传输方式,改变了大学生传统意义上的静态的认知模式,使大学生在认知发展的过程中出现与以往不同的一些新特点。在网络"知识快餐"的冲击下,大学生的求知欲望更强烈,思维更活跃、更敏捷,想象力更加丰富。同时,面对铺天盖地的大量信息,大学生现有的接受能力和判断能力无法承受,在信息"超载"的情况下,出现思维混乱和不清晰的状况;而这些没有明确价值指向的信息长期充斥着大学生的大脑,搅乱他们的思维,必将阻碍大学生认知中对信息的准确选择和内化过程,以及良好判断能力的形成。

2. 网络对大学生情感成长的影响

大学生正处于情感、情绪丰富而又不稳定的阶段,其情感的发展变化与外界环境息息相关。由于周边环境因素的限制与影响,大学生在情感成长过程中往往容易出现较强烈的矛盾和冲突,而网络世界正好为内心敏感、情绪易波动的大学生创造了一个崭新的情感表达和交流的空间。在网络中,大学生可以随意选择自己的情感交流对象,可以同时向许多人表达自己的内心情感;可以不直接面对面地交流,也不用随时回应对方;可以不向对方表明自己的真实身份,不用担心因此危害自身利益。这样的情感交流空间虽然是虚幻的,却解决了大学生在现实生活中既渴望真情又企图封闭自己的心理矛盾,以其特有的自由、随心所欲和隐蔽性而深受大学生的欢迎。同时,网络以广博的包容性吸引大学生将其作为他们情感宣泄的重要渠道。在这里,大学生可以通过游戏、论坛等各种方式肆意宣泄自己的情感而不受到制止和阻挠,因而在一定意义上也起到了维护情感平衡、避免情感异常和迷失的积极作用。但是我们也应该看到,当大学生的一些不良情绪、情感在网络中得到宣泄并获得其他网民认可时,或者是通过一些不正常的网络方式进行发泄时,这些不良情感可能会被强化,必将导致大学生的情感发展误入歧途。

3. 网络对大学生个性心理塑造的影响

网络世界具有较强的无政府性和非政治性,这与大学生追求个性自由、崇尚个性张扬的心理正好相吻合。在这个管理、约束相对弱化的区域里,大学生能够独立地选择网络资源,并自觉地去判断各种网络信息中所包含的价值趋向和文化倾向,对于网上的热点问题、现实生活中的重大事件,独立进行思考和评价,从而培养了个性心理中的独立性。大学生正处于自我意识不断增强而又不稳定的时期,注重自尊、自信、自我展现,在网络这个平台上,大学生可以以己喜恶为中心,以己需要为尺度,按照个人的自我意志利用网络资源,如对自己的网页和网络形象进行个性化的设计,在BBS中毫无保留地发表自己的独特见解,在网络游戏中自主地扮演各类角色,在虚拟社区中充当高手和"大虾"(大侠),这无疑促进了自主性个性心理的培养。在网上,现实生活中因财富、职位、身份等形成的社会地位被淡化,决定一个人是否受欢迎的主要因素是网络技术是否高超、网络语言是否熟练、网络风格是否幽默等。在这里,大学生找到了充足的平等感,他们可以平等地和对方交流,平等地享受网络资源,无须顾忌现实生活中的条条框框,从而塑造了个性心理中的平等性。

当然,虚拟世界并不完全等同于现实生活,我们不能忽视一些大学生为了展现自我而在网络中过于张扬,甚至自私的行为,如为了充当"高手"而肆意制造损害别人利益的数据,或是发布恶意网站,散播网络病毒等。这种过激行为不仅不利于大学生个性心理的健康发展,反而有可能导致大学生异常人格的形成。

4. 网络对大学生道德心理培养的影响

网络作为存在于现实生活之外的虚拟社会,同家庭、学校、社会一样会对大学生道德心理的发展和培养产生较大的影响。大学生在网络这个自由空间最大限度获取各种道德体验的同时,也面临道德心理健康发展的极大挑战。

（1）网络冲击大学生的传统道德价值观。网络的虚拟性、隐匿性和自由性使得传统的道德判断标准被淡化,大学生在是与非、善与恶的判断和选择上容易趋向折中主义和相对主义。

（2）网络磨炼大学生的道德意志。道德通过"自律"发生作用,要求个体能够自我控制。而在网络生活中,个体追求的是通过对网络资源的自主操纵获得高度自由的快感。大学生正处于好奇心强、自控能力弱的时期,在网上更容易放纵自己,做出道德失范的行为。因此,网络成为考验大学生道德意志的又一个重要空间。

（3）网络挑战大学生的道德品格。在现实生活中,个体塑造健康、统一的道德品格是良好道德心理的重要因素。在网络生活中,个体的行为自由度与其应当担负的责任并不完全对应,"慎独""内省""克己""知行统一"等品格在我行我素的网络空间显得并不重要,因而大学生容易忽视或放松对自己道德品格的要求,甚至出现网络与现实中道德品格不一致的不良现象。

二、大学生的网络行为及其心理分析

大学生作为应用网络的主体,在不同动机的驱使下徜徉于网络这个宽阔的天地,随着网络空间的千变万化而表现出喜怒哀乐。网络为大学生提供了一个汲取知识、扩大交往、实现自我的巨大空间,同时也引发了种种心理问题。

（一）大学生网络行为的类型及其动机分析

1. 网络学习行为

当前,网络已经成为教育的一个重要方面,大学生利用网络进行学习也成为一种时尚。通过上网,大学生可以随时浏览、下载自己所需要的学习资源,当遇到学习难题或需要更多信息时,无须到图书馆查阅资料或购买参考书,直接上网搜索便能很快解决。同时,网络云集了全国各个高校的学生和老师,成为大学生进行学习活动的又一个空间。在这个空间,大学生可以随心所欲地和其他同龄人甚至老师进行学习上的交流和切磋,可以模拟现实中的学习环境进行大胆试验和创新等。网络学习行为激发了大学生的求知欲望,调动了其学习热情,培养了其创新能力,因而越来越多的大学生正在加入网络学习的大军中。

2. 网络交往行为

随着网络与人们生活的交互程度越来越深,交往成为大学生上网的主要目的之一。大学生的网络交往行为主要有以下动机:通过网络寻找更多的朋友,扩大交往空间;通过网络更便捷地与人交流,e-mail、BBS、QQ、微信等成为大学生青睐的交流工具;通过网络更随意地与人沟通,网络的匿名性使得大学生可以在BBS上畅所欲言,可以与各种认识的、不认识的人海阔天空地聊天;通过网络体验与现实生活中完全不同的交往体验,比如新奇、刺激、神秘等。

3. 网络娱乐行为

大学校园里娱乐设施较少,娱乐生活较为单调,无法满足活泼好动的大学生的娱乐需求。而网络以其迅速的传播速度和独特的传播方式,为大学生创造了一个新的娱乐空间。在网上玩游戏、聊天、听音乐、看电影、读娱乐性文章等是大学生网上娱乐的重要方式。网络把文字阅览、画面浏览和声音聆听融为一体,将欣赏者的各种感觉全方位打开,使其视觉、听觉、触觉甚至味觉和嗅觉协同活动,获得多感官的刺激,让人体验到心跳加速、体温升高、眩晕、紧张等微妙的生理、心理变化,达到真正的审美通感,从而获得精神上的满足与愉悦。网络具有的这些特征和功能正好和大学生具有的好奇、浪漫、喜欢惊险刺激,对新事物、新知识反应迅速,有强烈的求知欲和探索精神等心理特征相匹配。因此,上网娱乐成为他们业余休闲的重要形式。

4. 网络宣泄行为

随着社会竞争的加剧,社会对人才的要求越来越高,大学生承受的心理压力也越来越大。学业、就业、人际关系等方面出现的竞争、矛盾、冲突和挫折使他们对社会环境及校园生活中的诸多不完善的方面大为不满,严重的还可能产生不同程度的心理障碍,进而影响学习、生活和身心健康。这种心理压力需要以一定的方式进行一定程度的宣泄。网络由于具有隐匿性、开放性、便捷性和互动性等特点,为大学生适时地转移、倾诉和宣泄自己的不良情绪提供了机会和场所。通过在网络上宣泄不良情绪,他们可以获得一定的心理自疗效果,从日常的精神紧张中解脱出来。因此,网络极易成为许多大学生躲避孤独和排解心理压力的场所。上网成了他们释放心理压力、松弛身心的一种方式。

(二) 大学生网络行为的心理透视

1. 猎奇心理

大学生正处于精力旺盛、求知欲和好奇心强的阶段,喜新猎奇是他们最典型的个性特征。互联网具有信息传播速度快、内容新、覆盖面广等特点,满足、强化了大学生的猎奇心理,使他们领略到传统信息传输方式难以实现的境界,极大地刺激了他们的好奇心,引起他们的特别关心和兴趣,激发出他们学习和掌握网络知识和应用技能的欲望。正是这种喜新猎奇心理,促使他们迅速进入网络世界,同时网络环境又进一步刺激和开拓了他们的喜新猎奇心理,使他们获得现实生活中无法感受的体验。

2. 从众心理

所谓从众心理,就是在群体的影响和压力下,放弃自己的意见而采取与大多数人一致的行动,即通常所说的"随大流",是日常生活和工作中常见的社会心理现象。在大学校园里,上网成为一种潮流和时尚,大学生茶余饭后的谈资笑料往往来源于网络。一些大学生本身对网络并不是非常感兴趣,但为了能够和身边的同学保持一致,寻找共同话题,或者为了跟上潮流,也开始学习上网,有的甚至迅速迷恋、上瘾。

3. 逆反心理

大学生正处于思维独特、兴趣广泛、个性张扬的时期,对现实生活不满,排斥和挑战传统、正规、权威成为他们现实生活中的普遍现象。网络中信息的非正规性、网络社区的非政治性、网络言论的自由性及网络空间充斥的种种与现实道德传统相背反甚至冲突的导向,既迎合了大学生"反其道而行之"的逆反心理,又给了大学生一种心理暗示,进而催化了他们的逆反心理。

4. 逃避心理

如今大学生多为独生子女,在成长过程中所受的挫折教育较少,心理承受能力较弱。面临大学生活中的种种问题,因无法妥善解决而引发心理困惑,脱离家庭、父母呵护的他们常常在网上寻求心理逃避和解脱。一些大学新生因为不能适应大学生活而上网消磨课余时间,有的大学生因为人际关系处理不好而到网上寻求安慰,有的同学则因为情绪的波动和起伏而在网上寻找平衡,也有些同学在遇到困难时不能正确面对,通过上网游戏、娱乐逃避困难,等等。

5. 补偿心理

大学生的需求是多方面的,有些需求并不合理,有些需求需要经过一番艰辛努力才能实现,因而在现实生活中,大学生常常会因为需求无法得到满足而失去自信心,陷入苦恼之中。一些大学生选择了放纵自己,到网上寻找满足感、获得心理补偿。例如,通过网络游戏感受成功的乐趣,通过网络交友体验人际肯定的兴奋,通过网络弥补现实生活中的种种失落,似乎重新找回"有信心"的自我。正是这种轻而易举就能获得的虚拟的"成就感"吸引着大学生沉迷其中,乐此不疲。

第三节 大学生网络心理障碍

 案例导入

> **案 例**
>
> 宋某高中时就经常玩网络游戏,但并没有影响学习。后来宋某以全市第一名的成绩考上大学,并当了班长。刚来大学时,虽然学习、工作、活动比较忙,但也很充实,所以表现一直很好。到大二时课余时间多了起来,再加上整天忙于各种事物,期末有一门科目没考好,这对他打击很大,从此,他产生了厌学心理,开始频繁出入网吧,后来演化到整天泡在网吧里,不去上课。在网吧玩游戏时精神百倍,可出了网吧就浑身没力气,看什么东西都不顺眼,做什么事情都提不起精神。父亲不忍看到儿子堕落成这样,于是在他喝的饮料里放了安眠药,把他送到了网瘾治疗中心。宋某醒来后,对父亲的做法很生气,又觉得在这里没有自由,于是割腕自杀,幸好病友发现将他及时挽救回来。

案例评析

宋某网络成瘾的原因与其家庭教育是密不可分的。据宋某介绍说,他的父亲在政府工作,母亲在学校做教师,从小家里对他管教就很严。父亲单位离家很远,他每周只回家一次,再加上父亲很粗暴,因此父子很少交流。只要他犯一点儿错误,就会遭到父亲的毒打。母亲对他也非常严厉。他在家里几乎感受不到温暖。初中时他就很喜欢玩游戏,每次因为玩游戏回家晚了他都会实话实说,于是就会遭到父母的棍棒毒打。但他更不敢撒谎,否则他们就会追问到底,如果查到他撒谎,就会打得更狠。可见家庭教育方法不当是导致宋某上网成瘾的原因之一。

网络心理障碍是指上网者没有一定理由、无节制地花费大量时间和精力在互联网上进行持续地聊天和浏览,以致损害身体健康,并在生活中出现各种行为失控、心理异常、人格裂变、交感神经功能部分失调等现象。

一、大学生主要网络心理障碍

大学生上网过度可能引发的网络心理障碍主要有以下几种。

(一) 认知过程障碍

沉迷网络的大学生的认知过程障碍主要有感知觉障碍(如幻觉)、注意障碍(如注意减退、注意涣散、注意力难以集中等)、记忆障碍(如记忆力减退)和思维障碍(如思维僵化等)。迷恋网络的大学生,长期处于疲劳状态,其作息规律违背了人的生理规律,再加上不注意科学用脑,没有系统地掌握记忆规律,逻辑思维能力得不到锻炼,从而导致认知过程障碍。

(二) 网络情感障碍

大学生的情感、情绪具有丰富而又不稳定的特征,其情感的变化、与他人的互动都建立在周围现实环境及与人面对面交流的基础上。网络空间不仅不利于大学生情感、情绪的成长和成熟,而且长期沉迷网络而脱离现实环境,还会引起他们情感社会化的不足和情绪的偏离,使他们产生情感障碍。网络情感障碍主要包括以下表现。

1. 冷漠

由于长期上网,对外界刺激缺乏相应的情感反应,对亲友冷淡,对周围事物失去兴趣,面部表情呆板,内心体验缺乏,严重时对一切都漠不关心。

2. 孤独

网络上过多的信息和刺激,使得大学生在应接不暇的同时也对现实生活产生厌烦和排斥,失去激情,感到孤独,表现为在上网时感到刺激和兴奋,离开网络便觉得孤独和精神无所寄托,又想继续上网。久而久之,这些大学生平时不能正常享受大学集体生活,孤独感日益增强。

3. 抑郁

聊天室、BBS、电子邮件、网页对缓解心理紧张、释放学习生活压力有积极作用。但网络的虚拟特征又使一部分大学生深陷其中不能自拔,正常的人际交流出现困难。更有甚者,一旦停止上网就会出现精神萎靡、孤独寡言、思想呆滞、行动迟缓等症状。

4. 空虚

网络是虚拟而又精彩的,而现实是客观而又真实的。一些大学生常常徘徊在虚拟的网络与真实的现实之间,体验着从网络的精彩跌落到现实的无奈,容易产生心理不充实、苦闷空虚之感。

5. 冲动

一些大学生在网络空间缺少正常的情感沟通,再加上网上浮躁的语言和刺激性的画面,常常使他们在现实中遇事不冷静而产生冲动情绪。

(三) 意志行为障碍

上网大学生的意志行为障碍主要包括意志增强、意志减退和意志缺乏。

1. 意志增强

意志增强表现为长时间沉溺在网络游戏中,不顾疲劳持续用各种方法企图过关的病态意志。

2. 意志减退

意志减退是指终日沉醉于虚拟网络世界中的大学生,经常在上课和做作业时情绪低落,对老师讲课、做作业不感兴趣以致意志消沉,对学习产生厌恶感,并逐步失去信心。

3. 意志缺乏

意志缺乏是指对除上网以外的任何活动都缺乏动机、要求,对工作、学习无自觉性,个人生活极端懒散,行为孤僻、退缩。

(四)网络人格障碍

网络在某种程度上可以促进大学生人格健康发展,也可以导致其人格扭曲,出现人格障碍。

1. 人格虚拟

部分大学生由于长时间痴迷于网络的虚拟空间,常常达到"忘我"境界,习惯于在网络中将自己虚拟成一个非现实的自我,进行虚拟的网络行为。这种长期脱离自我、脱离现实,以一种似我非我的状态游移于网络空间的行为,极易导致大学生形成虚拟人格。

2. 人格封闭

人格封闭表现为依赖网络、封闭自我,现实中疏于与人交往,言语不多,思想迟缓。能在网上与人侃侃而谈,但却难以和现实中的人正常交流。他们常常蛰居于网络空间,生活封闭导致人格孤独,而人格孤独使他们更加封闭,形成恶性循环。

3. 人格变异

传统的伦理道德很难约束人们的网络行为,容易导致人格发生变异。例如,一些大学生上网者反传统、反主流,缺少责任感,追求异化性格,易形成多重人格,有的甚至散播谣言,浏览黄色网站,崇尚黑客行为,幻想网络犯罪等。

(五)网络交往心理障碍

一些大学生长期沉迷于网络虚拟空间的交往,以冰冷的"人机交流"代替有温度的人际交流,容易产生以下网络交往心理障碍。

1. 孤僻

言行怪癖而不合群,在网上显得独树一帜,常常语出惊人、我行我素。

2. 虚伪

网络交往的匿名性淡化了一些大学生在交往中的责任感,引发或强化了他们撒谎、隐瞒、伪装的心理,从而形成虚伪的交往人格。

3. 多疑

大学生在网络交往中常常会遇到欺诈,散布病毒、虚假信息等不道德的行为,使其在交往时安全感下降,久而久之会产生多疑、防范等不良交往心理。

4. 社交恐惧

一些同学在网络交往中越是积极活跃,在现实交往中就越是孤独内向,在这样的恶性循环中产生对现实交往的恐惧心理。

(六)网络性心理障碍

据调查,大学生中经常或偶尔点击色情网站的占41%,其中95%在点击色情网站时伴有自慰行为。大量的黄色网站和色情信息造成大学生的性心理障碍。

1. 性认知偏离

色情网站通过一些消极、不堪入目的文字、图片、视频,以及聊天室、论坛等,传播不健康的性知识,造成涉世未深的大学生在性认知上产生偏差。

2. 贞操观淡化

网络上充斥着大量挑战传统性道德、贞操观的内容和信息,诱惑大学生认可并接受,使大学生在性态度、性观念上比较自由和开放,贞操观念被淡化。

3. 性行为放纵

一些大学生在开放的性观念的驱使下,选择放纵性行为来满足自己的性需求,如在网络寻找性伴侣等。

(七) 网络成瘾综合征

网络成瘾综合征也称为网络依赖综合征,是随着互联网的普及而出现的疾病。它是指由过度使用网络所导致的一种慢性或周期性的对网络着迷的状态,并产生难以抗拒的再度使用的欲望,对于上网所带来的快感会一直有心理或生理上的依赖。患者表现为过度上网,如果没有上网,就表现出精神颓废、萎靡不振等现象。

1. 网络成瘾综合征的类型与主要特征

(1) 网络色情成瘾。网络色情成瘾指沉溺于网络上的色情内容,包括色情文字、音乐、图片、动画、电影和色情聊天等。许多学者通过网络调查研究发现,"sex"这个词是互联网搜索引擎中查询频率第一的词汇。而且近年来,色情网站的数量呈现上升趋势,网络成为色情媒介,提供色情资料,交换性的经验,进而可能进行性交易,诱发性犯罪。医学心理学家戴纳·普特纳姆博士指出,沉溺于色情文学的人能意识到它的危害性却无法控制自己,为此,他们将变得压抑、自卑、脆弱,甚至与他人打交道都会变得困难。从大学生的年龄特征来看,大学生正处在性生理成熟之后性满足的延迟期,极易因为网络色情内容的诱惑而导致网络色情成瘾。

(2) 网络游戏成瘾。中国互联网络信息中心对中国互联网发展所做的调查显示,在众多的网络休闲娱乐活动中,超过六成的大学生认为游戏最有可能成瘾,20.5%的大学生则认为聊天、交友是最有可能让人成瘾的网络娱乐,浏览网络社区、浏览新闻也占了一定比例。这在一定程度上说明了大学生网络娱乐成瘾原因的多元化。网络游戏给游戏者提供了充分的想象空间和交流手段,吸引了很多大学生投身其中,甚至在课堂上对网络游戏内容仍难以忘怀,导致上课注意力分散,课后对游戏内容津津乐道。有研究表明,如果长时间不加节制地玩游戏,甚至会影响智力发展。

(3) 网络关系成瘾。网络关系成瘾指过分迷恋于通过网络上的人际交往建立的友谊或爱情,并用这些关系取代现实生活中的人际关系。在网络所建立的"虚拟社会"中,人际关系必然具有虚拟化的特点。据调查,网上交友和网上恋爱是大学生在网上生活中最感兴趣的两个主题。青年群体是一个特别渴望与人交往的群体,网络的独特魅力使大学生形成了网络关系成瘾的茧居族、电子隐士族等,他们痴迷网络人际关系,甚至逃避现实中正常的人际关系,从而产生"人机热,人际冷"的现象。

(4) 信息超载成瘾。信息超载成瘾指不能自制地在网上浏览、搜索过多对现实生活没有多大意义的资料或数据。国外有学者曾指出,在我们这个信息狂热和信息超载的社会,已开始出现一种病症,症状是偏执地迫使自己遍读一切可读之物,当吸收的阅读量超过消化所需要的能量时,超出部分日积月累,最后因压力与过度刺激转化为所谓的信息焦虑症。大学生的求知欲望和好胜心都特别强烈,对网络所提供的信息往往趋之若鹜,过度迷恋网络信息也会导致信息超载成瘾。

(5) 网络强迫行为。网络强迫行为指不可抑制地参与网上讨论、购物、赌博、拍卖等活动，收集或下载毫无价值的软件等行为，明知无必要，但又控制不住自己，以至于离开计算机就感到失落，就担心遗漏什么重要的信息。

当然，一个网络成瘾患者可以是纯粹的某个类型，也可以是几个类型的混合型，而实际上混合型患者居多，这就需要根据不同的类型做不同的分析、诊断和治疗。

2. 网络成瘾综合征的诊断

综合许多学者的研究，我们认为网络成瘾综合征患者一般具有以下几个典型症状。

(1) 耐受性增强。也就是网瘾越来越大，需要不断增加上网时间才能达到同样的满足程度。

(2) 出现戒断症状。如果一段时间（从几个小时到几天不等）不上网，就会变得明显地焦躁不安，不可抑制地想上网，时刻担心自己错过什么，甚至做梦也是关于互联网的内容。

(3) 时间失控。上网频率总是比预先计划的要高；上网时间总是比原先计划的要长，经常说"再过一分钟"；为缩短上网时间所做的努力，总是以失败告终；在生活中花费大量的时间在与网络有关的活动上，比如安装和尝试新软件，整理和编辑、下载大量的文件等。

(4) 生活无序。正常的社交、学习、生活变得无序，经济和道德情感的稳定性受到严重威胁，虽然能意识到上网带来的严重问题，但是无法克服，仍然继续花费大量时间上网。

网络成瘾综合征最明显的症状表现就是上网时间的失控，为了达到自我满足，不惜增加上网时间，难以控制上网欲望，长时间沉溺于网上聊天或游戏，甚至在梦中或想象中也经常出现网上的事情，忽视现实生活的存在。当然，每日上网时间并不是判断网络成瘾综合征的唯一依据，关键要看上网的动机和行为，看网上时间利用的方式。网络成瘾综合征的患者一般都是把大部分时间用在互联网的同步通信环境中，如聊天室和多户互动游戏等。

二、大学生网络心理障碍的成因

大学生网络心理障碍产生的原因比较复杂，主要分为网络本身因素、社会环境因素和大学生自身因素。

（一）网络本身因素

网络本身的特点是大学生沉溺于网络的主要原因之一。开放性、丰富性、虚拟性的网络空间使上网者具有灵活而匿名的身份、超越时空界限的平等地位、易建立的人际关系、变化的梦幻般的体验等特点。网络这种立体的文化传播形态集翔实的文字材料、悦耳的音乐旋律和精良的影视图像于一体；网络的可操作性能使上网者发挥其主观能动性，满足其自我实现的需要、自我超越的需要、社会交往的需要、成就和控制的需要，等等；网络人际交往具有即时性、自由度高和不受现实生活中的道德准则和行为规范约束的特点，这些特点使大学生通过因特网交朋友，在网上寻找关怀、支持和信任，于是日益对这个身份不明的社区更加依赖。但他们却无法以一种真实生活中的方式与他人产生真正的联系，从而产生落寞、失望和孤独等负面情绪，诱发网络心理障碍的发生。

（二）社会环境的因素

1. 社会原因

社会的飞速发展、竞争的越发激烈、生活节奏的加快、环境的不断变迁等，给大学生带来对生活、对人生的更多的不确定感和不安全感,使其产生迷惘甚至恐惧的心理状态。他们求助于网络来摆脱生活中的烦恼,就像一个酗酒的人企图通过喝酒来麻痹自己一样。

2. 校园环境

校园生活的单调沉闷、校园文化的匮乏使大学生精神生活空虚,他们因精神无所寄托而转向网络。

3. 网络管理

目前整个网络市场管理的宽松、上网条件的便利、便宜的花费及相关法律制度的不健全,也是大学生得以沉迷网络的外部原因。

(三) 大学生自身因素

1. 大学生具有积极探索外部世界的心理倾向

大学生正处于精力旺盛、求知欲强烈的成长阶段,内心渴望一种具有挑战、刺激的新鲜生活。大学生的主要任务是学习,学校生活空间相对狭小、封闭,难免使大学生产生单调、乏味的感觉。而网络作为新鲜、时尚的事物,对大学生具有极大的诱惑力,能从多方面满足大学生求知、娱乐、寻找新鲜感的需求。并且由于网络的匿名性,大学生可以随心所欲在网上畅游而不必担心自己的身份、年龄、性别被别人知道,因而更加毫无顾忌地沉迷在网络世界。

2. 自我约束力、控制力较差

大学生正处于心理尚未完全成熟的阶段,其情感、意志具有不稳定性,自我约束、自我控制能力较差。对于网络中极具诱惑力而又不正确的信息和内容不能做出正确判断和选择;对于充满暴力、富有刺激性的网络游戏,不能正确认识而沉迷其中;对于网络交往的不真实性和虚幻性无法抗拒而乐此不疲。以上种种原因都容易使大学生形成对网络的过度依赖而无法自拔,导致因上网成瘾而产生种种心理障碍。

3. 人际交往认识错位

人际交往、社会支持的心理需要是大学生上网成瘾的主要原因之一。一些大学生在现实人际交往中遇到困难时,便转向网络寻求安慰和补偿。网络中的交往"高手"虽然备受网友景仰,但是他们毕竟只能获得网上短暂的愉悦和满足,在现实生活中其交往能力和人际吸引力并不能被他人认可,因而感到失落,转而重新投入到网络中去。

4. 心理的脆弱

大学生在长期的学习生涯中形成了重理论、轻实践的思维习惯,心理和情感上依赖性较强,理想高远但承受能力较差,易有挫折感。当学业压力过大、人际关系不和谐、生活不顺利时,因为缺乏应对困境的能力,以及相应的勇气和信心,常常会利用网络发泄情绪、逃避现实。而越沉迷于网络,越解决不了问题,这种恶性循环只能加重他们对网络的依赖,形成心理障碍。

5. 性格的缺陷

部分大学生有性格缺陷,如自卑、冷漠、孤僻、虚荣、过于自尊等,使得他们对于网络空间的认知不科学、不合理,在自己和网络之间建立起不正常的心理联系,从而使自己的缺陷性格进一步被强化。

第四节 大学生网络心理辅导

案例导入

案例

小杰是某高校大三的学生,他出身于一个大城市的干部家庭,家庭条件比较优越,在上大学前就熟悉计算机和网络。上大学后,网络自然就成为他学习、生活中不可或缺的工具。由于专业的关系,小杰比较关注网上的政治性消息。2005 年的一天,小杰在网上"冲浪"时,在好几个网站上发现了很多有关国内政治的"新奇"消息(实际上是谣言),便不加思考地将这些政治谣言汇集起来,在好几个网站上转帖。谣言很快就散布开来,在网上引起了很大反响,造成了严重的后果。2005 年 11 月,市公安局和小杰所在大学联合调查此事,确认发布谣言者为小杰,小杰也承认了这一事实。经审查,公安机关认为小杰的行为属于幼稚无知,并无政治背景和明确政治动机,故对其免于追究法律责任。但建议学校对小杰予以相应的纪律处分。

案例评析

案例中小杰的老师在和他谈话中,明显感觉到小杰存在两大问题:一是缺乏起码的政治意识,二是缺乏对于网上发表言论的责任意识。当前,网络已经成为大学生甚至中小学生学习、交往、了解信息、宣泄情绪的重要场所。很多人在上大学之前就很熟悉计算机和网络,他们能够熟练地使用计算机,了解网络的特性,有的甚至还精通网络技术。但是,由于学校教育和家庭教育的疏漏,以及对个人网络行为认知的偏差,他们并没有受到足够的网络规则和网络道德方面的教育,没有树立起必要的网络责任意识,这样就可能发生类似小杰的违纪甚至违法事件。近年来,大学生因在网上制作、传播不良信息而受到纪律处分和法律制裁的事件屡见报端。从这个角度来看,每位大学生都应在大学期间加强网络法律和道德方面的学习,培养必要的政治观念和责任意识,避免出现类似的情况。

网络已渗透到大学生的日常生活中,对大学生产生双重的影响,由网络引发的大学生的一些心理问题已经严重阻碍了大学生的成长、成才。高校教育工作者应当结合大学生的心理发展特点和网络行为特征,寻找培育大学生健康网络心理的有效途径并构建有关体系。

一、加强思想政治教育,提高大学生网络道德素质

网络的发展和普及,给大学生思想政治教育带来了机遇,也提出了挑战。传统的高校思想政治教育理念、手段和模式在网络时代受到冲击,教育效果不佳。如何运用网络的有利条件,将思想政治教育融入网络,加强大学生网络道德素质教育,是当前大学生思想政治教育工作的重要任务。

(一) 以网络为阵地,唱响主旋律

网络以其独特的魅力迅速吸引了大量大学生参与其中,使高校思想政治教育面临挑战。大学生正处于塑造正确道德观、培养良好道德品质的关键时期,需要加强对他们的网络空间的思想教育。思想政治教育工作者应当树立占领意识,把握网络思想政治教育的主动权,积极开辟网上思想政治教育的新阵地。网络文化阵地同任何思想阵地一样,如果不用先进文化去占领,低级颓废的精神垃圾就会乘虚而入。要不断强化利用校园局域网为大学生的学习和生活提供保障服务的意识,建设好融思想性、知识性、趣味性、服务性于一体的主题教育网站或网页,积极开展生动活泼的网络思想政治教育活动,实现寓教于乐,形成网上网下思想政治教育的合力。同时,思想政治教育工作者还要树立"以人为本"的理念,密切关注网上动态,通过网络加强与大学生的沟通与交流。网络思想政治教育要坚持贴近大学生实际、贴近大学生思想、贴近校园生活。教育工作者要及时了解大学生的思想状况,积极回答和解决他们提出的各种问题,以提高思想政治教育的有效性和针对性。只有占领网络这个思想阵地,才能将健康的网络文化、文明的网络道德观念传输给大学生。

(二) 以网络为手段,改革"两课"教育教学

网络的普及推进了高等教育的信息化,作为大学生思想政治教育主阵地、主渠道的"两课"(普通高校开设的马克思主义理论课和思想政治教育课)教育教学也应当以网络为手段,充分运用网络信息技术,改革"两课"教学,提高教育效果。

1. "两课"教学可以借助网络,拓展新的教育领域

将"两课"延伸到网络虚拟空间,可以改变传统"两课"教学中资源有限、教师和学生互动机会有限的局面,提高教学时效性,还可以打破课堂教育的时空局限,使大学生可以随时随地利用网络进行"两课"学习,从而保持了"两课"教育教学的连续性,增强教育效果。

2. "两课"教学可以利用网络寻找新的教学手段

借助网络开展教学,可以让不同的教学内容和信息穿梭于网络空间,并可以利用数字媒体的多样互动性和多重感官刺激功能,充分调动大学生的各种感知系统,使其获得更深刻的教育体验,从而达到较好的教育效果。运用网络可以拓宽"两课"教学的信息传输渠道。通过做好"两课"教学进网络的工作,选取、开发有效的教育信息和资源,增强"两课"教学资源的可获得性,并开展有针对性、说服力的教育,吸引大学生参与进来,提高"两课"教育资源的利用效率。

(三) 立足网络时代,进行大学生道德教育的创新

网络空间的不良信息污染了大学生道德教育的环境,网络的自由性也淡化了大学生的社会责任感,使他们出现不少网络道德问题。针对网络背景下大学生的这种道德现状,高校德育工作者应当大胆进行道德教育的创新,摸索适合网络时代道德教育的行之有效的方法和模式。

1. 德育工作者要树立开放式的教育理念,注重培养大学生的道德辨析能力

要走出课堂、走出校园,引导学生通过网络了解纷繁芜杂的社会现象,改变单一的传授正面知识的模式,注意提供给学生正反两方面的信息,让学生在比较、辨析的过程中培养正确的思维方法,提高去伪存真的辨析能力,以免在网络中迷失自己。

2. 加强大学生网络道德教育

引导大学生认识到网络空间的行为规范,既讲究自由、平等,更注重宽容、无害。教育大学

生要做到"网而不惘""网而不乱""网而不失""慎思于网""慎独于网",培养大学生良好的网络道德品质。

二、强化网络心理健康教育,培养大学生健康的网络心理素质

(一)引导大学生培养良好的网络心理素质

1. 培养良好的网络认知能力

高校心理教育和思想政治教育工作者要引导大学生用全面、辩证的眼光来剖析和认识网络。要充分认识到网络的正负面双重作用,要知道网络像一把"双刃剑",在给现代人带来便捷的同时,也造成不可忽视的负面效应。我们不能因为这些负面因素而对网络给人们带来的正面的、积极的作用视而不见,也不能只顾享受网络世界的新奇、刺激而对其负面效应充耳不闻。大学生对网络的正确认知应当是趋利避害,积极应对,要端正对网络的态度,提高网络操作和驾驭能力,做自主、自觉的网民。

2. 树立稳定的网络自我意识

大学生在网络世界中及上网过程中必须清醒地认识到"我是谁?""我是个什么样的人?""我和周围世界及他人的关系如何?"等一系列问题,要学会协调网络中虚拟自我与现实中真实自我、理想自我与现实自我的多重矛盾,稳定对自己、对他人的评价和认识,确保自己在网络环境中能保持清醒的头脑和理性思维,不迷失自我,树立合理的自信心。

3. 塑造健全的网络人格

大学生在网络中对自己、他人和世界的认识应当现实而又客观;能保持网上交往和现实交往的统一性,建立适宜、和谐的人际关系;能保持情绪的稳定,在由网络世界向现实世界转换时不出现大幅度的、剧烈的情绪波动;等等。

4. 培养优雅的网络审美情趣

网络中不乏格调低下、内容庸俗的信息,大学生应当通过提高网络辨识能力,远离网络庸俗,以正确的审美认知去感受网络的美好和优雅,使上网过程不仅是一个汲取知识的过程,更是一趟体验高雅、愉悦的"心灵之旅"。

(二)建立健全完善的网络心理辅导体系

1. 开设网络心理健康教育课程

网络使大学生的心理发展更具特殊性和复杂性。高校应该根据大学生心理发展变化特点开设专门的网络心理健康教育课程,使大学生通过学习了解自身个性特点,了解网络心理健康标准,提高对上网行为的控制能力。

2. 开展网络心理健康调查和测试

不定期地在不同年级的大学生中开展网络心理状况调查,可以通过发放问卷、开展座谈、进行访谈、网上调查等方式,了解和掌握大学生的上网心态和网络心理特点,便于有针对性地进行网络心理健康教育工作。此外,在网上建立在线心理测试平台,不仅易于为大学生所接受,也有利于更快捷地为大学生提供网络心理教育服务。

3. 开展网络心理咨询工作

上网是大学生较为普遍的行为,大多数上网的大学生都有不同程度的网络心理障碍。高校应当建立专门的心理咨询部门,配备专业的心理咨询老师,对大学生常见的网络心理问题进

行分析和诊断,纠正其不良上网形态及行为,引导其培养健康的网络心理品质。也可以在校园网上开设心理咨询专栏,吸引大学生进行网络心理问题的讨论,并进行在线解答。

三、积极正确引导,培养大学生良好的网络行为素质

大学生良好的网络行为素质是指大学生在上网过程中自觉遵守网络道德规范、维持健康网络心态而养成的日常的良好的网络行为习惯。大学生只有养成良好的网络行为素质,才有可能成为文明、成熟的网民,真正地应用、享受网络。

(一) 引导大学生正确上网

1. 引导大学生规范上网

规范上网是指在上网过程中遵纪、合法和守德。遵纪指大学生在上网时要遵守纪律制度,将其作为自己网络行为的准则。例如,在公共场合不大声喧哗,维护安静有序的上网环境;听从网络管理人员的管理和劝导;不破坏网络安全和网络秩序等。合法是指大学生的网络行为应当合乎我国当前的网络法规和条例,不在网上做法律不允许的事情,内容涉及网络管理、信息安全、网络通信、密码管理等多方面。守德是指大学生的网络行为要符合道德伦理规范,如诚实守信、公正公平、尊重他人隐私、尊重知识产权、保守秘密等。

2. 引导大学生理性上网

大学生理性上网主要体现在树立理性的网络观和培养理性的网络行为两个方面。

(1) 树立理性的网络观

大学生要运用辩证的眼光看待网络,既能在需要时走进网络,运用网络,又要确保自己能走出网络,远离网络,做到真正的应用自如、轻松驾驭。同时,理性的网络观还要求大学生能正确认识网络——人——社会之间的内在联系,确立"以人为本"的网络发展观,避免"人受制于网络"、陷入网络不能自拔的不良现象。

(2) 培养理性的网络行为

大学生要树立合理的网络需求、正确的上网动机和健康的上网心态,在此基础上培养有序、理智的网络行为。

(二) 促进大学生加强自我管理和自我约束

网络环境缺少他人的干预、管理和控制,要求上网者具有高度的自律性。对于自控能力相对较弱的大学生来说,加强自我管理和自我约束是养成良好的网络行为素质的必然要求。

1. 引导大学生进行个体自我管理和约束

大学生上网条件的可获得性和上网环境的宽松性对学校在这方面的管理提出挑战,可见,高校教育和管理的一个重要任务是引导、帮助大学生实现个体的自我教育、自我管理和自我约束。要引导大学生树立自尊、自爱、自重的自我观念,强化自律意识,自觉遵守《网络文明公约》,坚决远离网上不文明行为;要督促大学生把主要时间和精力放在专业知识的学习、专业技能的掌握和综合素质的锤炼上来,把网络当作学习的工具,而不是精神的寄托;要在大学生中提倡克己、自省、自律和慎独的自我管理,尤其要在大学生中强调网络世界的"慎独"原则,并将其作为良好网络行为的道德境界来倡导。

2. 促进大学生开展群体的自我管理和约束

要充分发挥大学生自身的主观能动性和同龄群体之间相互影响、相互教育的优势,强化大

学生的自治意识。例如,成立大学生宿舍管理委员会、大学生自律中心、大学生监督组织等群众性自治组织,发挥这些学生社团的积极性和自律性,优化大学生的网络行为,维护网络秩序。

四、开展丰富的校园文化活动,营造健康的文化氛围

校园文化是广大师生长期的观念、行为积淀而形成的群体文化。校园文化活动是以学生为主体,以课堂和课余活动为重要形式,以校园为空间开展的多方面、多类型的文化活动。通过开展丰富的校园文化活动,构建良好的校园文化氛围,从外部为大学生营造良好的心理环境。

(一)通过校园文化活动陶冶情操,追求真、善、美

面对网络中的种种诱惑,保持正确的网络认知和健康的审美情趣显得尤为重要。健康、高雅的校园文化活动带给学生的不仅是知识的补充、视野的开阔、信息的更新,也是思维方式的完善、思想认识的净化、审美能力的提高及实践能力和创新能力的锻炼。无论是校园文化的物质形态、精神形态,还是制度形式,都通过特定的人文环境的熏陶、渗透和升华,将其长期培育和积淀的专业精神和传统作风,以及形成的该环境中人的正确的观念追求、价值标准、行为规范等不断地作用于校园文化活动的主体,向大学生传递着一定的隐性观念,陶冶大学生的情操,净化大学生的心灵,引导大学生不断追求真、善、美。健康的校园文化活动同时有利于改善大学生人格品质培养中的薄弱环节,培养良好的心理素质、高尚的道德情操及较高的文化艺术修养,促进大学生在网络社会中健康成才。

(二)通过校园文化活动充实生活,减轻网络依赖

大学生之所以对网络过度依赖而产生心理问题,除了网络自身的诱惑力及自己主观上对网络的认知误区之外,一个很重要的原因就是校园生活单调,学生精神生活空虚。人心涣散、凝聚力弱的文化氛围是不利于引导大学生充实自己、热爱生活的。因此,充分发挥校园文化的凝聚功能,借助校园文化活动吸引和团结大学生,并通过唤起和激发每个大学生对学校的真挚情感而把他们紧密结合在一起,建立起高度和谐、信任、理解、平等的群体关系,从而促使大学生热爱自己的大学生活,不断为了自己的梦想而努力。大学生生活充实,精神愉悦,自然而然就会减轻对网络的依赖。

(三)通过校园文化活动完善自我,增强自信心

相当多的大学生沉迷于网络的原因是在网络世界里能找到自信心,尽管是虚拟、不真实的。可见,在现实生活中树立稳定的自信心有利于大学生远离网络的诱惑。通过开展丰富的校园文化活动,传递积极向上的校园理念,吸引大学生积极参与,大胆、充分地展示自我风采,既能提高大学生的参与意识,又能锻炼其综合能力。通过在群体中的自我展示获得他人的认可和赞同,在体验成就感、满足感的同时,树立起坚实的自信心。例如,通过举办高水平的文艺欣赏讲座,提高大学生对知识的感受能力和对美的鉴赏能力,增强大学生对网络中颓废、虚幻、刺激的抵御能力;通过开展大型文化体育活动,吸引大学生展现青春风采,在实际参与和操作过程中不断激荡思想,思考自我,改善自我,在充实的大学生活中寻找真实的自我,构建健康有力的自信心。

五、完善网络管理和建设,净化网络环境

(一)倡导文明上网,推动网络文明秩序建设

随着近年来互联网的普及和网民的激增,整个社会对文明上网的呼声越来越高,中国互联网协会颁布了《文明上网自律公约》,号召广大网民"自觉遵纪守法,倡导社会公德,促进绿色网络建设;提倡先进文化,摒弃消极颓废,促进网络文明健康;提倡自主创新,摒弃盗版剽窃,促进网络应用繁荣;提倡互相尊重,摒弃造谣诽谤,促进网络和谐共处;提倡诚实守信,摒弃弄虚作假,促进网络安全可信;提倡社会关爱,摒弃低俗沉迷,促进少年健康成长;提倡公平竞争,摒弃尔虞我诈,促进网络百花齐放;提倡人人受益,消除数字鸿沟,促进信息资源共享"。大学生应当自觉遵守团中央、教育部等联合颁布的《全国青少年网络文明公约》提出的"五要五不":要善于网上学习,不浏览不良信息;要诚实友好交流,不侮辱欺诈他人;要增强自护意识,不随意约会网友;要维护网络安全,不破坏网络秩序;要有益身心健康,不沉溺虚拟时空。

(二)完善网络管理,优化网络环境

完善网络管理需要全社会共同参与,协调一致,营造良好的网络环境。网络运营商有义务尽可能为用户提供保证上网安全的必要措施,如开发、研制一些"绿色上网"的过滤软件,作为单独的一项业务配赠给开通上网功能的用户,让用户安装在自己的计算机上。当用户计算机开启的时候过滤软件也会自动运行,其不仅能过滤掉网络中大量的非法有害信息,还能自动生成对有害信息的监控和提取,并以报告的形式反馈给相关技术部门,以便相关部门进一步解决绿色上网中尚待解决的"死角"。一些人选择在网吧上网,因此国家有关职能部门必须加强对网吧的整顿和管理。各行政执法部门要加大对网吧的监督检查执法力度,如发现有违规运行的网吧,一定要从严处置,给网民一个文明、有序的上网空间。高校要协同有关部门强化对上网信息的监控,对网络中的自由评论要及时进行正确的引导,减少不良信息对大学生的负面影响。校园网络应建立严格的网络信息发布管理制度和相关奖惩制度,加强对大学生网络道德、网络自我管理的教育,强化大学生遵守网络规则的意识。

(三)健全网络立法,杜绝不规范网络行为

健全网络立法,建立网络行为监控机制,是加强大学生网络心理健康教育、培养大学生健康网络心理的重要保证。政府职能部门要制定相应的法律法规,做好对网络信息的入境防范,加强对上网信息的监控,关闭各种有害信息源的进出口途径,过滤有害、错误、反动的信息。对在网上发表违规文章和散布不良信息的用户要及时警告,严重的要追究其法律责任。高校要开设上网指导课程,加大有关网络规章制度和法律知识的宣传和教育力度,把有关网络管理规范性文件添加到大学生行为守则中去,强化大学生的法制意识,使大学生认识到不良网络行为的危害性和严重后果,从而培养健康的上网意识,坚决杜绝不规范的网络行为。

(四)加大校园网建设力度,吸引大学生积极参与

高校要加大校园网建设力度,在内容和形式上不断创新,力求最大限度地吸引大学生。要从学校的实际出发,制定措施,加大投入,充实校园网站的内容。通过丰富与学习、就业、交往、心理咨询等有关的大学生感兴趣的内容,以切实能为大学生服务、解决实际问题的形式,吸引

他们参与进来,提高校园网点击率,提升校园网的权威性。结合本校学科特色和校园文化,倡导健康向上的网络文化。动员大学生参与校园网的改进与建设,通过在校园网上举办诗歌、散文、橱窗板报、网页设计等比赛活动,调动大学生参与校园网建设的热情,使大学生自觉为创造良好的校园网络文化氛围而努力,培养健康的网络心态。

第五节 测试与训练

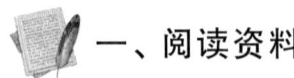一、阅读资料

愚人食盐

《百喻经》里有个"愚人食盐"的故事:"昔有愚人,至于他家,主人与食,嫌淡无味,主人闻已,更为益盐。既得盐美,便自念言:'所以美者,缘有盐故。少有尚尔,况复多也?'愚人无智,便空食盐。盐已口爽,反为其患。"

用现代汉语来解释,大意如下:从前有个愚人到别人家做客,主人留他吃饭,他觉得菜淡,主人便加了些盐,加盐之后菜的味道鲜美。这人便想:"菜的味道鲜美,是由于加了盐,加少许一点便这样好吃,多放些岂不更好吃吗?"这人无知,便空口吃盐,吃盐后口味败坏,结果当然是为盐所害。

"愚人食盐"的故事告诉我们,做任何事情都要掌握好"度"。联系到日常生活,"盐"是精神追求。没盐的饭菜寡淡无味,没有了精神寄托的我们是虚弱无力的。所以我们就会去追求,去看书、学习、参加各种活动等。较少甚至没有追求不行,但这则寓言要说的是"过"的情况。太"过"反而使我们的生活沉重,没有笑容,"盐"再多些,就像个苦行僧了。因此,保证适量的精神追求即可。

推广来,"盐"又是我们的娱乐,如上网、打游戏等,掌握不好"盐量",则会陷入通常所说的"玩物丧志"的地步,严重损害身心健康。

二、心理测试

网络成瘾自测量表

【测试说明】若下列题项中描述的情形符合你的情况,则在其后的括号里填"Y";若不符合,则在其后的括号里填"N"。

1. 我曾尝试让自己花更少的时间在网络上,但无法做到。 ( )
2. 我只要有一段时间没有上网,就会觉得心里不舒服。 ( )
3. 由于上网,我和父母、老师及同学的交流、相处时间变少了。 ( )
4. 我曾不止一次因为上网而睡眠不足5个小时。 ( )
5. 比起以前,我必须花更多的时间上网才能感到满足。 ( )
6. 我只要有一段时间没有上网,就会觉得自己好像错过了什么。 ( )
7. 由于上网,我花在以前喜欢的活动上的时间减少了。 ( )

8. 我经常上网。（   ）
9. 我常常因为熬夜上网而导致白天精神不振。（   ）
10. 我每次下网后,其实是要去做别的事,却又忍不住再次上网看看。（   ）
11. 我只要有一段时间没有上网,就会情绪低落。（   ）
12. 由于上网,我与周围其他人的关系不如以前好了,但我仍没有减少上网。（   ）
13. 我习惯减少睡眠时间,以便能有更多时间上网。（   ）
14. 从上学期以来,我每周上网的时间比以前增加了许多。（   ）
15. 我常常不能控制自己上网的行动。（   ）
16. 我非常喜欢上网。（   ）
17. 由于上网,我的学习成绩越来越不如以前了。（   ）
18. 我曾因为上网而没有按时吃饭。（   ）
19. 我每天一有空,想到的第一件事就是上网。（   ）
20. 没有网络,我的生活就毫无趣味可言。（   ）
21. 上网使我的健康状况越来越不如以前了。（   ）
22. 我觉得自己花在网络上的时间比一般人少。（   ）
23. 其实我每次都只想上一会儿网,但常常一上网就很久下不来。（   ）
24. 每次只要一上网,我就有兴奋及满足的感觉。（   ）
25. 我从来没有上过网。（   ）
26. 别人曾不止一次对我说:"你花了太多时间在网络上。"（   ）
27. 我非常讨厌上网。（   ）
28. 我曾不止一次因为上网而逃课。（   ）

【计分方法】"Y"计1分,"N"计0分。
【测试结果】总得分在15分以上便可判定为对网络的依赖已达到成瘾程度。

（1）成瘾症状:包括耐受性和戒断反应两个维度。耐受性的题项有1,5,10,14,19,23;戒断反应的题项有2,6,11,15,20,24。

（2）网络成瘾相关问题（影响）:包括人际关系与健康、时间管理两个维度。人际关系与健康的题项有3,7,12,17,21;时间管理的题项有4,8,9,13,18,22,26,28。

（3）测谎题有16,25,27。

三、心理训练

网络已成为现代社会不可缺少的工具,但也存在许多弊端,如果因为网络成瘾而出现一些问题,如头痛头昏、失眠焦虑、情绪低落、社交困难等,可以尝试用以下方法来改变。

（一）转移注意

在想上网的时候强迫自己转移注意力,主动离开放有计算机的房间,或用看书、打球、跑步、听音乐等其他活动取代原来的上网行为。

（二）上网时间递减法

要网络成瘾者一次性的戒掉"网瘾"是不可能的事情。网络成瘾者可以设立合理的"小步子"目标,逐渐减少上网的时间。如果自己每天上网6小时,那么第一个目标应该是每天上网

5小时,这个目标实现并维持一段时间之后,再把目标定为每天上网4小时。以此类推,直到上网时间合适为止。在此过程中,在每次上网的时候,可以使用闹钟提醒自己准时下网。

(三)自我奖励与惩罚

给自己制定上网时间安排表,逐渐减少上网时间。如果自己上网时间明显减少,或感觉自己"网瘾"下降,就可以好好奖励自己,如去大吃一顿或买一件喜欢的东西;如果自己仍然对网络恋恋不舍,上网时间有增无减,就应该惩罚自己,如快跑1500米,做100个俯卧撑等。

(四)随身携带警示卡

为了帮助自己将精力集中在减轻和摆脱成瘾行为上,可以在以下两张卡片上分别列出网络成瘾导致的五个问题和摆脱网络成瘾将会带来的五个方面的好处。然后,每天随身携带这两张卡片,时时处处约束自己的行为。

```
┌─────────────────────────────┐    ┌─────────────────────────────┐
│   网络成瘾导致的五个问题     │    │   摆脱网络成瘾的五个好处     │
│                             │    │                             │
│     1. _____           │    │     1. _____           │
│     2. _____           │    │     2. _____           │
│     3. _____           │    │     3. _____           │
│     4. _____           │    │     4. _____           │
│     5. _____           │    │     5. _____           │
└─────────────────────────────┘    └─────────────────────────────┘
```

(五)团体心理辅导

团体心理辅导是一种在团体情境中提供心理学帮助与指导的一种方式。团体心理辅导由心理辅导者指导,借助团体的力量和各种个体心理辅导理论与技术,就团体成员的心理问题与他们面对面共同商讨,为团体成员提供心理帮助与指导,提供行为训练的机会,使每一位团体成员学会自助,以此解决团体成员共同的发展问题或共有的心理障碍,最终实现改善团体成员行为和发展人格的目的。

团体辅导方式有师生辅导、成员互相辅导、讲座、小组讨论、行为示范等。网络心理障碍的团体心理辅导的内容至少要包括以下几个方面。

(1)缓解求助者的心理紧张和焦虑情绪,利用成员的相互介绍和成员共同参与度高的游戏活动转移他们对心理障碍的过度关注,使他们放松心情,初步拉起一道心理安全网。

(2)在此基础上,让成员讲述各自的成长经历,并做自我评价。其他成员获得"和别人一样的体验",产生情感与心灵的共鸣。

(3)开展对网上信息认识的讨论交流,引导他们正确评价网上信息,共同为提高自身的信息素养出谋划策。

(4)开展对网络与网络技术的研讨,使他们明了网络的两面性、网络技术的中立性和网络技术的工具性。

(5)运用"头脑风暴法",让求助者把网上人际交往与现实中的人际交往的异同、在两者交往中的困顿一一列举出来,并进行归因。之后,再让全体成员倾诉各自在人际关系上的困惑,成员间进行互相辅导,帮助对方寻根究源,寻找人际关系改善的途径。

(6) 设定基本的人际交往的情境,辅导者做交往行为示范,求助者模仿学习。

(7) 小组讨论上网行为的自我管理,彼此订立互相监督上网的契约。

 思考题

1. 什么是网络?互联网具有哪些特点?
2. 大学生具有哪些网络心理特点?对大学生会产生什么影响?
3. 什么是网络心理障碍?它有哪些具体表现?如何克服?

第十三章 大学生心理障碍

 **心灵导读**

在人生旅途中,任何人都会遇到挫折和坎坷。人们的认知能力、辨别能力和心理适应性有差异,有些人难免会产生不健康的心理倾向,而这种不健康的心理倾向会直接影响人们对周围事物的正确判断,甚至导致决策的失误。大学生刚刚跨进校门时,由于他们的单纯和幼稚,往往在这样或那样的挫折和困难面前会显得不知所措,出现苦闷、烦躁、抑郁等情况。这种心态如果不能及时排除,有可能形成心理障碍,会直接影响他们的正常学习和生活,妨碍其健康成长。

通过对本章的学习,了解心理障碍的含义和大学生常见的心理障碍;理解大学生心理障碍产生的原因;掌握大学生心理障碍的调适方法;能够正确区分心理正常与异常,并通过积极有效的途径和方法调适心理障碍。

第一节 心理障碍概述

案例导入

> **案例**
>
> 李同学是个自尊心极强又多愁善感的男生,虽不是非常聪明,但凭着自己的刻苦努力,学习成绩一直名列前茅。经过高考的拼杀,他带着良好的感觉进入大学校园。他刚进入大学时,满怀信心和对未来的憧憬,给自己确立了目标:毕业考研究生。他下定决心在学习上要积极努力,争取得奖学金;在生活上要勤俭,争取课余时间勤工俭学,减轻父母负担;在能力上要主动锻炼,争取竞聘进学生会锻炼自己……军训结束后,李同学很快投入到新的学习生活中。他上课认真听讲,主动思考问题;课后积极努力,参加活动主动表现自己;等等。他觉得生活新鲜、充实而有意义。但是不久,对大学的新鲜感逐渐淡去,班长竞选和院学生会竞聘失败,几次参加社团纳新失利,在大班授课的环境下自己不再有在高中课堂上让同学们羡慕的优秀表现,老师不再像自己刚入学时那样"关注"自己,寝室同学的生活习惯也让自己难以忍受,等等,这一系列问题让李同学的心理开始失衡了,突然感觉大学生活并不像自己想象的那么美好,自己站在"山顶"的感觉没有了。在高手如云的集体内,昔日那种"鹤立鸡群"的优越感已荡然无存,"众星捧月"的地位变了,学习兴趣也随之降低了,第一学期末考试还出现了不及格现象。他觉得同学们在嘲笑他,老师也冷落他了,自己内心总像打翻了五味瓶一样难受,自信心突然坍塌。他开始逃避他人,逃避所有的社团活动,甚至上课也提不起精神,后来就经常逃课、去网吧包宿、沉迷网络游戏,放松了对自己的要求。这样做导致他学习越来越吃力,对自己越来越没信心,成绩也越来越差,生活也变得没有规律,感到彷徨郁闷,食欲不振,经常失眠。

案例评析

案例中的主人公所遇到的问题在大学校园中时有发生,属于适应性心理障碍。其特点是存在长期的不良刺激或对环境的难以适应,导致其社会功能不同程度地受到损害。案例中的李同学进入大学后,从开始的踌躇满志,到最后的自我放弃,都是源于对新的学习环境和新的生活方式缺少必要的心理准备,因此,当出现理想和现实冲突、当发现新的环境与期望相悖,特别是有竞聘失利等负性生活经历时,心理承受力和适应力不够,而把目光由过去对大学的美好憧憬转向了负面感受,感觉到了老师的"冷落"和同学们的"嘲笑",进而觉得"寝室同学的生活习惯也让自己难以忍受"。这一系列的心理连锁反应形成了恶性循环,导致其学习越来越吃力,对自己越来越没信心,成绩也越来越差,生活也变得没有规律,食欲不振,经常失眠等,严重影响了他的生活和学习。

一、心理异常的含义

心理异常是指低于界定的界限,带有一定否定意义的病态心理。一般说来,心理异常按其程度划分有三种:轻度心理异常(心理问题),中度心理异常(心理障碍),重度心理异常(心理疾病)。一般人人都发生过轻度的心理异常,即心理问题,而且也随时可能发生,如受老师批评而产生的不快,因自尊受损而产生的反感、抗议等。如果心理适应性强,自我调节能力较强,多数心理问题能随时得到解决。但也有的人因心理适应性差,自我调节能力较弱,或得不到及时的正确心理疏导,一些心理问题不能随时排除,积淀过久,就会加重心理异常的程度,导致心理障碍。如果心理障碍再得不到及时矫治,就会发展到严重的程度,成为心理疾病,即人们所恐惧的精神病。

二、心理障碍的含义

心理障碍是指心理异常反应剧烈,又持续时间长久,形成心理异常内容充分泛化和自身难以克服的精神负担。心理障碍一般是由心理问题积淀过久而演变成的,往往发生在认知环节上。在心理发展过程中,人们由于认知能力的局限,因此常出现不正确的认知,从而得出片面的、不准确的结论,直接影响情绪的变化,而这个过程的时间愈久,愈易"泛化"。例如,某高校一位女生,某一天晚上突然出走,留下纸条,上边写道:"姐妹们,我走了,别为我担心。我实在受不了啦,精神要崩溃了,我要散散心,请别告诉老师,别通知我家长……"后来,同学们终于在火车站找到了她。经了解,这位女生的父母在其不满周岁时离异,她由母亲抚养,不久母亲又组成新的家庭,但继父对待她母女俩并不好,酒后总辱骂她母女俩。她的生父在她初三时悄悄去看过她。由于继父待她不好,因此她便萌生了寻找生父的念头。后来,她得知生父成立了新家,并又有一儿子时,她失望了。从此,她开始不相信人们说的话了,认为人与人之间是虚伪的,没有什么真诚可言。她认为母亲瞒她 20 年不讲真话是欺骗她,继父又不爱她,生父又不尽其责,她周围的人都不能接受她,因此她很痛苦。三天前生父突然出现在她面前,声称认女儿。面对突如其来的情况,她心乱如麻、百感交集、痛苦万分、不知所措。送走生父后,她一直徘徊在痛苦之中,没跟任何人讲。思考了三天后,实在想不开,于是决定出走。这是一个很典型的由心理问题发展到心理障碍的例子。

三、心理正常与异常的区分

为什么要区分心理正常与异常呢?这是因为心理疾病的诊断主要是依据心理症状,而心理症状就是心理状态异常的表现。要认识心理异常就必须与心理正常状态做比较,通过分析比较,才能确定哪些心理反应是异常的。

一般来说,心理正常与异常之间必然存在一种界限,两者存在着实质性的差异,而且应该有一个区别它们的标准。但实际上要找到一个判定心理正常与异常的固定不变的、通用的标准是困难的。因为个体心理正常与否与他所处的时代环境、社会文化和风俗习惯等有密切关系。例如,我们现在的家庭关系是男女平等,男女在家庭中享有同等权利,而在我国个别山区至今仍存在着母系氏族群体,在那里的家族中,女尊男卑,一切都要服从女当家的,丈夫只是这一家的客人,不是家庭成员。男女婚姻被称为"走婚",丈夫晚上到妻子家住,白天要返回生养自己的家中去,如此行为和心理反应在当地属于正常,你若要求男女平等,则是异常,为族群的人们所耻笑,所不容。

但是,在相同的社会文化背景下,人们还是可以制定出一般人正常心理活动的常态范围。将个人的心理状态与社会认可的行为常模比较,以及与其本人一贯的心理状态和人格特征加以比较,就可以判定此人的心理是否异常,其心理异常的程度如何。

划分心理异常的标准是困难的,正常与异常没有绝对的分界线。但是,多数专家认为,根据心理科学的理论原则,可以从以下三个方面来认识和判定个人心理状态是否正常。

1. 心理与环境的统一性原则

心理是客观现实的反应,因此任何正常的心理和行为都必须与客观环境保持一致性。例如,街道上出现一只疯狗,人们都很害怕,一些人拿起棍棒把疯狗打死,以免疯狗咬伤他人,这些人的思想、感情和行为是正常的表现。假如在场的其他人均未看到疯狗,而有人却清楚地看到一只疯狗在咬人,那么此人可能是心理异常。所以正常的心理活动必须保持与环境的一致,如果人的认识、情感和行为与客观现实相脱离,那么这个人的心理可能就是不正常的了。

2. 心理活动的内在协调一致性原则

人类的心理活动过程是由认知过程、情感过程和意志过程等部分组成的。认知、情感、意志过程等各种心理过程是一个动态的有机完整统一体,各种心理过程之间具有协调一致的关系。在心理活动过程中,如果它们之间表现出不统一和不协调,也就是说失去了心理活动的统一性和协调性,就代表出现了心理异常。如正常人想到或遇到高兴的事就会感觉愉快而发笑,遇到悲伤的事就会伤心甚至哭泣,这是心理正常的表现。假如一个人无缘无故地发笑或哭泣,或者是遇到伤心的事反而不停地笑,那就是心理异常的表现了。

3. 人格的稳定性原则

人格是个人在长期的生活历程中形成的独特的个性心理特征。每个人的个性特征也就是人格特征都具有相对的稳定性。俗话说"江山易改禀性难移",这说明人的个性是不易改变的。如果在没有重大的外部环境变化的情况下,一个人的个性特征却发生了明显变化,那么这个人的心理可能产生了异常。如一个一向比较开朗、乐观、外向的人,没有遭遇什么明显变故,却突然变得沉闷、寡言、悲观、内向,这个人的心理和行为偏离了正常轨道,可能打破了人格稳定性,有可能是心理异常反应。

第二节　大学生常见的心理障碍

案例导入

案　例

彭某从苏北农村来到一所理工大学,和同学们一样,愉快地投入到紧张的军训之中。军训刚进行没多久,他突然因患了阑尾炎而入院治疗。这对一个好学上进、不甘落后的"常胜将军"来说,无疑是一个沉重打击,他自称"苦恼极了"。军训结束后不久,他说自己莫名其妙地出现了一种非常奇怪的现象:整日总想撒尿。白天上课的时候,他如坐针毡,每节课都胆战心惊,课间不停地上厕所。上床睡觉前后,想撒尿的意念更加强烈,于是时隔10分钟就得去一趟厕所,这使彭某难以正常休息和学习,内心十分苦恼和焦虑,但是又不好意思对周围的同学讲,只好每天往校医院跑。由于这是一种心理障碍,药物治疗效果并不太明显。彭某在连续受到挫折而不能自拔的情况下,才前来进行心理咨询。

案例评析

彭某的这种不由自主反反复复做出大致相同行为,并因而感到十分不安,继而影响正常的生活和学习的现象,是强迫症的典型表现。强迫症的发病往往缘于当前某些令人痛苦的负性生活事件,而患者的表现又常常与他幼年时的生活经历有关。彭某在小学二年级的时候,有一次忙于做作业课间没有上厕所,接下来老师又突然举行考试,于是他整整憋了三节课,最后实在憋不住,尿湿了裤子。同学们知道了他尿裤子的事,还给他起了难听的绰号嘲笑他,使他感觉非常难堪,这是他小学记忆中一件非常尴尬的事。

大学入学后,面对强手如林的新环境,他害怕在新的集体中落伍,怕出现类似小学时尿湿裤子受他人嘲笑的事,在强烈的自尊心的作用下,产生了高度恐惧不安的情绪。为了排解这种情绪,他采取令人不解的强迫如厕的行为,而这种行为的潜在意义,就是防止在新环境下出现童年时的难堪之事。拿出童年时解决问题的方式(如厕),来达到现在的目的(在学习中拔尖),这显然是一种幼稚而不合情理的举动。

有些大学生长期以来受到某种心理障碍或心理异常的折磨,十分痛苦,生活和学习受到严重影响。但遗憾的是本人不知道这是怎么回事,不知道自己的心理已经出了问题,因此也不懂得去寻求心理咨询人员的帮助。有的同学在病情已经非常严重时才做心理咨询,而此时他的病情已超过了心理咨询的范围。还有一些大学生,从报刊上或书本里读到有关心理障碍(或异常)的知识介绍,便硬与自己的情况联系起来,以致整日忧心忡忡,惶惶不安,唯恐自己精神不正常,因此严重地干扰了正常的学习和生活。鉴于上述情况,根据人们日常生活中所常见的心理、行为异常的表现,把心理障碍或异常分为五大类。

一、神经方面的障碍

神经方面的障碍一般称神经症或称神经官能症,是指人的整体心理的某些方面受到影响,大脑一般没有组织上的器质性损害,只是在高级神经系统活动方面表现失调。患者心理活动各个方面的协调性受到一定的影响,对周围环境的适应能力明显减弱,人际关系往往不够和谐。但他们能理解和认识到自己心理处于失常状态,因而主动寻求改善自身不正常状态的办法和措施;能自理生活,日常工作和社会生活可以正常进行。患者主要表现为精神活动能力降低(如注意力不集中、记忆力减退、学习与工作效率降低等);情绪失调,如情绪波动过大、烦躁、抑郁等;慢性疼痛,如紧张性头痛、腰痛等;睡眠障碍,如失眠、噩梦、早醒或睡眠过多等;有疑病强迫观念;有各种明显的躯体不适应感,但体检时找不到器质病变。

(一) 神经衰弱症

神经衰弱是一种很常见的神经症,患者多数是青壮年脑力工作者,尤其在青年学生中居多。但是,有的青少年对神经衰弱认识不足,仅仅因为自己失眠健忘就给自己扣上了"神经衰弱"的帽子。根据我国制定的诊断标准,神经衰弱症状有以下五个方面的表现。

1. 衰弱症状

患者经常感到精力不足、萎靡不振、反应迟钝、困倦思睡,特别是工作、学习稍久即感到注意力不集中、思考困难、记忆力下降,学习效率不高,即使得到充分的休息也不能消减其疲劳感。

2. 兴奋症状

患者在阅读书报或收看电视时精神容易兴奋,会不由自主地产生回忆和联想,而且控制不住。

3. 情绪症状

情绪症状主要表现为容易烦恼和容易激动,烦恼的来源主要是生活中难以解决的各种矛盾。

4. 紧张性疼痛

患者经常感到头晕、头胀、头有紧压感或颈项僵硬,有的则是腰酸背痛或四肢肌肉疼痛。

5. 睡眠障碍

最常见的睡眠障碍就是入睡困难,躺在床上辗转反侧,心情烦躁,难以入睡;其次是多梦、易惊醒或感到睡得的不稳不深,似乎整夜都未曾入睡。

如果一个人同时有上述五种症状中的三种以上,那么可能患有神经衰弱。若只符合其中的一种或两种,绝不能给自己扣上神经衰弱的帽子。其实神经衰弱并不可怕,可怕的是对神经衰弱的焦虑、紧张、担心。因为过分的紧张、焦虑、担心会加重神经衰弱本身的症状。

(二) 癔症性神经症

癔症性神经症简称癔症,又称歇斯底里症,是由精神刺激或不良暗示引起的一类精神障碍。癔症大多突然起病,患者可出现感觉运动和神经功能紊乱,或短暂的精神异常。检查常不能发现有相应的器质性病变。这类症状可因暗示产生,也可因暗示而改变或消失。

癔症发作与精神因素关系密切。使患者感到委屈、愤怒、羞愧、窘困或惊恐等的突然刺激,常为本病的初发病因,以后可因联想或重新体验到当时的情感而发病。躯体症状大多由暗示和自我暗示引起,而精神症状则由明显的强烈情感因素所促发,有易感素质者遇到较轻的精神刺激即可发病。有癔症个性特点者较易发生本病,该个性特点即情感反应强烈而不稳定,容易走向极端,对人对事常感情用事,富于幻想,易受暗示,好表现自己。癔症的表现如下。

1. 精神障碍

(1) 情感爆发。在精神受刺激后立即发病,患者情感反应强烈,尽情发泄,一般发作历时不长,10 分钟至 2 小时逐渐安静。

(2) 意识障碍。患者处于昏睡、木僵或朦胧状态;有的答非所问、每答必错,呈痴呆表现,称为癔症性假性痴呆;有的能针对问题回答,但答案近似而不正确,称为甘瑟综合征;有的患者言语、表情幼稚如儿童,称童样痴呆。

(3) 精神病状态。类似重精神病精神运动性兴奋的表现,意识障碍不明显,可有幻觉或妄想,但时间短暂,常在 3~5 分钟内安静下来,此外尚可有阶段性遗忘、神游、双重人格或多重人格、附体体验等表现。

2. 运动障碍

运动障碍可表现痉挛发作、瘫痪、抽搐、舞蹈样动作或失音等。

3. 感觉障碍

可突然失明,或出现弱视、管状视野或单眼复视,也可突然耳聋,出现躯体感觉缺失或感觉过敏区,或有咽部梗阻感(称为癔症球)。

4. 自主神经和内脏功能障碍

自主神经和内脏功能障碍可表现为神经性呕吐、呃逆、腹痛、尿痛、尿急、假孕等症状。本症可以通过暗示作用影响患者近亲或周围人群,引起短暂的癔症流行。无论患者有何症状,通过检查都不能发现相应的器质性病变,其症状体征也不符合解剖生理规律,且可在暗示影响下改变或消失。

(三)强迫性神经症

强迫性神经症简称强迫症,是指患者主观上感到某种不可抗拒的和被迫无奈的观念、意向或行为的存在,表现为强迫观念、强迫意向、强迫行为。

1. 强迫观念

强迫观念是强迫症的核心症状,生活中最为常见。例如,有些患者在头脑中反复思考某些并无实际意义的问题,如"动物为什么要分雌雄?""树为什么要往上长?";出门后总是怀疑门、窗没有锁好、关好等;有的人看到或听到某一事物时就会联想到可怕的、不愉快的情景,如见到别人抽烟就联想到火灾,见到"黑"就不由自主地想到"白",见到"友好"就联想到"危险"。

2. 强迫意向

强迫意向是最折磨人的一种强迫状态,患者常常被某种与正常心理相反的意向所纠缠,产生一些令患者感到害怕和紧张的冲动,虽然他们也知道这种冲动和意向是违反自己的意愿和人格的,但却难以摆脱这种不堪设想的状态。例如,患者来到窗前便会产生跳楼的冲动等。事实上,冲动不等于行动,他们绝对不会真正做出这种行为,只是此种强迫意向似乎显得"强有力"让他们不能控制,从而反复出现在脑海里,常常给患者带来焦虑和恐惧的情绪反应。

3. 强迫行为

有人表现为洁癖,如反复洗手、脸或某一部位;有人表现为强迫计数;有人表现为强迫检查;还有的人表现为强迫性礼仪或动作等。

(四)恐怖性神经症

恐怖性神经症简称恐惧症,是指对某种特定的事物或情绪产生持久的、特殊的、不合理的强烈的恐怖感。这种恐怖感与引起恐怖的情境很不相称,让人难以理解。患者明知这种恐怖没有必要,但无法控制,于是就千方百计回避恐怖源,行为退缩得十分明显,从而影响正常的工作和学习。恐惧症依据恐怖对象不同可分为社交恐怖、水恐怖、空旷恐怖、疾病恐怖、动物恐怖、登高恐怖、声音恐怖等。

(五)抑郁性神经症

抑郁性神经症简称抑郁症,是一种以持久的心情低落为特征的精神障碍。患者表现为心情压抑、郁闷、沮丧,遇事老往坏处想,对生活失去信心,对日常活动缺乏兴趣,对各种娱乐或令人高兴的事体验不到乐趣,遇到亲友聚会或热闹场所尽可能回避,常常夸大自己的缺点,自卑、自责、内疚,精神疲惫,思维迟钝,感到前途暗淡、生活没有意义,有自杀的企图或想法等。

(六) 焦虑性神经症

焦虑性神经症简称焦虑症,是以发作性或持续性焦虑、紧张为主要特征的精神障碍。患者的焦虑情绪并非由现实情况所引起,而是常伴有自主神经功能障碍和运动性不安,严重者可有惊恐发作。患者主要表现为没有明确对象和内容的恐惧,提心吊胆,惶惶不安,感觉似乎有大祸即将临头或死亡将至,但说不出怕什么,或会发生什么危险和不幸。常出现头痛、头昏、失眠、晕厥、震颤、多汗、心悸、恶心、呕吐、胸痛、呼吸急促、窒息样感觉、腹泻、尿频等。生化改变可有血糖升高,肾上腺素、皮质类固醇、白细胞增加等。

焦虑性神经症根据疾病表现形式可分三种类型。

1. 急性焦虑症

急性焦虑症发作可持续数分钟或数小时,以后可再发,或一天发作多次。

2. 亚急性焦虑症

患者表现为遇到困扰或受到刺激而产生焦虑、紧张反应。患者个性特征多为胆小羞怯、自卑过敏、易忧心忡忡。这种情况可持续终生。

3. 慢性焦虑症

患者有胆小羞怯、自卑过敏、易忧心忡忡等性格特点,常处于持续焦虑状态之中,为一些小事而苦恼、自责,对困难过分夸大,遇事往坏处想,常无病呻吟,对躯体不适特别关注,注意力不集中,记忆不佳,常失眠、多梦。

(七) 疑病性神经症

疑病性神经症简称疑病症,又称臆想症。患者表现为对自身健康状态过分关注,对身体的微小不适或感觉过于夸大和做出不切实际的解释,深信自己患了某种躯体或精神疾病,到处求医,迫切要求治疗。各方检查和医生对疾病的解释也不能消除患者固有的成见,从而焦虑、恐惧,担心得了不治之症而惶惶不安。

二、人格障碍

人格障碍是指内心体验或行为模式明显偏离正常且根深蒂固的社会文化环境和行为方式,适应不良的异常人格模式。人格障碍一般始于童年或青少年,而持续到成年或终生。一般认为它是在不良的先天素质的基础上,遭受到环境有害因素(特别是心理社会因素)的影响而形成的,通常有不同的表现类型。

(一) 偏执型人格障碍

偏执型人格障碍又称妄想型人格障碍。患者的主要表现是思想固执,敏感猜疑,不信任或者怀疑他人,过分警惕与防卫,将别人的友好行为误解为敌意或轻视;强烈地意识到自己的重要性,有将周围发生的事件解释为"阴谋"、不符合现实的先占观念;过分自负,认为自己正确,将挫折和失败归咎于他人;不接受批评,易冲动,缺乏幽默感;容易产生病理性嫉妒;对挫折和拒绝特别敏感,不能谅解别人,长期耿耿于怀,特别好斗;对个人权利执意追求,常与人发生争执或沉湎于诉讼,人际关系不良等。

(二) 分裂型人格障碍

分裂型人格障碍在日常生活中是比较常见的,主要表现如下。

(1) 牵连观念。患者会毫无道理地将周围环境中的各种变化和与自己无关的事情与自己联系起来而深感不安。

(2) 过度的社会焦虑。患者在有陌生人在场的时候表现出极度不安。

(3) 奇特的信念和想法。有些患者感到自己有透视能力、心灵感应或"第六感官",对奇异功能特别着迷。

(4) 奇怪的、反常的、特别的行为或外貌。有的患者穿衣戴帽非常的奇特;有的患者不修边幅,行为不合时宜,不符合习俗或自己的行为目的不明确。

(5) 言语怪异。患者说话离题或用词不当,表达意思不清楚。

(6) 不寻常的知觉体验。患者经常产生错觉或幻觉。

(7) 缺乏温情,行为怪异。患者的人际关系较差,难与别人建立起深切的情感关系,没有亲密的朋友或知己;对别人的意见漠不关心,无论是赞扬还是批评,均无动于衷,过着一种孤独寂寞的生活。

符合以上七种表现中的四种,一般就可以认定是分裂型人格障碍。

(三) 反社会型人格障碍

反社会型人格障碍在现实生活中也是常见的,患者主要表现为缺乏道德情感,没有怜悯、同情心和内疚感,做了坏事心里一点儿也不觉得难过,对别人的痛苦漠不关心,脾气暴躁,不能容忍丝毫的挫折,总是责怪他人或环境,不真诚、不坦率,没有责任感和义务感,常常会做出一些违反社会规则和社会公德的行为。

(四) 自恋型人格障碍

自恋型人格障碍患者有以下表现。

(1) 不能接受批评。患者受到批评后往往产生强烈的愤怒、羞愧和耻辱感。

(2) 喜欢指使别人。自己什么都不干,却指使别人干这干那,要他人为自己服务。

(3) 过分的自高自大。对自己的能力夸大其词,特别希望受到别人的关注。

(4) 过分自信。认为自己的家庭、长相、气质等是别人无法比拟的。

(5) 想入非非。患者对成功、权力、荣誉、理想、爱情等有非分之想。

(6) 唯我独尊。自己想干什么都行,但别人不行,自己可以指使别人,别人绝对不能指使自己。

(7) 虚荣。特别好面子,把自己的脸面看得比什么都重,特别希望得到别人的赞扬。

(8) 冷漠。只关心自己,对别的人和事漠不关心。

(9) 多疑。疑心比较重,总是怀疑这、怀疑那。

只要符合以上九种表现中的五种,一般就可以认定是自恋型人格障碍。

(五) 冲动型人格障碍

冲动型人格障碍也称为爆发型人格障碍。患者主要表现为对人对事往往做出爆发性反应,稍不如意就火冒三丈,易于爆发非常强烈而又难以控制的愤怒情绪;行为有不可预测和不考虑后果的倾向;不能在行动之前事先计划,有不可预测和反复无常的心境,行为爆发时不可遏制;特别在行动受阻或被批评时易与他人冲突和争吵,此类人经常变换职业和酗酒。

(六) 回避(焦虑)型人格障碍

回避(焦虑)型人格障碍患者的主要表现为懦弱胆怯,自幼胆小,易惊怒;有持续和广泛的紧张、忧虑感觉;敏感羞涩,对任何事情都表现得惴惴不安;敏感、自卑、退缩,面对挑战采取逃避态度或无力应付,日常生活中惯于夸大潜在的危害,达到回避某些活动的程度;个人交往十分有限,对与他人建立关系缺乏勇气。与分裂型人格障碍患者不同的是,他们并不乐于孤独或安于退缩状态,他们不与他人来往并非出于自己的意愿。他们常被迫采用多种心理防御机制来应付外界的要求。

三、性心理障碍

性心理障碍又称性变态或性欲倒错。性心理障碍常见的有以下几种。

(一) 恋物癖

恋物癖是指经常收集异性使用过的物品,并将此物品作为性兴奋、性满足的唯一手段的性变态。患者大多数为男性,其主要表现如下。

(1) 千方百计、不惜一切代价收集自己偏爱的异性物品。在得到恋物的前后,患者的心理相当复杂和矛盾,未得手时表现为情绪焦虑、紧张和不安,而一旦得手,虽然性心理得到了满足,但又会对自己的行为产生自责、悔恨、忧郁、痛苦、自卑等心理冲突。

(2) 恋物癖患者对异性本身毫无兴趣。患者只对异性的物品感兴趣,至于这些物品是什么人的无关紧要,只要是异性的就行。

(3) 有不良的性行为习惯。患者一边摸着、看着、闻着这些物品,一边以各种方式达到性高潮。

(4) 恋物癖患者往往有改过之心,却无改过之举。患者在遭到嘲笑和歧视时,会受到很大的心理压力,往往决心痛改前非,但当他们见到恋物后往往会不由自主地去收集。

(二) 窥阴癖

窥阴癖是指以窥视异性的裸体或性生活而获得快感和性满足的异常心理。患者多数是男性。窥阴癖的患者自身没有正常的性要求,不图谋接触异性,而是通过窥视别人的性生活,或偷看异性的裸体、生殖器官来获得兴奋和性快感。

(三) 露阴癖

露阴癖是指通过在不适当的环境下在异性面前暴露自己的生殖器或完全裸体,引起异性紧张性情绪反应,从而获得性快感的心理异常表现。患者多数是男性。露阴癖患者经常出没于一些偏僻的角落、公共汽车上、商场、影剧院等,当遇到异性时就解衣显露生殖器,一边手淫一边说下流话。他们一般不接近女性,而是保持相当的距离,也没有攻击行为,只是从女性的惊慌、害怕、羞怯、厌恶的神态和惊叫中获得性欲的满足。

(四)异装癖

异装癖是指以穿异性服装而获得性满足的一种变态心理。患者以男性为主。异装癖患者常常是独自关上门,穿上异性的内衣和服装,有的是在夜深人静时穿上异性的服装到街上散步。异装癖患者主要是通过穿着异性服装引起兴奋,部分患者主要是通过穿着异性服装来消除烦恼,获得安宁和舒畅感。

(五)异性癖

异性癖患者在心理上不能接受自己的生理性别,对自己的生理性别深恶痛绝,因此其中有些人强烈要求以药物或手术来改变性别,严重者会产生自杀的心理倾向。有许多国家(包括中国)都曾报道过异性手术。异性癖的发生率大约在十万分之一。异性癖男女都有,但男性居多。

性心理障碍除了以上介绍的几种以外,还有恋兽癖、受虐癖、施虐癖、恋童癖、恋尸癖等。

四、特殊意识状态

特殊意识状态包括以下几种情况。

(一)催眠状态下或梦境状态下的心理变化

催眠状态下或梦境状态下的心理变化主要表现为意识模糊或意识范围狭窄,并在此基础上产生各种心理变化,只要催眠状态解除,梦境状态结束,心理变化即恢复正常。

(二)社会交往或感觉剥夺状态

社会交往或感觉剥夺状态是由于大脑失去了适度的兴奋刺激的支持而功能失调导致的,主要表现为注意力涣散、记忆力减退、意志力和自控能力严重下降、思维混乱、情绪不稳、烦躁不安、焦虑压抑或出现孤独感。

(三)宗教徒入化状态

如气功的销魂状态及练功者的"走火入魔"状态。

(四)服用精神活性物质或是物质滥用所致的精神障碍

这里所说的物质是指能够影响人们的心境、情绪、行为,改变人们的意识状态,并可能有依赖作用的物质,如一氧化碳、香烟、酒精、镇静解痛药、兴奋剂、致幻剂、毒品等。这种中枢兴奋剂所致的欣快、兴奋、不安、过分警觉、判断失误或站立不稳、妄想等,在一定情况下易引起精神障碍。这类药物如致幻剂等导致的心理、行为异常表现大多属于正常心理和变态心理之间的交叉或边缘状态,而且许多表现都是一过性的,即引起异常表现的各种状态消失以后,患者的心理与行为便恢复正常,大多数人无须治疗即能恢复常态。

五、严重的心理异常

严重的心理异常指人的整体心理机能瓦解,不仅心理活动各方面的协调一致遭到严重的损害,而且机体与周围环境的关系也严重失调。严重的心理异常概括起来主要有以下三方面的异常表现:一是患者的反应机能受到严重损害,对客观现实的反应是歪曲的,可出现精神失常现象,如幻觉、妄想、思维错乱、行为怪异、情感失常等,因而丧失正常的言行、理智与行为反应;二是患者的社会功能有严重损失,不能正常处理人际关系,不能理解个人生活,也不能正常参与社会活动,甚至会给公众社会生活造成危害;三是不能理解和认识自身现状,不承认自己有精神病,对自己处境完全丧失自知力。各种精神病都属于严重的心理异常。

(一) 精神分裂症

精神分裂症是最严重而且常见的精神病,患病率约为 0.3%~0.7%,发病多在青春期及成年初期,病程多迁延。其发病原因尚不明确,虽然能在遗传、生化、心理、社会等方面都能找到一定的证据,但并未完全说明问题,这也影响到对该病的理解和诊断。精神分裂症的特点是患者基本个性改变,出现感知、思维、情感和行为障碍,精神活动各方面及与环境的关系均不协调,但一般无智力缺陷和意识障碍。其症状复杂多样,较常见的有思维联想障碍,原发性妄想、幻觉,情感倒错或淡漠,紧张综合征,被控制感、被操纵控制感、被洞悉感等。本病可分为急性和慢性两种,急性起病预后较好,慢性起病预后较差。精神分裂症可分多种类型,如单纯型、青春型、紧张型、妄想(偏执)型等。

由于精神分裂症多在青年期发病,因此在大学生中发病率相对较高。如何早期发现、早期治疗,是大学生心理健康教育一项重要任务。如果大家都有一点这方面的基础知识,并能适当地关心,那么情况就会好得多。

精神分裂症的早期症状(或称前驱期症状)如下。

(1) 感知觉异常。
(2) 思维逻辑松散凌乱,说话语无伦次。
(3) 常发表奇特的想法或信念,并因此而影响行为。
(4) 情感迟钝或倒错等。
(5) 有明显的怪异或奇特行为,如当众自言自语及进行诡秘动作等。
(6) 明显的退缩或社会隔离。
(7) 兴趣、动机、意志力明显减退。
(8) 学习和工作能力明显下降。
(9) 生活懒散,个人卫生或形象明显受损。

(二) 躁狂抑郁症

躁狂抑郁症是另一种重度精神疾病,它是以原发性情感情绪障碍为主要临床表现,且发作期和完全正常的间歇期反复交替出现的一种精神病。躁狂发作期以言语明显增多、联想加快、观念飘忽、注意力不集中而随意转移、自我感觉良好、自我评价过高、情绪极端高涨,行为活动显著增多、精力充沛、行为轻率等为特点。抑郁发作期则与此相反,以言语明显减少、联想困难、思维迟缓、思考能力下降、体感不适、自我评价过低、情绪极为低落、反复出现轻生念头、行为活动显著减少、自责、自罪等为特点。

第三节　大学生心理障碍的成因

案例导入

案 例

大二学生林某,到大学后一直担任班长、学校学生会干部等主要职务。不过他有个特点,就是直言不讳。英语老师授课不认真,他代表全班同学向老师提意见,因此得罪了英语老师。从此,这位老师在课堂上三番五次地挖苦、讽刺他,期末考试又给他的英语打不及格。由于英语考试不及格,他的班长和学生会干部被撤掉了。这件事严重挫伤了他的自尊心和积极性。从那时起,他变得懒散、随便,学习也不那么认真了,整日沉默寡言,对外界事物也失去了敏感与好奇。逐渐变得更为消沉,生活、学习更无规律。他明知这样下去很危险,却无法自拔。某一天,他觉得生活实在是没意思了,压力非常大,于是写了一封遗书想自杀,幸亏被同学及时发现,把他从死亡的边缘拉了回来。

案例评析

本案例中的林某由于自尊心受到打击而又不能及时调整,长期积累而得了抑郁症。林某的抑郁症与人际交往有关,但不是因其自身不愿与人交往造成的,而是话直语失得罪了英语老师,受到英语老师的讽刺和挖苦造成的。患者抑郁消沉的原因不仅仅在于创伤性体验,更重要的是两种极端体验的反差所造成的严重心理失衡。他过去一向是班级干部,人人羡慕的尖子,英语老师的当众讽刺和挖苦,期末考试又给他的英语打不及格,使其名誉和形象大受损伤,这对于自尊心、上进心很强的他来说,无疑比什么打击都大。倘若他过去不是处于那样的地位,遇到某位老师的讽刺挖苦也不至于引起如此之大的情绪波动,而问题就出在这种强烈的反差上。

大学阶段是一个人身心成长发育的关键时期。大学生的内心体验越来越丰富,思想观念不断发展,他们对精神、对爱与归属、对尊重的需求非常明显,对人生价值的实现充满幻想。但实际上,社会和学校对大学生的这些心理和精神上的需求并没有给予高度的重视,许多大学生挣扎在理想与现实的冲突中不能自拔。影响大学生心理健康发展的因素是多种多样的,既有生理原因,又有社会因素,也有个体发展过程中自身的心理因素。

一、生理原因的影响

人是一个身心统一的整体,其生理健康和心理健康是交互影响的,健康的心理寓于健康的身体。生理因素是导致大学生心理障碍的一个重要因素。

(一)遗传因素的影响

遗传是指父母把自己的生物性状,即生理结构和机能的特点传递给子女的现象。遗传是

生物界共有的普遍现象。人的心理问题能否遗传,这是人们非常关注的一个问题。一般来说,人的心理活动是不会遗传的,它主要是在后天的社会环境影响下,在社会实践活动中形成和发展起来的。然而,人作为一个身心统一的整体,与遗传的关系十分密切,尤其是一个人的体形、气质、神经结构及活动特点、能力等的某些成分直接受到遗传因素的影响。现代的大量研究资料表明,在精神疾病,尤其是精神分裂症、躁狂抑郁症和癫痫等所谓的内源性精神病的致病因素中,遗传占有十分重要的地位。

(二) 发育因素的影响

个体生长发育的特点和速度,对其心理健康发展也有一定的影响。青春期的身体发育是影响学生心理健康的一个不可忽视的因素。青春期是一个人长身体、学知识的黄金时期,也是培养个性的重要时期。生理的剧变会不可避免引起心理上的反应。这时,性发育给他们带来的最初的性冲动,如女孩的初潮和男孩的首次遗精,往往使一些缺乏必要性知识的学生产生羞耻感、罪恶感、内疚感、焦虑、烦恼甚至恐慌等情感体验;而体格发育的特点(如过高、过矮、过胖、过瘦)、发育的时间(过早、过晚)也都会引起大学生的一些不良的心理反应。

(三) 生理疾病、外伤和中毒等因素的影响

大学生的生理疾病、外伤和中毒等因素,因为可能会给大脑带来伤害或者引起生理变态反应影响神经系统的机能,进而引起各种心理障碍,所以对大学生的心理健康也有不利的影响。

1. 生理疾病

发烧、炎症等都能使脑组织的活动发生变化,对脑的局部或全部机能有破坏作用,从而使个体出现某些精神障碍状态,引起心理疾病;许多病原体都可以产生毒素,这些毒素也能侵犯脑组织而影响脑的机能活动;此外,有些传染病会使身体发生变态反应而影响神经系统的机能,进而引起各种心理障碍。

2. 外伤

当身体受到物理性的伤害(如机械性创伤、电伤、放射性伤害、烫伤、烧伤、冻伤等)后,一方面可能使中枢神经系统发生直接伤害而导致心理障碍的产生,另一方面还可能由于外伤而引起个体强烈的心理应激反应,使心理发生异常。

3. 中毒

导致个体中毒的毒素可以是由体外输入的化学物质,如麻醉剂、兴奋剂、镇静剂及安眠剂等,也可能是某些系统性疾病导致机体产生的异常代谢产物。例如,急慢性肝病会使肝功能严重受损,肝的解毒作用减弱,导致体内血氨含量增高,临床上患者可出现意识障碍、记忆力减退或错乱、智能或个性改变等症状;肺功能不全会导致二氧化碳潴留、动脉血氧含量及氧分压降低、二氧化碳分压增高、血 pH 值下降、大脑缺氧,临床上患者可出现意识模糊等心理障碍。有许多化学物质都能作用于人的中枢神经系统而改变人的正常心理活动,从而造成心理障碍。在工业化越来越发达的现代社会,各种污染越来越多,毒素已成了影响人心理健康的重要因素。

(四) 神经-内分泌系统异常因素的影响

人的神经系统包括中枢神经系统和周围神经系统。个体心理障碍的产生与整个神经系统,尤其是大脑有着最为密切的关系,而周围神经系统对人的心理健康也有较大的影响。内分泌功能正常,人的发育就正常;内分泌功能失调,人体就会发生病变,从而直接或间接地影响神

经系统,并引起心理活动的异常。例如,甲状腺功能过盛会引起机体新陈代谢亢进、神经兴奋性增高,使患者易激动、紧张、烦躁、多语、失眠等;而甲状腺功能低下又会引起机体条件反射活动迟缓使患者智力下降、记忆力减退、联想和言语减少、嗜睡等。又如,肾上腺功能发达的人,情绪易于兴奋、激动;而肾上腺功能不足的人,则易抑郁、疲劳、缺乏学习兴趣等。此外,脑垂体功能过盛者,会表现出淡漠无情、注意力易分散、语言迂缓、健忘等症状;而脑垂体功能不足者,则会身心发展延缓。近年来,对一些心理健康问题的研究都证明,神经-内分泌系统的种种异常因素确实可以影响人们的心理健康。

二、社会因素的影响

大学生是在一定的社会环境中生活成长起来的。因此,一定的社会文化背景、社会经济地位、风俗习惯等因素都对学生的心理健康产生影响。

（一）社会文化背景的影响

不同的社会文化关系(或环境)不仅制约着人的心理异常表现的内容,而且影响到心理异常的表现方式。每个人在家庭、学校中所受的教育,都离不开社会文化因素的影响。在任何时候、任何情境下,作为教育者的父母或教师都是一定文化因素的"负荷者"。社会正是通过他们,把其原则、规范、准则等灌输给每一个新的成员,使每一个新成员形成其理想、信念、世界观、需要、动机、兴趣等心理品质。因此,社会文化背景对大学生的心理健康的影响是不言而喻的。

（二）社会经济地位的影响

人的心理健康与其社会经济地位有一定关系。生活条件艰苦、物质贫乏的人,其得到的食物营养、关心注意、居住条件、教育机会及家庭的照顾等相比其他人较差或较少,导致他们在生理成长发育和心理发展方面都受到损害,很容易发生心理健康问题。

（三）社会政治局面的影响

社会政治局面的安定或动荡情况,也是影响人的心理健康的重要因素。不能适应形势变化的人,由于对客观现实的变化不能认识、不能理解、不能接受,因此会感觉自己不能主宰自己的命运,不能与社会沟通,失去了社会的支持,常常觉得茫然或孤立无助,导致情绪上的彷徨、失望、怀疑、忧虑、悲伤、恐惧、愤怒及绝望,等等,对其心理健康发展产生严重的影响,导致心理或生理上的异常表现。

（四）社会意识形态的影响

社会意识形态以社会信息为媒介对人的心理健康产生影响。现在一些不健康的电影、电视、录像、小说、报刊等已侵蚀了许多大学生的心灵,对他们心理健康发展造成了极大的危害。

（五）社会风气的影响

社会风气作为一种社会心理环境,不可避免会对生活在其中的学生产生影响。例如,现今社会上"一切向钱看""走后门""拉关系""请客送礼""以权谋私"及新的"读书无用论"等已严重污染了大学生的心灵,有的学生甚至因此走上违法犯罪的道路。

三、心理因素的影响

大学生产生心理障碍最直接的原因是心理因素。不了解心理障碍产生的内部机制,就不可能找到大学生心理健康问题产生的原因,就不能"对症下药",更不能找到防治的具体方法和措施。因此,探讨和研究影响大学生心理健康的心理因素,对于提高学校心理卫生工作的质量具有重要的现实意义。

(一) 心理冲突的影响

心理冲突又称动机冲突。动机是直接推动个体进行活动的内部动因或动力。它一经产生,便会引导个体进行实现目标的活动。个体在有目的的活动中常常会同时有一个或数个所欲求的目标,同时又有两个以上相互排斥的动机。如果这些并存的目标不能达到或完全达到,动机不能获得满足或不能全部获得满足,就构成了心理冲突。这种使人难以做出抉择、左右为难的矛盾状态,就形成动机冲突的心理状态。

人的动机冲突是非常复杂的。在心理学上一般把动机冲突分为四种类型。

1. 双趋式冲突

个体在有目的的活动中会同时有两个并存的目标,而且两个目标对其具有同样的吸引力或引起同样强度的动机。当个体因实际条件的限制(如时间、空间)而无法同时达到两个目标,即"两者不可兼得"时,就会在心理上产生难以取舍的冲突情境,这便是双趋式冲突。这种冲突在大学生中很常见,如某一学期同时开设了两门选修课,上课时间相同,某学生对这两门课都感兴趣,都十分想学习和了解,但却只能择其一,这时其心理上就会产生双趋冲突。

2. 双避式冲突

同时有两个可能对个人具有威胁性的事件发生,因为对个体都是不利的,个体对两者都想躲避,但迫于情势,只能躲开一件,而无法避开另一件,在选择接受某一件时,就会产生双避式冲突。例如,既不愿学习,又怕考试不及格,两者都想逃避,但必须选择其中之一,这也是双避式冲突。

3. 趋避式冲突

趋避式冲突是指对于同一个目标,个体同时有趋近与躲避的两种动机,即同一目标,对于个体来说,可能会满足其某种需要,但同时也可能会构成威胁。一个目标对个体形成了既有好的一面,又有坏的一面,既有吸引力又有排斥力的矛盾的心理情境,就是趋避式冲突。这种动机冲突在日常生活中最为普遍,如有的大学生既想参加学校组织的各种活动,又怕耽误学习。人在生活中对任何一件事情做决断时,都要考虑决断后的利害得失。从"利"与"得"方面看,个体会倾向于做出趋向的决定;但从"害"与"失"方面看,个体又倾向于做出躲避的决定,而所谓的利害得失,又没有一个客观标准,只凭主观感受。因此,在这种情况下,个人进行正、反两面的反复考虑时,常常会陷入犹豫不决的困扰情境之中。

4. 双重趋避式冲突

双重趋避式冲突是双趋式冲突与双避式冲突的复合形式,也可能是两种趋避式冲突的复合形式,即现实中两个目标或情境对个体同时具有吸引与排斥的两种力量。例如,在找工作时,可能会遇到一种是物质待遇优厚而社会地位不高的工作,另一种是社会地位高但物质待遇菲薄的工作。这些都是双重趋避式冲突。

在现实生活中,动机的冲突情境不仅是经常发生的,情况也是错综复杂的,而且常常不能轻易地解决。如不能妥善处理、及时解决,就会使个体产生强烈的情绪波动,陷入困惑和苦闷,甚至颓废和绝望之中,并使矛盾冲突加剧而无力自拔,从而给个体的身心健康带来严重的威胁,甚至使个体的精神状态趋于崩溃。

(二)心理挫折的影响

在现实生活中,人人都有抱负,有种种雄心壮志。但是,"人生逆境十之八九",任何人的一生都不可能是一帆风顺的,人在为实现某种目标而奋斗的过程中,常常会遇到种种障碍,碰到许多困难,使目标不能实现,即受到挫折。而心理挫折可以说是直接导致大学生心理健康问题的内部因素。

个体在遭受挫折后,总要设法将自己因动机不能获得满足而产生的情绪状态表现出来,常见的表现形式有如下几种。

1. 攻击行为

当个体受到挫折后,常常会产生愤怒的情绪,进而出现攻击性行为。

(1)直接攻击。个体受到挫折后把愤怒的情绪和行为直接指向造成挫折的人和物,表现为对人反唇相讥,甚至咒骂、拳脚相加和损物伤人。

(2)转向攻击。转向攻击指不能直接攻击阻碍自己达到目标的对象,而把攻击行为转向某种代替物。这种攻击往往采取寻找"替罪羊"的形式,或者由于对自己缺乏信心而自卑、悲观,因此把攻击方向转向自身,产生自责、自残行为。

2. 倒退现象

倒退现象指人们在受到挫折后,表现出与自己年龄不相称的幼稚行为来应付挫折情境以满足自己的欲望。例如,有的学生每当学校举行考试时就声称自己头痛或者肚子痛。因为头痛或肚子痛就可以不去参加考试。倒退行为在疑病症中最常见,有人认为疑病症本身就是一种倒退的表现。因为,在他们的意识中,认为有病就可能得到别人的帮助,有病就可以逃离现实。

3. 冷漠

冷漠指个体在挫折情境下持漠不关心与无动于衷的态度。冷漠大多出现在以下情况。

(1)长期遭受挫折。

(2)情况表明已无希望。

(3)情境中包含心理上的恐惧与生理上的痛苦。

(4)个体心理上产生攻击与压抑之间的冲突。

冷漠并不表示个体不愤怒,而是把愤怒压抑罢了。因此,冷漠往往会对个体心理健康产生更为有害的影响。

4. 推诿

推诿指一个人受到挫折后,把自己的不良行为诿过于人,以此来减轻内心的不安、内疚或焦虑。例如,有的学生考试不合格,就归罪于教师教得不好,试题出得太难太偏或评分不公平,而不承认是自己平时不用心听讲、不充分复习或学习能力差等造成的。推诿是一种有害的受挫后行为反应方式,对人对己都没有好处。惯用这种方式的人,一般人缘不佳,难以建立良好的人际关系,也不容易得到别人的谅解,严重的还可能导致人格分裂。

5. 焦虑

焦虑是人在遭受挫折时最普遍的心理反应,是预期要发生不良后果时的一种复杂的情绪状态。焦虑反应的心理活动状态很复杂。焦虑一般会导致心理活动的增强,以至于个体表现出忐忑不安、失眠并伴有头痛;在言语变化方面,焦虑会使个体说话越说越快而不间断,或提高声音,或变得吞吞吐吐、犹豫躲闪,或因选择词汇困难而口吃,或注意力不集中,对简单的问题也难以回答;在举止方面,焦虑会使个体无效操作增加,并出现一些看来很不协调的动作等。如果焦虑持续时间过长,会不可避免地给个体的心理健康带来影响。

6. 逃避

逃避是个体在挫折或冲突情境中常见的一种行为反应。生活中常见这样的大学生,一拿起书本就打瞌睡。实质上,他们并非睡眠不足,而是用睡眠来作为一种应付挫折或适应困难的方式。因此,有些大学生明知第二天要考试却在晚上复习时打瞌睡,第二天,他(她)又会向别人诉说自己由于睡觉没复习或由于失眠没休息好,以此来推卸考不好的责任。

7. 自我心理防御机制

自我心理防御机制指个体处在挫折与冲突的紧张情境中时,在其内部心理活动中具有的自觉或不自觉地解脱烦恼、减轻内心不安,以恢复情绪平衡与稳定的一种适应性倾向。有的人在受到别人欺辱而又无力反抗时,常常自我解嘲说"虎落平阳被犬欺""脱毛的凤凰不如鸡"等话,来解脱现实中所遭到的不安和痛苦而暂时获得安慰,以补偿自己心理上的不平衡。

总之,尽管大学生受挫后的行为反应方式多种多样,但不外乎积极方式和消极方式两类。积极方式,即能正视现实、承认挫折,冷静地分析产生挫折的主客观原因,不断总结经验教训,从而改善行为、提高能力以战胜或减少挫折;消极方式,究其实质都是回避矛盾,掩盖矛盾,从表现上看使心理冲突暂时缓和了下来,但并没有从根本上消除,潜在的冲突必然会逐步积累起来,结果会使人的心理健康问题变得更为严重。

(三) 心理压力的影响

心理压力是指受内外环境的强烈影响所产生的情绪上的波动和生理上的变化。一个人长久地承受巨大的心理压力,就会产生各种疾病,从而影响心理的健康发展。美国华盛顿大学的霍尔姆曾调查了5000名被试者,并据此制定了"心理压力量表"。他表明当心理压力总分达到150~199分时,37%的人健康会受影响;达到200~300分时,50%的人测到健康有变化;超过300分时,80%的人要病倒。当今学生面临着众多的心理压力,如考试、升学、师生关系、同学关系、家庭关系、就业,等等,如果不能合理地释放压力,就会不可避免地对心理发展造成消极影响。

第四节 大学生心理障碍的调适方法

案例导入

> **案 例**
>
> "我真的不知道该如何选择,我的性格本来就很冲动、沉默、偏激。做出这个决定我真的想了好多,突如其来的打击令我无法承受。我也想爱我的家人、同学和朋友,可是我仍然不明白,命运为何如此不公。我原本生活得很幸福,但由于天真、无知、愚蠢,把自己推向

了绝境。我谁也不怪、不恨,我不断地责怪自己,也许我本不该来这个世界,我终于向命运屈服了,我的世界里只有悲伤,我想要的东西都远离了我。既然现实这么残酷,我无法选择坚强。我会把一切悲伤带走。"

这是一封暨南大学的学生黄某留下的遗书。什么样的打击使年轻的学子放弃宝贵的生命?什么样的挫折使正值花样年华的学子舍弃精彩的生活?是失恋、学业失败、人际适应困难、经济压力等几方面的问题同时降临到他身上,他选择了逃避与放弃。如花生命如斯早逝,留下的是一份沉重的思考。

案例评析

当暨南大学本科生黄某在家中跳楼自杀的消息传回学校时,几乎所有认识黄某的同学都感到震惊和难以置信。黄某性格外向,与同学相处融洽,学习成绩在班里也名列前茅,连续两年都获得了一等奖学金。自杀前不久,黄某还曾向班主任咨询过报考研究生的有关事宜,并表示去中山大学读研将是自己未来规划的重要一步。"太突然了,我想象不出这样一个人有什么自杀的理由。"然而,在黄某自信开朗的外表下,由过度好强而导致的焦虑和脆弱一直隐隐存在。据其同学反映,黄对自己要求很高,非常要强,从来不把自己的困难向别人说,有什么事都自己承担,即使在产生巨大压力时也不愿寻求社会支持与帮助。

第七学期末,黄某所在班级在1月9日至14日要考6门功课,这使下定决心英语六级一定要考优秀的黄某压力陡增。在遗书中,他提到自己已连续7天失眠,自以为英语六级和另一门课程考得不好,担心要重修,并因此而不可自拔。1月16日,黄某在割脉自杀不成后,从楼上跳下,死时手上还留有先前缝针的痕迹。长期隐伏的脆弱、期望值过高而带来的焦虑导致了一个学业出色的学生在学业压力下选择了死亡。

生活在复杂的社会集体中的个人,难免会出现心理失衡,产生心理障碍,严重时还会损害身心健康,甚至危及生命。因此,如何维护和保持心理健康,以及出现心理失调时怎样恢复心理平衡,这对每一个人,包括大学生来说,都是一件十分重要的事情。那么大学生应该怎样维护和保持自己心理健康呢?下面简要介绍一些被认为是行之有效的方法,供大学生参考。

一、精神分析法

精神分析法又称心理分析法,是心理治疗中最主要的一种方法。它主要是通过移情分析、自由联想、释梦、分析口误和笔误等方式,深入患者内心世界,发掘患者潜意识中的心理矛盾,揭示病症的无意识动机,启发患者对自我获得重新认识,从而使病症自然消失,达到治疗的目的。

精神分析法是弗洛伊德创建的一种心理治疗方法,主要用于对心理不健康或心理变态的治疗。它是西方心理治疗的一大学派。该学派认为,人的不健康心理主要来自于心理的压抑与创伤,尤其是幼年的压抑与创伤,这种压抑与创伤潜伏在潜意识的层面上,在一定的时机就会以象征性的行为形式表现出来,形成心理障碍的症状,而障碍者自己无法觉察出这种症状的根源。心理分析的任务是通过各种方式探明其症状的根源,了解患者病源所在,然后把它们带到意识领域,向患者指明其不适应行为的象征意义及根源,使患者对此有所认识,并在现实的原则下纠正或消除它们,这样就能使患者恢复到正常状态。

精神分析法集多种心理治疗方法于一身,因此它可适用于多种心理病症,尤其对精神分裂症、妄想症、思维障碍、退缩型人格、各种人格障碍等患者有较好的疗效。

二、行为主义方法

行为主义方法也称行为疗法,是以行为主义学习理论为指导,按一定的程序,来消除或纠正人的异常或不良行为的一种心理治疗方法。这种方法认为,个体所有的异常行为或不适应行为,都是个体在其过去的生活经历中通过学习而固定下来的。因此,也就可以设计某些特殊的治疗程序,通过条件反射的方法即学习的方法,来消除或矫正这些异常或不适应行为。行为疗法有许多技术,包括系统脱敏疗法、放松疗法、厌恶疗法、暴露法、自我调整法、行为演练法、行为塑造法等。行为疗法已经在很多领域中得到应用以帮助人们改正各种问题行为,在心理健康教育中应用价值非常广阔。

(一)系统脱敏疗法

系统脱敏疗法是行为疗法的一种,是由交互抑制发展起来的一种心理治疗方法。在对患者施加焦虑和恐惧刺激的同时,施加一种与焦虑和恐惧相对立的刺激,从而使患者逐渐消除焦虑与恐惧,不再对有害的刺激敏感。采用系统脱敏疗法治疗时都需经过以下三个步骤。

1. 建立恐怖或焦虑的等级层次

建立恐怖或焦虑的等级层次是进行系统脱敏疗法的依据和主攻方向。

(1)找出所有使患者感到恐怖或焦虑的事件,并报告出他(她)对每一事件感到恐怖或焦虑的主观程度。这种主观程度可用主观感觉尺度来度量。主观焦虑程度一般分为心情平静、轻度恐惧、中度恐惧、高度恐惧、极度恐惧 5 个等级,每个等级为 0~100 分。

(2)将患者报告出的恐怖或焦虑事件按等级程度由小到大的顺序排列。

2. 放松训练

一般需要 6~10 次练习,每次练习半小时,每天 1~2 次,以全身肌肉能够迅速进入松弛状态为合格。

3. 分级脱敏练习

在完成以上两项工作之后,即进入系统脱敏练习。脱敏练习需在患者完全放松的状态下进行,一般分为三个步骤。

(1)放松。具体方法参照放松疗法。

(2)想象脱敏训练。由医生口头描述某一等级的刺激物或事件,并要求对方在能清楚地想象此物或此事时伸出一个手指头来表示,然后让患者保持这一想象 30 秒左右,之后反复重复以上过程,直到患者不再对想象感到焦虑或恐惧。想象训练一般在安静的环境中进行,想象要求生动逼真,像演员一样进入角色,不允许有回避、停止行为产生,一般忍耐 1 小时左右视为有效。一次想象训练不超过 4 个等级。若患者在某一级训练中仍出现较强的情绪反应,则应降级重新训练,直至完全适应。

(3)实地适应训练。这是治疗的关键步骤,也是从低级到最高级,逐级训练,以达到心理适应。一般重复多次,直到情绪反应完全消失再进入下一等级。每周治疗 1~2 次,每次 30 分左右。

系统脱敏疗法是最常用的心理治疗法。它设计合理,疗效好,适用于神经症、焦虑症、恐怖症、自我封闭心理等各类心理障碍。但由于系统脱敏治疗时间长,方法繁杂,因此需要患者高度的配合和耐心,否则收不到应有的效果。

(二) 放松疗法

放松疗法又称松弛疗法或放松训练。它是一种通过训练有意识地控制自身的心理、生理活动,降低唤醒水平,改善机体紊乱功能的心理治疗方法。

人的各种行为和活动都是在意识的支配下产生的,当人的情绪紧张时,躯体也会产生紧张反应。因此,通过意识控制使肌肉放松,同时间接地松弛紧张情绪,从而达到心理轻松的状态,以便于治疗疾病。

放松疗法常和系统脱敏疗法结合使用,也可单独使用,它适用于神经症、恐惧症、焦虑症等各种情绪紧张症状,对于身心系统疾病都有较好的疗效。本书前面章节对放松疗法已有介绍,这里不再赘述。

(三) 厌恶疗法

厌恶疗法是把需要消除的行为或症状与某种厌恶性或惩罚性的体验和刺激结合起来,以建立厌恶条件反射,从而消除某种适应不良行为的心理治疗方法。

人的各种不良的、病态的行为,既然可以在生活经历或心理创伤的体验中,通过条件反射的建立而逐渐形成并固定下来,那么,同样可以在痛苦的反应或惩罚性的体验中,通过厌恶条件反射的建立来抑制和消除。例如,喝酒可作为"提神"的信号刺激建立条件反射导致嗜酒,也可让有酒瘾的人喝酒时口含能引起恶心的药物,使酒成为痛苦体验的信号刺激而建立厌恶条件反射,从而达到戒酒的目的。厌恶疗法常有以下三种形式。

1. 电击厌恶疗法

将患者的习惯性不良行为反应与电击连在一起,一旦这一行为反应在想象中出现就予以电击。电击一次后休息几分钟,然后进行第二次。每次电击治疗时间为 20～30 分钟。

2. 药物厌恶疗法

当患者出现病态的行为欲望时,让其服用催吐药,产生呕吐反应,从而促使该行为反应逐渐消失。

3. 想象厌恶疗法

将医生口头描述的某些厌恶情境与患者想象中的刺激联系在一起,从而使患者产生厌恶反应,以达到治疗的目的。

厌恶疗法操作简便,适应性广,主要用于强迫症和种种行为障碍的治疗,如日常生活中想戒烟、戒酒、控制饮食等也可采用此方法。但厌恶疗法实施时会给患者带来极不愉快的体验,因此一般要征得患者的同意后才使用此法。

(四) 满灌疗法

满灌疗法是一种把引发患者恐惧反应的某事物或某刺激呈现在其面前,让患者暴露在各种刺激情境中,使其逐渐忍受并适应,从而使恐惧反应逐渐消退的心理治疗方法。

满灌疗法是一种快速脱敏疗法。如果患者配合得好,一般在几天或几周内,最多在 2 个月内就能取得明显疗效。采用满灌疗法时,治疗一开始就要让患者进入最使他恐惧的情境中,因为对患者的刺激越强、冲击越突然、刺激持续时间越长,患者的情绪反应就越强烈,这样才称为满灌,也才能使患者最焦虑或最恐惧的反应消失。满灌疗法主要适用于恐惧症、焦虑症等。在具体运用中,还应当考虑患者的文化水平、受暗示的程度、病因及身体状况。对于体质虚弱、胆小、有心脏病和高血压的患者,最好不采用此疗法。此外,治疗时需要有医生密切配合,当患者体验到了恐惧反应时,一定要忍耐1~2小时,不许有回避行为,否则会加重病情,导致治疗失败。满灌疗法的实施步骤如下。

(1) 确立引起患者恐怖、焦虑的人、事或物。
(2) 向患者解释清楚治疗的意义、目的、方法和注意事项,必要时取得家属的配合。
(3) 治疗过程中,坚持做医生留的"家庭作业",以便巩固疗效。
(4) 根据患者个体情况,医生采用示范疗法,与患者一同进行练习,以促进暴露。
(5) 学会放松训练,在做好充分心理准备的情况下进行满灌治疗。

三、患者中心疗法

患者中心疗法是人本主义心理学家罗杰斯创立的一种治疗方法。患者中心疗法对治疗社会性孤独、接受和表达自己感情有困难及缺乏自尊心的患者效果最佳。

患者中心疗法认为,人类有自我实现的潜能,能够了解自身,使自己的生活态度和行为产生建设性的改变。在与治疗者建立起融洽的关系后,患者的这种潜力就能得到释放与发挥。因此,对于不正常的行为,只要患者得到治疗者的鼓励,他们就能发挥出内在的潜力,完全有能力做出合理的选择,使自己恢复正常。患者中心疗法要求治疗者在治疗中像患者的一个有专业知识的朋友一样,与患者建立融洽的关系,使患者感到温暖并产生信任感。治疗者不对患者发出指令,也不控制治疗的程序与内容,只决定治疗时间的长短,并努力创设一个环境,使患者感到自由、轻松、安全、无所畏惧,并乐于大胆倾吐;治疗者表示完全接受、了解与同情患者,抱着充分理解与宽容的态度,愿意倾听患者的陈述,并不需要去引导患者的讲述,也不需要表达自己的意见。患者在倾吐内心痛苦经验的过程中会恢复正常的自我,从而解决自己的心理问题。总的来说,患者中心疗法是主张给予患者充分的时间与注意,让他们以自己的方式与步调来探索其处境,使患者感到自己是独立自主的,而不像在日常生活中总是受他人评价、拒绝或劝说。这样就可以帮助患者从消极防御的情感中解脱出来,产生健康的和自我实现的态度。

四、森田疗法

森田疗法是20世纪20年代初,由日本学者森田正马教授创立的一种治疗神经症的心理治疗方法。森田疗法自创立以来深受广大心理学和医学工作者的欢迎。它主要适用于对强迫症、恐惧症、神经症、疑病症等患者的治疗。

森田认为,神经症的特征是内向性、强烈的自我意识,过度追求完美。具有这种特征的人,当他遇到生活环境的改变,甚至很轻微的精神创伤时,会倾向于使自己产生自卑感从而产生疑病素质。而疑病素质的人竭力追求尽善尽美,但越是追求,就越感到焦虑,最终形成精神交互作用,产生神经症。森田疗法正是根据神经症产生的规律来引导患者正确认识自我,要求患者对症状有一个正确的认识。首先承认现实,不必强求改变,做到顺其自然反而会不改自变。因为心理学规律表明,注意越集中,情感就越加强;听其自然,不予理睬,情感反而逐渐消退。当然,在进行森田疗法治疗时,必须使患者认识情感活动的规律,在顺其自然的同时,还要让患者忍受一定的痛苦,即面对现实,不要把症状当作自己身心的异物而任意抵抗、排斥或回避。只有努力去做应该做的事,才能真正从痛苦中解脱出来。

第五节 测试与训练

一、阅读资料

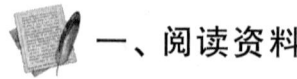

逃避不能解决问题

小故事《小猫逃开影子的招数》这样讲:"影子真讨厌!"小猫汤姆和托比都这样想,"我们一定要摆脱它。"然而,无论走到哪里,汤姆和托比发现,只要一出现阳光,它们就会看到令它们抓狂的自己的影子。不过,汤姆和托比最后终于都找到了各自的解决办法。汤姆的方法是永远闭着眼睛,托比的办法则是永远待在其他东西的阴影里。

这个小故事似乎说明了一个小的心理问题是如何变成更大的心理问题的。可以说,一切心理问题都源自对事实的扭曲。什么事实呢?主要就是那些令我们痛苦的负性事件。因为痛苦的体验,我们不愿意去面对这个负性事件。但是,一旦发生过,这样的负性事件就注定要伴随我们一生,我们能做的,最多不过是将它们压抑到潜意识中去,这就是所谓的忘记。

但是,它们在潜意识中仍然会一如既往地发挥作用,并且,哪怕我们对事实遗忘得再厉害,这些事实所伴随的痛苦仍然会袭击我们,让我们莫名其妙地伤心难过,而且无法抑制。这种疼痛让我们进一步努力去逃避。发展到最后,通常的解决办法就是这两个:要么我们像小猫汤姆一样,彻底扭曲自己的体验,对生命中所有重要的负性事实都视而不见;要么我们像小猫托比一样,干脆投靠痛苦,把自己的所有事情都搞得非常糟糕,既然一切都那么糟糕,那么那个让自己最伤心的原初事件就不是那么令人痛苦了。

然而,真正抵达健康的方法只有一个——直面痛苦。直面痛苦的人会从痛苦中得到许多意想不到的收获,它们最终会变成当事人的生命财富。切记,阴影和光明一样,都是人生的财富。一个最重要的心理规律是,无论多么痛苦的事情,你都是逃不掉的。你只能去勇敢地面对它、化解它、超越它,最后和它达成和解。如果你自己暂时缺乏力量,你可以寻找帮助,寻找亲友的帮助,或寻找专业的帮助,让你信任的人陪着你一起去面对这些痛苦的事情。

美国心理学家罗杰斯曾是很孤独的人,但当他面对这个事实并化解后,他成了真正的人际关系大师;美国心理学家弗兰克有一个暴虐而酗酒的继父和一个糟糕的母亲,但当他挑战这个事实并最终从心中原谅了父母后,他成了治疗这方面问题的专家;日本心理学家森田正马曾是严重的神经症患者,但他通过挑战这个事实并最终发明出了森田疗法……他们生命中最痛苦的事实最后都变成了他们最重要的财富。

二、心理测试

症状自评量表(SCL—90)

【测试说明】以下 90 个选项中,可能会有对你有影响的病痛或问题,请仔细阅读每一条,然后根据现在或一周以内的感受从 5 个备选答案中选择一个最符合自己实际情况的,在括号内打"√"。

	从无	轻度	中度	偏重	严重
	1	2	3	4	5
1. 头痛	( )	( )	( )	( )	( )
2. 神经过敏,心中不踏实	( )	( )	( )	( )	( )
3. 头脑中有不必要的想法或字句盘旋	( )	( )	( )	( )	( )
4. 头昏或昏倒	( )	( )	( )	( )	( )
5. 对异性的兴趣减退	( )	( )	( )	( )	( )
6. 对旁人责备求全	( )	( )	( )	( )	( )
7. 感到别人能控制自己的思想	( )	( )	( )	( )	( )
8. 责怪别人制造麻烦	( )	( )	( )	( )	( )
9. 忘记性大	( )	( )	( )	( )	( )
10. 担心自己的衣饰是否整齐及仪态是否端正	( )	( )	( )	( )	( )
11. 容易烦恼和激动	( )	( )	( )	( )	( )
12. 胸痛	( )	( )	( )	( )	( )
13. 害怕空旷的场所或街道	( )	( )	( )	( )	( )
14. 感到自己的精力下降,活动缓慢	( )	( )	( )	( )	( )
15. 想结束自己的生命	( )	( )	( )	( )	( )
16. 听到旁人听不到的声音	( )	( )	( )	( )	( )
17. 发抖	( )	( )	( )	( )	( )
18. 感到大多数人都不可信任	( )	( )	( )	( )	( )
19. 胃口不好	( )	( )	( )	( )	( )
20. 容易哭泣	( )	( )	( )	( )	( )
21. 同异性相处时感到害羞、不自在	( )	( )	( )	( )	( )
22. 感觉受骗、中了圈套或有人想抓住你	( )	( )	( )	( )	( )
23. 无缘无故地突然感到害怕	( )	( )	( )	( )	( )
24. 自己不能控制地大发脾气	( )	( )	( )	( )	( )
25. 怕单独出门	( )	( )	( )	( )	( )
26. 经常责怪自己	( )	( )	( )	( )	( )
27. 腰痛	( )	( )	( )	( )	( )
28. 感到难以完成任务	( )	( )	( )	( )	( )
29. 感到孤独	( )	( )	( )	( )	( )
30. 感到苦闷	( )	( )	( )	( )	( )
31. 过分担忧	( )	( )	( )	( )	( )
32. 对事物不感兴趣	( )	( )	( )	( )	( )
33. 感到害怕	( )	( )	( )	( )	( )
34. 你的感情容易受到伤害	( )	( )	( )	( )	( )
35. 旁人能知道你的私下想法	( )	( )	( )	( )	( )
36. 感觉别人不理解你、不同情你	( )	( )	( )	( )	( )
37. 感觉人们对你不友好、不喜欢你	( )	( )	( )	( )	( )
38. 做事必须做得很慢,以保证做得正确	( )	( )	( )	( )	( )

39. 心跳得很厉害	( )	( )	( )	( )	( )
40. 恶心或胃部不舒服	( )	( )	( )	( )	( )
41. 感觉比不上他人	( )	( )	( )	( )	( )
42. 肌肉酸痛	( )	( )	( )	( )	( )
43. 感觉有人在监视你、谈论你	( )	( )	( )	( )	( )
44. 难以入睡	( )	( )	( )	( )	( )
45. 做事必须反复检查	( )	( )	( )	( )	( )
46. 难以做出决定	( )	( )	( )	( )	( )
47. 怕乘电车、公共汽车、地铁或火车	( )	( )	( )	( )	( )
48. 呼吸有困难	( )	( )	( )	( )	( )
49. 一阵阵发冷或发热	( )	( )	( )	( )	( )
50. 因为感到害怕而避开某些东西、场所或活动	( )	( )	( )	( )	( )
51. 脑子变空了	( )	( )	( )	( )	( )
52. 身体发麻或刺痛	( )	( )	( )	( )	( )
53. 喉咙有梗死感	( )	( )	( )	( )	( )
54. 感到前途没有希望	( )	( )	( )	( )	( )
55. 不能集中注意力	( )	( )	( )	( )	( )
56. 感到身体的某一部分软弱无力	( )	( )	( )	( )	( )
57. 感到紧张或容易紧张	( )	( )	( )	( )	( )
58. 感到手或脚发重	( )	( )	( )	( )	( )
59. 想到死亡的事	( )	( )	( )	( )	( )
60. 吃得太多	( )	( )	( )	( )	( )
61. 当别人看着你或谈论你时感到不自在	( )	( )	( )	( )	( )
62. 有一些不属于你自己的想法	( )	( )	( )	( )	( )
63. 有想打人或伤害他人的冲动	( )	( )	( )	( )	( )
64. 醒得太早	( )	( )	( )	( )	( )
65. 必须反复洗手或点数目	( )	( )	( )	( )	( )
66. 睡得不稳不深	( )	( )	( )	( )	( )
67. 有想摔坏或破坏东西的想法	( )	( )	( )	( )	( )
68. 有一些别人没有的想法	( )	( )	( )	( )	( )
69. 感到对别人神经过敏	( )	( )	( )	( )	( )
70. 在商店、食堂、电影院等人多的地方感到不自在	( )	( )	( )	( )	( )
71. 感到做任何事情都很困难	( )	( )	( )	( )	( )
72. 一阵阵恐惧或惊恐	( )	( )	( )	( )	( )
73. 感觉在公共场所吃东西很不舒服	( )	( )	( )	( )	( )
74. 经常与人争论	( )	( )	( )	( )	( )
75. 单独一人时神经很紧张	( )	( )	( )	( )	( )
76. 别人对你的成绩没有做出恰当的评价	( )	( )	( )	( )	( )
77. 即使和别人在一起也感到孤单	( )	( )	( )	( )	( )

78. 感到坐立不安、心神不定	( )	( )	( )	( )	( )
79. 感觉自己没有什么价值	( )	( )	( )	( )	( )
80. 感觉熟悉的东西变得陌生或不像是真的了	( )	( )	( )	( )	( )
81. 大叫或摔东西	( )	( )	( )	( )	( )
82. 害怕会在公共场合昏倒	( )	( )	( )	( )	( )
83. 感觉别人想占你的便宜	( )	( )	( )	( )	( )
84. 为一些有关性的想法而很苦恼	( )	( )	( )	( )	( )
85. 你认为应该因为自己的过错而受到惩罚	( )	( )	( )	( )	( )
86. 要赶快把事情做完	( )	( )	( )	( )	( )
87. 感觉自己的身体有严重问题	( )	( )	( )	( )	( )
88. 从未感到和其他人很亲近	( )	( )	( )	( )	( )
89. 感觉自己有罪	( )	( )	( )	( )	( )
90. 感觉自己的脑子有毛病	( )	( )	( )	( )	( )

【计分方法】选择"从无"计1分;"轻度"计2分;"中度"计3分;"偏重"计4分;"严重"计5分。将每一种症状的得分相加得出总分,用总分除以小计的分就是得分(保留两位小数),然后与标准值相对照。

【测试结果】所得得分在标准值最高分以下即为正常,超过标准值越多,某一方面的症状也就越严重。如果某一症状的得分超过了3分,便可认为该症状已达到中等以上的严重程度。

症状自评量表(SCL—90)统计表

症状	题 号	总分	小计	得分	标准值
躯体化	1、4、12、27、40、42、48、49、52、53、56、58		12		1.37±0.48
强迫	3、9、10、28、38、45、46、51、55、65		10		1.62±0.58
人际关系	6、21、34、36、37、41、61、69、73		9		1.65±0.61
抑郁	5、14、15、20、22、26、29、30、31、32、54、71、79		13		1.50±0.59
焦虑	2、17、23、33、39、57、72、78、80、86		10		1.39±0.43
敌对	11、24、63、67、74、81		6		1.46±0.55
恐怖	13、25、47、50、70、75、82		7		1.23±0.41
偏执	8、18、43、68、76、83		6		1.43±0.57
精神病性	7、16、35、62、77、84、85、87、88、90		10		1.29±0.42
附加题	19、44、59、60、64、66、89		7		

躯体化:主要反映身体不适感,包括心血管、胃肠道、呼吸和其他系统的不适,以及头痛、背痛、肌肉酸痛和焦虑的其他躯体表现。

强迫:主要是指明知没有必要,但又无法摆脱的毫无意义的思想、冲动和行为,还有一些比较一般的认知障碍的行为征象。例如,出了家门或寝室后,总是怀疑门没有锁好,窗没有关好;走楼梯时总是数台阶;等等。

人际关系:主要表现为在与别人交往中有自卑感,心神不定,感到不自在,或者消极被动地与人交往。

抑郁:主要表现为对生活的兴趣减退、动力缺乏、活力丧失、苦闷烦躁、悲观失望,或觉得什么都没意思,什么也不愿意做,把一切都看成是灰暗的,感到胸闷、心紧、胃空、疲劳乏力,经常失眠,有自杀的想法,等等。

焦虑:主要表现为坐立不安、心神不定、紧张、神经过敏、怀疑自己的能力、夸大自己的失败、怨天尤人、不知所措、闷闷不乐,等等。

敌对:主要表现为对谁都不信任、遇事好冲动、喜欢争论、爱挑别别人,有摔东西、毁物等行为。

恐怖:主要表现为怕黑暗、怕与人交往、怕空旷的场所、怕老师、怕异性,等等,明知恐惧没有必要,但在生活中一旦遇到自己所恐怖的对象就害怕。

偏执:主要表现为极度的感觉过敏,对侮辱、伤害耿耿于怀,思想行为固执死板、敏感多疑、心胸狭隘、爱嫉妒、自以为是、自命不凡,喜欢把自己的过错、失败、责任归咎于别人,自卑,过高要求别人,不相信别人,等等。

精神病性:主要表现为经常出现幻听、幻想,情感色彩浓重,时常有大哭大笑、大喊大叫、捶胸顿足、撕衣毁物等行为。

附加题:主要是为了使各因子得分之和等于总分,因此不做统计。

三、心理训练

做自己的医生

大学生面对心理异常时,不必慌张无助,不要"病急乱投医"。大家都有这种常识,一般的轻感冒到药店买点药就可以自我治疗了。心理异常也是一样的,如情绪不好或者是低落,或者是出现了一些自认为不太正常的心理现象,都可以进行自我调整。如果调整了一段时间效果不理想,再去找心理医生也不迟。首先让自己成为自己的医生,掌握几种基本的小医术,备好一个基本的小药箱,也许就足以应付许多异常心理问题了。

(一)压抑法——"万能药"

望闻问切:如因为曾经患有脑部疾病,对自己的思维水平、智力程度、反应机敏性等产生怀疑,固执地认为自己的精神发育一定会受到影响,留有后遗症,陷入深深的自卑中。请写下你无法"挥之即去"的苦恼,让它能反映出你的异常心理。

你的烦恼:1._____
        2._____

药方:压抑法。

特点:能医治各种类型的异常心理。

使用说明:这是一种退让型方法,指个体尽量将过去遭受的失败所引起的痛苦、焦虑等深埋心底,避免正视它们,让一切痛苦都消失在时间中。时间是医治伤痛的最佳良药,任何伤口都可以被时间的妙手抚平。尝试忘记它吧!它只是你的过去,不要去刻意想起它,开始新的生活。

你运用这种医术和药方解决问题的具体操作:_____
_____

(二)文饰法——"去痛片"

望闻问切:如发现自己最近有某种程度的错觉或幻觉,看到了别人看不到的现象,听到了别人听不到的声音,从而陷入深深的恐惧之中。请写下导致你经常不能平静的想法,让它能反映出你的异常心理。

你的想法:1.＿＿＿＿＿＿＿＿＿＿＿＿＿＿＿＿＿＿＿＿＿＿＿＿＿＿＿＿＿

2.＿＿＿＿＿＿＿＿＿＿＿＿＿＿＿＿＿＿＿＿＿＿＿＿＿＿＿＿＿

药方:文饰法。

特点:有效去除疼痛。

使用说明:这是一种消极型方法,指当个体有什么过失和遇到失败的事件时,尽量进行外部归因,即把事情发生的原因推给自身以外的一些因素,以缓解自己的痛苦。你完全可以反过来思考,我的这种异常心理只是周围环境和遭遇的偶然作用使然,并非我的心理真的出现了什么问题,从而让内心摆脱痛苦、自责。

你运用这种医术和药方解决问题的具体操作:＿＿＿＿＿＿＿＿＿＿＿＿＿＿＿＿
＿＿＿＿＿＿＿＿＿＿＿＿＿＿＿＿＿＿＿＿＿＿＿＿＿＿＿＿＿＿＿＿＿＿＿＿＿＿＿
＿＿＿＿＿＿＿＿＿＿＿＿＿＿＿＿＿＿＿＿＿＿＿＿＿＿＿＿＿＿＿＿＿＿＿＿＿＿＿

(三)投射法——"糖衣片"

望闻问切:如发现自己具有某种强迫症症状,想克服却欲罢不能,越刻意控制就越强迫自己去重复动作,从而陷入深深的担忧。请写下你类似的习惯性"毛病",让它能反映出你的异常心理。

你的习惯性动作:1.＿＿＿＿＿＿＿＿＿＿＿＿＿＿＿＿＿＿＿＿＿＿＿＿＿＿＿

2.＿＿＿＿＿＿＿＿＿＿＿＿＿＿＿＿＿＿＿＿＿＿＿＿＿＿＿

药方:投射法。

特点:吃起来甜甜的却能治病,良药未必苦口。

使用说明:这也是一种消极型方法,指把自己内心一些不能得到社会允许的冲动、态度、行为等转移到他人身上,以减少自身的压力。要树立这样的观念:我有的毛病并非我单独所有,其他人也有,只是程度上的不同,大可不必过分紧张。每个人可能都有这些类似的心理问题,因此我也大可不必紧张。

你运用这种医术和药方解决问题的具体操作:＿＿＿＿＿＿＿＿＿＿＿＿＿＿＿＿
＿＿＿＿＿＿＿＿＿＿＿＿＿＿＿＿＿＿＿＿＿＿＿＿＿＿＿＿＿＿＿＿＿＿＿＿＿＿＿

(四)转移法——"降压药"

望闻问切:如给自己制定了过高的目标,在客观条件不允许的前提下,背负了沉重的包袱,导致心理压力过大,出现焦虑等心理,甚至影响到身体状态,出现内分泌失调等生理症状。请写下你因压力而出现的种种症状,让它能反映出你的异常心理。

你的压力:1.＿＿＿＿＿＿＿＿＿＿＿＿＿＿＿＿＿＿＿＿＿＿＿＿＿＿＿＿＿＿

2.＿＿＿＿＿＿＿＿＿＿＿＿＿＿＿＿＿＿＿＿＿＿＿＿＿＿＿＿＿＿

药方:转移法。

特点:明显降低和减轻压力。

使用说明:这是一种积极的调节方法,指当个体遇到无法克服的困难或无法实现的目标时,尽量转移到难度小或比较容易实现的目标上,以便减少自己的精神负担。卸下压力,轻装上阵吧,这样也许反而能展开翅膀,飞得更高。

你运用这种医术和药方解决问题的具体操作:_____
_____
_____

(五)补偿法——"营养液"

望闻问切:如自己缺乏社会适应能力,害怕与陌生人打交道,容易羞怯、退缩,从而陷入自我封闭之中。请写下你某方面的不如意感,让它能反映出你的异常心理。

你不如意的地方:1._____
  2._____

药方:补偿法。

特点:补充营养,增强力量。

使用说明:这是指当一个人在某一(或一些)方面受到挫折时,尽量以其他方面的成功来弥补,从中找到自信,以减轻自己的精神压力。某一方面的小挫折只不过局限于特定的范围,你完全可以发现自己在其他方面仍然是优秀的,而并非一无是处。用那些成功来弥补这小小的不足吧,你将获得更大的自信。

你运用这种医术和药方解决问题的具体操作:_____
_____
_____

(六)升华法——"排毒丸"

望闻问切:如在经历了偶然的失败之后产生了反社会倾向,对很多现象都看不惯,甚至愤世嫉俗,从而陷入深深的压抑之中。请写下你潜意识里不符合社会常归的内容,让它能反映出你的异常心理。

不符合社会常规的内容:1._____
  2._____

药方:升华法。

特点:排除毒素使你更年轻美丽。

使用说明:这是指当个体原有的冲动或欲望不能实现或不可能得到社会的允许时,就将它们改变成社会许可的形式,或者用更崇高的、具有创造性和建设性的、有利于社会的活动表现出来。人们常说的"化悲痛为力量"就是典型的升华。

你运用这种医术和药方解决问题的具体操作:_____
_____
_____

(七)正视法——"消炎药"

望闻问切:如最近比较偏执,甚至容易歇斯底里,从而陷入深深的不安之中。请写下你反常的情绪,让它能反映出你的异常心理。

你的不良情绪:1._____

     2._____

药方:正视法。

特点:消除炎症,杀灭病毒,战胜病魔。

使用说明:这是指当一个人面临焦虑情境时,不是一味地采取逃避态度,而是寻找理由说服自己去正视它,并以主动的方式去克服它;或者采取放松情绪的方法,如找朋友倾诉自己内心的苦恼;或者使用一些应急措施,如加强自身修养,提高自己的能力,付出更多的努力等,以便能从根本上解除苦恼或焦虑。正如鲁迅所说:"真的勇士敢于直面惨淡的人生。"正视问题,战胜它,你永远是强者。

你运用这种医术和药方解决问题的具体操作:_____

 思考题

1. 什么是心理障碍?如何区分心理正常与异常?
2. 大学生常见的心理障碍有哪些?大学生的心理障碍是如何形成的?
3. 大学生应该用什么样的方法来调适自身的心理障碍?

第十四章　大学生心理危机

 **心灵导读**

　　大学生的心理困惑和障碍如果长期得不到解决与治疗就会引发心理危机。心理危机会严重影响大学生的身心健康,甚至可能引发突发性的意外事故,对国家、社会造成损害。

　　通过对本章的学习,学生应了解心理危机的含义、特点和类型;理解大学生心理危机的表现和影响因素;掌握大学生心理危机干预的对策;能够全面了解心理危机、正确面对心理危机并运用科学有效的方法解决心理危机,自助助人,促进自我成长与自我完善。

第一节 心理危机概述

案例导入

> **案例**
>
> 杜某,大一新生。进入大学后,杜某希望能够抓住一切机会培养和提高自己的综合能力,因而努力地参与学校的各种活动。因表现出色,被选为班长。他还积极参与学校的各种社团活动,并担任多项职务。每天在不同的职务角色中不停转换,既要应付越来越繁重的学业,又要组织策划各种活动,导致杜某逐渐有了时间不够用、力不从心的感觉,出现了失眠、焦虑、情绪低落等状况。

案例评析

杜某面对的就是成长性危机,在他的人生成长过程中,突破原有角色的限制,开始面对新的角色和任务。这时,他原有的能力储备、知识储备无法顺利适应新的情况,引发了他一系列的身心反应。这种心理危机对杜某来说是一种压力,也是一个机遇。通过和咨询师的沟通,杜某调整了自己的目标,学习了时间管理的策略,并从一些社团中退出,只保留了班长的职务,从而实现了工作和学业的平衡,恢复了正常状态。

联合国专家预言,到21世纪中叶,没有任何一种灾难能像心理危机那样带给人们持续而深刻的痛苦。全面了解心理危机的含义及特点,对于我们正确把握和化解心理危机具有重要的指导意义。

一、心理危机的含义

"现代危机干预之父"卡普兰认为,当一个人面临困难情境,而他先前的处理危机的方式和支持系统不足以应对眼前的处境,即他必须面对的困难情境超过了他的能力时,这个人就会产生暂时性的心理失衡,这种暂时性的心理失衡状态就是心理危机。

心理危机表现为静态与动态两种。

静态强调心理危机是一种状态,主要表现为个体运用惯常的应对方式无法处理所面临的困境时的一种不平衡心理状态。它是一种过渡状态,人不可能长久地停留在危机状态之中,整个心理危机活动期持续的时间因人而异,短者仅24~36个小时,最长不应超过4~6周。危机可以由重大突发事件引起,也可以由长期的心理压力所致。在危机状态下,个体会出现一系列负面的生理、情绪、认知、行为反应,如果危机反应长时间得不到缓解,便会引发心理疾患和过激行为。

动态则强调心理危机是一种心理过程,主要表现为危机具有心理状态的失衡、个体资源的匮乏、认知反应的滞后性等特征,是个体发展中原有平衡状态被打破,而新的平衡没有建立的过程。

心理危机的动态与静态是可以相互转化的，当危机易感个体处于静态时，危机并未显示出来，当遭遇生活应激事件时，动态心理危机便爆发了。因此，在静态下，要启动心理危机预防机制，而在动态中，要启动心理危机干预措施。

二、心理危机的特点

（一）突发性

危机常常是出人意料、突如其来的，而且具有不可控制性。大学生的年龄一般为18～25岁，心理发展处于由不成熟向成熟发展的过渡阶段，呈现出积极与消极、自负与自卑并存的特点，任何一个小小的问题如果不能得到及时干预与化解，都可能引发严重的心理危机甚至导致悲剧性后果。大学生的激情犯罪和冲动自杀多与此特征相关。

（二）潜在性

大学生心理危机常常并非以直接爆发的方式体现，而是潜藏于个体内心，当遭遇特定应激事件时才显现出来。大学生心理危机与成长相伴生，如果没有危机，即使年龄与日俱增，心理发展也不会与时俱进。危机与成长的力量相互较量，此消彼长。在正常情况下，成长的力量占上风，但面临特定的情境时，潜在的危机就发生了。正如平静的海面下隐藏的暗涌一样，危机的累积与渐进是一个潜在过程、量变过程，一旦带来质变，就是成长或者更大的危机。

（三）交互性

大学生心理危机往往是多种因素共同作用下的结果，经济状况、学业期望、情感归属、人际关系等交织在一起，在遇到特定的生活事件时，这些交互因素便浮出水面，引发心理危机。

（四）时代性

大学生心理危机与时代有高度的相关性。近年来，随着我国社会经济和政治体制改革的深入，激烈的竞争和快节奏的生活使人们的心理承受了很大的压力。特别是我国高校大幅度扩招，使高等教育从"精英教育"向"大众教育"过渡，由此出现的一系列并发症，如就业竞争激烈、教育资金不充裕、师资等教育资源有待增加、教育质量有待提高等问题无一不对大学生心理产生了深刻的影响。当代大学生的心理危机，在一定程度上反映了时代、社会对大学生的要求和考验，往往具有很深的时代烙印。

三、心理危机的类型

（一）成长性危机

成长性危机也称为发展性或者内源性危机、内部危机。按照埃里克森（1963）的理论，人生是由一系列连续发展的阶段组成的，每一个阶段都有其特定的身心发展课题。当一个人从某一发展阶段转入下一发展阶段时，他原有的行为和能力不足以完成新课题，而新的行为和能力又尚未发展起来，这时个体常常会处于行为和情绪的混乱无序状态，容易产生成长性危机。成长性危机是可预见的，因而也被认为是正常的危机。

大学生成长危机主要表现在求学与求业的问题、理想自我与现实自我的问题、环境与人际关系适应的问题及对生命价值和生活意义的感悟问题等。

(二) 境遇性危机

境遇性危机又称外源性危机、环境性危机或适应性危机,是指由外部看见的或者超常的、个人无法预测和控制的事件引起的危机。境遇性危机的关键特点在于它是随机的、突然的、令人震撼性的、强烈的和有灾害性的。境遇性危机事件可以是物质的或环境的,如火灾、自然灾害等;也可以是个人的或者身体的,如个人患急重病、交通意外、被绑架等;还可以是人际的或社会的,如亲友死亡、离婚等。

大学生境遇性危机主要表现在生活中突然遭遇亲人离去、失恋、考试或干部竞选失败、暴力伤害或其他突发性意外事件等。

(三) 存在性危机

存在性危机是指伴随着重要的人生问题,如关于人生目的、责任、独立性、自由和承诺等出现的内部冲突和焦虑。

四、心理危机的发展过程

对于处于心理危机中的个体来说,其心理反应通常经历一个连续不同的发展过程。在危机发展过程的划分上,卡普兰的观点最具代表性。他认为,处于心理危机中的个体要经历四个阶段。

(一) 冲击期

在这个阶段,当事人感受到自己的生活突然发生变化或即将出现变化,其内心基本平衡被打破,表现为警觉性提高,开始体验到紧张。为了重新获得平衡,当事人试图用其惯常的策略做出反应,但一般不会向他人求助。

(二) 防御期

经过一段时间的努力,当事人发现惯常的策略未能解决问题,于是焦虑程度开始上升。为了恢复心理上的平衡,控制焦虑并恢复受到损害前的认识功能,当事人开始尝试采取各种办法解决问题,但高度紧张的情绪多少会妨碍当事人冷静的思考,从而会影响其采取有效的行动。

(三) 解决期

如果经过尝试各种方法未能有效地解决问题,当事人内心的紧张程度持续增加,并积极尝试新的解决办法,努力寻求各种资源去解决问题。在此阶段中,当事人求助的动机最强,常常不顾一切地发出求助信号,甚至尝试自己曾经认为荒唐的方式,此时,当事人最容易受到别人的暗示和影响。

(四) 成长期

当事人经历了危机,获得了应对危机的技巧,变得更加成熟。但如果当事人经过前三个阶段仍未能有效地解决问题,就很容易产生习得性无助,会对自己失去信心和希望,甚至会把问题泛化,对自己整个生命意义产生怀疑和动摇,很多人正是在这个阶段中企图自杀的。同时,强大的心理压力有可能触发以前未能完全解决的、被各种方式掩盖的内心深层冲突,有的人会由此而走向精神崩溃和人格解体。这个阶段当事人特别需要外援性的帮助,这样才有可能渡过危机。

可见,危机当事人陷入危机是一个逐渐发展的过程,在这个过程中,他有许多成长的机会,且在不同的阶段,对外力帮助的需求和接受意向不同。因此,危机干预要掌握好适当的时机,以取得干预的最好效果。

第二节　大学生心理危机的表现

案例导入

> **案　例**
>
> 陆某,女,大二学生,因抑郁症在校外宾馆自杀。该生自杀前曾在QQ里说过"真想从头来过""生活毫无乐趣""无聊至极"等言语,但并没有引起同学重视。出事后,几位室友承受了巨大的心理压力,觉得内疚、自责,并产生了一系列的行为和情绪问题,如恐惧、失眠、焦虑等。学校心理老师针对与陆某联系比较近的同学进行了团体干预,对个别反应比较强烈的同学又进行了个体辅导,取得了较好的效果。

────────── **案例评析** ──────────

由于缺少心理健康的相关知识,陆某的同学们没有意识到她已经处于严重的心理危机之中,错过了危机干预的最佳时机。但心理老师意识到了陆某的同学们在这次应激事件后也处于心理危机之中,并对其进行了干预,避免了危机的扩大化,帮助他们战胜了恐惧和哀伤,使他们懂得了珍惜生命,顺利地完成了学业。

大学阶段,成长的压力与动力并存,机遇与挑战同在,个人成长与危机共生。在危机中达到自我成长,是每个大学生面临的任务。

一、大学生中常见的心理危机高发群体

现实生活中,不同的人群具有不同的行为模式和心理类型,把握不同人群的特征,是认识不同人群基本的社会学理论方法。在大学校园中,存在着新生、贫困生、独生子女、毕业生、学业困难学生等群体,由于其群体的特殊性,如果缺少相应的教育、引导与干预,就可能成为大学生心理危机的高发群体。

(一)新生群体

大学新生大多18、19岁,这一时期正是青年人生理、心理迅速发展变化的时期,身心发展极不稳定,极易受外界环境变化的影响。当最初的新鲜感逐渐退去、激动的情绪慢慢平静、正

常的学习生活开始之后,就出现了"理想真空带"与"动力缓冲期",使他们心理冲突和动荡加剧,很容易出现心理危机。

1. 失落

失落是新生中较为常见的心理体验,新生的失落主要体现在以下三个方面。

(1) 无目标感的失落。不少学生把上大学当作自己的最终目标,进入大学后,思想随之放松,生活失去了目标和动力,显得失落和茫然。

(2) 对大学生活的失望。入学前,新生们对于大学充满憧憬和梦想,进入大学后,真实的大学生活全面铺开,他们感到现实远非自己所想象的那样完美,他们依然要面对索然无味的教科书,要重复宿舍—教室—食堂三点一线的生活,一切都与他们设想的不一样,理想与现实的反差巨大。

(3) 自卑感。能从众多青年人中脱颖而出成为一名大学生,令新生们感到无比光荣和自豪,但进入大学后发现,身边群英荟萃、强手如林,自己只不过是沧海一粟,一种自卑感和失落感随之而来,心理严重失衡。

2. 困惑

新生在大学生活了一段时间后,渐渐发现大学不过如此,种种现象、弊端使他们的兴奋点逐渐消失,随之而来的是各种心理困惑。

(1) 学习困惑。无论是教学方式还是学习方法,大学与中学相比都有很大区别。这些差异使自学能力差、自律意识弱的新生难以适应,表现为对学习方法、学习环境、自主学习意识的不适应。此外,学习动机不明确也使新生变得较为被动和消极,心理上产生压力、迷茫和焦虑。

(2) 人际交往困惑。大学的同学来自不同地域、不同家庭、不同文化背景,在价值观、兴趣爱好、生活习惯、语言上都有较大差异,面对人生经历、性情脾气等各不相同的新同学,一些新生在人际交往中出现了恐惧、冷漠、孤僻、自我封闭的现象,陷入苦恼孤独之中。

(3) 对大学生行为模式的不确定性而造成的角色转变的困惑。经过高考紧张激烈的厮杀,新生进入大学后都会不同程度地出现"松绑"之后对于"自由"的不适应,不知如何管理自我、如何打发大量的课余时间。于是有的人沉迷于网络游戏,有的人生活懒散,浑浑噩噩,得过且过。

(4) 性困惑。大学生的性生理发育已经成熟,性心理也有了发展。由于对性缺乏健康、科学的认识和态度,对自己的性心埋缺之止确的认知和评价,对性欲和性冲动感到不安、羞愧和压抑,甚至还有个别同学因恋爱发生越轨行为而懊悔、悔恨等。大学生的性心理困惑还包括在恋爱方面的困扰,如单相思、失恋、多角恋爱而引起的内心冲突。

(二) 贫困生群体

1. 自卑

贫困生主要有四种:一是老少边穷地区的学生,二是城市低收入家庭的学生,三是多子女家庭与非核心家庭学生,四是遭遇疾病或重大家庭变故的学生。他们共同的特点是经济状况不良,家庭社会经济地位低下。进入大学后,他们感觉到贫富反差的存在与不容忽视,多数贫困生能够正确调整心态,积极适应大学生活,但他们又不得不面对这样的现实:由于学习基础和知识储备上的差距、经济困难引发的生存和学习压力,他们比普通学生多了一层生活的重压,从而陷入深深的自卑中。

2. 强烈的自尊

贫困生一方面自卑感较重,另一方面自尊心很强。他们有的不愿接受帮助,不愿被别人看作"异类",出于自我保护,他们为自己构筑起强烈自尊的外壳,但这个外壳是极其脆弱、不堪一击的。他们对触及自己痛处的事物极为敏感,一点小小的刺激就会让他们产生强烈的情绪、情感反应。

3. 孤僻

由于自卑心理严重,自我保护意识强烈,一部分贫困生习惯于把自己封闭起来,不愿与人接触,很少向别人敞开心扉。长此以往,心里的积郁和苦闷得不到正常的宣泄与释放,问题越积越多,以至于到了无法摆脱的地步,甚至把别人的关心和帮助当成对自己的嘲弄,对外界充满敌意。在如此强烈的心理负荷下,很小的事件都会使他们的心理防线崩溃,产生过激行为。值得关注的是,贫困生常常处于一种相对剥夺感之中,因此,他们极易产生愤世的倾向,对很多事情看不惯,感觉社会缺乏公平感,在遭遇生活事件时,容易产生心理偏差。

(三) 独生子女群体

目前,大学生中独生子女的比例越来越大,由于与非独生子女在生存状态等方面存在一定差异,因此这一群体形成了普遍存在的人格特征和心理行为特点。

1. 依赖

一些独生子女在成长的过程中得到了较多的关注,在长辈的过度宠爱下,易形成心理上的依赖性。进入大学以后,虽然他们的独立意识逐渐增强,但还不足以令他们摆脱对于家庭的依赖。面对新的生活环境和生活方式,他们难以顺利地实现角色转换,往往出现强烈的恋家和思乡情绪,变得郁郁寡欢,严重的甚至出现退学的念头。

2. 以自我为中心

独特的家庭地位和环境,使一些独生子女逐渐养成了自我评价较高、自我意识较强的"优势心理"。他们容易看到自己的长处,常常看不到自己的弱点,以自我为中心,缺乏对他人的理解、尊重和宽容,不愿接受不同的看法和意见,更接受不了批评与挫折,协调能力较差,稍有不如意就会产生强烈的逆反心理。过强的自我意识极易导致自私、任性、专横、攻击性强等人格缺陷,有碍身心健康。

3. 情绪控制能力弱

家长对于独生子女过度呵护和溺爱,使他们的意志发展水平不够,遇事往往不知如何妥善处理,易冲动、易感情用事,情绪控制能力及情绪稳定性较差,面对挫折和困难时应激反应较为强烈,影响其身心健康。

4. 心理承受能力差

独生子女大多成长环境较为顺利,心理上缺乏锤炼,心理发展严重滞后,感情脆弱、意志薄弱、心理承受能力差、受挫感强。面对不如意事情时,从小形成的优越感遭受打击,不能进行客观的评价和分析,从而产生强烈的心理冲突,导致心理与行为失常。

(四) 毕业生群体

大学毕业生是大学生中压力较大的一个群体。对于他们中的大多数人而言,十几年的校园生活即将告一段落,他们面临着许多人生的转变和抉择,求学与求职的冲突、与同窗的分离、激烈的就业竞争、对社会的适应等课题纷纷摆在他们面前,使他们承受着极大的心理压力。

1. 焦虑

焦虑心理是毕业生在就业过程中常见的心理。面对纷繁复杂的社会、严峻的就业形势、激烈的就业竞争、社会需要和个人专业的矛盾、以发展为重和以待遇为重的冲突、是否能适应和胜任工作的担忧,大学生产生焦虑心理也是可以理解的。适度焦虑会使大学生产生一定的动力,激发自身的潜能,但过度焦虑会使他们身心疲倦、失眠、注意力分散、判断力下降、心浮气躁,从而严重影响潜能和才华的发挥,阻碍正常择业的顺利进行,甚至产生心理危机。

2. 迷茫

大学毕业生非常渴望在社会中找到自己的一席之地,但他们中的一部分对自己的专业范围、兴趣特长、实践能力缺乏正确判断,盲目地随着求职人流乱闯,缺乏主见,不能主动地参与就业市场的竞争,导致不少大学毕业生与适合自己的用人单位失之交臂。

3. 自负

部分大学毕业生自我预期过高,只看到自己的优点,看不到自己的不足,好高骛远、眼高手低,不切实际地追求高职位、高工资,最后有可能高不成低不就,错过适合自己发展的职位。

4. 盲目攀比

部分毕业生争强好胜、虚荣心较强,嫉妒和攀比心理严重,一旦感到自己的单位和工作岗位比别人差,心里就很不平衡,产生抱怨、憎恨等复杂的情感,主动放弃自己看好的单位,在这种不断的攀比和权衡中丧失了机会,贻误了就业良机。

5. 自卑

自卑心理在求职毕业生中也较为常见,他们过低估计自己的知识和能力水平,缺乏竞争的勇气,求职一旦受挫,往往意志消沉,失去信心,甚至对未来的求职抱有恐惧心理。

(五) 学业困难学生群体

大学生学业成绩是考察大学生优秀与否的重要砝码之一,竞选、评优、求职等无一不与学业成绩挂钩,成绩不良意味着重修、补考甚至退学,这就使学业困难学生成为大学校园一个值得关注的弱势群体。学业困难学生具有以下心理特点。

1. 自我怀疑与否定

长期不良的学习成绩及周围环境评价对其产生的消极心理暗示,使他们不能充分接纳自己,对自我产生怀疑和否定,容易陷入存在性危机而无法自拔。

2. 心理冲突加剧

学业困难学生普遍存在强烈的心理矛盾和冲突。一方面,他们迫于家庭的期望、学校的要求和社会的压力,渴望出类拔萃;而另一方面,由于意志力不强等,他们又感到无力摆脱目前的状况。这种矛盾的心理状态使他们很难承受外界刺激,容易陷入心理危机。部分学生是"双困生",学业困难、经济困难,双重的压力更易使他们形成强烈的心理冲突,导致问题行为。

3. 强烈的疏离感

学业困难学生常常无意中遭受同学的排斥冷遇,游离于班集体之外,评优、入党、受表彰等都因不良学业成绩而受阻,这种"边缘人"处境使他们自我保护意识强烈,形成"反控制"心理,对外界抱有谨慎与警觉的态度,特别是当不良学业成绩遭遇外界生活事件时,又缺乏良好的社会支持,容易引发心理危机。

二、大学生心理危机发生后的反应

大学生心理危机发生后,会在情绪、认知、行为、身体等方面发生种种变化,这些变化是相互作用、互为因果的,一种反应的加剧,必然导致整个系统的恶性循环,从而对大学生身心健康产生影响和危害。

(一) 情绪方面

当事人表现出高度的焦虑、紧张、丧失感、空虚感,且可伴随恐惧、愤怒、罪恶、烦恼、羞惭等。

(二) 认知方面

身心沉浸于悲痛中,导致记忆和知觉改变,难以区分事物的异同,决断力和解决问题的能力受影响,一旦危机解决可迅速恢复知觉。

(三) 行为方面

不能专心学习或工作;回避他人或以特殊方式使自己不孤单;令人生厌或有黏着性;与社会的联系被破坏,可产生对自己或周围的破坏性行为;拒绝帮助,认为接受帮助是软弱无力的表现;行为和思维情感不一致;出现过去没有的非典型行为。

(四) 身体方面

极易产生疲劳、失眠、头晕、食欲不振、胃部不适等。

从过程来看,个体在危机发生后可能出现以下一系列的反应。

(1) 事后震惊。这是危机过后,经历危机的人可能产生的一种潜在反应,表现和特征是周期性或持续性的颤抖、心烦意乱、不安和精神恍惚。

(2) 责难。责怪自己和责怪他人。

(3) 内疚和焦虑。面临危机的个体可能因为害怕、恐惧和忧虑而感到不知所措,从而导致他们以一种坐立不安的方式行动,这在日常生活的坐、站、步行中可得到证明,并借助抽烟、喝酒、祈祷、打电话、吃药和与那些能够帮助自己的人交谈等途径来减少焦虑。

(4) 抑郁。在面临危机时往往表现得很抑郁,特别是在很极端的时候,人们会极度地无助、悲伤、痛心或绝望。

(5) 逃避和专注,并有假装适应的反应。这是所有心理危机反应中最敏感的。假装适应的反应是一种由抑制、自我克制等支撑起来的脆弱的防御方法。假装适应的人很少主动寻求帮助。

(6) 休克。人们可能被创伤事件弄得不知所措,经常眼神呆滞,说话时恍恍惚惚,难以集中注意力,走路僵硬,并且很容易受到暗示的影响。

(7) 寻求改变。危机中的个体虽然对事件的不确定性感到很难受,处理问题的能力受到了限制,但个体也不会坐以待毙,他也想获得别人的帮助,摆脱困境,只不过常常采用一些不当的方式来处理问题。

第三节 大学生心理危机的成因

案例导入

案 例

商某,女,大二学生,家庭经济情况比较困难,有一个弟弟读初中。其家庭关系中,父母感情不好,经常为一些生活琐事争吵。在一次激烈的争执后,其父服毒自杀身亡。意外的打击使得商某严重焦虑、抑郁、失眠、无食欲、反应力减慢,不能集中注意力思考,对未来充满无望感,认为自己对父亲生前关心不够而感到自责,脑海里常常浮现父亲的形象,无法正常学习和生活,甚至产生了自杀的念头。在男友的劝说下,来到心理中心求助。

案例评析

商某的问题是由亲人的亡故导致的悲伤反应。这种心理危机中,与死者关系越密切的人,产生的悲伤反应也就越严重。经过咨询和辅导,商某逐步表达出内心的感受,宣泄了自己的悲伤情绪,她认识到自己虽然很难忘掉丧失,也很难回到丧失前的平衡状态,但是,自己要尽量学着从悲伤的情绪中转移到有所作为地对待目前的处境,恢复自控,在发展中重构自己的生活。经过半年的调整,商某逐渐消除了心灵的创伤,恢复了心理的平衡与健康。

心理危机到底是如何产生的呢?社会学、心理学等领域的学者均对危机的形成机制进行过一定程度的考察,认为心理危机的产生决不会归属于单一的原因,而是多个因素交互作用的结果。

一、个体与自我产生冲突引发心理危机

一般认为,给人心理造成冲击的应激源都是外来的,如突发灾难、生活事件、工作学习压力等。但实际上,应激源也可以源于个体内心。内心应激源是个人内在心理因素的困扰所形成的压力来源,如个体的虚无感、内心冲突和矛盾、完美主义等,都有可能引发心理危机。

(一) 个人心理发展的冲突

大学生处于心理发展的特殊时期,心理结构各部分发展不平衡,其自我意识常有矛盾的状况,一旦受外界困扰就容易引发心理危机。

1. 人生观、价值观出现矛盾

大学生在对社会多元文化价值观念进行不断的比较、选择、整合、内化的过程中,必然会出现不同程度的困惑,原有心理上的稳定结构被打破,从而导致心灵上的冲突和空寂。因此,从某种意义上说,心理危机是人生观、价值观冲突或意义缺失的外在表征,而这一状态往往以存在性危机的形式表现出来。

2. 认知方式出现偏差

对应激事件的认知和主观感受在个体应对危机的过程中起着重要作用,对事件的不同认知会产生不同的心理反应。如果对事件的认知是科学的、切合实际的,便有利于抓住事件的本质,采取适当的应对方式;但如果一个人的认知习惯失当,那么在面临外来刺激时,出现心理危机的可能性就较大。因此,认知往往在心理危机应激源和心理危机之间扮演着中介的角色。

3. 认知发展不成熟

认知发展是心理发展一个极其重要的方面,大学生的认知方式还存在着明显的不成熟特征。这使大学生难以客观、全面、辩证、理性地认识事物,表现出一定的主观性、片面性和绝对性,对事物常常做出非此即彼、非善即恶、非好即坏的简单评价。

(二) 人格发展不完善

容易陷入心理危机状态的个体在人格上有一定的特异性,表现为看问题比较表面和消极,过分内向;做事瞻前顾后,犹豫不决,情绪不稳定,缺乏自信心;过于依赖他人;行为冲动;等等。

1. 人格特质存在差异

(1) 气质的影响。胆汁质和抑郁质这两种气质的人较易发生心理危机。胆汁质的人往往性情急躁、情绪易于激动、做事冲动欠思考,容易走极端而发生过激行为;而抑郁质的人比较敏感、孤僻,不善于与人交流,情感体验深刻,厌恶强烈刺激,在困难面前常常怯懦、自卑、优柔寡断,挫折承受能力较差。

(2) 性格的影响。情绪型性格的人情绪体验比较深刻,行为容易受情绪影响;内倾型性格的人感情含蓄、处事谨慎,但交际面窄,适应性不强;顺从型性格的人独立性较差,在紧急情况下容易惊慌失措。

2. 自我意识存在矛盾

大学生自我意识的发展一般都要经历分化、整合、再分化、再整合的过程。自我意识的分化,使大学生对自己的内心、行为、角色和责任有了新的认识,意识到自我中不曾被关注的许多细节,同时又使大学生对自我产生不确定性,对自我的态度和评价表现出矛盾性:一方面,他们拥有更积极的自我认知,更加懂得自我悦纳、自我欣赏、自我认同,自我效能感更高;另一方面,一旦遇到挫折与失败,他们建构的自我认知会立即转向另外一个极端——自我否定、自我怀疑、自卑甚至自我闭锁。

3. 过分关注自我

很多大学生开始把关注的重点转向自我,去发现、探求自己微妙的内心世界。一方面,他们迫切要求形成自己独特的个性与独特的理解方式,自觉地从各方面塑造自己的形象,设计自我的模式;另一方面,他们以自我为中心,认为周围的人也对他们抱有密切的关注。现在的大学生生活在一个资讯高度发达、没有太多传统文化记忆、没有刻骨铭心历史负累的时代,更关注个性自由,关注多元评价带来的自主性与成人感。

4. 存在一些不良心态

大学生的不良心态主要表现为无聊、退缩、偏狭、虚荣等。无聊心理的主要特点是空虚、幻想、被动,感觉不到自我存在的意义与人生价值,其核心在于没有确立合适的人生目标。退缩的人常常抱怨自身的不幸,却宁愿忍受痛苦而不主动去做积极的尝试。偏狭是人们常常说的"小心眼",主要表现为心胸狭窄,耿耿于怀,挑剔,嫉妒。人一旦心胸狭窄,就容易进入管状思维,"只见树木,不见森林"。虚荣是指过分看重荣誉、他人的赞美,自以为是。虚荣心强的人情感脆弱,自尊敏感,过分介意别人的评论与批评,与人交往时防御性强,喜欢抬高自己的形象,他们捍卫的是虚假的、脆弱的自我。

二、个体与他人产生冲突引发的心理危机

(一)人际关系适应不良或交际困难

当代大学生绝大多数是独生子女,他们普遍存在以自我为中心、独立生活能力差、社会经验少等问题,进入大学后不能根据环境的变化调整自己的生活,容易感到不适应。来自不同地方的同学之间,由于生活习惯、个人性格、个人兴趣的差异不可避免地会与他人产生摩擦或冲突,有的大学生因为不能正确处理这种冲突而心理失衡,从而引发心理危机。

(二)失恋或情感方面的问题

大学生谈恋爱的现象越来越普遍,但大学生的身心发展还不成熟,由于缺乏经验,不能正确处理复杂的感情纠葛问题,一旦失恋,有些大学生就会产生情感危机,进而诱发心理危机。

(三)心理支持系统的缺乏

大学生要想维持自己的心理健康,需要有一个来自亲人、朋友、同学等多方面的心理支持系统。但是一些大学生的心理比较闭锁,性格较为内向,即使有心理问题也不愿向周围的人倾诉,也不愿意求助专业咨询人员,长期积累下去,一旦超越心理承受能力,必然引发心理危机。

三、个体与环境产生冲突引发心理危机

(一)个体与社会环境的冲突

大学生富有时代感、责任感和使命感,对国家和社会具有强烈的忧患意识,担负着个体发展和国家振兴的双重使命,因此也承受着越来越多的客观环境压力和越来越多的社会心理应激,这使得不少大学生精神迷茫,常常陷入剧烈的心理冲突之中,导致心理危机的产生。

(二)个体与学校环境的冲突

个体与学校环境的冲突来自两个方面:一方面是来自学习的压力,学校为了提高毕业生的就业率,以便在生源竞争和高校评估中居于更好的位置,在学科设置、课程数量、质量评估等方面给学生带来了沉重的负担;另一方面是来自就业的压力,近年来就业形势严峻,大学生为增加就业机会拼命参加各种形式的等级考试和资格考试,日夜忙碌,这使得部分大学生长期处于身心疲惫状态,压力过大,从而引发心理危机。

(三)个体与家庭环境的冲突

高校并轨招生以来,学费成为贫困地区学生沉重的经济压力和心理负担,由此出现了贫困生的心理危机问题。另外多数大学生的家长在子女入学后就把主要的精力转移到经济支持上,而对子女的心理健康问题关注不够。

(四) 个体与网络环境的冲突

不少大学生入校后感到了理想与现实的矛盾,又面临学习、就业等压力,这使得他们渴望与人交流,然而缺乏与人交流的方法和技巧,进而感到苦闷、空虚。而上网聊天给他们提供了相互交流的渠道,于是有人沉迷于"虚拟社会"中,久而久之导致网络依赖。同时网络信息的出现,使青年学生的接触面一下子开阔起来,使传统的价值观、人生观、道德观受到巨大冲击。另外,受网络暴力和网络色情的影响,部分大学生滋生暴力倾向,自我与现实产生冲突,进而导致心理失调,引发心理危机。

第四节 大学生心理危机干预

案例导入

案 例

大二学生王某在一次期末考试中作弊被老师发现了,他当时情绪非常激动,把试卷强行带走,放弃了考试。后来,辅导员找其谈话,了解到他入学不久就失眠、神经衰弱、情绪抑郁,导致白天无法集中注意力听课,而他自己又想提高学习成绩,所以一直背负着很大的心理压力,一度有过自杀的想法,作弊被发现后,自杀的念头加剧。

案例评析

王某是因为生活事件(考试作弊)产生的心理危机。王某的自杀心理是由王某个人性格、成长经历、生存环境几个方面因素综合造成的。王某高考发挥不够理想,被一所二本学院录取,产生挫折感,情绪低落。入学后,对大学的失望使其开始出现睡眠障碍,加之对所学专业不感兴趣,对大学里的课程设置和内容不太适应,临近期末考试开始担忧考试不过关,这种担心又加重了他的压力,造成恶性循环。此外,他家庭经济情况不好,父母都在农村,含辛茹苦地劳作,供他读书,他在父母心目中是优秀的孩子,但进入大学后他自我感觉不够优秀,觉得辜负了父母的期望,对父母的内疚让他备感痛苦。

危机干预又称危机介入、危机管理或危机调解,是随时对经历个人危机、处于困境或遭受挫折和将要发生危险(自杀)的人提供支持和帮助,使之恢复心理平衡,达到危机前行为水平的短期治疗过程。

一、构建大学生心理危机干预体系

心理危机干预在国外高校被广泛应用,但我国高校开展和实施的还很少。大学生心理危机干预必须与时俱进,在高校应建立相应的心理危机干预中心,完善心理危机干预的运行机制,提高大学生的自我认识能力,利用各种形式开展危机干预,创造良好的内外部环境,利用多种手段进行积极有效的大学生心理危机干预。

（一）营造积极健康的社会及校园文化氛围

对于社会来说，要形成公平竞争的良好风气，杜绝丑恶现象的泛滥；各种传播媒介要宣扬积极健康的文化和价值观，避免色情、暴力等不良思想对大学生的影响，形成良好的社会文化氛围。大学校园是大学生学习和生活的主要场所，校园文化对大学生的影响是潜移默化的。应不断加强校园文化建设，开展各类文体活动，丰富大学生课余的文化娱乐生活，使大学生在活动中发挥自己的专长，加强交往，增强自信心，调整心态，提高适应环境的能力，培养奋发向上、积极进取的精神；开展各种学术活动，形成浓厚的校园学术风气，使大学生自觉抵御不良思想和文化的侵袭；为大学生提供合理的情绪表达的机会，使不良情绪得以宣泄，以避免破坏性行为的发生。

（二）建立大学生心理危机干预中心

及时为危机事件的当事人和所涉及的学生提供心理危机援助，并做好心理危机当事人的跟踪援助工作，帮助当事人解决危机，恢复心理功能和心态平衡，重新掌握应变能力。

（三）对大学生进行心理健康状况普查，建立大学生心理健康档案

通过心理健康状况普查，建立大学生心理健康档案并密切关注大学生的心理发展，对于心理危机的高危人群做出及时评估、诊断和预警，建立干预对象档案库，并定期追踪观察，做到及时发现、及时指导和帮助。

（四）建立大学生心理危机三级预警网络

要做好大学生心理危机的预警工作，除建立大学生心理健康档案、对高危人群进行筛选和干预外，还应完善大学生心理危机预警信息处理和汇报制度，构建学生骨干、辅导员、专业人员三级预警网络，推动教职员工、广大学生参与学校的危机干预工作，实现汇报、筛查、控制、跟踪、反馈一体化的工作机制，做到及早发现、及早预防、及时疏导。

（五）通过各种教育手段提高大学生对于心理危机的抵抗力

向大学生宣传普及心理健康知识，使其认识自身，了解心理健康对成才的重要意义，树立心理健康意识；介绍增进心理健康的途径，养成良好的学习习惯，积极开发自身潜能，培养创新精神和实践能力；传授心理调适的方法，使大学生学会自我心理调适，有效消除心理困惑，自觉培养坚韧不拔的意志品质，提高承受和应对挫折的能力，以及社会生活的适应能力；解析心理异常现象，使大学生了解常见心理问题产生的原因及主要表现，以科学的态度对待各种心理问题。

（六）利用各种形式开展危机干预

通过个体咨询、团体训练、电话、网络等各种形式对心理危机进行有效的干预，以期达到最佳的干预效果。

二、掌握自我支持技术

自我支持技术的目的在于，从处于危机中的当事人自身的角度出发来解决危机，调整情

绪,使自身的功能恢复到危机前水平。具体做法如下。

(一) 寻求滋养性的环境,收集充分的信息

改变境况的第一步就是要充分了解问题之所在。虽然个体在危机中会陷于莫名其妙的恐惧和不知所措的境地,不知道发生了什么事,也不知道即将发生什么事,但可以肯定的是,人们还可以向有经验的人和处理危机的专家请教,或从有关书籍中寻找解决问题的办法。环境对人的心情会有很大的影响,处于危机中的个体一般对周围所处的环境把握不住。

(二) 积极调整情绪

危机的出现显然会使人们极度紧张和沮丧,这些情绪反应不仅是内在的并带来强烈的不适感,而且将使危机进一步恶化。因此,调整情绪的中心环节就是培养承受痛苦的能力,使恶性循环得到控制。当危机超出我们的控制并且我们无力改变外部事物时,把握自己的情绪尤为重要。情绪调整法包括抑制、分散等回避痛苦的方法,这些方法能转移人的消极思想和情绪,为心理重建赢得时间。将强烈的、痛苦的情感变得可以忍受的一条普通而有效的途径就是"自我对话"。例如,通过对自己说安慰或平静心态的话来调节焦虑,甚至可以大声地独白或把所发生的事情写下来。通过有意识地提醒自己注意事物积极的一面来缓解沮丧情绪。良性的"自我对话"在帮助人们缓解不能忍受的痛苦时非常有用。

(三) 建立良好的人际关系

孤立无援的个体很希望能够得到别人的帮助。在危机期间和危机过后,个体都需要与周围的人保持良好的人际关系,不一定是要求他们提供强烈的情感支持,而是与他们保持日常的联系,共同分享经验,共同面对事物。这不仅有助于遭受危机的个体重新适应社会,还可以分散其注意力,使其不再为消极紧张的情绪所困扰。这种良好的关系可以表现为与自己的朋友一起散步、听音乐或静静地坐一会儿。

(四) 面对现实,正视危机

在危机的前期,人们习惯于采取积极的态度来应对危机,利用一切可以利用的资源来避免危机带来的损害。但到了危机的中后期,当个体积极应对危机的策略失败,感到绝望的时候,就会消极地逃避现实,采取退缩的策略来应对危机,不愿意承认现实情境,常常歪曲现实情境,以此来避免危机带来的损失。面对现实,正视危机,有利于个体激发自身潜在的力量,动员一切资源来寻求危机的解决办法。

(五) 暂时避免做重大的决定

处于危机中的个体处理问题的能力比平时要低,由于个体受到问题和情感的双重困扰,收集信息和处理信息的能力受到一定的限制。也就是说,这时个体对所面对的问题不会进行深入的分析,掌握的信息量又太少,无法做出正确的决策,个体虽然在这时很想摆脱危机,努力寻求一切解决问题的办法,但无功而返,甚至造成更大的伤害。在危机时期,避免做重大的决定,有利于个体的自我保护,避免再次受到伤害。

三、大学生自杀危机应对

目前我国大学生自杀率居高不下且有上升趋势,大学生已经成为自杀的高危人群。大学生自杀,对社会、学校和家庭造成的损失是无法估量的。

(一) 大学生自杀原因分析

大学生自杀受个体的出身、经历、价值观、个性特征等多种因素的影响而呈现多元化。

1. 心理不成熟

大学生面临学习、交往、成才、恋爱、就业等一系列人生发展课题,承受着其他年龄阶段的人所没有的心理压力,是人生发展任务最繁重、心理冲突最尖锐、心理动荡最剧烈群体。大学生心理尚未完全成熟,情绪不稳定,挫折承受能力相对较差,人生发展任务的艰巨性与个体心理成熟的相对滞后性导致的错位,是当前大学生自杀问题频发的原因。

2. 认知偏差

在现实生活中,自杀者通常不能正确认识自己,对自己持否定的态度,使自己处于高度的自卑状态。这些人不能正确地认识社会和与之有关的人及环境,导致他们对自己境遇的内部感知向越来越消极的状态发展,他们看到的是前途一片黑暗。自我认知的偏差导致他们对自己的完全否定,从而丧失了竞争中的自信,带来的必定是竞争的失败。这种失败更加剧了他们的自卑和自我否定,如此循环往复,必然会造成悲观厌世,某些心理脆弱者甚至会精神崩溃,导致自杀行为。

(二) 大学生自杀行为信号识别

有关学者指出,大多数企图自杀的当事人,是希望透过自杀这种极端的方式来获得周围亲朋好友的帮助,从而解决自己无法解决的问题。自杀行为是可以预防的,因为自杀的大学生在自杀前,大都会给周围亲朋好友一些信号暗示,亲朋好友若能及时加以理解、辅导,就可避免当事人的自杀行为。自杀的警告信号如下。

1. 语言上的线索

表现出想死的念头,可能直接以话语表示,也可能在作文、作诗、作词之中表现出来。如果当事人告诉别人,他想在何时、何处、如何自杀,可以说他自杀的危险程度极高。

2. 行为上的线索

(1) 突然出现明显的行为改变。

(2) 突然把个人有价值、有纪念性的物品赠送他人。

(3) 突然增加饮酒量或用药。

(4) 曾经企图自杀,曾经企图自杀过的人再度企图自杀的可能性很高。

3. 环境上的线索

(1) 最近一段时间有重大的生活失落感,如亲人变故、与男(女)朋友决裂、被人殴打或强暴等。遭遇重大创伤往往会使当事人觉得自己是不值得生存的人,觉得没脸活在世上。

(2) 家庭发生大变故,或者家庭财务困难、搬家等。对家庭当中曾有人自杀过的学生要提高警觉。自杀是一种模仿的行为,如果家庭无意识地默许自杀行为,那么家庭成员发生自杀的可能性会增加。

(3) 对于改变痛苦的生活或处境感到无能为力的当事人,会觉得十分无助、绝望,这种感觉越强烈,越值得注意。

4. 并发性的线索

(1) 从社交团体退缩下来。对生活失去兴趣,不再参与社团活动,对人间没有留恋。

(2) 表现出抑郁的征兆。

(3) 表现出不满的情绪。

(4) 睡眠、饮食规律变得紊乱,失眠,显得疲惫,身体常有不适、生病。这些现象往往提示,当事人遭受重大的情绪困扰,值得进一步了解,并评估有无自杀的可能性。

(三) 大学生自杀的预防

1. 社会层面的预防

(1) 开展反自杀宣传教育。面向公众长期开展有关自杀问题的宣传教育,提高大众对自杀问题重要性的认识,提醒公众尊重生命、珍爱生命。自杀是不可逆的,每个消失的生命背后都是亲人的眼泪,自杀不仅给家庭带来不幸与沉重的精神负担,也给社会带来极大的不安定。与此同时,对自杀未遂导致的麻痹症、大脑损伤、身体残疾等给家庭与社会带来的不良后果要进行适度报道,提醒公众不要随意选择自杀作为解决问题的方式。

(2) 加强传媒正确引导。很多研究表明,自杀具有传染性,特别是过度渲染自杀的电视节目,会给人以心理暗示,导致青少年的模仿,诱发潜在的自杀行为。要宣传自杀对社会、家庭及个人的危害,告诫自杀不是明智的选择,以减少自杀报道的负面效应。

2. 学校层面的预防

在大学生中开展生命教育与死亡教育,这对帮助大学生正确认识生命、理解死亡具有重要意义。

(1) 开展生命教育。生命教育是指通过教育与引导,帮助个体积极思考生与死的生命课题,以积极的态度面对生命与死亡,热爱生命,认识生命的意义,创造生命的价值。

首先,生命教育应着力于珍视生命本体的存在价值。人的生命价值离不开生命的存在与延续,既包括对自身生命的珍爱与珍惜,也包括对他人生命的尊敬与敬畏。

其次,生命教育要倡导对生命的敬畏。从根本上而言,任何生命都有存在的权利和价值。生命存在于普遍联系之中,所有生命的链条都是环环相扣、相互依存的,因此,人类的生存依赖于生命体的连续,生命的神圣性是人类永恒的追求。人对其他生命的关怀从本质上来说是对自己的关怀,人对万物负责的根本理由是对自己负责。人应当懂得珍重其他生命,对大自然的一切生命采取敬重的态度。

再次,珍爱自己的生命与珍爱他人的生命同等重要。这既是生命平等的内涵,又要求我们反思生命的价值与意义。选取生活中正反两面的典型教材,教育大学生对自己的生命负责,对家庭与社会负责,也对他人的生命负责。

(2) 开展死亡教育。当代大学生对生命与死亡态度的率性与随意令人担忧,针对频频发生的大学生自杀事件,开展死亡教育具有非常迫切的现实意义。

一是以智者的死亡观开启大学生对死亡意义的思考。中国古代伟大的思想家孔子主张以生的意义抵消死的侵袭,认为当我们生命过得充实而有意义时,死亡就并不可怕了。西方哲学家蒙田曾谈道:"你的生命不管何时结束,总是完整无缺的。生命的价值不在于长短,而在于如何使用。"在生命的历程中,我们必须随时准备被"唤走",如果我们过着一种有意义的生活,那么,随时离开都没有遗憾。

二是建立正确的死亡观。中国人一向对死亡讳莫如深,因此当一个人最初接触死亡现象后必然产生困惑,甚至成为导致自杀的深层心理契机。开设死亡教育课程,使学生系统学习与探索死亡的生理过程、死亡对人产生的心理影响等,教育大学生更加珍爱生命,懂得对亲人的临终关怀。

三是从价值层面关注死亡。"生如夏花之绚烂,死如秋叶之静美",不仅诠释了生死观,也从价值理念方面为我们展示了生命与死亡的意义与内涵。

(3) 加强大学生心理健康教育与心理辅导,利用课堂教学、团体心理辅导与个别咨询等方式,全面提高大学生的心理健康水平。

学校心理危机干预中心与心理辅导中心也要在大学生心理危机预防中扮演重要角色,通过开展专题讲座、广泛的健康宣传、针对高危群体的团体辅导与咨询,开通24小时心理热线,建立大学生心理自助组织等,及时发现自杀高危个体并开展积极的干预,起到对大学生自杀的预防作用。

3. 家庭层面的预防

家庭一直是个体成长最重要的微观环境,对个体成长起着潜移默化的影响。大学生虽然离开父母独立生活,但家庭仍然无所不在地影响着大学生的生活。

(1) 加强家长与子女的交流。家长应关注大学生的心理与行为变化,与其建立良好的亲子沟通,特别是当孩子面临挫折与失败时,父母要成为他们强有力的社会支持,帮助他们走出困境,重构自己的信心。

(2) 对有家族自杀史的学生重点关注。具有家族自杀史与抑郁病史的家庭,要关注大学生的心理健康水平与负性生活事件。行为遗传学研究表明,家族自杀史的存在极大地增加了其后代的自杀可能性,若父母中一方有自杀倾向或行为,其子女比常人呈现更多的自杀倾向与行为。

4. 学生个体层面的预防

个人的心理危机有一个不断累积的过程,我们的心灵需要不断地自我涤荡与反省,这样我们的心灵之屋才会始终阳光灿烂。

(1) 关注自我内心。每个大学生都要积极关注自我的心理状态,当发现自杀意念萌生时,要主动求助,以积极的方式对待自己的问题,并及时解决。特别是当面临负性生活事件时,要关注这个事件对自己的影响时间与严重程度,如果自我调节不能奏效,就应求助心理咨询中心,将问题解决在萌芽状态。

(2) 树立积极的人生观。大学生应树立乐观的人生态度,以积极的心态面对挫折与失败。

(3) 积极应对。当面临成长危机与境遇性危机时,大学生要积极运用自身资源与社会资源,主动寻求社会支持,相信"办法总比困难多""没有过不去的坎""桥到船头自然直",想办法将危机化解在萌芽状态。

(四) 大学生自杀干预

自杀干预是指在自杀者表现出强烈的自杀倾向时,给予及时的帮助与指导,避免自杀行为的发生,这是预防和控制自杀的重要手段。自杀干预的目的,不仅在于减轻当事人的自杀倾向,减少自我伤害行为,而且要为将来的心理治疗提供指导性意见。

进行自杀干预时要注意以下事项。

(1) 要有生命关怀的觉悟和高度的警觉心。任何人谈及对于生命有厌恶感觉时,都应予以注意,将其视为一种求救的信号。

(2) 对于有重大丧失的个体,要适时地给予关心及安慰。对于有自杀征兆的个体,要经常向其表达并让其了解到你的关切。想自杀的个体常会有情绪低潮及行为退缩的征兆,对个体多一点儿关心,可以提早发现。

(3) 发现个体有自杀的征兆时,要信赖自己的判断,宁可反应过度,也不要麻木不仁,以免追悔莫及。

(4) 对自杀问题的处置,往往需要家庭的参与。应该积极寻求专业人士的协助,不要有"家丑不可外扬"的心态。

(5) 如果个体处在危机阶段,要随时陪在他的身边,并切实找出其想自杀的原因。

(6) 出于安全考虑,把可能的自杀工具拿走。

(7) 那种"基于保密的原则,不能把青少年有自杀的想法告诉他的父母"的观念是错误的。当保密会危及一个人的生命安全时,保密性就被置于第二位。也就是说,当你所辅导的对象可能伤害自己或他人时,不论从法律的角度还是人道的立场,你都有通知相关人员的义务。

第五节　测试与训练

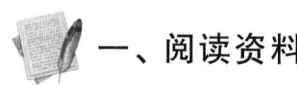
一、阅读资料

在大海上航行没有不受伤的船

英国劳埃德保险公司曾从拍卖市场买下一艘船,并捐献给国家。这艘船现在就停泊在英国萨伦港的国家船舶博物馆。

这艘船1894年下水,在大西洋上曾138次遭遇冰山,116次触礁,13次起火,207次被风暴扭断桅杆。虽然它伤痕累累,但从未沉没过,依然负重前行。

使这艘船名扬天下的是一名律师。当时,他刚打输了一场官司,委托人也自杀身亡。他怀着深深的歉意到这个博物馆参观。在参观这艘船时,他感慨万千,突然有了让生意场上的失意人来参观的想法。于是,他把这艘船的历史连同照片一同挂在他的律师事务所。每当有人请他辩护时,无论输赢,他都建议他们去看这艘船。

截止到1987年,已经有1200多万人参观过这艘船。参观的人中,有失意的商人、失恋的年轻人、失去亲人的伤痛者,也有年轻的创业者、热恋中的情侣等。所有到过这儿的人,无不感叹这艘船百折不挠的气概,无不增加了迎战人生风浪的信心。参观完后人们纷纷留言抒发感慨,仅留言簿就用了接近200本。留言中最多的一句话就是"在大海上航行没有不受伤的船"。

人生如船行。船在大海中航行,难免会遇到险风恶浪;人在生命的长河中旅行,难免会遇到凄风楚雨。我们不能责怪大海的无情,也不能埋怨命运的不公。谁都期望自己的人生一路美景,但这只是美好的愿望。人生漫漫,路途遥遥,不可能永远一帆风顺。坦然地面对生活中的一切吧,无论是喜还是忧,哪怕是伤痕累累,但只要能爬起来,我们就要舔干血泪,依然前行。

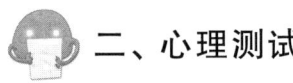 二、心理测试

生命观测试

【测试说明】请你仔细阅读以下测试题,符合你情况的打"√",不符合你情况的打"×"。

1. 在我生命中,我感到一种无以名状的失落感。
2. 我觉得在我的生命中缺乏一个真正意义和目标,而我也需要找到它。
3. 生命的奥秘迷惑着我,并使我感到不安。
4. 在我一生中,有一股强大的驱力,促使我去寻找自我。
5. 我发觉有个强而有力的目标在指引着我。
6. 我感到在生命中缺乏一件值得去做的工作。
7. 我觉得有决心去完成某些超凡脱俗的事。
8. 真正的爱永不褪色。
9. 假如人要获得快乐,就必须以自我为中心。
10. 苦难是对我性格力量的考验。
11. 只有经历苦难,才会变成完整的人。
12. 经历苦难的人必有后福。
13. 我选择职业时,很重视该职业的声望。
14. 假如一个病人濒临死亡,遭遇苦难,医生应该帮助病人安乐死。
15. 苦难有助于人了解真正的人生意义。
16. 关于死亡,我毫无准备,并感到害怕。
17. 关于自杀,我曾经慎重考虑过,并认为这是一种解脱之道。
18. 在经历苦难之后,我变得更能体谅别人。
19. 死亡是生命的结束,再也没有其他意义。
20. 将来有一天会死的事实,使我整个人生变得毫无意义。
21. 我预期我的未来会比过去更有希望。
22. 我已经找到一个满意的生命目的。
23. 我生命中所发生的事,我能做决定。
24. 生命的意义存在于我们周围的世界。
25. 我觉得有必要为我的生命制订清楚的目标。
26. 对死亡的自觉,使我觉得生命一刻比一刻重要。
27. 我决心使我的未来有意义。
28. 我生命的成就,大部分取决于我努力的程度。
29. 新奇变化的事物吸引着我。
30. 每个人都应为他自己的生命负责。
31. 我以极大的期待心盼望着未来。
32. 我能依照我想过的方式生活。
33. 我很关心如何过一种有意义的生活。
34. 我正过着一种我喜欢的生活。
35. 我目前的生活是与我未来的希望紧密相连的。

36. 我正在追寻生活中令人兴奋的事物。
37. 我时常觉得烦躁无聊。
38. 生命对我而言,似乎是非常机械化的。
39. 对于生活,我有很明确的目标和计划。
40. 我个人的存在对生活是非常有意义的。
41. 每天的生活总是千篇一律。
42. 如果可以选择,我宁愿没有出生。
43. 退休之后,我愿意无所事事地度过余生。
44. 对于企求生命的目的,我不断进展而终于圆满。
45. 我的生命中充满兴奋美好之事。
46. 假如我今天就去世,我会觉得我的生命毫无价值可言。
47. 想到我的生命时,我常不懂我活着的理由。
48. 每当我注视世界与我的关系时,这世界使我迷惑不解。
49. 我是一个非常有责任感的人。
50. 关于人为自己做决定的自由,我相信人是完全被传统环境所限制的。
51. 在寻求生命的意义、目标和使命方面,我是很有能力的。
52. 我的生命受外界因素的影响,我不能控制。
53. 我发现人生并无任何目的与使命。

【计分方法】4、5、7、8、10、11、12、13、15、18、21、22、23、24、25、26、27、28、29、30、31、32、33、34、35、36、39、40、44、45、49、51题打"√"的得1分,打"×"的不得分。1、2、3、6、9、14、16、17、19、20、37、38、41、42、43、46、47、48、50、52、53题打"×"的得1分,打"√"的不得分。

【测试结果】将得分相加,得分大于等于40分,表明你对生活充满希望和信心;得分为25～39分,表明你对生活有轻度无望感;得分小于25分,表明你对生活有重度无望感,甚至有自杀意愿,建议立即寻求心理援助。

 三、心理训练

(一) 生命密码

1. 生命的起源

地球上的生物五彩缤纷、种类繁多。最早的生物从哪里来呢? 生命又是怎样产生和发展的呢? 请谈一谈你的想法。_____

_____

【提示】

(1) 神创说:中国的女娲造人传说(神创论);外国的耶和华造万物。
(2) 自然发生说:生命是从无生命物质自然发生的。
(3) 化学起源说:生命起源于原始地球条件下从无机到有机、由简单到复杂的一系列化学进化过程。

尽管假说很多,但大多数科学家认为,地球的原始生命是由非生命物质经过漫长的化学进化过程演变而来的。

2. 我从何而来

我们每个人都是由父亲的精子和母亲的卵子相结合,在母亲的子宫中经过约 280 天的孕育分娩而成为一个独立的生命个体的。在这一过程中,大约有 4 亿个精子兄弟与你竞争。母亲体内的酸性环境不利于精子的生存,在 4 亿个精子中,大约只有 100 个能够穿越重重障碍,到达母亲体内的卵子附近。而这 100 个最强壮的精子中,最终只能有一个幸运地刺破卵子,捷足先登。之后精子与卵子的遗传物质相互结合,塑造出一个全新的生命。可以说,我们每个人的诞生,都是一个极小概率的事件,都说明我们曾在"人生第一场战役"中全面胜出——这是生命的奇迹。

父母给予了我们生命,将我们带到这个丰富多彩的世界。阅读下面的散文,体验父母养育子女的辛苦,并据此写一写"我想对父母说……"

孩子!当你还很小的时候,我花了很多时间,教你慢慢用汤匙,用筷子吃东西;教你系鞋带,扣纽扣,溜滑梯;教你穿衣服,梳头发,擦鼻涕。这些和你在一起的点点滴滴,是多么令我怀念不已啊!所以,当我想不起来、接不上话时,请给我一点时间,等我一下,让我再想一想……极有可能最后连要说什么,我也一并忘记。

孩子!你还记得我们练习了好几百回,才学会的第一首儿童歌吗?你还记得每天总要我绞尽脑汁去回答不知道从哪里冒出来的"为什么"吗?所以,当我重复又重复说着老掉牙的故事,哼着我孩提时代的儿歌时,体谅我,让我继续沉醉在这些回忆中吧!希望你,也能陪着我闲话家常!

孩子!现在我常忘了扣纽扣、系鞋带。吃饭时,会弄脏衣服,梳头发时手还会不停地抖,不要催促我,要对我多一点耐心和温柔,只要和你在一起,就会有很多的温暖涌上心头。

孩子!如今,我的脚站也站不稳,走也走不动,所以,请你紧紧地握着我的手,陪着我,慢慢地,就像当年我带着你一步一步地走那样。

我想对父母说:_____

_____

如果让你用几句话来形容生命或你对生命的看法,你会怎么诠释呢?_____

_____

(二) 生命随悟

1. 提醒幸福

"世上有预报台风的,有预报蝗虫的,有预报瘟疫的,有预报地震的,没有人预报幸福。其实幸福和世界万物一样,有它的征兆。"(毕淑敏《提醒幸福》)

今天,我们一起来提醒幸福,也许幸福一直就在你的身边。

(1) 幸福第一课:幸福以需要为驱动。

何为幸福?不同的人有不同的体验。心理学认为,幸福是一种心理感受,是一种内心平和与满足的感觉,是一种稳定而持久的心理反应。

幸福是以需要为驱动的。著名心理学家马斯洛认为,人类的需求构成了一个层次体系(生理需求—安全需求—社交需求—尊重需求—自我实现需求),人是不断需求的动物。不同的人有不同的需要,不同的人对同一事物有不同的期望,当期望与需要得到满足的时候,人就会产生幸福感。

幸福从表面来看是"好事"带来的结果,实际上是由外界情况引发的一种内心感受。因此,保持幸福的最好办法就是通过日常的修炼使内心平和,心态平和了,就很容易养成一种情不自禁地选择幸福的习惯。

(2)幸福第二课:积累小快乐,成就大幸福。

心理实验表明,一个人的幸福感其实来自多次的"感觉良好",而不是仅仅一次短暂的"大乐"。如果用心,不难发现生活中普遍存在一些简单的"小乐",如和孩子出去放风筝、和朋友去野外踏青或享受一次自己制作的美味等,不要忽略它们,若能用心去体会,这些并不起眼的"小乐"积累起来所构成的幸福感往往胜过短暂的"大乐"。

(3)幸福第三课:幸福靠自己创造。

歌里曾经唱到:幸福的生活要靠我们自己创造。确实如此,幸福感是要靠我们自己创造的,这里提供一些提升幸福感的小建议。也许你还能有一些新的发现,续写这个建议吧。

第一,照顾好精神自我,乐观地期待幸福降临。

第二,每天腾出一点时间读令人鼓舞的图书或者杂志。

第三,每天都为自己做点儿好事,如给自己买一本书、吃自己喜欢的食物、看一个自己喜欢的电视节目或者电影、在街上散步等。

第四,每天至少做一件让别人高兴的事情。可以是一句温暖他人的良言,或是在路口停下车让行人先过,也可以是在公交车上给别人让座,或给喜欢的人送一件小礼物。让别人高兴的时候,你自己也高兴,别人也会善意回应,形成良性互动。

第五,常怀感恩之心,并坚持写感恩日记;闲暇的时候翻阅一下,回忆一下,未尝不是一个很好的寻找幸福的途径。

第六,与幸福的人交往,向他们学习,使自己幸福。

第七,_____

第八,_____

第九,_____

第十,_____

2. 学会感恩

感恩就是一种积极的、乐观的生活心态。感恩,可以是病床上奄奄一息的患者看到第二天初升的太阳;可以是沙漠中断水口渴之人举步维艰之时发现的一片绿洲;可以是迷茫无助之时忽然的"柳暗花明又一村"。感恩,又不同于一般意义上的感谢、感激,但也有此含意。感恩,是一种更深的、发自内心的生活态度。对生活感恩,其实也是善待自我,学会生活。请续写下面的感恩誓词。

感恩于我的父母,因为 _____

感恩于我的朋友,因为 _____

感恩于我的师长,因为 _____

感恩于我生活中的磨难,因为 _____

感恩于我生活的环境,因为 _____

感恩于洒在我们身上的每一缕阳光,感恩于路人投来的每一个微笑或一注眼神,感谢这一切的存在让我体验到了真实的美好。让我们以感恩的心态来面对生活中的一切幸福和苦难,享受这真实的生活吧。

制作感恩卡,在感恩节到来之际,将感恩卡寄给你的父母、朋友和师长。

3. 感悟宽容

天空容留每一片云彩,不论其美丑,故天空广阔无比。

高山容留每一块岩石,不论其大小,故高山雄伟壮观。

大海容留每一朵浪花,不论其清浊,故大海浩瀚无际。

谈谈你读这首诗歌之后的感悟:_____

宽容训练法:

(1) 在发怒前倒数 10 个数字,告诉自己:"我不生气。"时间可以改变一切,等待 10 秒可以改变一件事。

(2) 以名人为榜样,以名言为激励,自我加勉。很多名人在为人处世方面都堪称楷模,参照他们的做事方式会让你觉得自己不委屈:名人尚且如此,我又有什么不能做的呢?找一条自己喜欢的格言,类似"忍一时风平浪静,退一步海阔天空"的句子,时时给自己加油鼓劲!

(3) 多读修身养性之书,以陶冶性情,学习为人处世之道。好书能使人受益终身,从书中学习先人的经验可以少走弯路。

(4) 多从他人的角度考虑问题。人人都有自己的苦衷,试着从他人的角度思考问题,也许你会明白事情的来龙去脉。

(三) 心理活动

生 死 对 话

情景引导:当你认识的一个人失去了生命,这意味着你们之间永远不可能回到从前。也许你还有些话没有来得及说,如感谢、抱歉,也许你想让他知道你的计划……如果世界上有这样一面镜子,可以让你重新看到他,你会对他说什么呢?

情景布置:两把椅子相对而放,其中一把椅子始终空着,代表失去生命的人,在"死者"对面,还有一把椅子。

在自愿的原则下,随机选择同学承担不同的角色,扮演"死者"的父母、子女、同学、朋友、老师、知己,以及知道这个事情的陌生人……

请扮演各种身份的人轮流坐到"死者"面前,把自己想说的话对着代表"死者"的空椅子说出来。例如,没有机会说出来的遗憾与抱歉、一起度过的快乐时光、死者让人赞赏的品质、对方曾经对自己的关爱与帮助、单纯的震惊与惋惜……

注意:在生者对"死者"对话的过程中,其他人不能干扰。

大家分享感悟。

 思考题

1. 什么是心理危机?它有哪些特点?
2. 大学生中常见的心理危机高发人群有哪些?
3. 如何有效地预防和干预心理危机?

第十五章 大学生心理咨询

 **心灵导读**

　　适应与发展是人生的两大任务。由于种种原因,大学生在适应与发展过程中难免会遇到困难,产生心理问题与障碍。心理咨询和心理治疗的职能就是帮助个体克服各种心理问题与障碍,使其成为人格健全、身心健康、快乐、幸福的人。

　　通过对本章的学习,学生应了解心理咨询的含义、特点、心理咨询与心理治疗的关系;理解心理咨询的过程和原则;掌握心理咨询的理论和操作模式;使大学生能够运用心理咨询理论和心理咨询技巧缓解、预防心理困惑和心理障碍的发生。

第一节 心理咨询概述

案例导入

> **案 例**
>
> 陈某和王某是大学里的同班同学,由于兴趣相投,她俩入学不久就成了无话不谈的好朋友。可是,不久前两人却因为一件小事闹翻了,虽然她俩还住在一个寝室,却整整一个星期未说一句话。陈某为此很苦恼,这几天做什么事都没信心,以前每次心里有了烦恼,她都和王某一起商量解决,这一次她不知怎么办才好了。后来,她想到了心理咨询,恰好她所在的高校也设有心理咨询室,但她又听说,去心理咨询的人都是精神不正常的人,便又犹豫了:我的这种情况可以去心理咨询吗? 去心理咨询会不会被说成是心理不正常?

-------- **案例评析** --------

现实生活中,很多人对自身的心理健康状况不了解,对心理咨询也存在误解。其实我们每个人都需要了解自己,每个人都有很多的潜能有待于进一步挖掘,心理咨询的目的就是更好地了解自己,减轻心理烦恼和困惑,挖掘自身的潜能,为将来的发展奠定基础。

陈某提出的问题其实也是很多人感到疑惑的问题,那就是普通人有了烦恼(如与同学闹矛盾、失恋、考试过分焦虑等),应不应该进行心理咨询? 去心理咨询的都是变态的人吗?

在回答第一个问题之前,首先提出这样一个问题:你患了感冒去医院看医生吗? 有人觉得这个问题和我们的第一个问题是两回事,其实不然。人的健康包括两个方面:生理上的健康和心理上的健康。过去我们常常只重视前者而忽视了后者。生理上的病变,不管大小,都就医求药,当成大事,而心理上的苦闷和烦恼却难以得到重视。当然这与我国的经济发展水平和人们的观念有关。如今,随着人们物质和文化水平的提高,人们应当对心理健康的问题重视起来。当一个人感冒时,他不去看医生,多喝点白开水和保持良好的睡眠,不久也可能康复。心理问题也是这样,比如某一件事使你很烦恼,如果不去心理咨询,找一个好朋友宣泄一下,也许同样可以消除烦恼。但是,正如一个人感冒时找医生开药打针会好得更快一样,心情苦闷时去心理咨询可以更迅速地恢复到良好的精神状态。心理咨询起到的就是这样的作用。

再从另一个角度将看医生和心理咨询做一个比较。一个人的身体上有了病变后,如果长期得不到治疗,病就会越来越严重,直至难以治愈。同样,如果一个人的某些心理障碍长期得不到关注而逐渐累积,最终也能导致一个人的精神崩溃。云南大学学生马加爵事件引起了社会很大的震动。事后,人们了解到,他的悲剧仅仅来源于他的性格。如果他及时地去进行心理咨询,这样的事就不会发生了。

其实这里所叙述的只是心理咨询作用的一个方面,那就是调整人们的内心世界,不断提高生活质量,这包括提高学习和工作能力,保持最佳的工作状态,协调家庭成员和社会成员的人际关系,提高对社会的适应能力,等等。除此之外,心理咨询作用的另一大方面就是提高人们的自我认识,更好地挖掘个人潜能。例如,高考或择业之前,你可以去心理咨询室寻求帮助,更好地了解自己的兴趣和爱好,以便做出适合你自己的最佳选择。中国有句古话:"知人者智,自知者明。"通过咨询你可以达到"自知",能更好地调整自己,以适应现代多变的生活节奏。你还可以通过心理咨询找到自己的生命活动规律,从而有效地利用体力、情绪和智力的"高潮期",更好地控制"低潮期"。

说到这里,大家也许明白了,陈某的这种情况是完全可以去心理咨询室寻求帮助的。至于是否被看作是心理不正常的人,可以这样说:心理咨询的来询者中有一部分存在严重的心理问题,但是心理咨询面对的更多的是健康的普通人。认为心理咨询的来访者都不正常的观点,是一种幼稚甚至可以说对心理咨询无知的表现。况且以辩证法的观点,人心的平稳只是一种相对状态,不断地心情波动才是绝对的,在你的心情动荡到一定程度之时,就是应该去心理咨询室寻求帮助之刻。

心理咨询与治疗有着不同的历史渊源,发展到今天,两者的关系已变得难以分清。在实际工作中,一些心理咨询工作者做了一些心理治疗工作,一些心理治疗师也在做心理咨询工作。为此,我们有必要首先对什么是心理咨询,什么是心理治疗,以及两者之间的关系进行探讨。

一、心理咨询的含义

在汉语的解释中,咨是商量,询是询问,咨询就是找人商量和询问。那么何为心理咨询呢?20世纪50年代,美国心理学会的咨询心理学分会把心理咨询定义为"帮助个体克服其个人成长中的障碍——不管这些障碍出现在什么地方,并帮助他们最大限度地开发其个人潜能"。

心理学家L.E.泰勒指出,心理咨询是一种给予心理上帮助的活动,它集中于自我同一感的成长,以及按照个人意愿进行选择和做出行动的问题。帕特森认为,咨询是一种人际关系,在这种关系中,咨询人员提供一定的心理气氛或条件,使咨询对象发生变化,做出选择,解决自己的问题,并且形成一个有责任感的独立个性,从而成为更好的人和更好的社会成员。里斯曼则认为,心理咨询乃是通过人际关系而达到的一种帮助过程、教育过程和成长过程。

国内学者对心理咨询的含义也提出了各种不同的看法。张人骏等在《咨询心理学》一书中提出,心理咨询是通过语言、文字等媒介,给咨询对象以帮助、启发和教育的过程。通过心理咨询可以使咨询对象的认识、情感和态度有所变化,解决其在学习、工作、生活、疾病康复等方面出现的心理问题,从而更好地适应环境,保持身心健康。马建青在《辅导人生:心理咨询实务》一书中认为,心理咨询是运用心理科学的理论和方法,通过解决咨询对象(来访者)的心理问题(包括发展性心理问题和障碍性心理问题),来维护和增进身心健康,促进个性发展和潜能开发的过程。钱铭怡在《心理咨询与心理治疗》一书中则认为,心理咨询是通过人际关系,运用心理学方法,帮助来访者自强自立的过程。她提出,良好的人际关系是达到帮助来访者目的的前提;心理咨询是在有关心理学理论指导下进行的活动;咨询是一个过程,往往不是一次会谈就能解决问题;咨询是帮助来访者自强自立,而不是包办解决来访者的各种问题。

综上所述,我们把心理咨询定义为:心理咨询是指来访者就自身存在的心理不适或心理障碍,通过语言、文字等交流方式,向有专业素养的咨询员进行诉说、询问和商讨,在其支持和帮助下,通过讨论找出引起心理问题的原因,分析问题的症结所在,进而寻求摆脱困境与解决问题的条件和对策,以便来访者恢复心理平衡,提高对环境的适应能力,增进身心健康的过程。

二、心理咨询的特征

心理咨询具有以下特征。

1. 心理咨询解决的是来访者心理或精神方面存在的问题,而不是帮助他们处理生活中的具体问题。例如,一位考试焦虑的大学生,希望咨询师替他和学校交涉缓考的问题,这个问题不是心理咨询师的工作范围。

2. 心理咨询是一种职业化的助人行为,而不是一般的帮助活动。心理咨询有特定的目的和任务,解决问题有专门的理论与方法,它是一种有目的、有意识的职业行为,它重在帮助人分析内心的矛盾冲突,探讨影响其情绪和行为的原因,协助他们进行自我改变,而不是人与人之间一般的社会交往。

3. 心理咨询强调良好的人际关系氛围。在这种良好的人际关系中,来访者可以向咨询师袒露自己的隐私、痛苦和软弱,咨询师则可以将来访者意识不到的思想和感受反馈给来访者,帮助来访者重新认识自己和接纳自己。因此,这种良好的人际关系氛围是有治疗功能的。

4. 心理咨询的保密性。来访者不希望将咨询内容和咨询关系公开化,咨询师有责任为来访者保守秘密,这是咨询师必须遵守的职业道德。咨询师和来访者的良好人际关系,通常只限定在咨询室和咨询时间内,不能将这种关系引向咨询活动以外。

5. 咨询是一种学习和人格成长的过程。通过心理咨询,来访者从不能自立自强到能够自立自强;从不能正确对待自己和他人到学会正确对待自己,减少内心矛盾和冲突;从不善于交往或具有交往焦虑的困扰到学会怎样与他人和睦相处,以致最终使自己在生活的各个领域实现其最大的潜能。这些都是在心理咨询过程中学习和人格方面的成长。

6. 心理咨询是来访者的自愿行为。即使来访者有明显的心理问题,但他并没有主动来求助,咨询师一般也不可主动上门。这样做只能使当事人产生戒备心理,不可能有好的效果。

第二节　心理咨询的模式和形式

案例导入

> **案　例**
>
> 某大一男生小建开学没多久来到心理咨询室找到心理老师咨询,他告诉心理老师因为家里是农村的,所以来到大学后,他感觉周围很多城市里的孩子比自己家庭条件好,而且聪明,多才多艺。因此他有些自卑,不敢竞选班干部。他觉得自己和女生交流不太自然,总是不好意思,爱脸红,他不知道怎么能改善。来到大学,他的学习动力也不如高中了,他觉得很迷茫,不知道在大学该怎么发展。之前,他在网上和心理咨询中心的王老师聊了一次,感觉对自己帮助很大。于是这次又来到心理咨询室,想面对面和王老师好好聊聊,他希望能变得更自信,能更好地和女生相处,希望老师在学习上能给他一些指导和建议。

---------- 案 例 评 析 ----------

相信新生小建所面对的这些困惑很多大一新生都遇到过,小建的心理困惑主要是在适应大学阶段出现的常见的学业、自我认识和人际交往方面的困惑。这类心理问题属于发展类的心理问题,针对这类问题做的心理咨询属于发展咨询。在咨询形式上,心理咨询老师之前在网络上接受了一次小建的咨询,这种形式属于网络心理咨询。这次,心理咨询老师在咨询室和学生面对面进行的心理咨询属于门诊心理咨询。

一、心理咨询的模式

心理咨询的模式是指导高校心理咨询工作的基础,它既与整个心理科学的理论发展有密切联系,又与学校心理咨询自身的需要息息相关。

一般认为,心理咨询模式主要包括发展模式、教育模式、社会影响模式和医学模式四种。

(一) 发展模式

发展模式是指心理咨询应当遵循个体心理发展的一般规律,针对学生在不同发展阶段所面临的任务、矛盾和个别差异,促使其心理矛盾得到妥善解决,心理潜能得到有效发挥,个性品质实现和谐发展,任务得以顺利完成。

发展模式的基本特征是注重对学生发展历程、发展障碍和发展规律的了解,强调咨询师的间接咨询功能。具体来说,发展模式包括下述三方面的特征:一是发展模式不仅在一个时间横断面上要了解学生心理发展的性质与状态,更强调在时间延续性上考查学生心理发展的潜力与水平;二是发展模式注意对学生发展障碍的早期发现和预防,尤其重视心理危机的早期觉察和干预;三是发展模式试图使学生在日常生活情境中就能从教师、家长等成年人那里获得科学的辅导和帮助。

(二) 教育模式

教育模式也称为指导模式,是指咨询者在全面了解学生素质、专长、兴趣、性格和其他人格特质的基础上,对来访学生学习、适应、升学、就业等方面问题所进行的综合性指导。

教育模式的基本特征是强调对学生心理特点和心理问题的了解,充分发挥咨询师对学生成长的理性导向功能。具体来说,教育模式具有以下几个特征:一是教育模式强调来访学生的稳定特征(如遗传因素、智力、经验、人格特质、行为习惯等)对当前行为的影响;二是教育模式强调发挥咨询师的指导作用;三是教育模式重视对来访学生解决问题和做出决定的技能训练,并使其将学到的技能迁移到实际学习和生活中,以促进来访学生的适应;四是教育模式注重信息收集,尤其是有关职业指导方面的信息收集。

(三) 社会影响模式

社会影响模式是指在心理咨询中,咨询师依据社会心理学的有关原理,注重咨访双方的社会角色、性别差异、文化素养、价值观念、个性倾向、社会习俗等多种社会因素及社会环境对咨询效果的影响,以提高咨询的成效,巩固咨询的结果。

社会影响模式的基本特征是从人际交往和社会因素方面探讨有关咨询的条件与途径。其具体特征包括以下三个方面:一是社会影响模式注意不同社会文化背景对咨询过程的影响;二是社会影响模式重视个体社会化结果(如咨访双方的价值观念、个性倾向、角色心理、方式等)对咨询过程的影响;三是社会影响模式注重社会环境对咨询结果的影响。

(四) 医学模式

医学模式也称为治疗模式,是指在咨询过程中,咨询师站在医师的角度,对求助的心理偏常者给予严格的心理诊断和耐心的心理治疗,并发挥治疗对象在治疗过程中的积极作用,以减轻来访者的心理压力和精神痛苦,促进其心理功能的恢复和协调。

医学模式的基本特征是把咨询看作咨询师和患者之间的治疗关系,采用各种临床心理手段解决来访者的心理偏常问题。其具体特征包括以下三个方面:一是医学模式中的咨询师比一般的心理咨询过程更多地考虑临床心理学各个方面的使用;二是医学模式注重来访者的自我选择和自我矫治;三是医学模式强调咨访双方的体谅、信任、合作和坚持精神。

二、心理咨询的形式

心理咨询的形式多种多样。根据咨询的性质,可分为发展心理咨询和健康心理咨询;根据咨询的规模,可分为个别心理咨询与团体心理咨询;根据咨询的时程,可分为短程心理咨询、中程心理咨询和长期心理咨询;根据咨询的方式,可以分为门诊心理咨询、电话心理咨询、信函心理咨询、专栏心理咨询、现场心理咨询和网络心理咨询等。

(一) 按咨询的性质分类

1. 发展心理咨询

在个人成长的各个阶段,都可能产生困惑和障碍。为了适应新的生存环境,为了选择合适的职业,为了个人事业的成功而进行的心理咨询就是发展心理咨询。

2. 健康心理咨询

当一个精神正常的人,因各类刺激引起焦虑、紧张、恐惧、抑郁等情绪问题,或者因各种挫折引起行为问题时,也就是说,当发现自己的心理健康遭到破坏时进行的心理咨询就是健康心理咨询。

(二) 按咨询的规模分类

1. 个别心理咨询

个别心理咨询的形式,是咨询师与来访者建立一对一的咨询关系。咨询活动与来访者所处的那个社会、集体及家庭无直接关系。在内容上,着重帮助来访者解决个人的心理问题。

2. 团体心理咨询

团体心理咨询是在团体情境中向来访者提供心理帮助和指导。它是通过团体的人际交互作用,促使个体在交往中观察、学习、体验、认识自我、探讨自我、接纳自我、调整和改善与他人的交往、学习新的行为模式,以促进个人良好发展的助人过程。团体心理咨询的适用范围相当广泛,可以用于治疗各种神经症,也可用于发展性目标的实现。

(三) 按咨询的时程分类

1. 短程心理咨询

短程心理咨询是在相对较短的时间内(1~3周以内)完成的心理咨询。资料收集和分析集中在心理问题的关键点上,就事论事地解决来访者的一般心理问题。这类心理咨询追求近期疗效,对中、远期疗效不做严格规定。做好这类咨询,要求咨询师的思维敏捷、果断,语言要准确、明快,有较长期的临床经验。

2. 中程心理咨询

中程心理咨询是在1~3个月内完成的心理咨询。可涉及较严重的心理问题,要求有完整的咨询计划,追求中期以上的疗效。

3. 长期心理咨询

在遇到严重心理问题或神经症的心理问题时,可采用长期心理咨询,一般用时在3个月以上,应使用标准化咨询方法——心理治疗,要求制订详细的咨询计划,追求中期以上疗效,并要求有疗效巩固措施。对资历较浅的心理咨询师,除要求有详细的咨询计划外,还要求写出案例评析报告。

(四) 按咨询的形式分类

1. 门诊心理咨询

门诊心理咨询是在专门的心理咨询机构进行的,包括精神病院、综合医院、学校、科研机构所属的或私人开设的心理门诊和咨询、治疗中心。门诊心理咨询的对象主要是指各种神经症、心身疾病、人格障碍、性障碍、情绪失调的病人和存在心理困扰的正常人。门诊心理咨询工作的承担者为心理学家、受过心理咨询训练的医生、心理咨询师、社会工作者等,主要采用和来访者直接面谈的方式。这种方式首先有利于消除来访者的顾虑和心理屏障,咨询可以进行得比较深入、彻底,咨询师也可以根据来访者的具体情况,调整咨询或治疗的策略。门诊心理咨询也可以进行团体咨询,如近二三十年来某些西方国家出现的自助咨询小组,通常由一位或两位心理学专家主持,由六至十二名成员参加,定期进行聚会,经过十几次治疗会谈,借助团体的形成与关系的建立,进行团体的咨询与治疗。团体治疗成员的背景、年龄、性别及所属心理问题可以相似,也可以不同。团体咨询和治疗的最大好处是让团体成员在团队形成、与人相处过程中消除心理病症和困惑,团体的情感支持、群体的相互学习和正性体验在咨询与治疗中发挥着有益的作用。

门诊心理咨询因具有较好的隐蔽性、系统性,成为心理咨询中最为主要的和最有效的方法。

2. 电话心理咨询

电话心理咨询也是心理咨询的一种常见形式,它利用电话通话的方式对当事人给予劝告、安慰或鼓励、指导。由于电话心理咨询具有方便性、快捷性,故而深受当事人的喜爱。这种形式在国外的主要功用是心理危机干预,故被称为"希望线""生命线"。在我国,由于人们对心理咨询还不能深入理解、公开接纳,电话心理咨询隐蔽性、保密性强的特点便使它成为心理咨询的一种重要形式。电话心理咨询始于20世纪50年代在国外开设的热线电话,旨在防止心理危机所导致的恶性事件,如自杀、暴力行为等,由此,也出现了"危机干预"一词。这类服务的电话号码像火警、匪警电话一样有专用号码,人人皆知。电话中心有专门的咨询人员24小时值班,有条件的还设有流动的急诊小组。另外,近年也出现了一些以心理咨询为名义的收费电话服务。对于这些服务形式,还应做进一步的规范,那些通过电话聊天、解闷或传授一些知识的不能算作心理咨询。

3. 信函心理咨询

顾名思义，信函心理咨询是通过书信的形式进行的，多用于距离较远或不愿暴露身份的求助者。帮助者根据求助者来信中所描述的情况和提出的问题，进行疑难解答和心理指导。信函心理咨询的优点是较少避讳，缺点是不能全面地了解情况，只能根据一般性原则提出指导性的意见。求助者的来信往往杂乱无章，所述问题往往过于宽泛，有些甚至超出了心理咨询的范围。因此，一些心理咨询机构在接到求助者的信件时，往往求助者寄去心理咨询的专用病史提纲，或者相应的心理或行为自评量表，让求助者按规定的形式填写后寄回，这样，可以使信函心理咨询更加规范。由于方法学上的困难，对于信函心理咨询的效果不太好做统计研究，但是实际工作表明，信函心理咨询对于某些求助者还是很有帮助和益处的。对于比较严重的问题，帮助者可以在书信中建议求助者前来当面咨询。

4. 专栏心理咨询

专栏心理咨询是通过报纸、杂志、电台、电视台等传播媒体，介绍心理咨询、心理健康的一般知识，或针对一些典型问题进行分析、解答的一种咨询方式。目前，国内有许多报纸、出版物都开辟了心理咨询专栏，包括一些专门的心理咨询和心理卫生的刊物、医学杂志、科普读物等。许多电台、电视台等也有相关的节目。严格地说，这种形式的心理咨询的作用更多的是普及和宣传相关的知识，而非真正的心理咨询，其优点是覆盖面大，科普性强，缺点是所涉及的对象针对性不强。

5. 现场心理咨询

现场心理咨询是指心理咨询工作者深入学校、家庭、机关、企业、工厂、社区等地方，现场接待来访者。这种形式对于一些有共同背景或特点的心理问题有较好的效果。现场心理咨询发展最深入的是家庭心理治疗，它已经逐渐发展为一种独立的咨询治疗形式。家庭治疗把重点放在家庭各成员之间的人际关系上，通过组织结构、角色扮演等方式了解这个小群体，以整个家庭系统为对象，发现和解决问题。

6. 网络心理咨询

网络以其极强的保密性、隐蔽性、快捷性及实时性，为心理咨询提供了无限发展的空间。通过网络，当事人能够真正毫无顾忌地倾诉自己的隐私，暴露自己的问题，从而使心理咨询师能够在尽可能短的时间内掌握当事人的基本情况，做出适时的分析判断，并可以通过实时交谈，不断矫正其分析判断，做出切合实际的引导及处理。随着网络技术的不断提高和互联网的迅速普及，网络心理咨询将具有十分广阔的前景。声频、视频咨询特别适合在监狱等场所使用。

第三节　心理咨询的过程及原则

案例导入

案 例

玲玲,女,大二学生,来到心理咨询室找心理老师咨询。主诉:因家庭贫困,我从小生活节俭,学习成绩一直名列前茅,是老师夸奖、同学们羡慕的对象。进入大学后,看见身边的同学能歌善舞、时髦靓丽,而自己什么都不会,我感到很惭愧,再加上总感觉自己在身高和体型方面也不如同学,经常自惭形秽,不愿与人交往。我本想通过努力学习,用优异的成绩来找回自我,但一个学期下来,考试成绩并没有如我所愿名列前茅,而是处于中上等水平。第二学期开学后,我老觉得在同学面前抬不起头来,上课时注意力难以集中,不愿参加集体活动,经常独来独往,不愿意同舍友交流,整天愁眉苦脸。我逐渐对大学生活失去了兴趣,自暴自弃。

案例评析

在心理咨询的开始阶段,心理咨询老师根据玲玲主诉及观察和了解到的玲玲的个人情况,初步诊断玲玲为一般心理问题。心理咨询的第二阶段是指导与帮助阶段,在这个阶段,心理咨询老师与来访者玲玲共同协商确定咨询目标:具体目标是增强玲玲的自信心,改善其人际关系;近期目标是找出玲玲自卑的原因,帮助其走出自卑的心理阴影;最终目标是彻底解决玲玲的心理问题,扩大其交友范围,使其积极、自愿地参与活动。在具体实施指导和帮助时,心理咨询老师主要分五次帮助她解决心理问题:第一次采用谈话法进行辅导;第二次用转移法增强其自信心;第三次与相关同学沟通;第四次与其任课老师沟通;第五次注重亲情力量,联系家长共同帮助其走出心理困扰。心理咨询的最后阶段是巩固和结束阶段,心理咨询老师肯定了玲玲已经取得的成绩,进行了总结,并和玲玲约定定期面谈并通过玲玲的父母、同学、朋友了解玲玲的近况,检查和巩固咨询效果。

一、心理咨询的过程

心理咨询的过程一般分为开始阶段、指导与帮助阶段、巩固与结束阶段。

(一) 开始阶段

开始阶段是心理咨询的第一步,是整个心理咨询的基础。良好的开始是成功的一半,美国咨询心理学家沃尔斯指出,不好的开头会阻碍有效的相互影响。的确,如果开头实在不佳,也就意味着咨询双方关系的终结。一个成熟的咨询师总是非常重视心理咨询的开始阶段,机智慎重地完成这个阶段的工作。

开始阶段需要完成的任务有三项,即建立咨询关系、掌握来访者的资料及进行分析、诊断。

1. 建立咨询关系

咨询师与来访者必须建立起信任、真诚、接纳的咨询关系。这是心理咨询的起点和基础,这种关系有助于咨询师真实了解来访者的情况,准确确定咨询目标并有效达到目标;对学生而言,基于这种积极的关系,才会与心理咨询老师积极合作,对心理咨询抱有热情和信心,从而有助于提高咨询效果。此外,这种积极的关系也给来访者提供了一种良好的人际关系的范例,使其能在咨询环境之外加以运用,提高人际交往的能力。

建立起积极的咨询关系,咨询师担负着重要责任。为此,要求咨询师做到以下几点。

(1) 在初次会谈时,咨询师要向来寻求指导和帮助的来访者进行简明扼要的自我介绍。在简短的自我介绍后,可以允许有短暂的沉默,主要目的在于给来访者一个整理思绪的机会,使他能完整地表达自己想说的话。

(2) 在初次会谈时,咨询师可以就咨询的性质、限度、角色、目标及特殊关系等向对方做出解释。解释的内容包括时间的限制、会谈的次数、保密性、正常的期望等。对这些问题进行说明,可以减少对方的困惑,消除因此而引发的焦虑,也使对方不致对咨询产生不当或过高的期望。在初次会谈中,有必要澄清保密性的问题;对咨询过程中必要的记录给予说明,对所谈内容和隐私权的保密与尊重做出肯定性承诺,以此消除来访者的戒备心理。

(3) 对来访者要热情有礼、耐心慎重,装束整洁得体,行为举止落落大方。初次会谈,来访者往往比较紧张、局促,因此咨询师的态度会对其心理产生很大的影响。热情友好的态度给人以亲切感,可有效拉近双方的距离,特别是他们在受心理困扰时,热情友好的态度本身就是一种力量、一种希望、一种安慰,能在很大程度上降低其焦虑水平。

(4) 要建立并保持积极的咨询关系,还需要咨询师掌握一些有效的方法,如无条件的积极尊重、准确的共情和真诚。

2. 掌握来访者的资料

收集与来访者有关的各种资料,通过会谈、观察、倾听、心理测验等方式,了解对方的基本情况及存在的心理问题。

(1) 来访者的基本情况。来访者的基本情况包括姓名、年龄、班级、家庭及社会生活背景、自身的生活经历、兴趣爱好、学习生活近况及有无心理咨询经验等。通过对基本情况的了解,掌握其过去、现在等各方面的活动及生活方式。对来访者基本情况的掌握,有助于对其主要心理问题的把握。

(2) 来访者的心理问题。认识来访者的心理问题是确定心理咨询目标的基础。这一般比收集基本情况要复杂得多,因为来访者一般心存顾虑,往往不愿直截了当地面临的心理问题如实暴露出来,或是他们自己也弄不清问题的实质,只是感觉到困扰,希望改变现状。需要了解的心理问题涉及多个方面,咨询师要通过收集有关资料弄清心理问题的性质、持续时间及产生原因。

3. 进行分析、诊断

在收集资料的同时,分析、诊断就已相伴出现;分析、诊断是在收集资料的基础上,进一步明确心理问题的实质、程度及原因,并对其做出正确的评估。分析、诊断包括下列内容。

(1) 确定心理问题的类型及性质,考虑心理咨询的适应性。咨询师首先要确定心理问题的性质,是属于学习问题,还是人际关系问题,或者是其他方面的问题;是属于发展性问题、适应性问题,还是障碍性问题。考虑心理咨询的适应性对于心理咨询的实施是十分必要的,这是因为有些问题不属于一般心理咨询能解决的,如器质性疾病,应及时介绍到医院就诊;如精神疾病,应及时转送精神病院接受治疗;如障碍性心理问题,应介绍到综合医院开设的心理咨询门诊接受心理治疗。

(2) 分析心理问题的程度,以区别对待。心理咨询的对象有的存在适应性问题,有的存在发展性问题。虽然这两类来访者的心理状态都正常,但仍然有程度上的差别。前者在学习、生活等方面出现了心理上的不适应,可以通过个别心理咨询等方式予以必要的指导;而后者可能并未对自身的心理问题产生自觉的意识,因此,可以通过心理咨询讲座、课程等方式予以指导与训练,强化其心理品质。

(3) 寻找心理问题产生的原因。寻找原因是诊断来访者心理问题的重要组成部分。造成来访者心理问题的原因是多方面的,需要从两个不同侧面入手,即一般原因分析和深层原因分析。一般原因分析就是针对心理问题形成的生物学因素和心理社会因素进行全方位的搜索。深层原因分析是对产生心理问题的主要心理原因进行剖析。不同的心理咨询理论和方法往往从不同的角度寻找并发现心理问题的根源。例如,精神分析理论重视从无意识的矛盾冲突、幼年生活经历中寻找根源;行为主义理论重视通过对行为的分析发现原因;认知理论认为不良情绪、反应是认知错误造成的,来访者的非理性认知是其心理问题产生的原因;人本主义理论认为人有各种需要,而造成心理失调的原因是人的需要不能得到满足,从而自我意识发生扭曲,内在潜能不能发挥出来。如果能够把握住心理问题产生的深层原因,将为心理问题的解决奠定最重要的基础。

(二) 指导与帮助阶段

经过开始阶段,心理咨询进入了解决问题阶段,即指导与帮助阶段。这一阶段主要完成的任务有三项:制订咨询目标,选择咨询方案,实施指导与帮助。

1. 制订咨询目标

心理咨询的目标就是心理咨询所追求的结果与所要达到的目的,咨询目标的确立,在咨询过程中有重要的价值。首先,它使咨询双方都清楚地意识到努力的方向,从而不仅能详细制定实施方案,而且可以在实施过程中根据目标对实施方案进行必要的调整。其次,它有助于咨询双方的积极合作。有了明确的目标,可使来访者看到希望,增强咨询信心与动力。由于方向明确,来访者成为咨询过程的主动参与者,使咨询双方能积极合作,协调一致。再次,它使心理咨询的评估成为可能。通过咨询目标,来访者可以清楚地看到自己的变化,从而认识到心理咨询在自我成长中所发挥的作用。咨询双方也可以借此评价咨询方案的适用性及确定心理咨询的进展程度。为保证心理咨询的顺利进行,制订咨询目标应遵循一些基本的原则。

(1) 必须由咨询双方共同制定目标。制定咨询目标,必须要由咨询师和来访者共同配合、互相交流并最终达成一致。这样制订的咨询目标才比较客观、真实,才能使双方共同努力去实现。共同制订咨询目标,首先要求咨询双方在心理问题的把握和原因分析上取得一致意见,为此咨询师要鼓励并引导来访者全面、深入地倾诉和反映,同时咨询师也必须将自己的认识、看法、结论反馈给来访者。其次,咨询师要引导和鼓励来访者思考和提出自己的要求,坦诚提出对咨询目标的看法。若双方意见有分歧,应认真分析,是表述上的不同还是内容上的差异,是掌握材料不够还是看问题角度不同,是不是局部目标与整体目标上的差异等,在此基础上逐步达成一致。

(2) 保证心理咨询目标的针对性。咨询目标的针对性,即解决心理问题而不是其他问题。在学校心理咨询中,经常会遇到一些不属于心理方面的问题,如学生经济上发生困难、考试不及格等。这些问题虽然使来访者感到不安,但心理咨询的目标只能是帮助来访者调整认知和心态而不是直接解决这些问题本身。

(3) 中间目标与终极目标相统一。中间目标是心理咨询过程中所要达到的具体目标,而终极目标则是实现人的心理健康、潜能的充分发掘和人格的完善。中间目标是向终极目标发展的步骤。确定心理咨询的目标,应强调中间目标与终极目标的辩证统一,即咨询双方不仅要解决来访者当前所面临的具体问题,更应该从提高心理健康水平、充分发掘潜能、促进人格发展着眼,把终极目标融于中间目标,以终极目标引导中间目标,通过中间目标的实现达到终极目标的完成。在心理咨询的实践中,要实现两种目标的统一,咨询双方不仅要发现具体的心理问题及引发原因,还要就此发掘其人格特点、心理素质等方面的不足;不仅要使来访者在具体问题上掌握心理调节的技能与方法,而且能使这些技能迁移到类似的情境中去。

(4) 心理咨询目标必须具体、可行。来访者的表述有时比较具体、明确,如考试焦虑、失眠问题等,但有时比较笼统、抽象,如希望有较强的学习能力、善于交往等。笼统、抽象的目标大而空泛,既难以操作、落实,又无从对咨询效果进行评估,因此,心理咨询很难进行。这就需要咨询双方经过商讨,共同将抽象的目标具体化,将模糊的目标清晰化。总之,咨询目标必须具有可行性。

2. 选择咨询方案

咨询方案包括咨询方法及为实施这些方法而制订的具体计划。解决来访者心理问题的方法是多种多样的,有许多咨询方法可供利用,如"支持与安慰""内省与领悟""训练与学习""疏导与宣泄""暗示"等。每种咨询方法对解决心理问题均有一定的针对性,并有其相应的实施过程。选择咨询方案,首先要根据心理咨询的目标选取相应的咨询方法,然后按其实施过程的要求制订具体的操作计划。选择咨询方案应明确下列内容。

(1) 所采取的咨询方法的目标。
(2) 该方法的实施要求,即该做什么,如何去做,以及不做什么。
(3) 该方法是否能达到预期的目的。
(4) 告诉来访者必须对心理咨询的过程抱有足够的耐心,这些方法不可能立即产生奇迹,所有的改变都是循序渐进的。

3. 实施指导与帮助

实施指导与帮助,不同的咨询方法有不同的要求与做法。例如,可灵活运用鼓励、指导与解释,对来访者的积极方面给予真诚的表扬、鼓励和支持,增强来访者的自信,促进其积极行为的增长;可以直接指导来访者做某件事、说某些话,或以某种方式行动;可以通过解释,使来访者从一个全新、全面的角度面对自己的问题,重新认识自己及周围的环境,从而提高认识能力,促进其人格的完善和问题的解决。

(三) 巩固与结束阶段

经过前两阶段咨询双方的共同努力,基本达到既定的咨询目标后,即进入心理咨询的巩固与结束阶段。这一阶段心理咨询的工作主要是巩固效果和追踪调查。

1. 巩固效果

巩固已取得的咨询效果是结束咨询之前必须完成的一项任务。具体工作有以下几项。

(1) 咨询师应向来访者指出其已经取得的成绩与进步,说明已基本达到既定的咨询目标。咨询师和来访者对此应达成共识。使来访者认识到自己的进步,对他不仅是巨大的鼓舞,也是一种暗示,即预示着心理咨询的过程即将结束,使来访者对此做好心理准备。为此,咨询师应耐心、具体地分析来访者所取得的成绩,指导来访者真正认识到自己的进步。

(2) 咨询师应和来访者一同就其心理问题和咨询过程进行回顾总结。重新审视来访者心理问题的前因后果,以及据此确定的咨询目标、咨询方法和咨询过程中出现的问题和进展等,对前两个阶段进行总结,这有助于帮助来访者加深对自己问题的认识,总结咨询经验,了解努力的方向,获得有益的启示。这种总结本身就具有巩固、优化咨询效果的意义。总结最好是通过咨询师的启发由来访者做出。

(3) 指导来访者巩固已有的进步,将获得的经验运用到日常生活中去,并逐步稳定、内化为来访者的观念、行为方式和能力,使之能独立有效地适应环境。应指出从学习"经验"到运用"经验"尚有一段距离。通常来访者在咨询师的指导下,在特定条件下能表现其习得的经验,但当其独立面对实际生活环境时,又显得难以应付。这既有经验掌握尚未牢固的原因,也有其自信心不足的心理因素。能否顺利完成这一过渡,是能否实现"结束"咨询的前提条件。

2. 追踪调查

为了了解来访者能否运用获得的经验适应环境,进而最终了解整个咨询过程是否成功,咨询师必须对来访者进行追踪调查。追踪调查应在咨询基本结束后的数月至一年间进行。时间过短,调查结果的真实性难以保证;时间太长,亦不能及时了解情况,发现问题,同时也增加了调查工作的难度。在心理咨询中,追踪调查可采用以下方式进行。

(1) 填写信息反馈表。信息反馈表一般是由心理咨询机构统一印制的,咨询师应嘱咐来访者定期填写并反馈给咨询师。

(2) 约请来访者定期前来面谈。咨询师与来访者面谈是直接了解咨询效果的有效方式。这种方式获得的信息量大,容易深入,也便于咨询师及时察觉问题,并适时予以进一步指导。

(3) 访问他人。向了解来访者学习、生活等情况的人,如其父母、同学、关系密切的朋友等了解来访者现在的适应状况。这种做法一般比较客观。如果能将这种方式所获得的信息与其他方式反馈的信息综合起来考察,得出的结论将更全面、真实。运用这种方法时,必须注意维护来访者的利益,保护其自尊和隐私,注意保密原则,因此,有时需要以间接、委婉的方式进行。

经过追踪调查,可能会有几种不同的结果:一是咨询效果显著,即来访者的问题已经解决,此时可结束心理咨询过程;二是咨询有效,但问题尚未完全解决;三是咨询效果不大,问题基本没有解决。若是后两种情况,则应继续咨询过程。

二、心理咨询的原则

心理咨询的原则是咨询工作中应遵循的根本要求,是有效地为来访者排忧解难,帮助来访者自助自强的基本保证。心理咨询的基本原则可以从以下三方面来界定。

(一) 职业要求的原则

心理咨询是一项专业性很强的工作。它既是一门科学,又是一种特殊的职业,在伦理道德等方面有着严格的要求。咨询人员必须恪守有关原则,这是心理咨询的首要前提。

1. 保密原则

心理咨询是人与人之间心灵的沟通,也是人际交流的艺术。当来访者将自己埋藏心底的困惑与苦恼讲述给咨询师时,他希望对方理解他的心境,分担他的痛苦,还希望对方不会将自己的隐私和心事告诉他人,以防贻笑众人。因此,保守秘密既是职业道德的要求,也是咨询能有效进行的最起码、最基本的要求。这是心理咨询与一般朋友之间交流的重要差别,也是专业心理咨询与非专业心理咨询的分水岭。对此,应注意以下事项。

(1) 来访者的资料绝不能当作社会闲谈的话题。

(2) 咨询师应小心避免自己有意或无意将个案举例,来炫耀自己的能力和经验。

(3) 咨询师不应将个案记录档案带离服务机构。至于在工作场所,亦要小心保管,避免放错地方,遗失或置于他人可翻阅的地方。

(4) 咨询师所做的记录不能视为公开的记录而任人查阅。

(5) 若必需,资料传阅之前,必须经当事人同意。如果来访者可能危及他人或危及自己的生命(自杀、他杀等),必须与有关人员联系,采取保护措施。此外,由于教学与研究的需要,咨询内容需公开时,必须隐去全部可辨认的来访者的信息。

2. 中立原则

咨询师在心理咨询中应始终保持不偏不倚的立场,确保心理咨询的客观与公正,不得把自己私人的情感、利益掺杂进去,保持冷静的、清晰的头脑,咨询过程中,不轻易批评对方,不把自己的价值观强加于对方。

3. 信赖原则

咨询师应以满腔热情、真诚的态度,从正面、积极的角度来审视来访者的问题与错误表现。它是信任与接纳的化身,若要尊重与接纳每一个来访者,则必须对人的本质有积极的信念,相信每个个体独特的潜能,重视每个个体的人性尊严与价值,这样才能采取正面、积极的审视态度引导来访者的转变与成长。

(二) 心理咨询活动中应遵循的原则

心理咨询过程中咨询师应坚持一些基本原则,是否遵循这些原则直接影响心理咨询是否有效。

1. 理解与支持原则

此项原则要求咨询师设身处地地去感受来访者的内心体验,以深刻了解其精神痛苦和行为动机。从专业角度而言,这种真诚理解是同感的基础。咨询师对来访者的自我反省与转变的努力予以及时的肯定与支持,可使他们深受鼓舞,改变对自我的认识,这将有助于来访者解除心头的郁结,从而获得鼓励和信心。

2. 疏导与启发原则

咨询师应该对来访者的失调情绪进行合理疏导,给予适当的安慰,对咨询中来访者表现出的积极因素及时给予肯定。同时强调启发性,引导来访者正视自己面临的问题,启发他从多种角度思考问题,自觉领悟、调整、建立新的适当的态度,提高独立性。

3. 耐心细致原则

本原则要求咨询师对来访者的行为转变做长期的思想准备,不因一时一刻的挫折与反复而失去对来访者的信心。由于心理咨询难度性和弱效性问题,来访者的自我反省与转变会因各种内、外界的因素而出现反复与言行不一。因此,心理咨询不可能是一日一时之功,需要咨询师采取积极的态度与耐心致志的思想准备来与来访者沟通。

4. 非指示原则

人本主义流派认为心理咨询主要不是一种外部指导或灌输关系,而是一种启发与促进内部成长的关系。相信每个人都有成长的巨大潜力,通过咨询激发潜力,不能对来访者的行为简单地进行解释,明确地告诉他应该怎么办,不应该怎么办。非指示原则要求咨询师在咨询过程中对来访者绝对尊重、接纳,竭力推动对方去独立思考,从而强化其自助能力,避免直接出谋划策。

5. 预防性原则

当发现来访者的心理矛盾可能向心理疾病发展时,咨询师应加以提醒,提早预防。

(三) 应用咨询方法应遵循的原则

目前世界上心理咨询的方法达 400 多种。至今各种理论流派仍层出不穷,且效能各具千秋。一般认为,按心理咨询与治疗的方法所依据的理论分类,大致有三大类,即精神分析法、行为主义疗法和人本主义疗法。其他的方法可视为这三大类的派生物或结合物。因此,在运用心理咨询的方法时应遵循以下基本原则。

1. 综合原则

在实际心理咨询实践中,至今还没有任何一种方法能取代其他方法,因为所有咨询方法各有长短,各自适用于不同的情况。部分学者认为咨询师需要多种方法结合运用,在了解多种方法的各自特点之后,根据来访者的具体情况,选择合适的方法。也有人主张在咨询的初期多用人本主义疗法,咨询中期多用精神分析法,咨询后期多用行为主义疗法。

2. 发展性原则

人的心理活动始终处在动态过程中,心理咨询也是不断发展变化的过程。咨询师要用发展变化的观点看待来访者,选择和运用的方法要有助于来访者的成长发展,根据实际情况随时调整方法。

心理咨询和心理治疗虽有区别,但本质上是相通的。咨询过程本身就有一定的治疗意义,而治疗也离不开必要的咨询过程。因此,在咨询中,咨询师不仅要帮助来访者分析心理问题产生的原因,使其有所领悟,同时也要采取必要的措施,使心理咨询更加有效。

第四节　心理咨询的会谈技术

 案例导入

> **案　例**
>
> 　　心理咨询老师:同学,有什么我能帮你的,愿意跟我谈谈吗? 你不必有什么顾虑,我们今天的谈话你的老师和同学是不会知道的!
> 　　学生:老师,我最近和室友发生了一些不愉快的事情。他们现在有意排挤我,我现在一回到宿舍,心理就很压抑。我不愿和他们说话,晚上躺下后总是胡思乱想睡不着,现在很难受。
> 　　心理咨询老师:看得出来你现在情绪很低落,能和我具体说说吗?
> 　　学生:我是学生干部,每天都很忙,回到宿舍,本来想休息休息,结果他们却在打游戏。

周末,我有时候需要参加学校组织的活动,所以要起早,他们那时候还在睡觉,就觉得我吵。他们也不怎么值日,都是我看到宿舍太乱了,就打扫一下。最近我发现我回来以后,他们就在寝室一起有说有笑的,也不怎么理我。

心理咨询老师:老师大概明白你的困惑了,你的问题主要就是你和宿舍同学相处时间少,缺乏沟通和理解造成的。时间长了,矛盾越积越多,就造成了隔阂。其实,你可以把你对他们的意见委婉地跟他们说一下。比如大家坐在一起共同商量制定一个寝室作息协议。而你自己也应该多抽出时间和室友相处,不能因为学生工作而忽略了和室友的交往。

学生:老师,你说的对。看来的确是我和室友之间缺少沟通,我自身也是有一定不足的,回去我就和他们好好聊聊。

案例评析

以上案例中的这段对话实际上就是心理咨询中的会谈。它不是一般的谈话,而是有其特定的目的和任务、特定的操作过程和手段,是一种有目的、有意识的职业行为,而不是人与人之间一般的社会交往。下面具体介绍心理咨询的会谈技术。

一、倾听技术

(一) 专注与倾听

专注与倾听技术是指咨询过程中,咨询师的语言与非语言行为反映出咨询师正全神贯注地聆听来访者的语言表达,细读来访者的非语言行为,关切、同情与重视来访者的遭遇,愿意伴随来访者了解问题的始末。

咨询师的专注与倾听可分为两个层面:第一个层面是指咨询师身体的专注与倾听,第二个层面是指咨询师心理的专注与倾听。咨询师身体的专注与倾听包括五个基本要素:面对来访者,身体姿势开放,身体稍微倾向来访者,良好的目光接触,身体放松。

1. 专注与倾听技术的适用时机与注意事项

在咨询过程中,不管在哪种情况下,咨询师都需要表现出身体与心理的专注与倾听。所以,专注与倾听技术适用于整个咨询过程。咨询师使用专注与倾听技术时,必须随着来访者语言与非语言行为的变化,随时调整自己的语言与非语言行为,以同样的脚步跟随来访者,表明咨询师的专注与倾听。

2. 专注与倾听技术的功能

咨询师的专注与倾听能建立良好的咨询关系,鼓励来访者开放自己、坦诚表白,聆听与观察来访者的语言与非语言行为,深入其内心世界。

(二) 询问与追问

咨询过程中探索和提问是必要的,不仅可以加快咨访关系建立的进程,而且可以让来访者来不及掩饰和撒谎。虽然会谈中倾听非常重要,但适当的提问会让来访者感受到咨询师的认真负责。对于情绪激动或思维混乱的人来说,探索与提问还可以帮助他们稳定情绪,整理思维和内部语言。

使用提问技术应注意以下几点。

1. 多用开放式提问,少用封闭式提问

通过开放式的提问,咨询师可以了解与问题有关的具体事实,来访者的情绪反应、看法及推理过程等。

2. 开放性的问题要慎用"为什么"

因为有时来访者对问题的原因并不很清楚,或感到难以表达;有时对问题原因的解释可能会触及其秘密和隐私,这时的咨询关系还不够成熟,就不能保证其回答的真实性,反而会为以后的咨询或治疗带来困难。

3. 封闭式提问不可连续使用

一连串的"我问你答",易使来访者感到对方主宰着会谈,而把解决问题的责任转移给咨询师;来访者往往变得沉默,不问就不说话,停止其自主探索,甚至降低对咨询师的信任度。

4. 使用"轻微鼓励"

轻微鼓励是指在谈话过程中,咨询师借助一些短语或复述来访者谈话中的一两个关键词或语气词,或用点头、注视等表情动作来支持对方往下说。

5. 不要连续提问

如果提问后来访者说出一些重要的信息,咨询师应该做出同感反应,而不要再接着提问,因为同感能促使来访者进一步探索自己。

6. 要善于运用积极性提问

积极性提问是指能使来访者以积极心态进行回答的提问。

7. 避免判断性提问

带有判断性的提问往往包含着咨询师本人对来访者的某种评价,来访者就会认为咨询师不理解他。

(三) 重复

所谓重复,就是咨询师就来访者描述的内容,选择重要的部分将该部分重复一次,让来访者就讲述的部分做进一步说明,或是顺着重复内容的方向继续会谈。

来访者叙述的内容开启了一个谈话的方向,咨询师的重复可以将谈话引导到某个关键的问题上,并且深入探讨。

1. 重复技术的适用时机及注意事项

重复技术可以用于咨询过程的任何阶段。咨询师重复的内容,必须是来访者的话而不是咨询师自己的重复,是来访者叙述中的关键主题和来访者此时此刻的感觉及想法。通常而言,来访者叙述中最后面的信息,一般是最重要的,咨询师可以选择那部分进行重复。

2. 重复技术的功能

(1) 协助咨询师进一步了解来访者。
(2) 协助来访者进一步了解自己。
(3) 决定谈话方向。

(四) 面质

面质,也称为对峙或对立,是指咨询师当面指出来访者自身存在的情感、观念、行为的矛盾,促使其面对或正视这些矛盾的一种语言表达方式。咨询师实施面质的目的并不在于向来访者说明他说错了什么话或做错了什么事,不是"指出错误",而是"反射矛盾"。前者的重心落在纠正错误上;后者的重心则落在讨论问题、帮助当事人上。由于心理防御机制的作用,有些来访者不愿意承认自己的无能或失败,在谈及自身的问题时显得躲躲闪闪,不肯正视现实。面质的目的就在于协助来访者认识自我,鼓励他们消除过度的心理防御机制,正视自己的问题,从而使问题得到妥善的解决。

礼貌、适时地指出来访者提供的虚假信息会让来访者感到咨询师的真诚、负责和良好的职业技能。面质有点类似日常所说的"揭穿"。例如,一位女士在电话中反复讲述她与已有妻室的上司之间的缠绵爱情,她明知这种感情不可能有什么结果,上司说等离婚后就娶她的承诺一直没有兑现的苗头,但她又总是自欺欺人地不肯放弃。此时咨询师可以这样说:"你的上司好比一列往返于北京和广州的火车,而你相当于是武昌火车站。你觉得我这样说对吗?"

美国心理辅导专家伊根指出:面质已日益成为心理辅导的核心部分,它促使来访者发现其言行中的种种自我挫败表现,并努力加以克服。面质的意义不在于否定对方、贬低对方、教训对方,而在于启迪对方、激励对方,使对方学会辩证地看待当前所面临的问题。因此,在心理咨询中运用面质是非常必要的。

1. 面质的意义

(1) 有利于澄清来访者情感、观念及行为上的矛盾,使咨询师把握来访者真正的感受。有些来访者存在有意无意的防卫心理或者对自己的情感、观念比较模糊,因此,可能出现前后的言行或情感不一致。这时咨询师需要使用面质,使来访者明确自己的言行或情感。只有这样,才能进行下一步的咨询。

(2) 有利于来访者认识自己对他人和事物的理解、要求及与现实的差距,促使其自我思考,勇敢面对现实,从而做出行为或认知上的改变。有些来访者在认知上存在误区,他不愿承认现实,不愿承认自己的不足,经常在自己的精神世界里,这样做虽然使他的自尊心免受打击,但是从长远来看,有可能会给他带来更大的伤害。因此,这个时候需要面质,使他能够正视现实。

(3) 有利于来访者认识到自己认知方式与思维方法的误区,消除其认知方式中的某些片面性与主观性。正如认知疗法的主要代表人物贝克所说:"适应不良的行为与情绪,都源于适应不良的认知,因此,行为矫正疗法不如认知疗法。"可见,来访者在认知方式与思维方法上存在的误区,会造成行为及情绪上的问题,但是来访者却认识不到这种误区,这时就需要应用面质来使其意识到这种误区的存在,从而做出改善。

2. 使用面质的注意事项

(1) 面质必须以良好的咨访关系为基础,以充分接纳来访者为前提。因为面质所涉及的问题对来访者来说可能具有刺激性,有一定程度的威胁,有可能伤害来访者的自尊心,甚至导致危机的出现。有了良好的咨访关系,来访者在理智上就不会把面质理解成咨询师对他的一种攻击。只有充分接纳来访者,咨询师才能在面质中充满关怀、理解和真诚,降低或避免面质可能造成的伤害。

(2) 面质要有事实根据,事件必须具体、明确。面质之前,必须仔细倾听来访者的叙述,充分把握各种信息,明确来访者的矛盾之处,这样才能做到有的放矢;避免对事实了解不充分时使用面质,否则容易给对方造成小题大做、专门找碴儿的误解,从而会影响咨访关系,影响咨询效果。

在使用面质时,必须具体明确指出语言与非语言信息、前后看法差异或矛盾之处。若咨询师不能明确指出差异或矛盾,则来访者可能会认为咨询师刁难而产生抗拒或争辩。咨询师应审慎觉察差异与矛盾症结,以便让来访者心服口服。

(3)以尝试、试探的态度进行面质,且应避免辩解。用尝试、试探的态度进行面质,会给来访者留有余地,使他在心理上容易接受,不至于产生逆反心理。比如用"不知道我的感觉对不对,你好像把责任都推给了她,自己是不是在整个事件当中一点责任都没有?"这种语气去面质要比用"我认为,你在这个事件中也应负一定的责任。"这种语气要委婉得多,从而使来访者更容易接受,进而反思。

咨询师面质以后,来访者可能会寻找种种借口拒不承认,这时候咨询师不应辩解,而应该倾听来访者的叙述,寻找机会进行下一次面质。

(4)面质不宜一步到位,而应循序渐进地进行。充分地发现来访者心理上存在的矛盾或误区之后,如果直接指出他的矛盾所在,就会令来访者措手不及,无法从心理上接受,并产生防御心理,矢口否认。如果循序渐进、一步步地使他接受,到最后就会水到渠成。

(五)澄清

澄清也是一种技巧。咨询师对已经发现的破绽要及时予以澄清,任其继续会引出自圆其说的谎话。从事心理咨询的新手总是不敢澄清事实,担心来访者觉得自己没有被充分尊重,这也是有一定道理的。如果在澄清前问"你介意我这样理解吗"等一类的话,就可以较好地消除误会和减轻彼此之间的压力了。

1. 澄清的目的

澄清是让来访者表达的信息更加清楚,并确认咨询师对来访者知觉的准确性。澄清的目的如下。

(1)鼓励来访者更详细地叙述。

(2)核查来访者所说事情的准确性。

(3)澄清含糊、混淆的信息。

2. 澄清的基本步骤

(1)要确认来访者的言语和非言语信息的内容——来访者告诉了你什么。

(2)确认任何需要检查的含糊和混淆的信息。

(3)确定恰当的开始语,要使用疑问(不是反问)的口气。

(4)要通过倾听和观察来访者的反应来评估澄清反应的效果。

二、反应和参与技术

(一)内容反应技术

内容反应,又称为释义、简述语意,是咨询师提纲挈领、简单扼要地用自己的话将来访者所表达的内容回应给来访者,以确定他是否能正确地理解来访者,是否抓住了来访者关注的重点,以及引导谈话至重要方向。

1. 内容反应技术的适用时机及注意事项

内容反应技术可以用于咨询过程的任何阶段,但是适当的时机才是最重要的。咨询师所简述的内容,不要过多也不要太少,同时尽量使用自己的语言,不要重复来访者的话。

2. 内容反应技术的功能

(1) 协助建立良好的咨询关系,提高来访者咨询的动机。

(2) 协助来访者了解自己。

(3) 将谈话转移到重要的方向上。

(二) 情感反应技术

情感反应技术是咨询师辨认来访者语言与非语言行为中明显或隐含的情感,并且反映给来访者,协助来访者觉察、接纳自己的感觉。

在咨询过程中,情感常被视为咨询的重要因素。以情感为取向的咨询治疗学派认为,协助来访者觉察感觉和表达与接纳情感是促使来访者产生顿悟、解决问题的关键因素。

1. 情感反应技术的适用时机及注意事项

情感反应技术可以用于咨询过程的任何阶段,但是适当的时机才是最重要的。咨询师使用情感反应技术时,首先要辨别来访者的情感,然后将该情感反映给来访者。如果来访者的叙述包含一种以上的情感,咨询师必须将不同的情感反映给来访者。

2. 情感反应技术的功能

(1) 促使来访者觉察情感。

(2) 协助来访者重新拥有自己的感觉。

(3) 使咨询师正确地了解来访者,或使来访者了解自己。

(4) 建立良好的咨询关系。

(三) 通情达理技术

通情达理技术就是聆听来访者叙述,深入来访者的内心世界,以感同身受的方式体验来访者主观的想法与情绪,把关切的理解传递给来访者。这里的通情达理也被称为同理心或共性。

通情达理技术分为两类:一类为初层次通情达理技术,另一类为高层次通情达理技术。咨询师使用初层次通情达理技术时,回应的内容是来访者"明确表达"的感受与想法。咨询师使用高层次通情达理技术时,回应的内容是来访者叙述中"隐含"的感受与想法,所以高层次通情达理技术可以协助来访者了解自己未知或逃避的部分。

1. 通情达理技术的适用时机

(1) 初层次通情达理技术的适用时机。初层次通情达理技术适用于任何咨询阶段,但是更适用于咨询初期,即当咨询师与来访者未建立良好关系之时。初层次通情达理技术的回应,是顺着来访者的思考方向,反映来访者的感觉与想法,让来访者感到被支持、被了解,所以能够帮助咨询师与来访者建立良好的关系。由于在咨询初期,咨询重点放在与来访者建立良好关系上,所以初层次通情达理技术虽然适用于咨询的任何阶段,但是更适用于咨询初期。

(2) 高层次通情达理技术的适用时机。高层次通情达理技术适用于咨询的中、后期,即当咨询师与来访者已有良好关系时。在咨询中、后期,咨询的重点在于协助来访者探讨问题的根源,这时候咨询师的回应目的在于协助来访者觉察未觉察或逃避的想法和感觉。如果咨询师与来访者没有良好的关系,来访者在高层次通情达理技术的挑战之下,必然穿上防卫的盔甲,让咨询陷入僵局。

2. 通情达理技术的注意事项

(1) 咨询初期,咨询师须尽量使用初层次通情达理技术,以帮助自己与来访者建立良好的关系。即使咨询师已看到来访者问题的症结,或是觉察到来访者的逃避、隐瞒行为,仍然只能使用初层次通情达理技术。

(2) 在咨询的中、后期,咨询重点放在协助来访者探讨问题的根源,通常以高层次通情达理技术为主。但是有时为了配合来访者认知情绪与行为的改变速度与状况,仍然可以配合使用初层次通情达理技术。

(3) 咨询师使用通情达理技术时,回应的内容必须反映来访者语言与非语言行为中蕴涵的信息。

三、影响与引导技术

(一) 解释

解释是指咨询师运用有关的心理学理论来说明来访者思想、情感和行为的实质、发展过程及原因、影响因素等,促使其从一个新的角度,借助理论知识来加深自身的认识和理解,进而做出积极的改变。解释的内容主要包括是否有心理问题及其性质,心理问题的主要原因及演变过程,心理咨询的过程、方法和效果等。

解释被认为是一种非常重要的影响技术,是面谈技巧中最复杂的一种,是一项富有创造性的工作。咨询师解释水平高低很大程度上取决于理论联系实际的程度。运用解释时要注意以下几个方面。

(1) 咨询师在进行解释时,首先应了解情况,把握准确,否则解释势必偏离方向。如果咨询师对来访者的问题还没有足够的把握,就不宜随便地发表看法,更不能做缺乏科学性的随意的解释,而只能采用咨询技能来进一步把握问题。

(2) 咨询师应明了自己想解释的内容是什么,若自己也模糊不清或前后矛盾,则效果就差,甚至起反作用。有些咨询师凭感觉和经验知道来访者的问题所在,但难以从理论的高度给予系统的分析解释,他们的解释或过于表面化,或叙述不清,或缺乏说服力。这就需要提高理论修养,否则会影响咨询效果。

(3) 做解释是必要的,但应该是必要的解释。咨询师应视情况而做出合适的解释。也就是说,咨询师掌握的信息并不一定都要告诉来访者,因为有些解释会增加来访者的心理负担,或导致来访者更加不能很好地理解问题的实质,或增加与来访者信奉的理论的矛盾,或不利于来访者面对现实。解释的原则是要有利于咨询的顺利进行,有利于来访者问题的解决。解释不宜多用,一般来说,一次会谈中运用得当的解释不应超过三个,这是因为解释过多往往会使来访者感到难以接受。

(4) 要灵活地运用解释技巧。这里应考虑的因素有文化程度、理论修养、个性特征、领悟能力、问题特征、理论特点。解释应因人而异。例如,对受教育程度较高的来访者,解释可以系统、全面些,而对受教育程度较低的来访者,解释则应尽量通俗、浅显。

(5) 咨询师的解释不能强加在来访者身上。一方面不能在来访者还没这种心理准备的时候就匆忙地予以解释,过早解释往往会使来访者不知所措,难以接受;另一方面不能把来访者不同意或有怀疑的解释强加在他的身上。即使解释合理,但如果对方一时不能接受,咨询师也应分析其中的原因,不能以权威自居,强迫来访者接受解释。

（二）潜能激发

潜能是指人具有的但又未表现出来的能力。正是因为潜能的隐蔽性，许多人并不能够有效地认识和开发自己或孩子、学生的潜能。

潜能分为生理潜能和心理潜能。潜能的发掘和发挥都存在着极大的心理因素。人通过提高认识，掌握学习技巧，培养感受力、领悟力及坚强的意志等方法都能够发挥人的生理、心理潜能。因此，从广义角度上讲，任何潜能都属于心理潜能。

对于心理潜能，人们一般都狭隘地理解成意志的激发。的确，意志最能够体现人的意识能动性，有恒心、有毅力、有信心的人往往能够做到很多看起来不能做到的事情。但是，心理潜能不仅仅是意志的激发，任何心理活动都还有相当多的能量没有被挖掘。这也就是说，在一般情况下，任何心理活动都存在着潜能，这些潜能往往能够通过特殊的训练逐步释放出来。例如，某人记忆力不好，经常丢三落四，特别是对人名、电话号码等很难记住，在记忆力测试中得分远不如一般人。但是，由于采用系统学习法，多维网络理解记忆，尽可能以整体模块打开记忆通道，学到的东西或用心记忆时记住的东西就比别人多得多。

世界是广泛联系的，可以把广泛联系作为心理潜能激发的第一步。联系是人的需要，心理学中著名的感觉剥夺实验并不是完全的感觉剥夺，但已经让人无法忍受，足以证明这一点。

对于绝大多数人来说，能力发展是不均衡的，潜质也不均衡。每个人发挥自己能力的前提就是认识自己的智慧，开发自己的潜能。

既然每个人都有潜能，咨询师在咨询过程中就可以想方设法地激发来访者的潜能，最终达到帮助来访者成长的目的。

（三）指导

指导被人们认为是最具有影响力的技巧。指导，简而言之，就是告诉来访者做某件事。指导最直接的形式是咨询师让来访者做某些事或说某些话，或以某种方式行事。咨询师还可能引导来访者进行想象（人本主义的治疗），指导来访者进行放松训练（行为治疗），教以某些特定的行为方式（决断训练）或使来访者进行自由联想（心理分析理论），等等。这些都是咨询师的指导行为，甚至让来访者完成一定的家庭作业也可归入指导行为的行列。

指导技巧与解释一样，与各学派的理论联系紧密，不同的理论可能会运用不同的指导技巧。咨询师可在掌握了基本的倾听技巧和各种理论模型之后进一步研究这些影响技巧。

由于指导技巧繁多，又与理论密切相关，现仅列举几种不同类型的指导方式，使大家对指导技巧有个大致了解。

1. 指导的改变

如咨询师对来访者说："请把你所说的'我应该怎样'改为'我希望怎样'，把'我干不了'改成'我可能干不了'。"这里所举的例子与认知疗法理论相联系，认为来访者所说的是与其想法、认知相关联的，改变其认知才能改变其行为；从行为入手进行改变，就会对其认知产生影响。这里是从改变言语行为入手。如把"我应该"换成"我希望"，在程度上有明显不同。如一个大学生认为"我的学习在班里应该是最好的"，这种想法导致其走向极端，当现实情况与其想法不符时，极易产生心理问题。而在咨询师指导下，把这句话改为"我希望自己的学习在班上是最好的"，目标未变，客观效果却大不一样。当一个人说什么事情自己干不了时，很可能放弃尝试的努力，而说"我可能干不了"时仍有努力尝试的积极含义在。这种言语改变的指导在行为学派的"决断训练"中也常见到。如有的人怕说一些会使别人可能远离自己的话,但不说自己利益又会受损,像有些人借了钱一直不还,而自己急需用钱又不敢去要,咨询师就可用指导技巧教其怎样去说。

2. 特殊的建议或指示

这在我国的心理治疗工作中常常采用。如来访者有考试焦虑,咨询师可能会建议其修改每日复习功课的计划,不要过度疲劳,每天坚持体育锻炼等。或者有的来访者喜欢把每天的事情拖到第二天才做,这时咨询师就会要求来访者今日回去做一件事,做完就奖励自己,没做则给自己以某种形式的惩罚。

3. 自由联想式的指导

"带着这种情绪进行联想,回想一下你儿童时代的经历……""保持这种情绪进行联想。现在告诉我,你最先想到的是什么?"这可能是咨询师的常用话语,以指导和帮助来访者按心理分析的理论模型寻找问题的根源。

4. 角色性指导

角色性指导有角色扮演、角色颠倒练习和固定角色练习等。角色扮演在行为治疗中很常见,让来访者扮演自己当时的情况,咨询师再进一步给予指导。咨询师会要求来访者:"现在我们来重演一下当时的情景……"角色颠倒的情况与角色扮演类似,但来访者不是演自己而是扮演另一个与自己有关的人。固定角色则是人本主义心理治疗中的技术之一。咨询师让来访者在一段时间内,以不同于他原来的情况的角色出现,以此让来访者获得不同以往的新体验。

5. 训练性指导

这方面的种类极多,如放松训练、决断训练、系统脱敏训练等。在训练之前和训练过程中,咨询师都会对来访者提出要求,指导他们做什么,不要做什么等。这种指导多见于以行为治疗理论为指导的心理治疗之中。

对指导的上述介绍仅是挂一漏万的举例而已。指导技巧对来访者影响很大,适当运用定会有收效。但采用指导技巧一定要注意,要在与来访者建立良好关系的基础上进行,否则将会事倍功半,收效甚微。有许多咨询师重视来访者提出的问题,而不重视来访者本人,这就容易形成在消极的基础上进行指导的局面。另外,我国的咨询师在采用特殊建议与指示性指导时,对某些思想活跃的青年人应特别注意,不要以权威身份强令对方执行,以免引起对方反感而中断治疗。

6. 忠告与信息

这是一组非常有用的影响技巧。咨询师借助为来访者提供建议给予指导性的信息,或为其提供具有指导意义的思想观点等来帮助来访者。这样做起到了为来访者提供新的信息的作用,对来访者的思维与行动具有潜在的影响。

提供忠告与信息等在职业心理咨询中更为重要。此时作为咨询师,就必须为来访者提供有益的忠告,因为咨询师所具有的有关信息正是来访者所需要的。我国职业咨询由于社会需求将会逐步兴起,有关职业需求等方面的重要信息将是咨询中咨询师帮助来访者的基本依据。

为来访者提供忠告与信息等在心理治疗会谈中的很多时候是必要的,但这些技术却可能给会谈带来潜在的危害。例如,为来访者提供忠告与信息要完全以其利益为出发点,并且尽可能使对方了解咨询师提出有关忠告的根据。如果对方不以为然,咨询师应重新检查自己对对方的问题和想法的理解,帮助其另立解决方案。切不可认为自己所提忠告就是最好的。有时咨询师可能是站在自己的立场上看问题的,并未真正了解对方的苦衷;还有一些时候,咨询师提供的忠告对方一时不能体会其中的好处,因而并不接受。不论属于何种情况,咨询师都应冷静对待,仍以对来访者负责的态度继续进行会谈。

在提出忠告的措辞方面也应注意,如可以采用这样的词句:"如果那样的话可能会对你更好""如果我是你的话,我可能会……"等。措辞生硬可能会使来访者产生抵触心理,而委婉的话语易于被对方接受,进而可能对其产生影响。

另一点需要注意的是,忠告或建议可能会因使用过多而失效。因此,使用这些技术时应持慎重态度。在大多数情况下,要在对方询问咨询师的意见时再给予忠告和建议,一般不应主动提出过多的建议。即使你是出于好心,为对方好,但如果对方没有这种要求就可能像你送的钥匙对不上对方的锁一样无用。此时对方可能会说"你说的是对的,但是……",在这种情况下,咨询师就应该检查一下自己会谈的方式了。如果问题真的出在自己提了过多的建议上,那么可以马上改用倾听技巧,向对方提出问题或做一说明以给对方进一步解释自己问题的机会。例如,咨询师可以这样发问:"你觉得这种方法对你起不了什么作用,那么你觉得什么方法可能更适合于你呢",或者"你认为这样不行,解决不了你的问题,那么你希望我们给你些什么样的帮助呢",等等。

(四) 自我袒露

咨询师适当的自我袒露是一种行之有效的诱导技术,来访者会因为咨询师的坦诚而减轻压力,作为回报他会在会谈中述说真情。自我袒露有利于来访者获得安全感,降低防范,减少他们的焦虑情绪,同时也表明咨询师的真诚。但不失时机的自我揭露反而会让来访者觉得咨询师浅薄无知,不值得自己信任。咨询师过多的自我揭露也会占用会谈时间,这不利于当事人继续倾诉。一般来说,当来访者讲述一段自认为非常"隐私"的案由后,咨询师应当做出回应,这样就有利于来访者继续讲出真实的情况。

有些人在与别人交往时,总喜欢把自己的真实思想、情感和需要掩盖起来,在他们看来,人世一切是那么无聊,令人厌倦、平淡、无意义。他们往往持一种孤傲处世的态度,只注重自己的内心体验,他们的行为和习惯有时令人难以理解。这种人与外界交往的失败就在于他们在心理上建立了一道屏障,把自己封闭起来,不与别人沟通。因此,他们只有增加自己的"透明度",敞开自己的心扉,才能用热情、坦诚去赢得别人的理解。

(五) 影响性摘要或总结

1. 总结的目的
(1) 把求助者信息的多个元素连接在一起。
(2) 确定一个共同的主题或模式。
(3) 打断多余的陈述。
(4) 回顾整个过程。

2. 总结的步骤
(1) 关注和回忆求助者表述的信息,并在心中复述这些信息。
(2) 通过向自己提问题来识别信息中存在的明显模式、主题或多种元素。
(3) 使用所选择的语句和词汇描述信息中的主题,把多种因素联系起来,将总结告知求助者。
(4) 通过倾听和观察求助者对结论是肯定还是否定及总结是加强还是减弱了咨询关注方

向等来评价总结的效果。

四、非言语技术

会谈，顾名思义就是会面和谈话。在这里，会谈中的双方不仅仅通过谈话交流，会谈双方视线的接触和身体的姿势等也会成为会谈中交流的要素。在会谈中，有些来访者除了讲话，可能会有些伴随的线索出现，特别是在其有情绪时，咨询师要多加注意。

（一）目光接触与身体语言

在会谈中，咨询师与来访者视线的接触及咨询师的身体姿势动作所构成的身体语言，是区别一个咨询师是否成功的重要因素。一旦咨询师要参加某个会谈，就应注视着自己的会谈对象，一直保持与会谈对象视线的自然接触，表示出对他的关注。

我们常听到这样的一句话："眼睛是心灵的窗户。"当你注视着对方时，你可以了解到对方更多的情况，反之亦然。当来访者在讲话时，咨询师注视着对方的双眼，对方同样也可以了解咨询师。他们可以得到这样的信息，即自己的话是否被咨询师认真听取，是否能被接受，是否可以被理解。咨询师对对方的共情与理解、尊重与关注等信息均可以从其目光中传达给对方。视线接触就是要求咨询师注意自己的目光。如果对方在谈话，咨询师却在那里看着不相干的东西，或者东张西望、目光散漫，这给对方的信息一定是消极的。

那么，在会谈中咨询师的目光怎样安排比较合适呢？我们的建议是：当咨询师倾听对方的谈话与叙述时，目光可直接注视着对方的双眼；当咨询师在讲话解释时，这种视线的接触可比听对方谈话时少些。也就是说，对方讲话时，一定要用目光表示自己的关注；咨询师谈话时，有时视线可以短时间离开对方。

人类的身体语言是极为丰富的，如站立的姿势、坐着的姿势、举手投足都可包括其中。人们在各自的生活经历中，可能会形成一些自己独特的习惯，如习惯双手抱臂而立，或谈话时爱在室内走动，或坐在自己的办公桌上，或坐下时习惯跷二郎腿，或想问题时经常颤动双脚，或解释说明时喜欢用各种手势，等等。文化背景不同还有其他一些不同的身体语言，如"V"字形手势表示胜利，耸双肩表示无可奉告等。

作为咨询师，在来访者面前，应使自己的身体语言融入咨询过程中去，以有利于咨询过程为准。这样，有些咨询师的习惯动作可能是需要改变的。例如，颤动双腿，这可能会使来访者感到压抑与不安；坐在办公桌上与人交谈，在自己的同事与朋友面前也许是适当的行为，但对来访者就有不利影响，这会产生一种咨询师"居高临下"的感觉。比较适宜的行为表现也许是这样的：当来访者初次到来时，可以与对方握手表示欢迎和接纳之意。若有的咨询师不习惯这种方式，也可以不用握手的方式，但需起身招呼来访者坐下。在整个咨询过程中，要使自己坐得舒适自如，同时又要表示出对对方的关注，可使自己面对对方，身体略微倾向于来访者，并用点头等方式表示自己对来访者谈话的注意。在说明问题时，可借助某些手势加强谈话效果，但要注意运用适度，不能显得过分夸张，以免使人感到有"取宠"之嫌。在每次会谈结束时，咨询师应起身将来访者送出门外，这不仅被看作是一种礼节，也表明咨询师对来访者的主观态度。

在咨询师说话时，对方也在观察你。新手咨询师往往表现拘谨，常常会出现只坐椅子的一半、身体向前倾斜很大、双手紧紧地拧在一起等现象。对方如发现这一点，也许他自己会放松，但其后可能对咨询师说出的话大打折扣。纠正的办法是咨询师要靠椅背而坐，找到一种使自己感到舒适的姿势，手中可拿笔纸做出准备记录的样子。当然这只是一种矫枉过正的办法。

咨询师在会谈中，要既能真正表现出自如，又能表现出对对方的关注，这就需要多进行实践锻炼。

（二）其他非言语性技巧

除了目光的接触与身体语言之外，还有其他一些非言语性的技巧。说话的语气、语调及速度就是其中之一。在日常生活中我们可以注意到，有时有人以冷淡的语气说出一些欢迎的话，那实际上说明其内心并不真的欢迎对方。心理咨询的过程比较多地依靠咨询师的言谈话语来影响对方，这就需要咨询师能在咨询过程中很好地运用自己的语音、语调。来访者在听咨询师讲话时，咨询师所说的话语对他来说是理性化的东西，而他从声调与语气中感受到的是某种态度与情绪，这种态度与情绪并不就到此为止了，它还会诱发来访者的感情。那么，作为一个咨询师，其声音是否能让对方感到温暖、顺耳，让人有兴趣听下去，这也是需要注意的。每个人的声音都是独一无二的，但关键是他要带着对对方的共情、理解与关切去讲话。这样，他的语音中就有了灵魂，讲出的话语才会有扣人心弦的效应。

咨询师谈话时还有一些需要注意运用的技巧。例如，发音不能太平，这会使人感到平淡无奇，枯燥无味；讲话时要有些抑扬顿挫、变速与停顿，这会使咨询师的话语变得有生机、有吸引力；讲话时要尽量发出明确的声音，使对方能够听清楚，含混不清易使对方产生疑惑；语速不要过快或过慢，过慢会使对方感到拖沓、不精练，过快会使对方跟不上你的节奏，一般以中等速度较为适宜。因此，掌握谈话中的停顿有助于对方思考。停顿并非留下谈话的空白，停顿有三个作用：首先，留下言语的余韵；其次，求得同意、领会；第三，加强听者的集中状态，这实际上是让对方参与其中。

座位的角度也是其他非言语性技巧之一。椅子若面对面，来访者会感觉有压迫感，不理想。椅子并排，则被称为情侣坐法，但咨询师与来访者会谈时应保持一定的专业关系，故也不理想。亦有人促膝而谈，但若遇到激动的来访者，会很危险。90°为较适宜的方式，在医院，医师与病人也是如此坐法，因为这种坐法容易看到对方，记录也方便。若咨询师的座位较来访者高，会产生权威性过高的感觉，使来访者觉得卑微，从而影响晤谈，所以视线应等高。

五、其他通用技术

（一）结构化技术

1. 结构化的含义

所谓结构化技术，是指对心理咨询的性质、限度、角色、目标及特殊关系所做的解释，包括心理咨询时间的限制、需要晤谈的次数、保密性问题、可能出现的其他问题和应有的期待等，也可以包括理论构架、咨询关系、咨询环境及相关程序。在心理咨询之初，就将这些情况向来访者说明和解释，减少来访者由于不了解情况而产生的迷惑及由此引发的焦虑，更可使其不至于对心理咨询产生不当或更高的期望。例如，"我们有一个小时谈话的时间，在我们谈话的时候我要做必要的记录，以便对你的情况进行分析。希望这不会对你造成困扰。现在我还不知道你带着什么样的问题来到这里，但不管怎样我会认真对待，给你应有的帮助，同时也将根据保密性原则对你的问题给予保密，在这里你可以谈论你所希望的任何事情。"

（1）告知晤谈时间的好处。在心理咨询的实践中存在这样一个问题，即对每次晤谈的时间不做限定，往往一谈就是两三个小时。其实，每次晤谈时间应作规定，一般以一个小时左右为佳,必要时,咨询时间才可延长,但也不能延时过长。咨询师应在开始晤谈时就告知来访者晤谈时间,这样做有以下几个好处。

① 在学校咨询服务时间里,来访者往往较多,对每位来访者一次晤谈的时间做出限定,可让更多的人享受到咨询服务。

② 一个小时左右的晤谈效果最佳。研究表明,在一个小时左右的时间里人的注意力可以保持良好的状态,时间一长会使人的注意力分散,咨询效果不佳。但时间过短,又不能做深入交谈。因此,一般每次咨询时间以一个小时左右较为适当。

③ 向来访者做出时间限定,可使他们珍惜咨询的时间,迫使来访者少绕圈子,尽早触及问题实质;同时,也使其对与咨询师的谈话保持积极的反应。

④ 限定咨询时间,使每次咨询涉及的问题内容集中,主题明确、突出,来访者能有效地达到领悟,受到帮助。否则,内容繁杂,主题不明,面面俱到,反而使来访者无所适从,不能有效地消化接受,降低了咨询质量。心理咨询是一个循序渐进地解决问题的过程,除非来访者的问题单一、浅显、简单,一般不宜搞速战速决。

(2) 控制晤谈时间。在咨询实践中经常出现这样的问题,即结束时间将到而来访者却不愿结束。为了有效结束晤谈,以下技巧是被经常采用的。

① 晤谈开始就向来访者明确时间的限定。

② 咨询师发现结束时间将到时,就阻止谈论新的话题和资料,最好的阻止办法是建议下次再来讨论这个问题。例如,"这似乎是我们下次面谈时最好的开始",如此既达到结束的目的,也为下次面谈找到材料使其有备再来,同时也不至于使来访者因为被迫结束晤谈而沮丧、不满。

③ 由来访者对本次晤谈做一个简明扼要的叙述,如此足以结束晤谈,因为它可使来访者认识到时间已经到了。

④ 由来访者来做总结,即让其说出本次晤谈的收获。咨询师可以下列的方式引导来访者做出摘要性的叙述:"在本次晤谈即将结束的时候,我想了解你有些什么收获,这对我们将是很有帮助的。"

⑤ 咨询师委婉而明确地告诉来访者晤谈该结束了。例如,"我想我们今天是否就谈这些?""好的,我认为我们现在该结束今天的谈话了!"

心理咨询往往需要经过多次的晤谈才能达到既定目标,最后结束整个过程。而每次晤谈的间隔时间是颇有讲究的,尤其在咨询的第二阶段,既不能太长,也不能太短。每次间隔都是来访者消化前次咨询的内容、根据启发做进一步反省和领悟、实践阶段性目标要求、完成布置的作业的过程,与晤谈一样是心理咨询的重要组成部分。间隔时间一般以1~2周为宜。间隔太长,不利于整个咨询过程的连续性,容易造成前后脱节,来访者的变化过程无法得到咨询师的及时指导和帮助,从而影响咨询效果。间隔太短,则不能有效地实现间隔阶段的治疗价值,不能体现咨询师指导、帮助来访者自治的咨询本质,容易造成来访者对咨询师的过分依赖,从而影响咨询效果,也使咨询师接待来访者的时间和精力被大大耗费。除非是来访者处于情绪危机状态,需要咨询师助其迅速缓解以应付正常生活,咨询的间隔时间可以适当缩短,但这种缩短也应是暂时性的。

2. 结构化技术的主要功能

(1) 减少来访者的疑惑与不切实际的愿望。如来访者认为:咨询师是个万能的人,有能力帮助他解决任何问题;自己只需等待咨询师的建议;问题可以很快获得解决;咨询就是听咨询师分析，找出问题的原因。这些想法都是错误的。

(2) 协助来访者了解咨询过程，以减少来访者的焦虑。

(3) 协助来访者做准备，以利于咨询的进行。

3. 结构化技术的适用时机及相关程序

在咨询开始时，咨询师向来访者说明从咨询开始到结束的要素；在咨询过程中，咨询师进行一项活动时，有必要向来访者说明活动进行的方式、来访者在活动中的角色，好让来访者决定是否同意参与。

来访者来求助时，对于咨询会有一些疑问与期待，咨询机构应该以书面的方式，提供给来访者相关技术信息，如下所示。

(1) 每次咨询的间隔时间是多久？

(2) 在咨询时间外，如果来访者觉得需要与咨询师会谈时，要如何联络？

(3) 如果来访者忘了咨询，要怎么处理？

(4) 咨询内容如何被保密？

(5) 在危急的情况下，来访者该如何做？

(6) 什么时候结束咨询？

(7) 咨询费用是多少？如何付费？

(二) 评估

咨询方法虽是咨询师与来访者共同研究选定的，但并不表明这些方法一定合适，也不能保证来访者会很好地实施，因此，需要对咨询方法进行评估。咨询方法的评估不应在问题处理终结的时候才进行，而需在运用咨询方法的同时注意收集有关资料，这样才能及时发现问题，或是调整咨询方法，或是帮助来访者改变对咨询方法使用不当、投入不够的状态。

评估通常从整体的角度出发，以咨询目标为参照点，评量来访者进步的情形。评估资料的来源则主要是来访者，而其生活环境中的重要人物也是评估的资源之一。为收集评估资料，常采用的方法有三种。

1. 由咨询者向来访者提供问题，要求其做出回答的方式

例如，"运用这种方法你感到适应吗？这种方法使用到什么程度？""使用这种方法，感觉收效如何？有什么意见？"等等。

2. 由咨询师通过观察收集资料

咨询师通常可以从与来访者的晤谈中观察其现实的情绪状态、认知特点、行为方式，也可以向来访者生活环境中的重要人物了解其认知、情绪、行为的变化情况。

3. 指导来访者用写日记或咨询体会的方式收集资料

这既可以让咨询师了解来访者运用咨询方法的情况和效果，又可以使来访者自我改变。如果自我改变的结果显示其正在朝咨询目标的方向发展，那么对来访者是一种鼓励，能增强来访者的信心；反之，也会通过言语和非言语反馈给咨询师。

如果通过评估证明既定的方法是有效的，那么咨询师应乘机鼓励来访者继续努力；如果收效不大甚至无效，那么可能有以下几个原因。

(1) 来访者对既定方法运用不正确或投入不够。遇到这种情形，应对来访者就咨询方法做重新解释、指导，或是了解其投入不够的原因并进行针对性教育，然后去实践这些方法。

(2) 既定方法不合适。在排除第一个原因的情况下，咨询师应与来访者一同重新研究分析并选择其他方法,然后通过实践去实行这些方法。

(3) 可能对来访者心理问题的分析诊断有误。如果连续更改了几次咨询方法,而收效仍不理想,那么可怀疑咨询开始阶段的工作有问题;或是掌握的材料不够;或是有价值的,甚至关键的问题没有掌握或被忽视;或是分析评判有误。这时,应向来访者进行解释说明,争取来访者的配合,重新经历开始阶段的工作。这种情况,在学校心理咨询中经常会遇到,需要咨询师保持足够的关注。

(三) 结束咨询过程的技术

必须让来访者意识到整个心理咨询已经到了即将结束、咨询关系即将终止的时候,从而使其对结束咨询和结束后的生活有所准备,避免突然性和由此造成的惊慌失措。

为此,必须向来访者说明其心理问题已基本得到解决,通过咨询已获得了经验,增长了能力并已能独立应付生活环境。同时,也须向其承诺,必要时心理咨询机构将会再次给予关心和帮助,以免除其后顾之忧。通常,咨询师可以通过这样的表达向来访者传递结束咨询的信息:"通过这段时间的努力,你已有了相当的进步,我们预定的目标已经实现,现在该是你去适应生活的时候,你已具备了这样的能力,再继续咨询将会妨碍你能力的发挥。因此,可能再进行两到三次的咨询,就可以结束整个咨询过程了。"值得一提的是,向来访者介绍、说明结束咨询的问题应尽可能以平淡的方式进行,暗示来访者结束咨询是一件自然、平常的事情。事实上,以平淡委婉的态度和口气说明要比非常热心进行的方式要好。

逐渐结束的方式亦是常被运用的结束咨询过程的技巧。逐渐结束的方式有两种:一种是拉长两次晤谈的时间,如果咨询师原来与来访者每周晤谈一次,到咨询末期可改为两周甚至一月一次;另一种是减少每次晤谈的时间,即由原来每次晤谈一小时左右缩短为每次半小时甚至更短的时间。

第五节 测试与训练

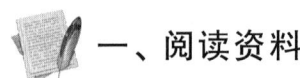

一、阅读资料

心中的顽石

从前有一户人家的菜园摆着一颗大石头,宽度大约有40厘米,高度有10厘米。到菜园的人,不小心就会踢到那一颗大石头,不是跌倒就是擦伤。

儿子问:"爸爸,那颗讨厌的石头,为什么不把它挖走?"

爸爸这么回答:"你说那颗石头喔?从你爷爷年轻时候一直放到现在了,它的体积那么大,不知道要挖到什么时候,没事无聊挖石头,不如走路小心一点,还可以训练你的反应能力。"

过了几年,这颗大石头留到下一代,当时的儿子娶了媳妇,当了爸爸。

有一天,媳妇气愤地说:"孩子爸爸,菜园那颗大石头,我越看越不顺眼,改天请人搬走好了。"

他回答说:"算了吧! 那颗大石头很重的,可以搬走的话在我小时候就搬走了,哪会让它留到现在啊?"

媳妇心里非常不是滋味,那颗大石头不知道让她跌倒多少次了。

有一天早上,媳妇带着锄头和一桶水,将整桶水倒在大石头的四周。

十几分钟以后,媳妇用锄头把大石头四周的泥土搅松。

媳妇早有心理准备,可能要挖一天吧,可没想到几分钟就把石头挖了出来,看看大小,这颗石头没有想象的那么大,人们都被那个巨大的外表蒙骗了。

阻碍我们去发现、去创造的,往往是我们心理上的障碍和思想中的顽石。

二、心理测试

康奈尔健康问卷

【测试说明】请仔细阅读下面每一道题。符合你的打"√",不符合你的打"×"。

A

1. 你读报时需要戴眼镜吗?
2. 你看远处时需要戴眼镜吗?
3. 你是否经常有一时性的眼前发黑(视力下降或看不见东西)的情况?
4. 你是否有频繁的眨眼和流泪的情况?
5. 你的眼睛是否经常很疼?或,你是否经常出现看物模糊的情况?
6. 你的眼睛是否经常发红或发炎?
7. 你是否耳背(听力差)?
8. 你是否有过中耳炎、耳朵流脓?
9. 你是否经常耳鸣(耳中自觉有各种声响,以致影响听觉)?

B

10. 你常常不得不为清嗓子而轻咳吗?
11. 你经常有嗓子被堵住的感觉(感觉喉咙里有东西)吗?
12. 你经常连续打喷嚏吗?
13. 你是否觉得鼻子老是堵?
14. 你经常流鼻涕吗?
15. 你是否有时鼻子出血很严重?
16. 你是否经常得重感冒?或,你是否经常嗓子痛,扁桃体肿大?
17. 你是否经常有严重的慢性支气管炎(在感冒时咳嗽,吐痰拖很长时间)?
18. 你在感冒时总是必须要卧床吗?或,你是否经常吐痰?
19. 是否经常感冒,使你一冬天都很难受?
20. 你是否有过敏型哮喘(以某些过敏因素,如花粉等为诱因的哮喘)?
21. 你是否有哮喘(反复发作的,暂时性的伴有喘音的呼吸困难)?
22. 你是否经常因咳嗽而感到烦恼?
23. 你是否有过咯血?
24. 你是否有较重的盗汗(睡时出汗、醒时终止)?
25. 你除结核外是否患过慢性呼吸道疾病(慢性支气管炎、支气管炎扩张、肺气肿)?或,你是否有低烧(热)(37~38度)?
26. 你是否有过结核病?

27. 你与得结核病的人在一起住过吗?

C

28. 医生说过你血压很高吗?
29. 医生说过你血压很低吗?
30. 你有胸部或心区疼痛吗?
31. 你经常感到心动过速(心跳过快)吗?
32. 你是否经常心悸(平静时有心脏跳动的感觉)？或,你是否经常感到脉搏有停跳?
33. 你是否经常感到呼吸困难?
34. 你是否比别人更容易发生气短(喘不上气)?
35. 你即使在坐着的情况下有时也会感到气短吗?
36. 你是否经常有严重的下肢浮肿?
37. 你即使在热天也因手脚发凉而烦恼吗?
38. 你是否经常腿抽筋?
39. 医生说过你心脏有毛病吗?
40. 你的家属中是否有心脏病人?

D

41. 你是否已脱了一半以上的牙齿?
42. 你是否因牙龈(牙床)出血而烦恼?
43. 你是否经常有严重的牙痛?
44. 是否你的舌苔常常很厚?
45. 你是否总是食欲不好(不想吃东西)?
46. 人是否经常吃零食?
47. 你是否吃东西时总是狼吞虎咽?
48. 你是否有时恶心呕吐?
49. 你饭后是否经常有胀满(腹部膨胀)的感觉?
50. 你饭后是否经常打饱嗝？或,你是否有烧心吐酸水?
51. 你是否经常犯胃病?
52. 你是否有消化不良?
53. 是否严重胃痛使你不得不弯着身子?
54. 你是否感到胃部持续不舒服?
55. 你的家属中有患胃病的人吗?
56. 医生说过你有胃或十二指肠溃疡病吗？或,你饭后或空腹时是否经常感到胃痛?
57. 你是否经常腹泻(拉肚子)?
58. 你腹泻时是否有严重血便(黑便或粪便中肉眼可见的血液)？或,你腹泻时大便里是否有黏液(黏稠状物质)?
59. 你是否因曾有过肠道寄生虫而感到烦恼?
60. 你是否经常有严重便秘(大便干燥)?
61. 你是否有痔疮(大便时肛门疼痛,不适,或伴有大便表面带血或便后滴血)?
62. 你是否曾患过黄疸(眼、皮肤、尿发黄)?
63. 你是否得过严重的胆囊疾病?

E

64. 你是否经常有关节肿痛?
65. 你的肌肉和关节经常感到发僵或僵硬吗?
66. 你的胳膊或腿是否经常感到严重疼痛?
67. 是否严重的风湿病使你丧失活动能力?或,你是否有肩、脖子肌肉发紧的现象?
68. 你的家属中是否有人患风湿病?
69. 你是否经常感到腿、脚发酸?
70. 腰背痛是否达到使你不能持续工作的程度?
71. 你是否因身体有严重的功能丧失或畸形(形态异常)而感到烦恼?

F

72. 是否你的皮肤对温度、疼痛十分敏感或有压痛?
73. 你皮肤上的切口通常易愈合(长好)吗?
74. 你是否经常脸很红?
75. 即使在冷天你也大量出汗吗?
76. 是否严重的皮肤瘙痒(发痒)使你感到烦恼?
77. 你是否经常出皮疹(风疙瘩或疹子)?
78. 你是否经常因生疖肿(脓包)而感到烦恼?

G

79. 你是否经常由于严重头痛而感到十分难受?
80. 你是否经常由于头痛,头发沉而感到生活痛苦?
81. 你的家属中头痛常见吗?
82. 你是否有一阵发热,一阵发冷的现象?
83. 你经常有一阵阵严重头晕的感觉吗?
84. 你是否经常晕倒?
85. 你是否晕倒过两次以上?
86. 你身体某部分是否有经常麻木或震颤的感觉?
87. 你身体某部分曾经瘫痪(感觉和运动能力完全或部分丧失)过吗?
88. 你是否有被撞击后失去知觉(什么都不知道了)的现象?
89. 你头、面、肩部是否有抽搐(突然而迅速的肌肉抽动)的感觉?
90. 你是否抽过风(癫痫发作,也叫抽羊角风)?
91. 你的家属中有无癫痫病人?
92. 你是否有严重咬指甲的习惯?
93. 你是否因说话结巴或口吃而烦恼?或,你是否有过因舌头不灵活而导致说话困难?
94. 你是否有梦游症(睡眠时走来走去,事后不能回忆睡着时所做的事情)?
95. 你是否尿床?
96. 在8~14岁(小学和中学)阶段你是否尿床?

H

(97~102题只限男性回答)

97. 你的生殖器是否有过某种严重毛病?
98. 你是否经常有生殖器疼痛或触痛(一碰就疼)的现象?

99．你是否曾接受过生殖器的治疗？
100．医生说过你有脱肛（直肠脱出肛门以外）吗？
101．你是否有过尿血（无痛性的）？
102．你是否曾因排尿困难而烦恼？

（103～108题只限女性回答）
103．你是否经常痛经（月经期间及前后小肚子疼）？
104．你是否在月经经常得病或感到虚弱？
105．你是否经常有月经期卧床？
106．你是否经常有持续严重的脸部潮红和出汗？
107．你在月经期是否经常有焦躁情绪？
108．你是否经常因白带（阴道白色黏液）异常而烦恼？

（以下的问题男女都回答）
109．你是否每天夜里因小便起床？
110．你是否经常白天小便次数频繁？
111．你是否小便时经常有烧灼感（火烧样的疼痛）？
112．你是否有时有尿失控（不能由意识来控制排尿）？
113．医生是否说过你的肾、膀胱有病？

I

114．你是否经常感到一阵一阵很疲劳？
115．是否工作使你感到精疲力竭？
116．你是否经常早晨起床后即感到疲倦和筋疲力尽？
117．你是否稍做一点工作就感到累？
118．你是否经常因累而吃不下饭？
119．你是否有严重的神经衰弱？
120．你的家属中是否有患神经衰弱的人？

J

121．你是否经常患病？
122．你是否经常由于患病而卧床？
123．你是否总是健康不良？
124．是否别人认为你体弱多病？
125．你的家属中是否有易患病的人？
126．你是否曾经因严重疼痛而不能工作？
127．你是否总是因为担心自己的健康而受不了？
128．你是否总是有病而且不愉快？
129．你是否经常由于健康不好而感到不幸？

K

130．你得过猩红热吗？
131．你小时候是否得过风湿热，四肢疼痛？
132．你曾患过疟疾吗？
133．你由于严重贫血而接受过治疗吗？

134. 你接受过性病治疗吗?
135. 你是否有糖尿病?
136. 是否医生曾说过你有甲状腺肿(粗脖子病)?
137. 你是否接受过肿瘤或癌症治疗?
138. 你是否有什么慢性疾病?
139. 你是否过瘦(体重减轻)?
140. 你是否过胖(体重增加)?
141. 是否有医生说过你的腿部静脉曲张(腿部青筋暴露)?
142. 你是否住院做过手术?
143. 你曾有过严重的外伤吗?
144. 你是否经常发生小的事故或外伤?

L

145. 你是否有入睡很困难或睡眠不深易醒的现象? 或,你经常做梦吗?
146. 你是否不能做到每天有规律地放松一下(休息)?
147. 你是否容易做到每天有规律地锻炼?
148. 你是否每天吸20支以上的烟?
149. 你是否喝茶或喝咖啡比一般的人要多?
150. 你是否每天喝两次以上的白酒?

M

151. 当你考试或被提问时是否出汗很多或颤抖得很厉害?
152. 接近你的主管上级时是否紧张和发抖?
153. 当你的上级看着你工作时,你是否不知所措?
154. 当必须快速做事情时,你是否有头脑完全混乱的现象?
155. 为了避免出错,你做事必须很慢吗?
156. 你经常把指令或意图体会(理解)错吗?
157. 是否生疏的人或场所使你感到害怕?
158. 身边没有熟人时你是否因孤单而恐慌?
159. 你是否总是难以下决心(犹豫不决)?
160. 你是否总是希望有人在你身边给你出主意?
161. 别人认为你是一个很笨的人吗?
162. 除了在你自己家以外,你在其他任何地方吃东西都感到烦扰吗?

N

163. 你在聚会中也感到孤独和悲伤吗?
164. 你是否经常感到不愉快和情绪抑郁(情绪低落)?
165. 你是否经常哭?
166. 你是否总是感到孤独和悲伤?
167. 你是否对生活感到完全绝望?
168. 你是否经常想死(一死了事)?

O

169. 你是否经常烦恼(愁眉不展)?

170. 你的家属中是否有愁眉不展的人？

171. 是否稍遇任何一件小事都使你紧张和疲惫？

172. 是否别人认为你是一个神经质（紧张不安，易激动）的人？

173. 你的家属中是否有神经质的人？

174. 你曾患过精神崩溃吗？

175. 你的家属中曾有过精神崩溃的人吗？

176. 你在精神病院看过病吗（因为你精神方面的问题）？

177. 你的家属中是否有人到精神病院看过病（因为其精神方面的问题）？

P

178. 你是否经常害羞和神经过敏？

179. 你的家属中是否有害羞和神经过敏的人？

180. 是否你的感情容易受到伤害？

181. 是否你在受到批评时总是心烦意乱？

182. 别人认为你是爱挑剔的人吗？

183. 你是否经常被人误解？

Q

184. 你即使对朋友也必须存戒心吗（不放松警惕）？

185. 你是否总是凭一时冲动做事情？

186. 你是否容易烦恼和被激怒？

187. 你若不持续克制自己精神就垮了吗？

188. 是否一点不快就使你紧张和发脾气？

189. 在别人支使你时你是否易生气？

190. 别人常使你不快和激怒你吗？

191. 当你不能马上得到你所需要的东西时就发脾气吗？

192. 你是否经常大发脾气？

R

193. 你是否经常发抖和战栗？

194. 你是否经常紧张焦急？

195. 你是否会被突然的声音吓一大跳（跳起或发抖得厉害）？

196. 是否不管何时，当别人大声叫你时，你都被吓得发抖和发软？

197. 你对夜间突然的动静是否感到恐惧（害怕）？

198. 你是否经常因噩梦而惊醒？

199. 你是否头脑中经常反复出现某种恐怖（可怕的）想法？

200. 你是否常常毫无理由地突然感情畏惧（害怕）？

201. 你是否经常有突然出冷汗的情况？

【计分方法】打"√"，得1分，打"×"的不得分，然后计总分。

【测试结果】其临界点参考值为：男性总分≥35分，女性总分≥40分。其中M～R（共51项）得分主要反映情绪、适应性等心理方面的指标。男性M～R为≥15分；女性M～R为≥20分。当超过临界值时，可透过后面的要素判断问题主要出在哪些方面。

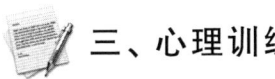 三、心理训练

(一) 寻找打开心理之锁的钥匙

每个人都希望拥有幸福快乐的生活,但由于心理问题的产生具有一定的偶然性,因而无论是我们自己还是周围的同学亲友都有可能遇到这样或那样的心理问题,有时甚至是比较严重的心理问题。那么,当自己真的在某个方面出现问题的时候,又该到谁那里去寻找打开心理之锁的钥匙呢?想一想,把你想到的结果写在下面。

当我在学习方面遇到问题时,我可以去求助_____
当我在爱情与性方面遇到问题时,我可以去求助_____
当我在人际关系方面遇到问题时,我可以去求助_____
当我在个人发展方面遇到问题时,我可以去求助_____
当我在其他方面遇到问题时,我可以去求助_____

(二) 丢掉人际交往中的自卑

请你完成下面的填空。
在我和同学的交往中,最看重和最欣赏对方的哪些方面或是特点(用词组或句子来描述)。
特点一:_____
特点二:_____
特点三:_____
特点四:_____
特点五:_____

写完句子后,每4~5人组成一个小组,就这个题目进行讨论和交流。在讨论时,将小组其他几位同学每人最重视的一条誊写到下面,来作为自己今后在人际交往中的参考。

交朋友时对方最重要的特点如下。
特点一:_____
特点二:_____
特点三:_____
特点四:_____
特点五:_____

(三) 勇敢地学会说"不"

在处理同学之间的人际关系时,需要学会敢于说"不",以便维护自己的正当权益。

活动方式:每4~5人组成一个小组,每个小组分别由两名同学轮流扮演提出不合理要求的人(角色A)与拒绝这种要求的人(角色B),且这两个角色并非恋爱关系。其他同学做观察员,来评比扮演角色B同学的表达能力,并对他(她)的不足给予帮助。

活动要求:
(1) 小组内的每一名同学都至少扮演一次角色A,也扮演一次角色B。
(2) 小组内的评比标准:是否可以在尽量不损害与角色A之间的人际关系的前提下,有效地拒绝其不合理的要求。

(3) 备选的不合理要求剧本和具体语言,由小组同学自己发挥。

剧本 A:经济不困难的角色 A 已经向角色 B 借过几次钱,并且一直都没有还,今天角色 A 又一次向角色 B 提出借钱的要求。

剧本 B:角色 B 正在忙于做一件对自己很重要的事情(比如正在写明天要交的作业等),角色 A 却要求角色 B 陪同他一起去玩(或上商场买东西等)。

剧本 C:角色 A 平时很少学习,临考试前要求角色 B 在考场上配合其作弊。

(四) 倾听训练

当自己的同学、朋友出现了他自己难以处理的心理问题时,能够尽己所能给予力所能及的帮助,这不仅是一种对同学、朋友爱心的表达,而且是一种关爱和助人能力的展现。当同学、朋友感到痛苦、郁闷、烦恼、压抑时,理解、关注和倾听就是很有效果的帮助和支持方式,也可以说,成为一个能让朋友宣泄不良情绪的倾诉对象就是对朋友很好的帮助。如何才能更好地倾听?请同学们每两个人一组,相互做一个倾听的练习。

活动方式:一名同学做倾诉者,找一个自己特别想说的话题向对方倾诉(至少需要讲 5 分钟),倾听者按照下面的要求来倾听。5 分钟后,由倾诉者向倾听者反馈自己对其进行倾听时的感受,以帮助对方提高倾听的技巧。之后两人互换角色,继续练习。

倾听者在倾听时的要求:

(1) 关注聆听。当倾诉者说话时看着他,以建立起心理上的联系。保持一种合适的姿势,以期对方可以清楚你对他的兴趣、尊重和关爱。

(2) 做出感应。目的是反映情感,倾听倾诉者表达中的关键意思,同时观察他的情绪表现,以简洁扼要的话重述他刚刚表达的——说明他的感受。

(3) 澄清。允许倾诉者的表达有含糊不清的地方,当需要时要求倾诉者澄清他的意思,必要时进行重复。

澄清反应举例:"你是说……?""我听见你说……,是吗?""你好像是说……""是(那样)……吗?""真是(那样)……吗?"

关于聆听的具体原则:

(1) 把注意力集中在倾诉者所说和所感受的上面——表达出深刻关心和尊重。

(2) 不要说话,最好让倾诉者自由地表达。

(3) 全身心地投入这个聆听的过程中,不要走神。

(4) 从倾诉者的价值观念来理解他的意思,即不要从自己的价值观出发来想象对方的感受。

(5) 不对倾诉者做任何评价和判断。

 思考题

1. 什么是心理咨询?
2. 心理咨询的基本特征和模式有哪些?
3. 在心理咨询过程中应掌握哪些会谈技术?

参 考 文 献

[1] 臧平,张金明.大学生心理健康教育[M].北京:高等教育出版社2012.
[2] 景汇永.新编大学生心理健康教育应用教程[M].沈阳:东北大学出版社2012.
[3] 黄希庭.大学生心理健康教育[M].上海:华东师大出版社,2004.
[4] 马振远.大学生心理健康教育[M].长春:吉林大学出版社,2012.
[5] 林少菊.DNA心理密码探索[M].长沙:湖南人民出版社,2014.
[6] 包黛莹.心灵导师[M].北京:经济日报出版社,2012.
[7] 欧阳辉.大学生心理健康教育应用教程[M].沈阳:辽宁教育出版社,2013.
[8] 刘晓明.大学生心理健康教育[M].吉林:吉林大学出版社,2014.
[9] 徐亮,张平,王灿.为心灵开一扇窗:大学生心理健康教育[M].天津:南开大学出版社,2014.
[10] 郑淑杰.大学生心理健康教育[M].北京:教育科学出版社,2014.
[11] 鲁忠义,安莉娟.大学生心理健康教育[M].石家庄:河北人民出版社,2012.
[12] 孙启香,涂冬侠,朱其志.大学生心理健康教育实用教程[M].沈阳:东北大学出版社,2017.
[13] 沈浮,马丽.新编大学生心理健康教育[M].北京:北京邮电大学出版社,2012.
[14] 欧阳世奴.当代大学生心理素质导论[M].北京:北京理工大学出版社,2010.
[15] 徐贤淑.大学生心理健康[M].北京:中国医药科技出版社,2017.